환경갈등과 님비이론

유해운 · 권영길 · 오창택 공저

善學社

머 리 말

20세기는 고도의 산업화와 공업화로 인한 대량화와 획일화의 시대였다. 인류역사의 발자취로 비추어 볼 때, 참으로 많은 변화를 겪어 왔던 한 세기였다. 21세기를 목전에 두고 있는 현 시점에서 이러한 변화의 물결은 더욱 거세어지고 있다. 탈공업화와 정보화를 지향하면서 사람들의 생활에 있어서도 삶의 질이 중요시되고 있고 개성이 존중되는 개별화와 다양화의 시대로 변모하고 있다.

다양한 가치와 개성을 추구하는 사람들의 생활양식의 변화는 이전까지는 볼 수 없었던 다양한 사회현상을 유발시켰다. 이러한 사회현상들의 변화에 대응하기 위한 정부의 역할도 과거와는 다른 차원으로 변모하게 되었다.

삶의 질을 추구하게 되면서 환경에 대한 인식도 새롭게 구축되고 있으며, 공업화시대의 개발론자들의 환경관에 대하여 회의와 비판의 목소리가 높아지고 있다. 환경은 무한하게 존재하는 자원이 아니며, 훼손될수록 사람들의 생명과 재산을 위협하는 매우 중요한 요소라는 인식이 확산되고 있다.

우리 나라에 있어서도 1990년대 이후부터 본격적인 민주화와 지방화가 진행되면서, 환경문제에 대한 사람들의 관심이 증대되었고 다양한 이해갈등을 유발시키고 있다. 인간이 존재하는 곳에는 어디에서나 갈등이 존재하기 마련이지만, 환경문제를 둘러싼 갈등은 특히 복잡하고 다양한 양상으로 광범위하게 전개되고 있다.

이 책에서는 환경문제를 둘러싼 갈등현상의 특성들과 정부의 갈등관리에 관한 이론적인 시각을 재검토하고, 님비현상에 대한 이론화를 모색하였다. 환경문제를 둘러싼 변화의 소용돌이 속에서 발생하는 갈등상황과 님비현상을 어떻게 적절하게 파악하고 관리할 수 있을 것인가는 현대정부가 안고 있는 매우 중대한 과제 중의 하나이다.

이 책은 크게 2개의 편으로 구성되어 있다. 제Ⅰ편 환경갈등, 제Ⅱ편 비선호시설과 님비가 그것이다. 제Ⅰ편과 제Ⅱ편은 각각 7개의 장으로 구성되어 있으며, 제1장부터 제6장까지는 이론적 배경을 정리하였고, 제7장은 사례연구로 구성하였다.

그간 환경갈등에 관한 많은 견해들이 피력된 바 있으나, 이 책은 갈등관리와 님비에 관한 이론의 검토를 보다 종합적으로 제시하고자 했으며 또한, 환경갈등에 관한 사례연구와 님비현상에 관한 사례연구를 제시함으로써, 이론에 대한 실증적 고찰을 도모하였다.

이 책에서 사용하고 있는 환경갈등과 님비현상에 대한 이론적 분석틀과 접근방법을 통하여 다양한 형태의 환경문제들에 대한 이해와 분석에 미소하나마 도움이 될 수 있었으면 하는 것이 저자의 바램이다.

끝으로, 이 책이 출간될 때까지 도움을 주신 많은 분들에게 감사를 드립니다. 광운대학교 행정학과 교수님들과 자료수집에 협조하여 주신 여러분들께도 감사를 드립니다. 출판업에 대하여 남다른 열정과 소신을 가지고 계신 도서출판 선학사의 이찬규 사장님과 편집부 여러분께도 사의를 표하는 바입니다.

1997년 11월
연촌골에서
저자 씀

차 례

제 I 편　환경갈등

제1장 정부의 정책변화와 환경갈등

제1절 정부의 정책변화

1. 환경문제의 대두와 정부의 역할변화

환경문제에 대하여 국민의 관심이 표출되기 시작한 것은 1980년대 이후부터 본격화되었다. 1990년대 이후에는 주민운동의 성격으로 더욱 적극성을 띠면서 국민의 정부에 대한 환경정책의 수요가 폭증하게 되었다. 이에 대응하기 위하여 정부는 먼저 법제적(1990년 환경정책기본법 등 환경입법), 제도적(환경청에서 환경처를 거쳐 환경부로 승격)으로 변화를 꾀하였고, 세계 경제질서가 WTO체제하에 들어가게 됨에 따라 환경친화적인 기업활동에 대한 규제와 지원도 활발해졌다.

특히 지방자치가 본격화됨에 따라 주민들의 자치의식이 성숙되었고, 지역사회의 생활의 질에 대한 요구도 날로 확대되기에 이르렀다. 중앙정부보다는 지방정부에 대한 주민들의 직접적인 영향력 행사가 용이해짐에 따라 다양한 형태의 주민운동들이 전개되어 가고 있다. 주민들의 환경적 요구에 대응하기 위하여 지방정부는 환경정책의 수립과 집행에 더욱 많은 관심과 자원집중을 하지 않을 수 없게 되었다. 중앙정부와 광역지방자치단체는 광역적인 차원에서 환경문제에 대한 지원활동에 역점을 두고 환경에 관한 제반정책을 전개해야 된다는 기대는 더욱 증대되고 있다.

2. 자치시대의 지방정부와 환경문제

1961년 지방자치가 중단되어 중앙집권적 행정체제가 지속되어 오다 가 30여년만인 1991년 민선 지방의회가 구성되었으나 단체장을 주민이 선출하지 않아 불완전한 지방자치가 되었고, 1995년 단체장 선거까지 실시하게 됨에 따라 본격적으로 지방자치시대를 맞이하게 되었다. 지방 자치가 본격화되면서 국가정책분야에도 많은 변화가 초래되었다. 종래 중앙집권적인 개발정책과 환경정책이 동시에 지방으로 대폭 이양됨으 로써 주민참여, 정보공개, 정책혁신의 촉진이라는 긍정적인 측면과 개 발우선주의와 개발경쟁의 팽배, 광역환경문제에 대한 갈등의 심화라는 부정적인 측면이 발생하였다.[1]

환경문제를 둘러싼 주민과 정부간의 환경분쟁도 빈발하고 있고, 환경 관리를 둘러싼 지방자치단체간의 갈등도 심화되고 있다. 그러나, 현실 적으로 지방자치단체는 기술력이나 재정력이 낮고, 주민의 환경에 대한 인식이나 권리의식도 낮은 편이며, 이를 표현하고 수렴하는 주민이나 자치단체의 정치적 기술도 부족하다.[2] 또한, 중앙과 지방간의 환경행정 기능상의 역할분담도 뚜렷한 기준이나 원칙이 없이 대처해 온 경향이 있다.[3] 지방자치단체의 환경관리능력이 발달할 기회가 주어지지 않은 상태에서 환경문제는 더욱 복잡해지고 전문화되는 과정을 거치고 있 다.[4]

지방자치는 주민일상생활과 관계되는 여러가지 사회문제들을 국가체 제보다는 지방자치단체가 담당하게 함으로써 이로 인한 정책문제의 해 결에 효과적으로 접근할 수 있고, 특히 누적된 환경문제의 해결책 제시 에 있어서 더 좋은 제도적 장치라고 할 수 있다. 지방정부는 지역별 종 합행정과 생활행정, 지역행정의 주체로서, 주민의 환경행정수요에 적절 히 대응하기 위하여 적절한 기능배분과 합리적 조직체계와 관리체계를 모색해 나가야 한다.[5] 지역개발을 통한 소득증대와 경제발전을 위하여 지방정부는 지역경제 활성화에 역점을 두어 왔다. 왜냐하면, 지방자치의 성공여부는 자치재력력의 확보와 밀접하게 관계되어 있기 때문이다.[6] 환경문제를 둘러싼 갈등의 해결은 어떻게 하면 지역주민들의 생활환경을 최대로 보존하면서 지역개발사업을 추진할 수 있을까를 고려해야 한다.[7]

자치시대의 주민의 생활복리에 대한 행정수요는 비약적으로 증대하고 있고, 특히 환경행정의 수요는 현저히 증가하였다. 이에 대응하는 지방정부의 역할도 주민들에게 보다 쾌적한 삶의 질을 보장해야 하는 난제에 직면하고 있다. 그러나, 그동안 환경문제의 해결을 위한 정부의 정책적이고 제도적인 대책은 상당히 소극적이고 미흡했던 것이 사실이다.[8] 주민들의 생활수준이 높아짐에 따라 생활환경의 질에 대한 관심이 증대하고 있는 시점에서 지방자치는 주민들의 생활환경에 대한 자율적 관리를 주된 대상으로 하고 있으며, 환경을 지방자치적으로 관리하는 '환경자치'가 되고 있다. 오늘날 환경문제는 생산으로부터 생활부문 전반에 걸쳐 영향을 미치기 때문에 광역성을 띠고 있음과 동시에 지방성 혹은 국지성(locality)을 가지고 있다. 그러므로 환경자치는 구체적인 지방적 맥락에서 구현되며, 환경문제의 해결도 그러한 맥락에서 강구되어야 실효를 거둘 수 있는 것이다. 환경자치를 위한 지역발전은 궁극적으로 지역공동체가 생태환경체제로 발전하는 것을 지향해야 한다.[9]

한편, 비선호시설을 둘러싼 분쟁은 지방자치 실시 이후에 더욱 격화되고 치열해 진다는 것이다. 지방자치실시로 인하여 지역자율성이 증대됨에 따라 지역이기주의가 팽배해져 환경파괴를 촉발하거나 지역간이나 주민-지방정부간 소모적인 사회적 갈등이 증폭되고 있다. 그러나, 이러한 갈등을 모두 부정적인 시각에서 보기보다는 새롭게 문제해결을 위해 노력하는 과정으로 보고[10] 인내와 협력을 통하여 갈등해결의 장치를 제도화시켜가는 방향으로 활용하는 것이 바람직할 것이다.

지속가능한 개발[11]이란 미래세대의 이익을 위하여 환경보전과 경제

개발의 호혜적 관계가 지속되어야 한다는 명제에 기초한 이념이다. 지속가능한 개발에 대한 계량화를 위한 연구노력의 일환으로 지속가능성 지표 및 환경적합성 평가지표 등이 개발되고 있는 중이다.12) 지속가능성을 충족시키기 위한 요건은 모든 개발이 지구의 생명유지장치와 생태계의 보전에 적합해야 하며, 개발의 범위는 현세대의 기초수요를 충족하는 정도에 그쳐야 하며, 사회정의와 공평의 원리에 적합하고, 민주주의와 주민참여의 원리에 입각한 개발이어야 한다.13)

지방자치에 있어서 지속가능한 개발의 의미는 1992년 브라질 리우에서 있었던 유엔환경개발회의에서 채택된 지방의제 21의 제28장에 잘 나타나 있다. 리우회의는 1972년의 스웨덴 스톡홀름에서 있었던 유엔인간환경회의의 20주년 기념행사를 1989년 유엔총회에서 결의함에 따라 1992년 브라질 리우에서 개최된 유엔환경개발회의 일명, 지구정상회담이었다. 지구정상회담에서는 리우선언, 의제 21, 기후변화협약, 생물다양성협약, 삼림원칙 등을 채택하였는데, 이 중 의제 21은 지구환경보존을 위한 분야별 행동지침을 망라한 일종의 행동지침서의 성격을 가지는 것이었다. 의제 21은 총 40장으로 구성되어 있는데, 이 중 28장은 '지방정부는 경제, 사회, 환경의 조직을 구성, 운영, 유지하고 지역환경정책과 규제방안을 수립하며 국가적 광역행정정책수행을 지원하고, 지속가능한 개발의 촉진을 위해 주민을 교육시키고 동원하여 책임을 지우는 역할을 수행해야 한다'라고 규정하고 있다.14) 이러한 규정은 지구환경보전을 위한 지방정부의 역할의 중요성을 강조하면서, '환경적으로 건전하고 지속가능한 발전(ESSD; Environmentally Sound and Sustainable Development)'을 실현하기 위하여 지방정부들은 1996년까지 지역의 주민, 단체, 민간기업들과의 대화를 통하여 공감대를 형성하여 최적의 전략을 도출하고 지방의제 21을 채택할 것을 권고하고 있다. 우리나라에서는 1995년 지방선거 이후 인천광역시와 부산광역시가 1995년 중반과 하반기에 이미 '그린인천 아젠다 21'과 '녹색도시 부산 21'을 각각 발표하였고, 안산시도 '상록

도시 안산 21'을 추진하고 있으며, 이외에도 광주광역시, 대구광역시, 대전광역시, 울산시, 순천시, 춘천시 등이 지방의제 21의 작성을 위한 준비를 하고 있고, 서울시는 1994년 영국 맨체스터시에서 개최되었던 지구환경회의의 결과에 관심을 가지고 'Local Agenda 21과 지방정부의 대응에 관한 워크숍'을 개최하면서 1996년 지방의제 21을 완성하기로 하였다.15)

　　지속가능한 개발을 촉진하기 위한 지방정부의 역할을 기초로 그 의미를 정리하여 보면, 지방정부는 여러 차원에서 환경문제를 해결함에 있어 결정적으로 중요한 주체이며, 지속가능한 개발을 추진함에 있어서 주민을 교육하고 동원하며 주민의 요구에 부응해야 하며, 주민, 기업 기타 각종 지방조직 등 관할구역내의 여러 조직들과 협조관계를 유지하면서 끊임없이 의견을 교류하여야 한다. 또한 지속가능한 개발을 달성하기 위한 정책, 행동계획, 조례 및 각종 규제조치를 수립하고 이를 평가하며 수정하여야 하고, 그에 필요한 재원을 마련하여야 한다.16)

　　지방자치는 기존의 명목적이고 추상적인 정치적 쟁점들이 실질적이고 구체적인 일상생활의 쟁점들로 변화되는 것을 의미하며, 일상적 시간과 공간속에서 지역주민과 함께하는 생활정치에 본질적 특성이 있으며, 지역주민의 삶의 질을 향상시키는 것이다. 그러한 삶의 질을 구성하는 가장 중요한 요소 가운데 하나가 바로 환경문제이다. 그러나, 지방자치가 환경문제를 저절로 해결해 주는 것은 아니다. 오히려 지방정부의 재정력 확보를 위한 과도한 개발정책추진, 지방정부의 무능력, 지역주민의 환경의식의 미성숙 등으로 인하여 단기적으로는 환경문제를 악화시킬 가능성도 있다17)는 점에 유의하여야 한다.

3. 정책과정의 변화와 방향

　　지방자치가 실시됨에 따라 환경문제해결을 위한 지방정부의 정책과정에 있어서도 변화가 초래되었다. 주민집단의 지위와 권한이 강화되고 주민 스스로 환경을 보전하려는 욕구와 주장이 커짐에 따라, 지방정부의 환경정책도 보다 적극적으로 변모하게 되었고, 주민들의 의견을 수렴하기 위한 제도적 장치의 수립과 운영이 필수적이게 되었다.

지방산업의 육성과 지역생활환경시설의 개발사업이 더욱 활발하게 진행됨에 따라 지방자치단체 상호간의 경쟁과 지역주민의 기대상승은 가속화될 것이며, 지방정부는 지역경제의 활성화와 쾌적한 환경을 유지하려는 주민들의 욕구를 조정하여야 하는 문제에 직면하게 되었다. 지방정부는 개발과 환경보전이라는 대립적인 이해와 상반된 목표를 조화시키고 조절해 나가기 위하여, 균형적인 정책형성과 공정한 정책집행이 이루어지도록 해야 한다.18) 정책집행상에서 나타나는 주민들의 불응을 최소화하고 능률성을 제고시키기 위하여는 정책형성단계에서 부터 주민의 견을 수렴할 수 있는 투입체제의 구축이 반드시 필요하며, 정책과정전반에 걸쳐 행정 PR이 요구되고 있다.

지방자치의 활성화로 인하여 환경문제의 해결에 기여하는 측면과 역행하는 측면이 있기 때문에 양자를 어떻게 잘 조화시키느냐 하는 것이 논의의 초점이 된다.19) 단체장이 직선되었다고 하여 곧바로 지방환경의 보전을 보장할 수 있는 것이 아니다. 환경을 생각하는 사람들이 손을 잡아 하나의 커다란 정치세력을 형성하여 환경친화적 지방자치를 실현하지 않으면 안된다.20) 환경문제의 해결책은 '지방자치' 자체에 있는 것이 아니라 정치지도자와 행정관료, 기업가와 지역주민들이 어떻게 환경보전에 기여하는 방향으로 지방자치제도를 운용하느냐에 달려 있다. 즉, 주민참여, 정보공개, 정책의 자율성과 지역적합성의 촉진이라는 측면과 개발우선주의와 개발경쟁의 팽배, 광역환경문제에 대한 갈등의 심화라는 측면을 관리할 수 있는 능력을 제고시키는 것이 중요하다.21)

환경문제에 대한 바람직한 정책대안을 모색하기 위하여는 과학적 지식뿐만 아니라 이해관련 당사자들간의 갈등을 완화시키는 데 필요한 정치적 기술도 동시에 고려할 필요가 있다.[22] 지방정부는 갈등해결에 소요되는 재원확충을 위하여 중앙과 지방의 적정한 재원배분, 지방자체 수입의 확충을 위한 활동이 필요하다. 그러나, 이러한 활동들이 지방환경을 훼손하는 것이어서는 안된다.

지속가능한 개발을 위한 지방정부의 역할은 환경마인드에 입각한 지역경제의 활성화, 시민이 주인되는 도시개발체제의 확립, 효과적인 환경보전을 위한 환경행정체제의 확립을 들 수 있다.[23] 지방정부의 환경정책은 환경분쟁해결을 위한 조정체제를 확립해야 하고, 환경관리에의 시민참여의 필요성을 강조하고 실제적으로 참여할 수 있는 구체적인 방안과 제도적 장치를 확립하는 한편, 민간단체에 대한 제도적 지원이 강화되어야 하며, 환경감사제도를 도입하여 일반시민에게 지방정부의 정책과 내부행정활동이 환경에 미치는 영향에 대한 유용한 정보를 제공할 수 있도록 해야 한다.

또한, 도시계획, 교통, 에너지 및 환경문제를 통합적으로 접근할 수 있는 공간구조와 정책들 간의 연계가 이루어져야 하며, 반환경적인 법이나 제도를 개선하고 중앙정부나 다른 지방정부와의 환경정책과도 보조를 맞출 수 있도록 함과 동시에 지구환경보호의 문제를 도시환경보전과 연계시켜 지방의제 21을 조속히 마련하여[24] 환경정책수립의 일관성과 능동성을 기하고 지방환경의 세계화에도 기여할 수 있도록 해야 한다.

지방정부의 환경분쟁에 대한 해결노력은 사전예방차원에서 이루어져야 하나, 대부분의 환경분쟁은 전문적이고 기술적인 내용이 포함됨으로써 지방정부가 직접적인 중개자 역할을 하기에는 제약이 많다. 따라서 중립적인 입장에서는 전문가나 민간단체를 적극 활용하는 것도 중요한 정책내용이 될 수 있다. 기존의 환경분쟁조정위원회나 행정협의회 등을 보다 활성화시켜 주민과 지방정부간, 지방정부 상호간의 분쟁을 해결해

나가는 한편, 쓰레기매립장 건설운영이나 하천관리 등의 분야에서 특별
지방자치단체를 구성하여 효과적으로 활용하는 방안도 검토되어야 할
것이다.[25]

제 2 절 지방정부의 환경갈등

1. 환경문제의 중요성

1) 환경과 환경문제

환경이란 매우 다양하게 정의될 수 있다. 환경이란 일반적으로 자연
환경과 생활환경을 포괄하는 개념으로 인식된다.[26] 자연환경이란 지구
상의 모든 생물체가 하나의 생태계적인 사슬을 유지하며 균형을 이루려
는 모든 대기, 물, 토양, 해양, 생물군과 기후조건 등을 말한다. 생활환경
이란 인간생활과 직접적으로 관계되는 자연환경여건과 각종의 인위적
인 환경을 포함하는 제반 여건을 말한다.[27]

환경문제는 다른 사회문제들과 마찬가지로 일련의 과정으로 이해될
수 있다. 즉 환경문제는 환경오염으로 발생하는 자연환경과 생활환경이
훼손되어 가는 과정에서 나타나는 모든 사회적 현상을 포함하는 개념이
다. 환경문제란 이러한 제반환경이 인간생활에 불편을 초래하거나 궁극
적으로는 인간의 생명유지활동을 위협하는 상태를 말한다. 그러므로,
환경문제는 단순히 자연환경의 훼손이나 생활환경의 침해 그 자체를 의
미할 뿐만 아니라 그로부터 파급되는 모든 인간의 생활문제를 포괄한
다.

특히, 지방정부에 있어서 환경문제란 주민들의 일상생활과 직결되고
있기 때문에 지방행정에 있어서는 매우 중요한 과제이다. 지방행정은

주민들의 생활복리를 향상시키고 효율적인 지역개발을 통하여 그 존립의 정당성을 인정받을 수 있다. 주민들의 일상생활과 직결되는 환경문제에는 쓰레기처리문제, 생활하수의 관리문제, 소음이나 진동으로부터의 보호문제, 분진·악취나 대기오염으로부터의 보호문제 등이 있다. 주민생활의 질을 평가하는 기준들 중에서 환경의 질이 매우 중요한 위치를 차지하고 있고 지방행정의 주요관심사항이기 때문에 지방정부는 환경문제의 특질을 파악하고 그 특질별로 적합한 환경정책을 시행해야 할 것이다.[28]

2) 환경문제의 특질

환경문제는 인간의 모든 생활과 관계되기 때문에 여러 학문분야의 연구 대상이 되어 왔다. 환경공학, 생물학, 화학, 의학 등 자연과학 분야는 물론이고, 경제학, 법학, 행정학, 사회학[29], 인류학, 철학[30] 등 사회과학 전반에 걸쳐 연구되고 있다. 환경문제의 본질을 이해하고 이에 대한 근본적인 해결책을 찾기 위하여는 어느 한 학문분야의 노력만으로 되는 것이 아니라 모든 분야에서의 학문적 업적들이 종합적으로 연구 검토되고 연계됨으로써 가능하게 된다.[31] 환경문제는 일련의 과정으로 표출된다. 그러므로 각 단계에서의 갈등양상도 달라질 수 있다. 기존의 연구들을 토대로 환경문제의 특성[32]을 요약하면 다음과 같다.

(1) 지역성(地域性)과 광역성(廣域性)

환경문제는 특정 지역을 중심으로 심화되는 경향을 가지고 있다. 특히 비선호시설(쓰레기처리장, 폐기물처리장, 분뇨처리장, 오염배출시설 등)의 입지와 관련하여 주변 지역의 주민들로부터 반대운동에 직면하는 경우가 많다. 환경문제는 일정한 지역을 범위로 하여 발생하고 지역주민들과 밀접하게 관련되므로, 지방정부 차원에서의 개입이 뒤따르게 된다.

특히 LULU(Locally Unwanted Land Use)에 대한 지역주민들의 반대를 지역이
기주의(NIMBY)[33]로 고찰하는 경우도 환경문제가 일정한 지역적 범위내
에서 특히 문제가 된다는 것을 나타내 주는 것이다.

환경문제는 한 지역에 국한되는 것이 아니라, 일정한 행정구역간에는
물론 지방자치단체간 또는 국가와 국가간에도 영향을 미치는 문제이다.
대기와 물과 환경생태계는 특정 지역의 범위를 넘어서 영향을 미치고
있다. 국제간에 있어서는 환경문제의 광역성에 대하여 각종 협약이나
의정서의 체결은 물론 환경단체의 활동이 두드러지고 있다.[34] 국내에서
도 환경문제에 대한 광역적 차원에서의 해결을 모색하기 위하여 중앙정
부차원에서의 환경부와 그 산하의 지방환경청과 환경관리소, 그리고 지
방자치단체조합이나 지방자치단체간의 행정협의회 등의 제도를 가지고
있다.

환경문제가 광역적인 특성[35]을 지니기 때문에 하나의 환경문제에 관
련되는 당사자들도 그만큼 다양하고 복잡한 이해관계로 얽혀진다는 것
을 예상할 수 있다. 광역행정의 수행에 있어서 지방정부의 역할은 더욱
중요시되고 있으며, 당해 지방정부의 구역내의 지역주민들에게 보다 나
은 생활환경을 보장하기 위하여 지역이기주의의 차원을 넘어서서 다른
지역의 환경이해와의 조정역할도 더욱 강조되고 있다.

(2) 복리성(福利性)

산업화로 인한 경제성장으로 국민소득의 증대와 국민생활의 질의 향
상은 보다 쾌적한 환경에 대한 수요를 확대시켰다. 환경문제는 국민생
활의 질을 평가하는 중요한 요소로 대두되었으며, 국민복리증진과 밀접
한 관계를 가진다. 오늘날 국민의 최저생활이나 국민복지는 단순히 경
제적인 측면만을 말하는 것이 아니라, 자연환경과 생활환경의 측면에서
파악되고 있으며, 지방정부가 주민의 복리를 위하여 노력하여야 한다는

것은 환경문제의 해결을 필수적인 취급대상으로 고려해야 함을 말하는
것이다.

(3) 표출성(表出性)[36]

환경문제는 아무리 비밀로 감추려고 노력한다 하더라도 반드시 피해
당사자들에게 노출되기 때문에, 정보를 은폐하려고 하면 오히려 그간의
비공개성으로 인한 불신으로 갈등의 정도를 더욱 심화시킬 뿐이다. 환
경문제는 잠재되어 있던 것이 표출됨으로 인하여, 모든 주민들의 주요
한 공동관심사가 되고, 환경운동의 형식으로 분출되는 경우가 많이 있
다. 우리나라의 경우 환경문제로 인한 주민의 환경운동은 1980년대 이
후 서서히 조직화되면서 전개되기 시작했다.[37]

(4) 체제성(體制性)

환경문제는 자본주의 국가이든 사회주의 국가이든 어디에서나 존재
한다. 자본주의 정부는 지속적 경제성장을 위하여 기업의 생산활동을
지원함으로써 존속할 수 있으나, 기업은 생산활동에서 각종 환경오염물
질을 배출하고 이는 환경문제의 직접적인 유발요인이 된다.[38] 기업의
생산활동의 지속과 국민의 쾌적한 환경에 대한 요구 사이에서 적절한
환경정책을 어떻게 구사하느냐는 오늘날 자본주의 정부가 지닌 내재적
인 체세문세가 된다.[39]

한편, 사회주의 국가는 냉전체제와 군비경쟁으로 환경문제가 엄청나
게 발생하고 있음에도 불구하고, 그 심각성을 전혀 인식하지 못하고 있
다. 이는 구소련의 체르노빌 원전사태나 러시아가 방사성 폐기물을 동
해에 투기하여 문제를 일으킨 사례 등을 통하여 밝혀지고 있다. 사회주
의 국가에서는 국가전체의 목적달성을 위하여 국민개개인의 자유가 박
탈될 뿐만 아니라, 경제생활의 궁핍으로 인하여 생활의 질이나 환경보
전 등에 대한 관심을 가질 겨를이 없다.

또한, 환경은 인간과 자연을 포함하는 생태계 시스템이며, 환경문제의 성격은 에너지와 자원의 제약조건하에서 안정적 균형을 유지하지 못하게 됨으로써 발생하는 현상으로 볼 수 있다.[40) 모든 생물은 환경과 불가분의 관계를 맺고 있으며, 이들은 상호작용을 통해 하나의 체계(system)를 이루고 있다. 인간을 포함한 생물적 요소와 무생물적 요소 등 다양한 구성요소는 작용과 반작용과 같은 상호작용을 통해 하나의 조절계를 형성하고 있는데, 이것이 이른바 생태계(ecosystem)이다. 생태계는 지구 위의 생물권(biosphere) 모두를 포함한다. 물론 현재의 과학기술 수준으로는 미묘하게 변화해 가는 생태계를 완벽하게 파악한다는 것은 극히 어려운 일이다.

그러나, 반세기 정도에 급진전을 이룬 과학기술의 발달은 인간이 축조해 낸 인공환경과 개발행위가 생태계에 어떠한 영향을 미치는 가에 관한 많은 정보를 제공해 주고 있다. 생태계 파괴를 가속시키고 있는 인구증가와 도시화의 정도에 관한 자료는 생태계의 파괴범위를 파악할 수 있는 지표가 된다. 지구온난화의 원인으로 알려져 있는 대기중 탄산가스 농도의 증가, 오존층의 파괴와 산성비 피해와 같은 대기오염의 변화, 생물종의 다양성과 개체수의 변화 등도 생태계의 위기를 알리는 지표들이다.

경제학적으로 말한다면, 환경은 생산에 필요한 자원의 공급원이며, 생산과 소비과정에서 발생하는 폐기물과 배설물의 처리장이기도 하다. 그런데, 자원의 공급원으로서의 생태계에는 포화고갈의 원리가 작용하며, 태양에너지를 제외하고는 항상 동적인 안정상태를 유지하려는 생태계가 갖는 자기조정기능이 교란되며, 환경의 질은 저하된다. 이렇게 본다면 경제학적 의미에서의 환경오염은 환경의 자기조정교란에서 야기되는 문제로서 환경의 질의 저하로 인한 환경자원의 공급장애를 표현하는 개념으로 볼 수 있다.

(5) 과학기술성(科學技術性)과 외부불경제성(外部不經濟性)

환경문제는 대기, 수질, 해양 등 다양하고도 광범위하게 확산된다. 이를 해결하기 위한 과학기술의 발달이 병행됨으로써 환경문제의 해결이 이루어진다. 그러나 현실적인 환경문제의 심각성으로 볼 때, 이를 해결하기 위한 완전한 과학기술의 발전은 기대하기 어려우므로 완전한 오염방지나 문제해결은 기대할 수 없고, 환경문제해결을 위한 과학기술의 발달은 환경문제를 최소화시키는데 도움을 줄 뿐이다.[41]

환경문제는 각종의 유해한 화학적 오염물질로부터 야기되는 경우가 많으므로, 오염물질을 제거하거나 오염을 완화시키는 데는 기술집적을 통한 해결책이 수반되어야 한다.[42] 물론, 환경문제해결에 필요한 과학기술의 발달에는 막대한 재원이 소요되므로 또다른 문제를 야기시킬 가능성도 내포되어 있다. 오염물질이나 폐기물 등은 주로 사람이나 동식물에 유해한 화학적, 병리학적 특성을 가지고 있으며, 일반인이 이해하기 어려운 전문적인 용어들로 사용되기 때문에 이해부족과 오해로부터 오는 문제를 지닐 수 있다.

외부성(externalities) 또는 외부불경제란 경제적·사회적 활동의 보상되지 않는 측면의 효과이다.[43] 상호적 외부성이란 공통자원의 모든 사용자들이 스스로는 물론 모두에게 비용을 부담시킨다. 일방적 외부성의 전달이란 하나의 주체에 의해 똑같은 자원에 대해 다른 사용자에게 비용이 부과되는 것을 말한다.[44]

자유시장 경쟁체제하에서는 환경이 단순한 외부불경제에 불과한 것이 아니라 환경재(경제재)로 인식되며, 환경문제는 공공재적인 성격을 가진다. 환경재에 대한 경제학적 접근방법에서는 공공경제학의 입장에서 경제계량적 분석을 필요로 하게 한다. 사실상 환경문제는 매우 복잡한 의미를 내포하는 개념이므로 어떤 단순한 이론으로 설명은 어렵다. 그러나, 환경재가 이제는 더 이상 자유재로서의 성격을 잃어 가고 있으며,

희소재로 취급되는 경향이 있으므로 환경자원의 효율적인 배분과 경제
재로서의 취급 문제가 더욱 중요시되고 있다.

환경재는 이제 더 이상 무상재가 아니라 경제재로 평가되고 있다. 경
제재란 그 존재량이 희소함으로 인하여 인간의 욕망을 충족시키기 위하
여 그 재화를 취득하고자 할 때 그에 상당한 대가를 지불해야 하는 재
화를 말한다.[45] 기업의 생산활동에 필요한 자연자원인 물, 대기 등은 과
거에는 거의 무한정으로 이용할 수 있었으나, 오늘날에는 공공재로서의
성격을 지니고 있으며, 시민의 생활을 질을 떨어뜨리는 외부불경제의
효과를 가진다. 그러므로, 기업의 생산활동에서 투입, 배출되는 환경재
는 비용이 수반되는 것으로서 제한된 자원으로 파악되고 있다.

(6) 변화성(變化性)과 지속성(持續性)

환경은 자연적 조건들(계절, 기온, 강수량, 일조량 등)은 물론 사회적 조
건들(경제발전정도, 도시화정도 등)에 따라 수시로 변화한다. 예를 들면, 갈
수기 때에 식수, 농업용수, 공업용수, 하천오염 등 환경문제가 더욱 심
각해지고, 대도시화가 더욱 심화될수록 쓰레기처리문제와 생활하수처리
문제 등 환경문제가 더 발생하게 된다.

또한, 환경문제에 대한 지각도 시간이 경과함에 따라 변화한다. 과학
기술의 발달과 정부정책의 신뢰도 등에 있어서의 변화는 환경문제에 대
한 인식의 변화를 초래한다. 그러므로, 환경문제는 고정되어 있는 것이
아니라, 변화성을 지니고 있다.

환경문제는 단기간 유발되고 단기간에 해결되는 경우는 거의 없다.
문제유발도 장기적인 과정을 통하여 이루어질 뿐 아니라, 그 해결에 있
어서도 장기적이고도 지속적인 노력을 요한다. 한때 발생한 환경문제가
해결되었다고 하더라도, 유사한 문제가 재발될 소지는 얼마든지 존재하
며, 또 이후의 환경문제 발생과 직접 또는 간접적으로 관련을 가지면서

영향을 미치는 경우가 많다.

2. 환경문제와 관련된 갈등

1) 지방정부의 환경갈등의 내용

우리나라에 있어서 환경문제에 대한 관심이 유발되기 시작한 것은 앞에서도 언급한 바와 같이 1980년대에 접어들면서부터이다. 공단형성으로 인한 지역주민들의 농작물피해나 건강상 위해, 그리고 국내의 주요하천의 수질오염으로부터 유발된 식수난 등은 특정 지역을 중심으로 점차 전국적으로 확산되기 시작하였다. 환경문제가 단순히 자연환경의 훼손이나 환경공학적 문제에 국한되지 않고 사회적인 문제로 부각되었고, 정부에서도 그 심각성을 인식하기 시작하여 각종 환경규제정책들을 실시하여 왔다. 그러나, 1990년대 들어서면서 환경문제는 대규모 수질오염으로 인한 식수난과 원자력발전소, 방사성폐기물처분장, 쓰레기처리장 등 비선호시설의 입지를 반대하는 지역이기주의 현상들이 곳곳에서 발생하였다.

한편, 1980년대 후반에는 민주화의 물결에 따라 지방자치를 실현하기 위한 제도적 장치가 마련되었는데, 지방자치법의 개정과 지방선거제도의 정비를 통하여 1991년 지방의회를 구성하고 지방자치의 기초를 다지게 되었다. 이와같이 환경문제의 대규모적인 발생과 지방자치의 실시가 시기적으로 일치하게 되었고, 지방자치의 성패여부는 환경문제와 같은 광역적인 문제를 지역특수이익(지역이기주의)과 어떻게 조화시킬 것인가 하는 문제로 귀착되는 것이었다. 즉, 환경문제의 해결에 있어서 지방정부의 능률적, 전문적 능력의 필요와 지역주민의 특수이익들을 대표하고 보장해야 하는 민주적, 대표적 역할의 조화는 지방정부가 당면한 현실적인 과제였다.[46]

환경문제는 그 특성상 공공복리적 성질이 강하고 광역적 성격으로 인하여 지방정부가 해결해야 할 중요한 문제로 부각되었다. 지방자치시대에 있어서 환경문제를 둘러싸고 지방정부가 직면하는 갈등에 관한 선행연구들을 고찰하여 보면, 환경문제의 특성으로부터 지방정부의 환경갈등의 특성이 도출됨을 이론상으로 관련지어 볼 수 있다.[47]

앞에서 살펴본 환경문제의 특성으로부터 지방정부가 직면하는 갈등의 특성을 도출하여 보면,

첫째, 지역성과 광역성의 측면에서 보면, 환경문제는 지역특성을 지니고 있으므로 지방정부는 환경문제가 유발되는 지역의 구체적인 사정에 밝아야 한다. 지방정부는 환경문제로 인한 갈등이 유발되는 경우, 당해 지역의 지리적 조건, 인구구성 및 산업분포는 물론 주민생활(생업보장, 휴식보장, 지역문화육성 등)과 관련되는 환경적 요소들을 파악함과 동시에 문화심리적 측면에서도 주민들 상호간의 이해차이에서 오는 지역특성적 갈등내용을 충분히 이해하고 조정하여야 한다. 환경문제는 같은 지역내에서도 서로 영향을 미치는 광역적 특성을 지니고 있기 때문에, 이와 관련하여 주민들이 주장하는 지역이기주의 속성을 조화·통합시키고, 발전적인 방향으로 전개해 나가도록 하여야 한다. 따라서 지방정부는 환경문제의 지역성, 광역성으로부터 지역이기주의를 조정해야 하는 조정자로서 환경갈등에 휩싸이게 된다.

둘째, 최근 주민복리수준의 향상차원에서 생활의 질이 중요시되고 있다. 생활의 질은 환경문제에 의하여 가늠하게 되는 경우가 많다. 환경문제와 관련된 주민의 복리증진을 위하여 지방정부는 항상 주민들의 다양한 요구와 갈등을 해결해야 할 책임이 발생한다. 지방정부가 주민의 생활복리를 향상시켜야 할 책임을 지고 있기 때문에 환경갈등을 해결해야 하는 것은 선택적인 문제가 아니라 의무적인 문제가 되는 것이다. 따라서, 그 책임을 회피하려고 하거나 방치하려 하는 것은 지방정부가 해야

할 당연한 소임을 저버리는 직무유기에 해당한다.

셋째, 지방정부는 언제나 주민과 정보를 교류하며 더 좋은 의견에 귀를 기울여야 한다. 객관적인 사실을 공표하고 주민들로부터 비판과 의견을 수렴하는 자세가 필요하다. 환경문제는 주민들의 일상생활과 직결될 뿐만 아니라 최근 모든 주민들의 주요한 관심사이기 때문에 감추려고 해도 반드시 드러나게 되어 있다. 그러므로 지방정부의 환경갈등은 공개성의 정도가 중요한 영향요인으로 작용한다. 또한 사업계획의 우선순위를 결정하거나 집행의 효율성을 제고시키기 위하여 주민참여를 활성화시켜야 한다. 주민참여의 경로를 제도적으로 보장하고, 모든 지역주민들이 참여할 수 있도록 행정과정이나 행정정보를 개방해야 하며, 참여과정에서 분출되는 주민들의 이익을 정책이나 계획에 반영시킬 때 엄정한 공정성을 유지하도록 해야 한다. 그런데, 모든 지방행정사무가 다 공개되는 것은 아니기 때문에 일정한 한계를 정해야 하나, 공개해야 할 내용을 공개하지 않거나 그릇된 정보를 공개함으로써 주민의사를 오도해서는 안될 것이다.

넷째, 환경문제는 전체적인 의미를 가지며, 지방정부의 체제유지를 위한 정당성의 근거가 된다. 즉, 지방정부의 존립의 근거가 되는 이념적 문제를 내포하고 있다. 지방정부의 대표성이나 정당성을 유지하기 위하여는 환경문제해결을 위한 지방정부의 활동들이 주민으로부터 신뢰를 받도록 해야 한다. 지방정부는 주민으로부터의 신뢰를 통하여 강력하고 일관된 정책을 집행해 나갈 수 있다. 주민불신이 있는 상태에서는 지방정부는 주민의 협조나 지지를 얻기 어렵기 때문에, 환경문제해결을 적극적이고 강력하게 시행해 나가기 위해서는 무엇보다도 신뢰성을 회복하고 주민지지기반을 확보해 나가야 한다. 신뢰를 얻기 위하여는 올바른 정보를 제공하고, 공표된 정책과 계획이 예정된 대로 집행될 수 있도록 해야 한다.

다섯째, 지방정부는 환경문제해결에 필요한 전문적 지식과 기술이 필요하고, 시설설비에 대한 막대한 재원이 부수되기 때문에, 지방정부는 이를 해결할 기술적 수준을 유지해야 한다. 주민이 지방정부의 환경문제 해결에 필요한 기술의 결여와 무능을 비판하는 경우가 많기 때문에, 이로 인하여 발생하는 갈등도 적절히 관리되지 않으면 안된다. 왜냐하면, 어차피 완벽한 환경문제해결 기술이나 과학의 발전은 기대하기 어려울 뿐만 아니라 지방정부 수준에서 다 해결할 수는 없기 때문이다. 그러나, 지방정부는 환경문제해결을 위한 지식, 정보와 기술의 개발과 습득에 최선을 다함으로써 주민의 생명과 생활에 있어서의 안전을 기하고 있다는 것을 보여주어 환경에 대한 과학기술적 문제로 인한 지방정부의 갈등을 해결하는데 기여할 수 있다.

환경문제는 외부불경제를 유발하므로, 비선호시설의 입지로 인한 지가하락 등에 대한 보상문제와 관련되며, 주민과의 관계에서 정당한 반대급부를 제공해야 한다. 환경문제는 지역경제개발과 관련되므로 환경문제만을 우선시할 수는 없기 때문에 지역간의 유기적인 연계관계를 형성하여 개발과 환경보전을 균형있게 조화시켜야 한다. 비선호시설의 설치 등으로 인한 피해가 적정수준으로 보상되고, 관련된 주민들의 안전을 유지할 수 있도록, 필요한 비용부담이나 제한조치가 필요하게 될 것이다.

여섯째, 환경문제는 단기간에 발생하여 장기간 지속되며 변화하는 경향이 있다. 즉, 시간이 개입된다. 환경문제를 둘러싼 지방정부의 갈등은 시간과 관련된 요소들을 적절하게 관리할 필요가 있다. 환경문제가 시간에 따라 변화하는 것처럼 그로 인한 환경갈등의 양상이나 갈등의 정도도 수시로 변화하기 때문에, 적절한 적응전략을 발전시키기 위하여는 시간적인 고려를 해야 한다. 환경문제가 일단 집단분규나 집단행동의 형태로 이어지면, 지속되는 경향이 있기 때문에 당사자간의 갈등이 잠재 또는 표출을 지속하게 된다. 왜냐하면 환경문제의 완전한 해결은 어렵기 때문에 갈등이 한 번 발생하면 그 갈등상황은 장기간에 걸쳐 지속되므로 갈등관리도 그에 맞추어 장기적으로 대처해 나가지 않으면 안된다.

2) 지방정부의 환경갈등의 유형

환경문제를 둘러싼 갈등은 환경문제가 가지는 특성들로부터의 원인들에서 기인하는 것이나 특히 지방정부와 주민간의 관계에서 직면하는 갈등은 크게 목표갈등과 수단갈등의 측면에서 파악될 수 있다. 목표갈등이란 지방정부의 존립의 정당성, 주민복리성 등 지방정부가 추구하는 목표, 이해, 가치에 대하여 겪는 갈등을 말하는 것, 즉 갈등당사자인 지방정부와 주민이 환경문제를 해결하기 위하여 추구하는 바람직한 미래상태에서 발생하는 갈등 또는 공익우선과 사익추구라는 상호 대립적인 목표추구에서 비롯되는 보다 근원적인 갈등을 말한다.

현실의 갈등은 이념적 갈등과 이해관계적 갈등으로 구분하여 파악[48]하기도 하지만 양자의 구분이 뚜렷한 것은 아니다.

갈등은 수단이나 하위목표와의 불일치에서 야기될 수도 있다. 공통된 목표를 지향하고 있는 작업집단의 사람들이 그 목표달성을 위한 활동을 조정함에 있어 갈등을 가지는 것은 흔한 일이다. "갈등"이라는 제목하의 대부분의 연구들은 목표와의 불일치 또는 부족자원에 대한 경쟁에 초점을 두고 있다.

수단갈등은 목표에는 일치하지만 그 목표를 달성하기 위한 수단이나 방법, 기술성이나 지역성 등으로부터 발생하는 갈등이다. 즉, 수단갈등이란 환경문제를 해결해야 한다는 기본입장에는 동의하나 문제해결 방법의 선택이나 절차상에서 나타나는 갈등을 말한다. 수단갈등은 목표의 차이로부터 야기되는 경우도 있고, 상호 지각의 차이나 문화심리적 배경의 차이에서 발생할 수도 있다. 특히, 우리나라의 경우 전통적으로 권위주의적인 행정문화와 유교주의적인 신분질서의 영향이 강하게 잠재되어 있기 때문에, 현재 지방자치가 미숙한 상태에서의 지방정부와 주민의 관계에서 제도적으로 보장되는 행정절차의 민주화나 협력적 문제해결능력이 미비한 상태이다. 또한 지역이기주의로 인하여 비선호시설을 내 지역에는 설치할 수 없다는 것도 수단갈등으로 볼 수 있다.

환경문제의 특성이 모두 목표갈등과 수단갈등으로 이분법적으로 명백히 양분되어 연결될 수 있는 것은 아니다. 그러나, 목표갈등이 발생할 경우 합의에 도달하기가 매우 어렵고, 주로 지방정부의 구태의연한 강제력에의 의존현상이 두드러지며, 수단갈등의 경우 주민의견수렴이나 상호 대화창구가 마련되지 않아 불편한 관계를 드러내는 경우가 허다하다.

환경문제에 대하여 지방정부가 겪는 갈등은 회피할 수 없는 성질을 가지고 있기 때문에 반드시 관리되어야 하며, 지방정부의 기관이 주민선거를 통하여 구성되므로[49] 지방정부와 주민간의 갈등은 지방정부의 행정활동에 대한 공신력과 권력기반에 직접적인 영향을 끼치게 된다.

지방정부의 환경갈등은 원인의 측면에서 분류하면 다음의 세가지 측면에서 필연적 갈등잠재성을 지니고 있다.

첫째, 목표의 비양립성에서 오는 갈등이 있다. 목표의 차이 또는 비양립성이란 집단이나 조직활동의 방향 및 사업달성의 평가기준이 서로 불일치함을 의미한다.[50] 효과적인 지역개발과 도시계획을 위하여 지방기업을 지원하고 규제를 완화하려는 목표와 지역주민들의 생활복리를 향상시키기 위한 자연보전, 주민보건과 쾌적한 환경을 위한 목표를 동시에 달성해야 하는 내적인 목표갈등을 가지고 있다. 또한 모든 지방정부의 정책들은 주민들과 상호의존적인 관계속에 형성되므로 주민이나 관련되는 기관들과의 공동의사결정의 필요성이 중요시됨에 따라 다수 이

해당사자들간의 이해의 차이와 지각의 차이에서 오는 갈등이 발생한다.

둘째, 공유된 자원의 한정성에서 오는 갈등이 있다. 이 희소한 자원에는 돈과 같은 물질적인 것과 지위, 위신, 명성, 권력 등과 같은 비물질적인 것도 모두 포함된다.[51] 지방정부의 자원은 토지자원, 수자원, 예산 등에 있어서 한정되어 있으며, 지역주민들과 자원을 공유함으로써 그 배분에 있어서 갈등이 발생한다. 자원의 제약이 없다면 지방정부의 갈등은 상당부분 완화 또는 해소될 수 있을 것이다.

셋째, 활동의 상호의존성에서 오는 갈등이 있다. 지방정부가 수행하는 사업계획이나 활동들은 지방정부 단독으로 이루어 낼 수 있는 것은 거의 없다. 집행과정상의 상호의존성은 의사소통의 원활과 우호적인 협력관계를 유지함으로써 배가적인 효과를 가질 수 있다. 지방정부가 주민으로부터 지지를 획득하기 위한 공개행정이나 의견수렴절차를 소홀히 함으로써 갈등이 발생하는 경우가 많다.

3) 지방정부의 환경갈등의 특성

다음에서는 앞서 살펴본 환경문제의 특성들을 토대로 지방정부가 직면하는 환경갈등의 일반적인 특성을 검토해 보기로 한다.

(1) 지역이기주의(地域利己主義)

지역이기주의란 주로 NIMBY(Not In My Back Yard)를 말하는 것이나 실제로는 구별되는 개념이다.[52] NIMBY란 자신들의 주거지역이나 마을에 특정 시설들이 설치되는 것을 원치 않는 지역주민들의 태도[53] 또는 시설입지에 대해서는 원칙적으로 찬성하지만 그 시설의 입지를 감내할 수 없다는 이유로 자신들의 인근지역내에 시설이 들어서는 것을 반대한다는 냉소적인 의미를 지니는 것이다.[54] 지역이기주의란 국가전체 이익이나 다수의 공동이익보다는 자기가 속해 있는 지역의 이익을 우선시하는

지역주민 또는 자치단체의 성향을 의미하는 바, 구체적으로는 사회전체
에 꼭 필요하고 이익이 되지만 자기가 속해 있는 지역에 부의 영향을
가져다 주기 때문에 비선호시설의 자기지역내 설치는 절대로 안된다는
사고 및 행태를 말한다.[55] 지역이기주의는 문자 그대로 지역적 이기주
의가 아니라 지역주의(regionalism)의 한 표현방식이고 지역에 대한 애향심
의 발로로 이해할 수도 있다. 지방자치제를 본격적으로 실시하려는 우
리나라의 현실에 비추어 볼 때, 도리어 도움이 되는 것으로서 긍정적
입장이 있다.[56] 그러나, 이 책에서는 지역이기주의(local community
selfishism)란 'NIMBY와는 구별되는 것으로서 단순히 시설입지에 반대하
는 정도가 아니라, 명백한 이유가 없이 또는 그 이유가 자신의 지역이
익만을 위하여, 남이야 어떻든 내 지역에는 절대 안된다고 하는 것'으로
파악하고자 한다. 즉, 반대할 만한 공정하고도 객관적으로 타당한 근거
없이 반발하는 것으로서 지역이기주의의 정도는 그 주장하는 명분이나
이유의 객관적 타당성 정도에 따르는 것으로 보고자 한다.

　환경오염을 발생시키는 특정 지역은 그 지역에서 유발된 오염으로
인해 초래되는 타지역의 비용에 대해 무관심해져 환경오염을 억제시키
는데 무관심하게 된다.[57] 집단이기주의에 기초한 집단의사표현의 문제
점은 첫째, 소속집단의 이익을 보다 큰 공동체의 이익보다 앞세운다. 둘
째, 흔히 다른 집단에 대해 배타성을 띠며, 공동체적 유대와 동일시의
범위를 내집단에 한정하려는 폐쇄성의 특징을 갖는다. 셋째, 내집단과
외집단 그리고 전체집단에 대해 일관성이 없는 이중적 행위규범을 적용
시킨다. 민주적 목표를 표방하면서, 비민주적 행동양식을 불사한다. 넷
째, 다른 집단의 이익이나 공동체의 이익보다 자기집단의 이익을 내세
우면서도 타협과 조정을 거부하는 극단적 태도를 가진다.[58] 개별주민들
은 시간이 경과하면서 집단화하면서 전략을 변화시키고 갈등해결에 비
효과적인 방향으로 스파이가 개입되기도 하며, 내부분열과 이간이 발생

하고 불법행위를 자극유도하는 현상도 발생할 수 있다.[59]

　지방정부는 도시화 과정에서 인구이동을 통하여 형성된 일정규모 이상의 인구를 가지고 있으며, 이질적인 사람들과 산업들, 그리고 많은 기타 도시기능들이 복잡하게 얽혀 있기 때문에 여러가지 도시문제를 가지고 있다. 논의의 초점이 되는 환경문제 이외에도 교통문제, 주택문제, 토지문제 등과 이들로부터 파생되는 산적한 부차적인 문제들이 있다.

　환경문제로부터 발생되는 지방정부의 갈등은 다른 도시문제들과의 연계를 통하여 더욱 복잡하게 전개되고 있기 때문에, 여러가지 관련요인들을 동시에 고려하면서 파악할 필요가 있다. 도시화로 인하여 이질적 집단들이 주민으로 정착하므로, 기존의 토착주민들과의 문화적 갈등을 유발시킬 수 있고, 또한 경제개발의 전개과정에서 소외된 특정 주민이나 계층들이 집단적 의사표명을 하는 경우도 있기 때문에, 지방정부는 이러한 요소들을 고려할 필요가 있다. 처음에는 환경문제로부터 시작된 갈등이라 할지라도 주민들의 불평은 매우 포괄적이고 다양할 수 있다. 그러므로, 환경문제의 갈등잇슈 형성과 그에 대한 실현가능한 대안을 도출해 내기 위하여서는 그들의 문화심리적 배경을 고려해야 한다.

(2) 지방정부의 책임도(責任度)

　지방정부가 주민과의 관계에서 직면하는 많은 문제들 중에서 특히 환경문제는 주민들의 일상생활과 밀접한 관계를 가지기 때문에, 지방정부는 주민과의 환경적 갈등을 회피할 수 없는 특성을 지니고 있다. 지방자치단체장은 항상 주민의 의견을 정책에 반영시키며 그 집행결과를 주민에게 공개함으로써 명실상부한 주민의 대표기관이며 수임기관으로서의 책무를 다하여야 한다.

　환경문제에 대한 주민과의 갈등은 지방정부가 일방적인 의사로 방치하거나 강제할 수 없으며, 지역주민들에게 대안을 제시하고 갈등해결을 위한 적절한 조치를 계속적으로 강구하지 않으면 안된다.

(3) 공개도(公開度)

지방자치가 활성화되어 감에따라 지역주민의 요구를 반영하고 지지를 획득하기 위한 지방정부의 활동은 매우 중요시되고 있다. 지방정부의 정책은 주민일상생활과 밀접하게 관련되므로, 지방정부의 환경문제에 대한 정책과정에의 주민참여는 필수적이다.[60] 정책결정과정을 공개하고 주민들의 의견을 수렴하기 위하여 공청회, 반상회나 지역주민대표(洞대표 등)를 활용하기도 하며, 이러한 의견수렴과정에서 표출되는 다양한 이해갈등이 조정되어 갈 수 있다.[61] 일단 잠재된 갈등을 표출시킴으로써 해결방법을 모색할 수 있고, 공동협력하여 바람직한 방향으로 갈등을 관리해 나갈 수 있기 때문이다. 갈등관리에 있어서 가장 전제되는 기본적인 조건이 있다면, 바로 객관적인 정보의 공개와 주민의견을 반영하도록 하는 제도적 장치의 여부라고 할 수 있을 것이다.

(4) 지방정부의 신뢰도(信賴度)

주민의 지방정부에 대한 신뢰확보는 지방정부의 대표성과 정당성을 확보하는 기초가 되는 이념이다. 지방정부는 민선기관이므로 주민 전체의 의견을 대표할 수 있어야 한다. 환경문제가 더욱 확산되고 지역간의 갈등이 심화되는 가운데, 지방정부는 주민의 입장에서 갈등을 해결해야 한다. 지역주민들로부터 표출되는 환경적 욕구분출은 다양하고 특수 이익화되어 있는 경우가 많기 때문에, 어떻게 하면 이들의 이익을 전체적인 관점에서 통합시켜 나가며, 특수이익에 치우치지 않을 것인 가에 주의를 기울여야 한다.[62] 지방정부는 주민의 이익을 최우선으로 해야 하며, 목표갈등으로부터 야기되는 이해의 차이와 폭을 최소화하고 수단갈등으로부터 야기되는 절차를 민주적이고 공정하게 시행하도록 노력하여야 한다. 환경문제에 대한 갈등관리에 성공한 정부는 주민으로부터의

공신력과 정당성을 획득하기 쉬울 것이다.[63]

오늘날 대의민주주의는 위기에 직면해 있다. 그 이유는 행정활동이 전문화되고 다양화됨에 따라, 주민의 대의기관인 지방의회가 행정통제 기능을 제대로 수행하지 못하고 있다는 것이며, 또 민의를 수렴하여 정 책에 반영키 위한 정책결정의 역할을 담당할 능력이 부족하다는 데서도 그 원인을 찾을 수 있다. 이와 같은 전반적인 대의기관의 위기를 배경 으로, 지방의회는 더욱 제약된 상황에 직면하고 있다. 지방의회 의원들 의 전문성과 대표성문제, 더 나아가 자질문제까지 거론되고 있다. 지방 의회가 수행해야 할 지역주민들의 의견수렴과 정책에의 반영에 있어서 의 메카니즘이 제대로 작동되지 않음으로써, 주민들의 참여폭발현상[64] 이 빈번하게 발생되고 있다. 환경문제에 대한 갈등해결의 공식적 절차 인 의회에의 청원서 제출이나 집단민원의 제출이 신속하게 해결되지 못 하거나 부적절하게 처리됨으로써, 주민들이 대의기관인 지방의회를 불 신하고 무시하는 현상이 발생한다. 한편, 지방의회는 주민의 의견을 옹 호하는 입장에서 갈등해결을 주도해야 하나 현실에 있어서는 특수이익 과 야합하거나 매수되는 현상까지 나타나고 있는 실정이다.

주민들은 환경문제를 해결하기 위하여 자신들의 선거구에서 공적으 로 선출한 지방의회의원과는 별도로 대책위원회 대표와 위원들을 구성 하여 자신들의 이익을 표명하므로 지방의회는 형식적 존재로 기능할 가 능성이 커지게 된 것이다.

(5) 주민생활과 안전성(安全性)

환경문제는 경제적인 피해를 가함은 물론이고, 지역주민들의 건강상 에도 위해를 가할 수 있는 조건을 형성한다. 환경문제를 둘러싼 갈등의 주요한 잇슈들 중의 하나는 절박한 주민의 생존권과 연결된다. 그러므 로 환경문제의 갈등을 근본적으로 해결하기 위하여는 환경문제 그 자체

를 소멸시키는 것이기 때문에 기술적인 차원에서 환경위해를 제거함[65]
은 물론 환경문제로부터 야기되는 지방정부와 주민간의 갈등으로부터,
지방정부와 주민 모두가 겪게 되는 육체적, 경제적, 정신적 피해를 최대
한 방지할 수 있는 기술을 적용시켜 주민들로부터 안전에 대한 신뢰를
획득하도록 해야 한다.

(6) 갈등의 시간성(時間性)

환경문제는 시간적 한계범위내에서 발생하며, 더욱 심화되기도 하고
완화되기도 한다. 환경문제는 수 년에 걸쳐 이루어지는 경우도 있고 계
절에 따라 변화될 수도 있으며, 일정한 기한내에 해결되지 않으면 그로
인한 갈등이 견딜 수 없을 정도로 더욱 심화될 수도 있다. 지방정부는
항상 단기적 관점 또는 장기적 관점을 고려하여 환경문제를 정의하고
갈등상황을 판단해야 한다. '자발적 참여자들의 적시성 딜레머(volunteer's
timing dilemma ; VTD)'에 있어서 관계자들은 다른 관계자가 먼저 참여하
지 않았거나 그가 참여하지 않을 것이 확실한가를 확인하기 위해 약간
의 시간을 기다린 뒤에 참여한다.[66]

다음 <표 1-1>은 환경문제의 특성으로부터 유도되는 지방정부의 갈
등특성의 관계를 나타낸 표이다.

〈표 1-1〉 환경문제의 특성과 지방정부의 갈등특성

환경문제의 특성	지방정부의 갈등특성
① 지역성과 광역성	① 지역이기주의
② 공공복리성	② 지방정부의 책임도
③ 공표성	③ 공개도
④ 체제성	④ 지방정부의 신뢰도
⑤ 과학기술성과 외부불경제성	⑤ 주민생활과 안전성
⑥ 변화성과 지속성	⑥ 갈등의 시간성

■ 주석

1) 정회성, "환경 및 자원관리에 있어서 중앙과 지방의 역할분담", 국토개발연구원, 「국토정보」, 1995. 7, 36쪽.

2) 권해수, "지방자치시대의 환경정책", 한국공간환경학회(편), 「새로운 공간환경론의 모색」, (한울, 1995)를 참고.

3) 김병국, "광역자치단체와 기초자치단체간 관계에 관한 연구 -제도적 관계정립을 중심으로", 한국지방행정연구원, 「지방행정연구」, 제9권 제3호(통권 제33호), 1994. 11, 93-116쪽을 참고.

4) 심재곤, "한국의 지방자치와 환경행정", 한국환경사회정책연구소, 「지방자치시대의 환경행정」, 세미나 발표논문, 1994.7.19를 참고.

5) 김학로, 강성철, 김창원, "부산지역 환경행정의 관리체계에 관한 연구", 부산대 행정대학원, 「지방행정연구」, 제4권 제1호, 1992, 82-83쪽.

6) 문태훈, "지방정부의 환경정책 과제", 「지방자치」, 1995. 8월호를 참고.

7) 지속가능한 개발(ESSD; Environmentally Sound and Sustainable Development) 또는 지속가능한 성장(sustainable growth)이라고 한다.

8) 이시경, "지방환경행정조직의 기구개편과 기능조정", 한국행정학회, 「한국행정학보」, 제27권 제1호, 1993 봄, 233-252쪽을 참고; 1995년 환경처가 환경부로 승격한 이후 환경부의 업무와 국가예산배정은 거의 변화가 없다. 우리나라 환경예산은 국민총생산비의 0.3%에도 미치지 못하고 있어, 일본의 1.0%, 캐나다의 0.9%에 훨씬 미달하고 있다.

9) 조명래, "환경자치와 대안적 지역발전", 환경과 생명을 위한 모임, 「환경과 생명」, 1996 봄, 22-33을 참고.

10) 이진아, "자치시대 환경갈등의 세가지 유형과 과제", 환경과 생명을 위한 모임, 「환경과 생명」, 1996 봄, 42쪽.

11) 문태훈 교수는 'sustainable development'의 개념은 지구가 감당할 수 있는 범위 내에서의 발전이라는 의미를 강하게 내포하기 때문에 불필요한 혼돈을 주는 '지속가능한 발전'보다는 '지탱가능한 발전'으로 표현하는 것이 더 정확할 것이라고 한다. (문태훈, "'지방의제 21'의 의의와 현황 및 과제", 환경과 생명을 위한 모임, 「환경과 생명」, 1996 봄, 46쪽).

12) 양병이, "지속가능한 개발을 위한 환경적합성 평가", 「환경논총」, 제31권, 1993; 남영숙, "지속가능한 지역사회 건설을 위한 지방자치단체 환경성평가에 관한 연구", YMCA 국제환경정보센터, 「환경리포트」, 통권14호, 1995.

7-8월호 참고.

13) 노융희, "지방환경행정의 과제와 방향", 「지방자치」, 1995.7, 35쪽.

14) 최병두, "자치시대의 지역별 사회환경정책 과제와 전략", (사) 한국환경·사회 정책연구소, 「환경과 사회」, 1995 봄, 제6호, 11쪽.

15) 문태훈, "위의 논문", 45-48쪽.

16) 이창우, "지속가능한 개발을 위한 지방정부의 역할",한국지방행정연구원, 「지방행정연구」, 제10권 제2호, 통권36호, 1995. 9, 13-14쪽.

17) 김병완, "지방자치시대의 환경문제 개선될 것인가", 환경운동연합, 「환경운 동」, 1995.2, 56-60쪽.

18) 김안제, "지방자치단체의 환경정책의 방향", 한국지방행정연구원, 「지방행 정연구」, 제10권 제2호 (통권 36호), 1995.9. 1-8쪽을 참고.

19) 김병완, "앞의 논문", 60-61쪽.

20) 이시재, "환경친화적 지방자치 실현해야 한다 -시민환경연합의 형성을 위 해", 환경운동연합, 「환경운동」, 통권 19호, 1995. 1, 60-65쪽 참고.

21) 김병완, "앞의 논문", 62쪽.

22) 박광국, "환경정책의 성공적 집행을 좌우하는 요인에 관한 인식도 평가", 한 국행정학회, 「한국행정학보」, 제29권 제1호, 1995 봄, 198쪽.

23) 이창우, "앞의 논문", 22-31쪽.

24) 이창우, "지방자치시대 서울시 환경정책 평가와 과제", 환경과 생명을 위한 모임, 「환경과 생명」, 1996 봄, 66-67쪽.

25) 박영규, "환경분쟁의 지역사례", 배달녹색연합 주최, 「지방시대의 환경분쟁, 어떻게 해결할 것인가 -정부, 전문가, 민간단체, 주민의 역할을 중심으로」, 1995. 8. 17; 이창우, "앞의 논문", 31쪽 참고.

26) 환경을 생물권, 인간과 자연, 인간자신이 창조한 주위환경과의 관계를 통틀 어 정의하면서 물리적 환경, 사회적 환경, 또는 자연환경, 인공환경으로 분류 하기도 한다.(유동운, 「환경경제학」, 비봉출판사, 1992, 7-9쪽).

27) 생활환경은 인간의 의식주와 관계되는 환경분야를 말하는 것으로서, 대기상 태, 수질, 토양, 해양, 생물군, 기후조건 등과 같은 자연환경 중에서 인간이 기본적인 삶을 영위할 수 있도록 해주는 것들 이외에도 인위적으로 조성되 는 각종 주위의 상황을 포괄하는 것이다.

28) 권영길, "바람직한 환경정책 수립을 위한 환경문제의 특성검토", 광운대학교 인문사회과학연구소, 1996을 참고.

29) Frederick H. Buttle, "Environmental and Resource Sociology: Theoretical Issues and Opportunities for Synthesis", *Rural Sociology*, vol. 61, no. 1, Urbana, Il:

Official Journal of the Rural Sociological Society, Spring 1996, pp. 56-76.

30) 이명구, 오구균, 김태경, 최승 (옮김), 「현대환경론 - 환경문제에 대한 환경철학적, 민중론적 이해」 (데이비드 페퍼 지음, *The Roots of Modern Environmentalism*), 한길사, 1994 참고.

31) 구자건, "환경문제를 보는 입체적 시각", 「생태계 위기와 한국의 환경문제」, 도서출판 따님, 220-236쪽.

32) 환경경제의 측면에서는 환경오염문제의 특성을 오염요인의 다양성, 오염영향의 광역성, 오염원인과 결과의 시차성, 오염물질간의 상승성으로 보기도 한다. (유동운, 「앞의 책」, 15-17쪽). ; 전병성, "우리나라의 환경오염피해 분쟁조정제도", 한국환경법학회 세미나자료, 1991. 6. 7, 3-5쪽 참고.

33) 유해운, "비선호시설 입지에 대한 주민반발요인에 관한 연구: 원자력 관련시설 입지를 중심으로", 광운대학교 대학원, 박사학위논문, 1995, 12-18쪽.

34) 이승환, "환경문제와 국제정치 - 스톡홀름에서 리우까지", 환경연구회(편), 「환경논의의 쟁점들」, 도서출판 나라사랑, 1994, 334-350쪽 참고.

35) 김두옥, "한국 환경행정체계와 정책에 관한 연구", 한양대 행정문제연구소, 「행정문제논집」 (제12집), 1993. 12, 103-104쪽.

36) 폭로성 또는 비비밀성이라고도 한다.

37) 이득연, "주민환경운동 - 동향과 과제", 환경연구회(편), 「앞의 책」, 215-242쪽.

38) 최병두, "자본주의사회와 환경문제", 한국공간환경연구회, 「한국공간환경의 재인식」, 한울, 1992, 293-322쪽 참고.

39) Narindar Singh, *Economics and the Crisis of Ecology*, (Oxford Univ. Press, Calcutta, 1976) ; 박덕제 역, 「경제학과 환경위기」, (비봉출판사, 1986) 을 참고.

40) I.D. White, D.N. Mottershead,and S.J. Harrison, *Environment Systems: An Introductory Text*, (George Allen & Unwin Publishers Ltd., London: UK, 1986).

41) 고대승, "과학기술의 발달은 환경문제와 어떻게 연관되어 왔는가?", 환경연구회(편), 「앞의 책」, 139-168쪽; 이필렬, "과학기술의 발달과 환경문제", 「같은 책」, 169-188쪽 참고.

42) 임기철, 김재영, 「환경문제의 국내외 현황과 기술정책적 대응」, 한국과학기술연구원, 1992. 7 참고.

43) 유동운, 「앞의 책」, 134-145쪽.

44) Jon Martin Trolldalen, *International Environmental Conflict Resolution - The Role of The United Nations*, Washington D.C.: NIDR(National Institute for Dispute

Resolution). 1992. p. 6.

45) 정병수, 김기태, 정현식, 김유배, "산업발전과 환경오염에 관한 경제학적 분석", 「한국경제」 제7집, 성균관대 부설 한국산업연구소, 1979. 9, 4쪽.

46) 민주적 절차의 복잡성에서 나오는 제한들은 권려과 집행력에 대한 다른 법적 제한들의 배분을 구성한다. (Alex Mintz & Nehemia Geva, "Why don't Democracies Fight Each Other? - An Experimental Study", *Journal of Conflict Resolution*, vol. 37, no. 3, Sage Publications, Inc., September 1993, pp. 484-487.)

47) 이 책에서는 환경문제의 특성으로부터 유발되는 지방정부의 환경갈등의 특성을 이론적으로만 고찰하고자 한다.

48) Kenneth E. Boulding, *Conflict and Defense : A General Theory*, Lanham : Univ. Press of America, 1988 ; 김영평, "70년대와 80년대 우리나라 정책갈등양상", 한국행정연구원, 「한국행정연구」, 제3권 제1호, 1994 봄, 121쪽.

49) 자치권이 주민으로 부터 나오며, 이 논리는 주민참여와 주민통제의 근거를 제공한다.

50) Stuart M. Schmidt and Thomas A. Kochan, *op. cit.*, p. 365.

51) 박호숙, 「지방자치단체의 갈등관리」, 다산출판사, 1996, 42쪽.

52) 유해운, "앞의 논문", 12-18쪽.

53) Martin Sellers, "NIMBY : A Case Study in Conflict Politics", *Public Administration Quarterly*, 1993, p. 460.

54) Peter M. Sandman, "Getting to Mayby : Some Communications Aspects of Siting Hazardous Waste Facilities", in Robert W. Lake(ed.), *Resolving Locational Conflict*, New Jersey : Center For Urban Policy Research, 1987, pp. 3-27.

55) 김홍식, 정형덕, 「지역리기주의 극복을 위한 정책연구」, 한국지방행정연구원, 1993. 2, 7-8쪽.

56) 한원택, "지역이기주의의 실체와 정부의 대응", (사) 지방행정연구소, 「자치행정」 제79호, 1994. 10, 2-5쪽; 손희준, "지역이기주의 극복을 위한 혐오시설의 효율적 관리 방안", 「위의 책」, 6-10쪽.

57) 유재원, 안문석, 안광일, 최성호, 김정수, "환경규제권의 분권화 효과", 「한국행정학보」 제29권 제1호, 1995 봄, 6쪽.

58) 내무부 지방행정연수원, "합리적이고 효과적인 집단의사표현 방법의 제도화", 지방행정발전세미나, 1991. 11, 19-20, 5-6쪽.

59) Jane Anne Morris, *Not In My Back Yard*(San Diego, California: Silvercat Publications, 1994), pp. 21-34.

60) Les Worral, "Managing Information in Complex Organizations : A Local

Government Perspective", *Local Government Studies*, vol. 21, no. 1, London: Frank Cass, Spring 1995, pp. 115-129.

61) Chester A. Insco, John Schopler, Stephen M. Drigotas, Kenneth A. Graetz, Jane Kennedy, Chante Cox, and Garry Borstein, "The Role of Communication in Interindividual-Intergroup Discontinuity", *Journal of Conflict Resolution*, vol. 37, no. 1, March 1993, pp. 108-138.

62) Chris Lamb, "The Exodus Collective and 'DIY' Politics : The Lessons for Local Government", *Local Government Studies*, vol. 21, no. 2, London: Frank Cass, Summer 1995, pp. 184-190.

63) Craig D. Parks, Robert F. Henager, and Shawn D. Scamahorn, "Trust and Reactions to Messages of Intent in Social Dilemmas", *Journal of Conflit Resolution*, 1995, 참고.

64) 참여폭발현상(participation explosion)이란 주민의 이해나 욕구를 신속하게 정책에 반영시키지 못함으로써 발생되는 빈번한 주민의 시위나 집단의사표명 현상을 말한다.

65) 임기철, 김재영, "제8장 환경문제에 대한 기술정책적 대응", 「앞의 책」, 149-163쪽; Peter Patcliffe, "Equal Opportunities and Environmental Health : The Local Authority Response", *Local Government Studies*, vol. 21, no. 4, London: Frank Cass, Winter 1995, pp. 623-641.

66) Jeroen Weesie, "Asymmetry and Timing in the Volunteer's Dilemma", *Journal of Conflict Resolution*, vol. 37, no. 3, September 1993, p. 569.

제2장 갈등의 의의

제1절 갈등의 개념

갈등이란 일반적으로 둘 또는 그 이상의 당사자들이 목표의 양립불
가능한 상황에서 상호작용할 때 나타나는 역동적인 과정[1]이라고 할 수
있다. 그러나, 갈등에 대한 정의는 학자들에 따라 다양하게 정의[2]되고
있으며, 공통적이고 일반적인 하나의 정의를 내리기는 곤란하고, 각 연
구조사마다 개념적 정의를 특정화할 필요가 있다.

Bercovitch는 문제해결(제삼자 개입) 접근방법에서 사용되는 갈등의 개
념을 가치와 자원에 대한 것으로 정의하고 있다. 개인, 집단, 또는 국가
는 그들이 추구하는 어떤 가치와 목적을 가지고 있다. 이들은 부족하고
물질적인 가치(예, 영토)와 무형적 가치(예, 위신)일 수도 있다. 당사자들의
그들의 환경에 대한 반응과 행동의 선택은 그 환경에 있어서의 문제와
가치들에 대한 그들 자신의 주관적인 지각에 기초를 두고 있다. 당사자
들간에 존재하는 상황에 대한 지각은 갈등의 개연성을 증가시키기도 하
고 감소시키기도 한다.[3]

James G. March와 H. A. Simon은 갈등이란 조직내의 의사결정이나 정
책결정에 있어서 대안의 선택기준이 애매모호하여 어느 대안을 선택해
야 할지 곤란을 겪게되는 상황이라고 하였다.[4] E. J. Murray는 "갈등은
한 인간이 두 가지 이상의 서로 상반되는 일에 종사하도록 자극된 상
태"[5]라고 하여 의사결정과정상에서의 갈등개념을 피력하고 있다.

기술론자들은 갈등을 이해관계, 개인적 유형(style), 위협에 대한 반응,
인식된 불만 등에 의한 대립행위의 측면으로 설명하였으며, 규범론자들

은 상위목표의 설정, 의식의 고양, 양립가능한 개체의 선택, 갈등의 완화라는 범위를 포함해야 한다고 주장했다.[6]

사회학자인 Ralph Darendorf와 Lewis A. Coser는 각각 갈등을 양립불가능한 차이를 내포하는 여러 대상들을 추구하는 사람들간의 모든 관계, 그리고 가치, 권위, 권력 및 희소자원에 대한 요구를 둘러싸고 벌이는 여러 형태의 싸움들 이라고 정의하였다.[7]

Louis R. Pondy는 "갈등이란 지각(perception), 정서(emotion), 행동(behavior), 그리고 결과(outcome)를 포함하는 포괄적인 과정이다"[8]라고 하였다. 또한 Pondy는 갈등을 하나의 에피소드(episode)로서 역동적인 과정으로 파악하면서 그 에피소드는 5 단계를 거친다고 한다. 즉, 잠재적 갈등(latent conflict) → 감지된 갈등(felt conflict) → 지각된 갈등(perceived conflict) → 명시적 갈등(manifest conflict) → 갈등여파(conflict aftermath)가 그것이다.[9]

Pondy는 갈등에 대한 지금까지의 수많은 정의(定義)에 대하여 이들은 적어도 다음 네 가지 경우 중 어느 한 경우를 가리키는 것으로 분류될 수 있다고 하였다. 즉, 갈등이란 용어는 다음과 같이 다양하게 고찰되고 있다.

첫째, 갈등행위의 선행조건(예를 들면, 희소자원, 정책의 차이 등)이다.

둘째, 갈등상황에 관련된 개개인의 감정적 상태(스트레스, 긴장, 적대감, 분노 등)이다.

셋째, 개개인의 인시과정(cognitive process) 즉, 길등싱황에 대한 그들의 지각(perception) 또는 인식(awareness)을 가리킨다.

넷째, 갈등이라는 용어가 갈등행위 그 자체를 가리킨다. 여기에서 갈등행위란 소극적 저항으로부터 노골적인 공격에 이르는 다양한 양상을 모두 포함한다.

그러나, Pondy는 갈등을 동태적 과정으로 설명했을 뿐, 각 단계를 구별하는 기준을 제시하지는 못하였고, 또한 잠재적 갈등과 현재적 갈등을 구분하지는 않았다. 요컨대, 갈등은 그 선행조건 내지 원인이 중요하다는 것이다. 갈등을 유발시키는 그 원인을 정확하게 파악하는 것이야말로 그 갈등을 이해하고 필요한 갈등해소 방안을 강구할 수 있게 되는 것이다.

Bercovitch는 갈등의 접근방법에 대한 관심사항을 다음과 같이 기술하고 있다.[10]

첫째, 갈등의 이해에는 당사자들간의 상호작용에 대한 초점을 요구한다.

둘째, 다른 형태의 사회적인 상호작용과 같이 갈등 상호작용은 그들의 상황과 환경에 대한 당사자들의 지각에 대한 반응을 나타낸다.

셋째, 갈등은 필수적으로 주관적인 현상이다. 그들은 가치와 선택의 상호작용에서 야기된다.

넷째, 갈등은 "인간관계의 창의적 요소이며, 변화의 수단이며, 복지, 안전, 정의, 개인적 발전에 대한 기회에 대한 우리의 사회적 가치가 성취될 수 있게 하는 수단이다."[11]

다섯째, 갈등관리의 접근방법은 공통된 관점이나 지각을 성취하기 위하여 설계되어야 한다.

여섯째, 갈등은 양 당사자들이 제로섬게임으로부터 흑자적 합계게임으로 갈등의 지각을 변화시키려고 할 때 성공적으로 관리된다.

갈등에 대한 더 정확하고도 유용한 정의를 찾기 위하여 다음과 같은 세 가지 기준이 제시되고 있다.

첫째, 정의에는 가치내재적 관점이 없어야 한다.

둘째, 정의는 특정 활동에 초점을 두어야 하고, 갈등의 선행조건들은 물론이고 그 결과들로부터도 개념상 명백하게 구별되어야 한다.

셋째, 그 개념은 경쟁의 개념과는 구별되어야 한다.

Walker는 "갈등행동"을 "다른 구성원의 목표와 불일치하는 한 구성원에 의한 활동"이라고 정의한다.[12] 이 정의의 출발점은 "구성원"(갈등 당사자)을 하나 이상의 다른 의사결정부서들과 상호의존적으로 활동하는 어떤 의사결정의 부서(개별적이거나 집단적으로)라는 것이다.

Walton과 McKersie는 상호의존성의 범위를 "당사자들이 그들의 관계를 지속하는 것으로부터 이익을 지속시키는 영역으로 정의한다.[13] 따라서 그 영역으로부터 관계를 시작하거나 지속시킬 의욕이 제시되는 것이다. Walton과 McKersie가 특정화시킨 의사결정역역에서 상호의존적인 관계에 대하여, 어떤 하나의 당사자도 상호작용의 산출을 일방적으로 독점할 충분한 권력을 가질 수는 없다고 한다.[14]

갈등행동에 대한 정의를 발전시킴에 있어서 Walker는 다음과 같이 말하고 있다: "만약 두 구성원들이 분산적 목표(잠재갈등)를 가지고 있다면, 그리고 이러한 목표들이 그들의 행동동기가 된다면, 한 구성원은 다른 구성원의 목표와 불일치하는 방법으로 행동하도록 동기부여될 것이다."[15]

그러나, 우리의 개념틀은 "분산적 목표"를 양립불가능한(불일치하는) 목표로 대신하고 있는데, 여기서 불일치 목표란 동시에 습득할 수 없는 것을 말한다. 그러므로, 두 개념들은 질적으로 다르며, 목표의 불일치성 (양립불가능성)은 갈등의 전제조건으로 취급된다.

불일치목표의 존재가 갈등을 촉발시키는 것이기는 하나, 갈등에 개입할 지각된 능력에 대하여는 전혀 알려주지 못한다. 따라서, 목표불일치가 주어져 있을 때, 당사자들이 갈등에 개입할 가능성을 증가시켜주는 일련의 변수들이 도입되어야 한다. 이러한 일련의 변수들은 서로의 목표의 습득을 방해하려는 지각된 기회이다. 지각된 기회는 당사자들이 공유하는 자원과 활동에 달려있다.[16] 그러나, 만약 공유자원과 상호의존적인 활동이 모두 영(0)이라면, 방해를 위한 어떠한 지각된 기회도 존재치 않을 것이다.

목표의 불일치성이 갈등전개의 필수적인 선행자이기 때문에 목표의 개념을 밝힐 필요가 있다. Boulding은 목표를 지형학상으로 정의하면서 한 부서가 점유하고자 하는 미래의 "지위(positions)"라고 한다.[17] Simon도 이와 마찬가지로 목표를 조직부서의 결정에 대한 투입으로 쓰이는 가치 전제라고 한다. 이 견해에서 목표는 의사결정자들이 그들의 선호를 우선 순위화하는데 사용하는 기준이라고 조작적으로 정의될 수 있다. 그러면, 한 부서로 하여금 결정의 전제로서 다른 목표보다는 어떤 목표를 선택하도록 하는 근거되는 이유는 과연 무엇일까? Simon은 이러한 원인 요소들을 목표선택에 영향을 끼치는 동기 또는 동기부여적 세력이라고 한다.[18]

이 일반적인 개념틀은 갈등개념에 대한 기초를 제공해 준다. 갈등을 초래하는 과정에서 변수들 간의 관계는 <그림 2-1>에서 묘사된다.

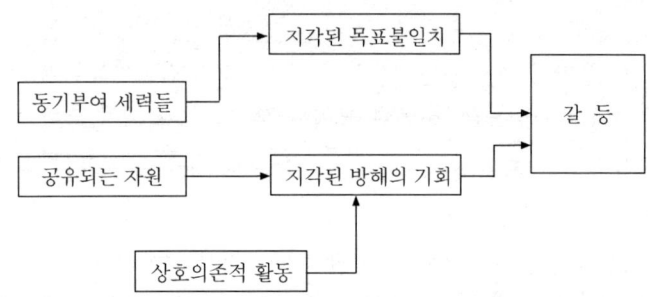

출처 : Herbert A. Simon, "On the concept of organizational goal", *ASQ*, vol. 9, 1964, recited in Schmidt and Kochan, *op. cit.*, p. 363.

〈그림 2-1〉 갈등 과정

이 과정은 갈등의 전개는 동적인 과정으로 고찰될 수 있다는 Pondy의 제시와 일맥상통한다.[19] 그러나, Pondy와는 달리, 우리는 갈등을 이러한 과정의 현시적인 행태적 산출, 즉 실제적인 방해나 차단으로 개념화한다.

이와 같이, 갈등은 한 부서가 다른 부서들과의 관계속에서 그 자신의 이익의 증진을 추구하는 과정으로부터 나타나는 현시적 행동을 말한다. 따라서, 갈등의 개념은 이해의 증진, 탈퇴, 권력포착과 같은 공식조직에서 발생할 수 있는 항의 운동을 통합시킨다.[20] 부서들은 의도적인 방해가 없을 때는 갈등이 없다. 방해는 적어도 한 집단에 의하여 의도적이고 목표지향적이어야 한다. 방해는 수동적일 수도 능동적일 수도 있다. 수동적 방해는 예컨대 한 부서의 활동단계에서 그 부서의 활동이 다른 부서에 의하여 요구되지만 그 첫번째 부서가 협력하지 않는다면 발생할 수도 있다.[21] 이 부서는 의도적으로 다른 부서의 목표를 방해한다. 그 결과는 두번째 부서에는 해가 되지만 그 첫번째 부서에는 유리하다.

학자들의 견해를 종합하여 보면, 갈등이 성립하는 조건은 다음과 같다.

첫째, 갈등주체가 있어야 한다. 소위 당사자(party), 참여자(participant), 행위자(actor)가 그것이다.

둘째, 갈등은 양립할 수 없는 상황에서 발생한다는 것이다.

셋째, 갈등은 상호작용이 있어야 발생한다는 것이다.

끝으로, 이러한 갈등은 역동적인 과정을 거친다는 것이다. 즉, 일의적(一宜的)이고 단선적인(monocratic) 것이 아니라는 것이다.

이외에도 갈등에 대한 학자들의 견해는 각양각색이다. H. J. Reitz는 "갈등이란 관련 개인이나 집단이 함께 일하는데 있어서 애로를 겪는 형태로 정상적인 활동이 방해되거나 파괴되는 상태"[22], J. Litterer는 "어떤 개인이나 집단이 다른 사람이나 집단과의 상호작용이나 활동으로 상대적 손실을 지각한 결과 대립·다툼·적대감이 발생하는 행동의 한 형태"[23]라고 하였으며, James A. F. Stoner는 갈등은 희소자원이나 작업활동을 배분하게 될 때나 서로 다른 처지·목표·가치·인지 등이 존재할 때, 조직내의 둘 또는 그 이상의 개인간이나 집단내에서 일어나는 불화 (disagreement)로 정의하였다.[24]

Ralph H. Kilman과 Kenneth W. Thomas는 갈등은 의도적으로 상대방의 목표달성을 방해하는 행위 또는 목표 · 가치관의 차이 및 적대감 등으로 서로 대립된 양립하지 않는(incompatible) 상태로 정의했다. Pruitt와 Rubin은 육체적, 물질적 반항(confrontation)과 각자의 이해와 사고에 대한 신랄한 불화(disagreement), 반대(opposition)라고 하면서 심리적 열망과 심리적 반항은 육체적, 물질적 반항의 기저를 이룬다고 보았다.[25]

Stuart M. Schmidt와 Thomas A. Kochan은 갈등개념의 명확화를 위하여 기존 정의들의 부적절성을 다음의 세 가지 측면에서 지적하고 있다.[26]

첫째, 가치를 포함한 정의이기 때문에 정의를 구성하는 용어들이 지나치게 추상적이라는 것이다. 예를 들면, Alan R. Beals와 Bernard J. Siegel 은 "일반적으로 예상되는 행위의 불이행", James G. March와 Herbert A. Simon은 "표준 의사결정 메카니즘의 붕괴", J. Marek은 "협력에 대한 위협", Richard E. Walton은 "경쟁, 지위, 겨루기, 협상, 사보타지, 수다 등과 같은 몇 가지 형태의 반대과정", 또는 Lowis A. Coser는 "적대적 다툼" 등으로 정의함으로써, 매우 규범적인 가치들을 포함하고 있기 때문에 분석적인 목적으로 쓰기가 곤란하다는 것이다.

둘째, 지나치게 포괄적인 정의를 내림으로써 갈등과 그 선행요인들과 혼동하고 있다는 것이다. 예를 들면, Louis R. Pondy는 갈등을 선행조건들(예, 자원의 결핍, 정책차이), 관련 개인이 영향을 받는 상태(예, 스트레스, 긴장, 적대감, 근심 등), 개인의 인지상태(즉, 갈등살황에 대한 개인들의 지각과 인식) 그리고 수동적 저항에서 명백한 공격에 이르기까지의 갈등행동이라는 말로 사용해 왔다.

Ralf Dahrendorf는 다양한 분석수준에서 사용하기 적합하게 광범위한 개념정의를 사용하고 있다. 즉, 갈등을 경연(contests), 경쟁(competitions), 분쟁(disputes), 긴장(tensions) 등의 의미로 사용하고 있으며, 목표의 비양립적 차이를 가지는 개인들간의 모든 관계를 곧 사회적 갈등의 관계로 본다. Coser는 비양립적 목표의 존재와 실제갈등간에서 구별 필요성을 언급하고 있으며, Raymond W. Mack과 Richard C. Snyder도 이 문제는 일반적인 현상으로서 갈등의 분석적 속성들을 특정화하기 위하여, 그리고 갈등과 밀접하게 관련된 개념들을 명백히 구별하기 위하여 별로 노력하지 않았다는 점을 지적하고 있다.

셋째, 갈등과 경쟁을 혼동하고 있다는 것이다. Clinton F. Fink는 세 가지 사고계열을 확인하고 있는 데, 그 첫째는 경쟁의 하위체계로서 갈등을 취급하는 것으로서, Laswell과 Boulding이 이를 지지하고 있다. 경쟁은 광의에서 볼 때, 잠재적인 두 행동단위들이 상호 비양립적일 때 나타나는 것이며, 갈등은 당사자들이 잠재적인 미래의 지위의 비양립성을 인식하고, 한 당사자가 상대방의 희망에 비양립적인 지위를 차지하고 싶어하는 경쟁상황으로서 정의될 수 있다. 둘째는 행동이 규제되는 정도를 강조하는 것으로서, Fink는 경쟁이란 경쟁자들이 그들의 개별적인 목적에 도달하려는 과정에서 서로에게 할 수 있는 것을 제한하는 수립된 규칙이나 제도화된 규범들을 내포하지만, 갈등은 규제되지 않는 것이며, 규칙의 위반을 포함하는 것이라고 요약하고 있다. 세번째는 경쟁이나 갈등을 행태적으로 구별가능하다고 보아 갈등의 협의의 개념과 관련된다. Fink는 동시적인 점유가 가능하지 않는 지위에 도달하려는 당사자들간의 수평적 투쟁의 하나를 경쟁으로 보고 상호방해를 갈등으로 기술하고 있다. 당사자들의 전략은 두 가지 상황에서 다를 것이며, 이 구별은 갈등의 행태지향적 정의에서는 중요하다.

그들은 위와 같은 지적을 하고 난 다음, 갈등의 개념틀을 다음과 같이 제시하고 있다. 첫째, 갈등개념은 가치함유적 관점을 피해야 하며, 둘째, 갈등개념은 특정 활동에 초점을 두고 갈등의 선행조건들과 그 결과들을 개념적으로 구별할 수 있어야 하며 셋째, 경쟁의 개념과도 구별될 수 있어야 한다고 하였다. 또한 갈등행동의 잠재력을 파악하기 위하여 공유자원의 정도, 목표의 비양립성, 활동의 상호의존성을 축으로 하여 갈등잠재력 축을 고안했다.27)

그러나, 이러한 논의는 갈등의 제측면을 분석의 차원에만 국한시킴으로써 갈등이 지니는 전체적인 사회적 의미를 과소평가하고 있다. Raven과 Kruglanski는 사회적 갈등을 실제 또는 소망되는 반응들의 양립불가능으로부터 야기되는 둘 또는 그 이상의 사회적 실체들(개인, 집단 또는 더 큰 조직들)간의 긴장(tension)으로 정의한다.28)

이들 학자들의 견해들에 대하여 비판적인 시각에서 논의해 보면 다음과 같다.

첫째, 갈등의 표현형태를 다른 분쟁들과 명확히 구별할 수 있는 것으로 보고 있다.

둘째, 갈등단계를 명확히 구별할 수 있는 과정으로 보고 있다.

셋째, 조직의 갈등상황을 지나치게 행태적 입장에서 정의하려 하였다.

넷째, 개방체계의 입장을 표방하고 있으나 조직환경적 변수보다는 조직자체의 특성에 지나치게 치중하는 경향이 있다. 실제 사회에서는 분쟁당사자들은 조직구성원이라는 공식적인 입장을 취함이 없이 갈등에 연루되는 경우가 많이 있다.

다섯째, 갈등을 지나치게 추상화시킴으로써 해결의 실마리를 모호하게 흐리고 있다. 구체적인 조직상황속에서의 갈등을 사회적 측면의 갈등상황으로 확대 해석하고 있다. 갈등의 정의를 지나치게 구체화하려고 하는 데서 무리가 발생한다.

제 2 절 갈등의 특성

갈등에 대한 여러 정의를 종합하고 구체화해 보면, 다음과 같은 특징이 나타난다.[29]

첫째, 갈등은 둘 이상의 갈등주체 사이에 발생하는 현상이다. 갈등의 주체는 조직내의 개인, 집단 그리고 이들을 포함하는 조직이다.

둘째, 갈등은 대립감과 대립적 행동을 내포하는 동태적 과정이다. 즉, 갈등원인의 형성, 갈등원인의 지각, 심리적 대립현상 그리고 대립적 행동의 표면화로 이어지는 과정이다. 이러한 제 단계가 언제나 끝까지 진행되는 것은 물론 아니다. 어느 단계에서 끝나거나 전 단계로 되돌아가거나 혹은 다른 단계로 전이할 수도 있다.

셋째, 대립적 행동이 노출되지 않더라도 당사자들이 갈등상황을 지각하고, 긴장·불안·적대감 등을 느끼기 시작하면 벌써 갈등이 존재한다고 보아야 한다.

넷째, 갈등이 나타나는 대립적 행동에는 싸움, 파괴, 이견의 진술 등 적극적 행위 뿐만 아니라, 당연히 해야 할 말이나 행동을 하지 않는 등의 소극적 행위도 포함된다.

다섯째, 갈등발생에는 반드시 그 원인과 조건이 수반된다. 사실상 조직의 모든 구성요소는 갈등발생의 잠재성을 가지고 있다고 할 수 있다. 그러나, 그러한 존재의 단순한 존재만으로 갈등이 발생하는 것은 아니며 여기에 일정한 조건이 부여될 때 비로소 갈등이 발생한다.

여섯째, 갈등은 조직을 위해 유익한 것일 수도 있고 해로운 것일 수도 있다. 조직이 추구하는 목표나 가치를 지원하는 것은 조직을 위해 순기능적이며 건설적인 갈등이지만, 반대로 조직의 목표나 가치를 해치는 것은 역기능적이며 파괴적인 갈등이다. 그러나, 구체적인 경우에 순기능적 갈등과 역기능적 갈등이 항상 뚜렷하게 구별될 수 있는 것은 아니다.

그리고 양자의 한계는 시간의 흐름에 따라 변동될 수 있는 것이다.

일반적으로 갈등의 순기능적인 측면을 고려하여 보면, 다음의 몇 가지 측면에서 고찰해 볼 수 있다.[30]

첫째, 균형차원 — 갈등은 개인, 집단, 조직의 균형을 깨뜨리고 무질서를 초래한다는 점에서 역기능적이다. 그러나 이러한 불균형을 통해 정태적이고 무사안일적인 개인, 집단, 조직을 동태적으로 만들어 성장과 발전의 계기를 만들어 준다는 점에서 기능적이다.

둘째, 통합차원 — 갈등은 개인, 집단, 조직의 통합과 조화를 파괴할 수 있다. 그러나, 갈등은 오히려 조직의 내적인 응집성과 충성심을 높여 갈등이 있은 후 오히려 조직이 새로운 조화와 통합력의 향상을 가져올 수 있다.

셋째, 안정차원 — 갈등은 개인, 집단, 조직에 불안과 긴장을 가져와 안정성을 파괴한다. 그러나 어느 정도의 갈등과 불안은 오히려 동태적인 변화와 발전의 돌파구를 제공해 줄 수 있다.

넷째, 창의성과 혁신성 차원 — 갈등은 조직내의 창의성과 혁신성을 질식시킬 수 있다. 그러나, 어느 정도의 갈등은 오히려 조직내에 창의적인 아이디어를 자극하고 유도한다. 갈등이 전혀 없는 집단은 대개 정태적이고 구성원이 자기능력 이하의 업적 밖에 성취해 내지 못하는 경우가 많지만 갈등이 어느 정도 있을 때, 변화와 개혁을 가져온다.

다음은 이 책에서 배경적인 이론으로 삼고있는 갈등에 관한 기본적 시각으로서 정부의 갈등관리에 대한 이론적 배경을 형성하는 것이다.

첫째, 사회형성(sociation)으로서의 갈등 — 갈등에 관한 사회학적 중요성은 원리상으로는 거의 논의된 바가 없다. 갈등은 이해집단을 조정하고 통일과 조직을 이루는 말로 인정된다. 한편 만약 어떤 사람이, 갈등으로부터 야기되는 또는 갈등을 수반하는 어떤 현상과 관계없이, 갈등 그 자체가 사회형성의 한 형태인지를 묻는다면 일반적인 시각에서는 역설로 들릴 것이다. 일견 이말은 수사적인 의문처럼 들린다.

만약 사람들 사이의 모든 상호작용이 사회형성이라면, 갈등은 단 한 사람에 의해서는 도저히 이루어질 수 없고 확실히 사회형성으로 고찰됨에 틀림없다. 사실 비사회형성적 요소들-증오, 시기, 욕구, 욕망-따위는 갈등의 원인들이다. 따라서 갈등은 다양한 이중성을 해결하는 것으로 지칭된다. 갈등은 일종의 통합을 이루는 한 방법이다. 갈등 그 자체는 대조자들간의 긴장을 해결한다. 갈등이 평화를 지향한다는 사실은 명백한 그 본성의 표현이다. 이러한 본성은 대조적(antithetical)이고 수렴적(convergent)인 양 관계의 형태들이 둘 이상의 개인이나 집단들의 단순한 무관심과는 근본적으로 구별된다고 인식될 때 더욱 명백하다. 무관심은 완전히 부정적이지만, 갈등은 긍정적인 것을 포함한다. 갈등의 긍정적이고 부정적인 측면은 통합되어 있다. 그 측면들은 개념상으로 구별될 수 있는 것이지 실증적으로 구별될 수 있는 것은 아니다.[31]

둘째, 갈등의 사회적 관련성 — 갈등을 사회학적으로 긍정적인 측면으로 볼 때는 사회현상은 서광이 비치는 것 같다. 한 때 두 가지 일관된 인간학의 대상문제(개인단위, 개인들 단위 - 사회)만 있을 때에는 갈등 그 자체는 연구의 여지가 없었다. 갈등은 통합의 부정을 의미했기 때문에 통합의 개념하에서의 전제는 독단적이고 쓸모없는 것이었다.

그러나, 개인은 고갈적인 논리적, 객관적, 종교적 또는 윤리적 규범에 따라서만 자신의 인격의 통일을 지니는 것이 아니라, 반대로 모순과 살등이 이러한 통일을 유도할 뿐만 아니라, 매 순간의 존재에서 통일속에 작용하는 것이다. 사회도 어떤 형태를 가지기 위하여는 조화와 불화, 협력과 경쟁, 우호와 비우호 경향의 어떤 양적 비율을 필요로 한다. 한정적이고 실제적인 사회는 어떠한 긍정적인 사회적 요인들로부터만 오는 것도 아니고, 부정적인 요소들이 그러한 요소들을 방해하지 않는 정도로만 결과하는 것도 아니다.[32]

셋째, 통일(Unity)과 불화(Discord) ― 일상생활에서는 사회학적으로 두 가지 이상의 일반적 개념의 대조가 있는데, 행복과 고통, 미덕과 악, 성공과 실패 등이다. 우리는 하나의 생활로서 이러한 양극단 모두를 인식해야 한다. 생활은 이러한 두 극단 사이를 끊임없이 이동한다. 그것은 결국에는 양쪽 대조를 포함하는 통일을 이루어 낸다. 통일의 개념은 이중성을 지닌다. 통일이란 총제적인 집단종합이며, 기능적 요소들의 의미에서 일방적이라고 느끼는 집단현상이다. 불화나 반대도 이중적 의미를 가지는데, 전체집단에서는 통합과 똑같은 효과를 가짐에 틀림없다.

그러나, 실제로는 개인들간의 전체적인 관계속에서 반드시 똑같은 효과를 가지는 것은 아니다. 부정적이고 이중적인 요소들은 특정한 관계에서 작용할 수 있는 파괴에도 불구하고 더 종합적인 상황(picture)에서는 전적으로 긍정적인 역할을 하는 것이다.

넷째, 집단통합력으로서의 갈등 ― 첫째, 부부관계와 같은 소집단에서도 그 구성원들간에는 무한히 많은 생생한 관계가 있다. 어느 정도의 불화, 내적 이탈, 외부적 논쟁은 궁극적으로 그 집단을 함께 묶어 주는 바로 그러한 요소들로 조직적으로 결합되어 있다. 둘째, 반감의 긍정적 통합적 역할은 구조에서 나타난다. 반감은 항상 기존의 상황을 보전하기 위하여 의식적으로 교화되기 때문에 집단내의 경계가 점차 사라지는 것을 방지해 줄 뿐만 아니라, 직접적인 사회적 배양을 지닌다. 반감적인 에너지들이 사라진다면 결코 항상 더 풍부하고 충만한 사회생활을 초래할 수 없다.

결사에 대한 구성원의 반대가, 그러한 반대를 최소한 실제로 참을 수 없는 사람들과 생활하는 유일한 수단이기 때문이라면, 순수하게 부정적인 사회적 요소인 것은 아니다. 우리가 독재, 억압, 조정에 저항할 권리조차도 가지지 않았다면, 사람들과 어떤 관계를 가질 수 없을 것이다. 반대는 우리에게 내적 만족과 일탈, 안도감을 주며, 우리가 상황의 완전한 희생자는 아니라는 느낌을 준다.

　반대는 어떠한 분명한 성공을 가지지 않을 때, 명시적이지는 않지만 순수하게 내면적일 때도 그 목적을 달성한다. 반대가 거의 어떠한 실제적인 효과를 가지지 않는다 하더라도 내적 균형은 달성할 수 있고 조용한 영향력을 행사할 수 있으며, 실제적인 권력감을 만들어 낼 수 있는 것이다. 반대는 관계를 보전하는 수단일 뿐만 아니라 실제로 관계를 구성하는 구체적인 기능들 중의 하나이다.[33] 갈등은 중요한 사회현상으로서, 갈등이 없는 사회는 완전한 사회라고 할 수 없다. 갈등은 통합력과 함께 필수적인 사회형성의 과정이다.

　다섯째, 사회적 관계의 동질성과 이질성 ― 갈등관계 그 자체가 사회구조를 만들어 내는 것은 아니고, 통합력과 협력하에서만이 가능하다. 둘이 함께 함으로서만이 집단을 구체적이고 살아 움직이는 단위로 구성한다. 특정한 사람에 대한 가정이 존경, 우정, 부성, 모성, 에로틱한 충동이나 윤리적, 심미적 가치화로 구성되어 있을 때 이러한 현상은 흔히 동질적이다. 그러나, 두 관련 개인들간의 관계를 특징지우는 거리감(distance)은 그들간의 친밀감을 야기하는 애정의 결과로서, 그리고 그들을 완전히 따로 떼어 놓으려는 반감으로 등장한다. 두 감정은 서로를 제한하며, 그 결과가 거리감이다.[34]

제 3 절　갈등의 유형

　갈등의 유형은 기준에 따라 다양하다.

　첫째, 갈등의 원인이 되는 문제의 성격에 따라, 단순갈등(원인, 관련자, 해결책이 명쾌하게 확인되며, 해결수단이 완전하고 용이하게 구비될 수 있는 갈등)과 복잡갈등(원인, 관련자, 해결책이 복잡하며, 해결수단이 불완전하고 해결여부가 불확실한 갈등)이 있다.

둘째, 갈등관련 당사자의 수준에 따라, 개인갈등, 집단갈등, 조직갈등으로 나누어 진다.

셋째, 발생한 갈등의 지역적 범위에 따라, 사회내 갈등, 사회간 갈등, 지역내 갈등, 지역간 갈등, 정부내 갈등, 정부간 갈등 등으로 나눌 수 있다.

넷째, 갈등원인의 유무에 따라, 이유있는 갈등과 이유없는 갈등이 있다.

다섯째, 갈등양상의 이해가능성에 따라, 이해할 수 있는 갈등과 이해할 수 없는 갈등으로 나눌 수 있다.

여섯째, 갈등의 외면적 표출 정도에 따라, 표현적 갈등(명시적 갈등), 잠재적 갈등(묵시적 갈등) 등으로 나눌 수 있다.

갈등수준은 개인적 갈등, 집단갈등, 조직갈등으로 나누어지며, 각 갈등마다 내부적 갈등과 사이적 갈등이 존재한다. 즉, 개인적 갈등은 개인내 갈등과 대인적 갈등으로 나누어지고, 집단갈등은 집단내 갈등, 집단간 갈등으로, 조직갈등은 조직내 갈등과 조직간 갈등으로 나누어 진다. March와 Simon은 갈등을 개인적 갈등, 조직적 갈등, 조직간 갈등으로 구분하였다.35)

Louis R. Pondy는 조직들의 갈등에 대한 7개의 실증적인 연구를 비교하면서 안정적 조직구조내의 마찰적 갈등(frictional conflict)과 전략적 갈등(strategic conflict)으로 나누어 고찰하기도 하였다.36) 마찰적 갈등은 조직구조를 변경시키지 않는 비교적 저급의 갈등과 마찰을 말하며, 전략적 갈등은 조직구조의 변화를 도모하기 위한 갈등으로서 조직에서 약한 구성원들이 강력한 구성원들로 하여금 어떤 통제를 할 수 없도록 하는 수단으로 이용된다. 이외에도 Louis R. Pondy는 공식적 조직의 하위단위들 간의 갈등유형을 협상적 갈등, 관료제적 갈등, 시스템 갈등으로 나누어 각

각 그 모형을 설명하고 있다.[37] 이러한 모형들 전반에 흐르는 중요내용
은 다음과 같다.

첫째, 각 갈등관계는 상호차단적인 갈등 에피소드의 연속으로 구성되
어 있다.

둘째, 갈등은 개인이나 조직에 역기능적일 뿐만 아니라, 순기능적일
수도 있다.

셋째, 갈등은 조직의 안정성과 밀접하게 관계되어 있다.

D. Hellriegel 등은 계층간의 수직적 갈등, 동일수준 부문간의 수평적
갈등, 계선-참모 갈등, 역할 갈등 등으로 구분하였다.[38]

이외에도 노사갈등, 사회갈등, 국제적 갈등, 문화적 갈등 등 다양하다.
이 책에서는 갈등의 유형을 다음과 같이 몇 가지 차원으로 나누어 간단
히 살펴보기로 할 것이다.

1. 개인갈등, 집단갈등 및 조직갈등

조직론 분야에서 일반적으로 제시되고 있는 갈등의 유형은 갈등수준
에 따라, 개인갈등, 집단갈등, 조직갈등으로 나누어지고 있다. 다음에서
는 이러한 갈등의 유형에 대하여 간단히 고찰키로 한다. 왜냐하면, 이
연구에서는 일반적인 조직의 특성만을 지니고 있지 않은 지방정부수준
에서의 갈등을 다루고 있으므로, 주로 집단갈등과 조직갈등의 관점에서
갈등의 유형을 파악하나 그 성질은 다소 차이가 있기 때문이다.

1) 개인갈등

개인적 갈등은 개인이 심리적으로 겪는 갈등과 대인관계에서 겪는
갈등상황으로 대별될 수 있다. 개인적 갈등의 발생원인으로서는 성격,
역할 불만족, 지위 불일치, 상호배타적 목표, 의사결정 등을 들 수 있다.
개인갈등을 몇 가지 유형으로 나누어 보면 다음과 같다.

첫째, 좌절갈등이 있는데, 이는 개인의 욕구에 따른 목표지향적 행위가 장애물로 인해 차단됨으로써 목표에 도달할 수 없을 때 발생하는 갈등으로서 표출적 장애와 잠재적 장애가 있다. 좌절갈등의 행동심리적 특성은 공격, 철회, 체념·무관심, 고착, 타협, 도피, 합리화, 보상, 전환, 전위, 동일시, 동화, 투사, 반응형성, 퇴행, 억압, 승화 등이 있다.

둘째, 목표갈등이 있는데, 이는 둘 이상의 동기가 서로를 차단시켜 발생한다는 점에서 하나의 동기가 목표달성 이전에 차단됨으로써 발생하는 좌절갈등과는 다르다. 목표갈등에는 대안의 선택에 있어서 접근-접근갈등, 접근-회피갈등, 회피-회피갈등 등이 있다.

셋째, 역할갈등이 있는데, 개인은 사회속에서 여러 가지 사회적 역할을 맡고 있다. 각자에게 부여된 역할에 따라 그 사람에 대한 요구와 기대가 달라지기 때문에 발생하는 갈등이다. 역할갈등에는 역할내 갈등, 역할간 갈등, 전달자의 내적 갈등, 전달자간 갈등, 개인적 역할갈등 등이 있다.

또한, Simon과 March는 의사결정과정상에서 개인이 겪는 갈등을 비수락성, 비비교성, 불확실성의 관점에서 설명하고 있다.

2) 집단갈등

집단갈등은 보다 더 조직내의 집단들 상호간에서 겪게되는 갈등으로서, 집단갈등의 원인에는 목표차이, 지각차이, 과업의존성, 고도의 수평적 분화, 시관(時觀)의 차이, 낮은 공식화, 제한된 자원, 평가기준과 보상체계의 차이, 참가적 의사결정, 성원들의 이질화, 지위신분상의 불일치, 역할불만, 의사소통의 왜곡, 계선과 막료의 갈등 등으로 나누어 볼 수 있다. 집단간 갈등의 종류[39]에는 계층적 갈등(조직내의 각 계층간에 발생), 기능적 갈등(여러 기능부서 사이의 갈등), 계선과 막료의 갈등, 공식-비공식 조직 사이의 갈등 등이 있다.

집단간 갈등의 관리를 함에 있어서 주요한 기본적 가정에는 갈등에 대한 전통적 가정과 새로운 가정으로 나누어 볼 수 있다. 첫째 전통적 가정에서 갈등이란 문제인물들에 의해 발생하는 것이므로 권위와 규칙으로 또는 속죄양을 만들어서라도 제거해야 한다는 입장이다. 갈등은 나쁜 것이므로 해소시켜야 한다고 본다. 둘째, 새로운 가정에서 갈등이란 구조적인 원인에 의해 필연적으로 발생하는 것이므로 변화의 성격에 따라 통합되는 방식을 택한다. 갈등을 오히려 혁신과 변화를 낳고 사람을 활성화시키는 것으로 인식한다. 집단갈등의 관리는 두 가지를 모두 고려해야 한다.

집단간 갈등의 결과는 순기능적 측면에서 학습효과, 집단의 상호 적응능력 강화, 개방적 상호관계의 조성을 들 수 있고, 역기능 측면에서 첫째, 집단내에서의 변화(집단응집력의 증가, 독재적 리더십의 등장, 집단활동의 강화, 충성심 강조) 둘째, 집단간 관계변화(지각의 왜곡, 부정적 고정관념화, 의사소통의 감소, 상대집단에 대한 엄격한 감시)를 고찰할 수 있다.

3) 조직갈등

조직간의 갈등현상은 조직내 집단간의 갈등현상과 거의 구별할 수 없을 만큼 유사성을 띠고 있다. 조직간 갈등의 연구는 협상과정을 통한 갈등의 해결, 곧 누가 무엇을 획득하느냐에 주로 관심을 가져왔다. 조직간 갈등현상은 조직의 학습배경에 따라 달라져 이에 대한 연구가 필요하게 되었고, 문화적 배경에 따른 문화학습의 차이, 그리고 조직이 국제화되면서 국제화 배경에 따른 국제조직 학습의 차이에 대해서도 관심을 갖게 되었다. 이것은 갈등영역이 개인에서 조직, 문화, 국제조직에 이르기까지 확대되었음을 의미한다. 또한 조직간 갈등은 핵심인물의 조직적 지위와 국적 또는 문화적 배경까지 살펴보아야 할 만큼 폭이 넓어졌다.

조직간의 갈등은 기본적으로 기업과 경쟁기업 사이의 갈등이 대표적

이나 이 밖에도 노동조합과 기업간의 갈등, 기업과 원료공급업체 사이
의 갈등도 포함하고 있다. 갈등의 유형과 해결방안은 조직내 집단 사이
의 갈등유형 및 그 해결방안과 매우 유사하며 적용의 차원과 방법이 약
간 다를 뿐이다.

2. 규범적 갈등과 사회적 갈등

규범적 갈등이란 단일의 지점에서 다른 방향으로 움직이는 세력들의
갈등이다. 하나의 세력이나 하나의 규범은 한쪽 방향으로 나아가고, 다
른 것은 반대방향이기 쉬운 다른 방향으로 나아간다. 그러나, 규범들이
갈등할 때 규범주체의 행동은 다른 방향으로, 다른 목적으로 지향한다.
규범주체가 동시에 두 개의 다른 방향으로 갈 수 없기 때문에, 갈등하
는 규범들 중에서 기껏해야 하나의 목적만이 보유될 수 있다. 규범적
갈등의 핵심은 규범들의 상호작용이 각각의 기능화를 방해한다는 것이
다.[40)]

사회적 갈등은 실제의 또는 소망되는 반응들의 양립불가능으로부터
야기되는 둘 또는 그 이상의 사회적 실체들(개인, 집단 또는 더 큰 조직들)
간의 긴장(tension)으로 정의된다. 따라서 사회적 갈등은 목표의 불일치에
서 연유되는 것으로 볼 수 있다. 경쟁은 갈등의 한 형태이다. 경쟁적 갈
등은 자원부족의 측면에 있다.

3. 갈등의 인적(personal) 기초와 비인적(impersonal) 기초

목표와 반응의 양립불가능성은 비인적 기초에 중심을 둔 논의이다.
즉, 둘 이상의 반목자들의 상호적인 평가에 특정되지 않는 갈등이다. 그
러나, 여기에서 양립가능성과 양립불가능성의 인적 기초를 간과해서는
안된다. 집단응집성과 개인간 매력에 관한 논의[41)]는 한 사람의 사회적

실체에 대한 매력은 공통목표에의 관심이나 그 실체의 소망스러운 인적 특성으로부터 야기될 수 있다.

부정적 응집성이나 반박(repulsion)은 목표의 비양립성이나 관련된 사람의 특성을 싫어함으로부터 야기될 수 있다. 이와 같이 갈등은 한쪽 편에서 다른 사람에게 해를 끼치려는 의식적 또는 무의식적 소망과 더불어 인적 혐오로부터 야기될 수 있다.

4. 명시적(manifest) 갈등과 묵시적(underlying) 갈등

Deutsch(1969)는 명시적 갈등과 묵시적 갈등을 구별하고 있다. 위에 언급된 비인적 갈등은 Deutsch의 명시적 갈등과 유사하다. 명시적 갈등은 좋아하는 장난감을 얻기 위한 두 어린이의 다툼이나, 적절한 임금규모에 대하여 노사대표간 분쟁과 같이 더 명백한 갈등이다. 묵시적 갈등은 위에 언급된 인적기초의 갈등을 포함하는 것으로서 실제로 훨씬 더 광범위하다. 두 어린이가 서로를 좋아하지 않기 때문에 싸우고 있는 것이며, 이때 장난감은 싸우기 위한 하나의 합리적 구실을 제공하는 것이다. Deutsch는 명시적 갈등은 묵시적 갈등이 다루어지지 않거나, 묵시적 갈등과 격리하여 취급될 수 있도록 묵시적 갈등으로부터 단절되고 분리될 수 없다면, 일시적으로 밖에 해결될 수 없다.

명시적 갈등(manifest conflict)이란 인식되고 있거나, 실제 갈등행동으로 유도될 수 있는 것이다. 명시적 갈등에서의 반발들은 흔히 그들의 목표를 더 이상으로 추구하는 잠재적 비용이 너무 커서 시도할 가치가 없다고 생각하여 행동으로 유도된다.[42]

묵시적 갈등(potential conflict)이란 당사자들에게 아직은 충분히 인식되지 않을 수 있는 것이다. 그러나 그들의 목적은 쌍방간 양립불가능한 것이다. 갈등행동이 유발될 수 있다.[43]

5. 갈등 Type Ⅰ, Ⅱ, Ⅲ

갈등의 유형에는 Schmidt와 Kochan의 Type Ⅰ,Ⅱ,Ⅲ 이외에도, 주관적 갈등과 객관적 갈등, 내부적 갈등과 외부적 갈등, 참된 갈등과 거짓 갈등, 비현실적 갈등과 현실적 갈등 등이 있다.[44] 여기에서는 Schmidt와 Kochan의 갈등유형을 고찰하기로 한다.

갈등을 특징지워 주는 실제적인 차단행동은 그 과정의 자원획득단계에서, 활동의 상호의존성의 단계에서, 또는 양 단계 모두에서 발생할 수 있다.

Type Ⅰ의 갈등유형은 자원획득단계에서 방해를 나타내어 갈등행위의 특징적 요소인 실제의 방해행위가 발생하는 경우이다. <그림 2-2>에서 설명된다. 즉, B집단이 자신이 더 많은 몫을 차지하기 위하여 A집단의 자원획득을 방해하여 갈등이 발생한다.

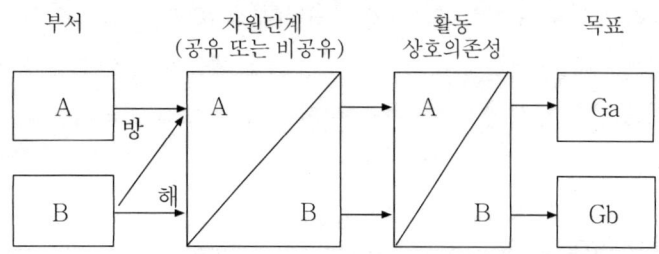

출처 : Stuart M. Schmidt and Thomas A. Kochan, op. cit., p. 364.

〈그림 2-2〉 갈등: Type Ⅰ

Type Ⅱ에서는 목표가 불일치하며, 자원이 공유 또는 비공유되고, 활동들은 상호의존적이다. <그림 2-3>에서와 같이 방해행동이 활동단계에서 발생한다. 상호의존적인 활동단계에서의 차단에 기초를 둔 갈등 Type Ⅱ는 특정 목표를 가지고 있는 상호의존적인 A와 B가 서로 경쟁함으로써 과업집단간의 긴장때문에 갈등이 발생한다. A는 그들이 해야 할

일을 하지 않음으로써 B로 하여금 계속 일을 하지 못하게 하여 곤란을
겪게 만들고, 결국 B의 작업수행능력을 방해함으로써 그들의 생산목표
를 달성할 수 없게 하여 발생하는 갈등이다.

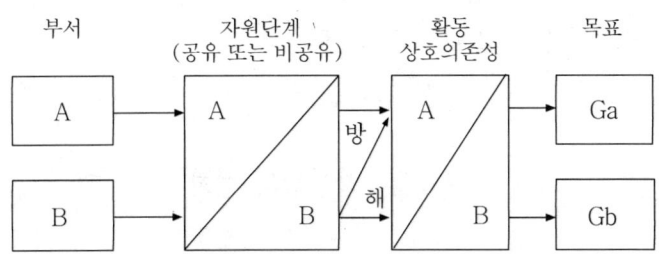

출처 : Stuart M. Schmidt and Thomas A. Kochan, Loc. cit.,

〈그림 2-3〉 갈등 : TypeⅡ

TypeⅢ은 목표불일치와 자원공유, 그리고 상호의존활동에 의해 특징
된다. 다음의 <그림 2-4>에 설명되는 바와 같이 자원공유점에서, 그리
고 활동단계에서 방해가 발생한다. 생산부와 판매부의 경우 전자는 능
률성과 원가통제를 강조하고, 후자는 서비스와 판매고 향상에 초점을
둔다. 각 부서는 타자의 자유를 제한함으로서 그 자신의 최대한의 활동
의 자유를 얻으려고 한다.

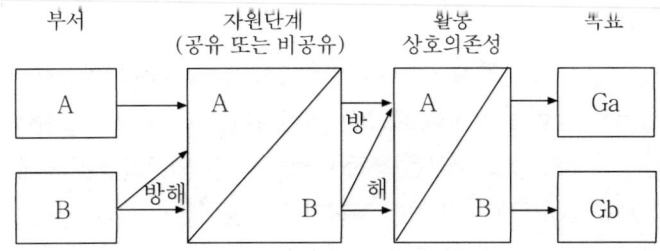

출처 : Stuart M. Schmidt and Thomas A. Kochan, Ibid., p. 365.

〈그림 2-4〉 갈등 : TypeⅢ

방해활동이 발생하는 위치에 기초된 이 세 가지 갈등유형은 서로 구별된다. 이 유형화의 의미는 상이한 갈등유형들을 해결하기 위한 특정 전략을 개발할 필요를 느낄 수 있다는 것이다. 우리는 우선 갈등이 발생하는 곳을 정확히 결정하고, 그런 다음 특정 방해행동 형식을 취급할 집행전략을 결정할 필요가 있게 된다.

제 4 절 갈등관의 변화

Stephen P. Robbins는 갈등에 관한 시각의 변화를 다음과 같이 고찰하고 있다.[45]

첫째, 전통적 견해 — 19세기부터 1940년대 중반까지 지속되어온 것으로서, 갈등은 나쁜 것이며 조직의 효과성에 부정적 영향을 끼치므로 제거되어야 한다. 모든 갈등은 바람직스럽지 못하며 폭력, 파괴, 비합리성과 일치한다.

둘째, 행태주의의 견해 — 갈등은 조직내에서 자연적으로 발생하는 불가피한 현상으로 보고, 조직에서 이를 완전히 제거할 수는 없으며, 갈등은 때로 집단의 성과에 유익을 가져다 준다고 보아 갈등수용의 입장을 취하였다. 이 견해는 1940년대 후반부터 1970년대 중반까지 널리 받아들여졌다.

셋째, 상호작용적 견해 — 1970년대 중반이후 갈등의 피상적 수용차원을 넘어서 갈등은 오히려 새로운 아이디어를 촉진하며, 집단내 응집성을 향상시키고 여러 의견을 통하여 보다 나은 의사결정을 하게 하고, 욕구불만의 탈출구를 제공하며, 조직업무를 효과적으로 수행하는 데 도움을 준다고 봄으로써 갈등을 조직내의 추진력으로 간주했다. 갈등의 절대적 필요성을 인정하고 기능적 대립을 조장하며, 갈등의 효과적 관리를 주장한다는 점에서 행동주의와 다르다. 이들은 모든 형태의 갈등이 바람직하거나 바람직하지 못하다는 단순한 시각이 아니라 조직성과에 긍정적 영향을 주는 갈등도 있고 부정적 영향을 주는 갈등도 있으므로 역기능을 하는 갈등은 제거하고 순기능을 하는 갈등은 고무시켜 갈등이 건전하게 그리고 병적인 극단으로 흐르지 않도록 최적수준을 유지하는 것이 중요하다고 말한다.

D. Nightingale은 전통적 견해의 인간관계적 접근과 비전통적 견해의 다원주의적 접근의 기본과정을 다음의 두 가지로 비교하였다.[46]

첫째, 인간관계적 접근방법 — 인간관계적 접근방법에서는 갈등에 대한 관점을 다음과 같이 보고 있다.

① 갈등은 대부분 나쁘며 제거 또는 해소되어야 한다.

② 갈등이란 불가피한 것이다.

③ 갈등은 당사자들 사이에 의사소통의 단절, 이해·신뢰·개방성의 부족에서 생긴 것이다.

④ 환경이 행동형성에 주요역할을 한다. 공격성이나 경쟁심 등 부적합하고 나쁜 행위는 환경이 그렇게 만든다.

⑤ 인간은 본질적으로 선하다. 신뢰, 협조, 그리고 선이 인성에 있다.

둘째, 다원주의적 접근방법 — 다원주의적 접근방법에서는 갈등에 관점을 다음과 같이 보고 있다.

① 갈등은 좋은 것이며 고취되어야 한다. 그러나 갈등은 규제돼야 한다. 다룰 수 있도록 해야 한다.

② 갈등은 피할 수 없는 것이다.

③ 갈등은 한정된 부상을 향한 투쟁, 또는 인간에 내재한 공격적, 경쟁적 본능에서 비롯된 것이다.

④ 환경의 탓으로 돌리는 것은 지나치다. 행동의 원인에는 개인으로하여금 공격성을 보이도록 짜여진 유전적, 생리적 요인 등 여러 결정요

인들이 있다.

⑤ 인간은 본질적으로 악하지는 않지만 공격적, 이기적, 경쟁적 본능을 가지고 있다.

Kelly와 Glen은 두 가지 반대되는 관점을 제시하고 있다.[47] 즉, 인간관계적 견해와 실제적 견해가 그것이다.

첫째, 인간관계적 견해에서는 갈등을 다음과 같이 본다.

① 갈등은 회피할 수 있다. 이것은 조직이 안정적이고 잘 통합된 단위로서 조직의 정책은 합의에 기초를 두고 있다는 가정에 기초하고 있다.

② 갈등의 원인은 개인적 특성에서 설명이 가능하다고 본다. 만약 자연적 형평이 혼란된다면, 그 원인은 어떤 나쁜 성격의 개인이나 집단의 부적절한 분열적인 활동이기 쉽다.

둘째, 실제적 견해에서는 갈등을 다음과 같이 보고 있다.

① 갈등은 피할 수 없다. 갈등은 어떤 사람에게도 통합적인 것으로 인식되고 받아들여져야 한다. 어떠한 권력이나 특권의 재분배라도 어떤 사람에 의해 추구될 것이며 다른 사람에 의해 저항될 것이기 때문에 갈등과 변화는 불가피하게 상호 연결된 것으로 간주된다.

② 갈등의 원인들은 전체상황을 결정하는 구조적 요소들에서 발견되어야 한다고 보았다. 갈등이 발생하는 네 가지 수준은 개인수준, 집단수준, 조직수준, 사회전체수준이다.

Darendorf는 모든 사회관계는 지배와 복종의 관계로 규정하고 있으나 그 관계는 권위의 불평등적 분배에서 기인한다고 보았다. 전통적인 구조기능론적 관점에서는 갈등을 질서화되어 있는 사회체제에서 일탈된 현상으로 규정하고 있으나, Darendorf는 갈등이란 기능적이며 사회의 본질로 보고 있다. 그러므로 갈등은 억제되거나 촉진시킬 성질의 것이라고 보기보다는 제도화시켜야 한다고 보고 있다. 갈등을 제도하시키기

않고 일방적으로 통제하면 갈등의 요인은 계속 축적되어 결국은 급진화
하여 혁명적인 방법에 의한 사회구조의 변동을 초래한다고 보고 있다.
그러므로, 갈등의 제도화는 갈등과 변동의 급진화를 방지하면서 동시에
사회의 정체와 퇴폐를 방지한다는 것이 Darendorf의 관점이다.[48]

이 책에서는 갈등을 보는 시각을 행태적 또는 상호작용적 관점에서
파악하고자 한다. 즉,

① 갈등은 인간사회에서 피할 수 없는 현상이다.

② 인간의 공격욕이나 파괴욕으로부터 발생하는 심리적 측면에 기초를
   두고 있다.

③ 갈등은 적절히 관리될 수 있으며, 조직이나 개인의 발전에 기여 할
   수 있다.

④ 환경적 요소들에 의하여 영향을 받는다.

⑤ 표출되는 갈등은 잠재되어 있는 갈등과 항상 관련되어 있다. 표출되
   는 갈등이 없다고 하여 갈등이 존재치 않는다고 볼 수 없으며, 표출
   된 갈등만으로 모든 갈등 측면을 이해할 수는 없다.

제 5 절 갈등의 유사개념

1. 경 쟁

갈등과 경쟁은 두 현상 모두가, ① 두 개 혹은 그 이상의 개체들 사이
에 존재한다는 것과, ② 그들이 어떤 의미에 있어서 서로 양립할 수 없
는 행위를 취한다는 것, 그리고 ③ 어느 한 쪽이 그 행위를 성공적으로
완수했을 경우 다른 쪽의 개체들은 그 목표를 성공적으로 달성치 못한
다는 점에서 같다.

Daniel Katz와 Robert L. Kahn은 경쟁 그 자체는 어느 한 집단이 다른

집단의 진행중인 행위를 방해하기 위한 직접적인 행동을 포함치 않으며, 그러한 방해와 저항이 발생하게 되면 그것은 경쟁이 아닌 갈등상태로 발전하게 된다고 지적하고 상대에게 해를 끼치기 위한 직접적 행동의 유무에 따라 갈등과 경쟁을 구분하고 있다.[49]

그러나, 갈등과 경쟁의 엄격한 구분은 한계가 있다. 경쟁이면서 동시에 갈등인 경우는 얼마든지 있기 때문이다. 경쟁의 사회적 특성은 경쟁에 내포된 갈등은 간접적이라는 사실이다. 반목을 제거하거나 직접적으로 해를 끼치는 경우에는 그와 경쟁하는 사람은 없다. 똑같은 상을 받으려는 양 당사자간의 평행적 노력에 존재하는 갈등만이 경쟁인 것이다. 경쟁적 분쟁의 순수한 형태는 공격적이지도 방어적이지도 않다. 분쟁의 획득물이 한쪽의 반목의 몫으로 돌아가지 않기 때문이다. 경쟁에는 다음의 두 가지 조합이 있다.[50]

첫째, 경쟁자에 대한 승리는 처음에는 필요하나, 그 자체는 아무런 의미가 없다. 전체 행동의 목적은 경쟁적 다툼에 전혀 의존하지 않는 가치의 유용성으로서만 습득된다.

둘째, 경쟁은 다른 종류들의 갈등과는 아주 크게 다르다. 다툼은 각 경쟁자가 스스로 반목하는 데에 그의 힘을 쓰지 않고 목적을 지향하는 사실에 있어서만 존재한다는 것이다.

2. 스 트 레 스

W. Clay Hamner와 Daniel W. Organ에 의하면, 스트레스란 개체가 환경적 자극에 적절히 혹은 유기적으로 반응할 수 없거나 유기체를 과도하게 약화, 파괴시키는 희생을 통해서만 반응할 수 있는 일련의 환경여건들 이라고 하면서 예를 들어, 만성적 피로, 긴장, 불안, 신체적 손상, 신경쇠약, 자존심 상실같은 현상이라고 한다.[51]

사람은 생활의 변화가 심하거나 어떤 상황에서 해를 입을 것으로 생각되면, 긴장하거나 불편함을 느끼는데 이런 현상은 환경과 끊임없이 상호작용하면서 심리적으로나 신체적으로 균형을 유지하려는 노력에 기인하는 것으로서, 스트레스는 현재상태에서 균형을 유지할 수 없기 때문에 새로운 상황에 맞도록 신체적으로나 정신적으로 조화를 이루려는 적응의 한 과정에서 나타나는 현상이다. 스트레스의 대표적인 유형으로는 압박감, 불안, 좌절, 갈등, 자극의 결핍 등을 들 수 있다.[52]

갈등은 주로 개인이나 집단 혹은 조직간에 발생할 수 있는 주로 대인적 현상을 중심으로 사용되며, 스트레스는 환경과 개인의 신체 혹은 심리가 상호작용하게 될 때 적응하는 과정에서 발생되는 현상으로서 개인의 대환경적 현상을 중심으로 생리학적 결과에 사용된다.

3. 좌 절

좌절(frustration)은 목적이 성취되지 않았을 때, 욕구충족이 안되었거나 만족을 얻지 못했을 때, 그리고 가치가 충족되지 않았을 때 나타나는 개인적인 심리상태이다. 특히 좌절은 성적인 불만족 직업적 불만족 또는 사회적 부적응 등의 문제가 그 원인이 되어 나타나는 경우가 많다.[53] 좌절은 어떤 경우에는 갈등의 원인이 되는 수도 있으나 대체로 경쟁의 경우와 마찬가지로 갈등성립조건들과 결합함으로써 가능하다.

4. 권력과 영향력

갈등은 참여자들의 동기(moves)와 반대동기(countermoves)에 의해 유지되며, 동기는 사람들이 행사하는 권력에 의존한다.[54] 권력은 사건에 영향력을 끼치고 통제할 수 있는 능력이다. 사회적 권력은 사회적 구성원들 간의 관계에서 나오며, 구성원들은 자원습득능력, 타인설득능력, 집단행동과정의 변경능력이나 갈등상황에서 상대방들이 그들의 목표로 가지 못하도록 방해하는 능력이다.[55] Folger와 Poole은 권력과 갈등의 상호작용에서 갈등전술에서 권력을 사용함에 있어서 뚜렷한 네 가지 권력형태가 있는데, 직접적 권력적용, 직접적이고 가상적 권력사용, 간접적 형태, 은닉적 권력사용이 있다고 하였다.[56]

갈등의 가장 간단한 예는 사회심리학에서 일반적으로 언급되는 일방향적 영향력의 상황이다. 하나의 사회적 실체인 A가 또다른 사회적 실체인 B에게 B의 소망이나 성향에 반하는 어떤 것을 하게 하려는 것으로서, B의 반응은 A의 요구에 반하며, B가 A의 요구에 순응하던가, A가 자신의 요구를 바꾸든가 하기 전에는 갈등이 계속된다. 즉, 묵시적 갈등의 기초가 계속된다 - 실제로 B의 순응이 있고 난 후에도 묵시적 갈등은 증가할 수 있음 - 고 할지라도 비인적 갈등은 성공적인 영향력으로 종결된다. 따라서, B의 순응을 통하여 갈등을 감소시킬 것 같은 영향력의 형태를 이해하는 것이 필요하고, 적대감 증대, B의 A에 대한 인간적 거부, 상호불신, 미래갈등의 잠재성을 유도할 요소들을 포함하여 갈등이 감소되는 형태를 고려할 중요성이 존재하는 것이다.

사회적 영향력은 다른 사람이나 집단에 기원을 두고 있는 한 사람에 있어서의 변화로 정의된다. 따라서, 권력은 잠재적인 영향력으로 정의되는데, 사회적 영향력의 기반에는 French와 Raven이 말하는 정보, 준거, 전문기술, 정당성, 보상, 그리고 강제 등을 들 수 있다.[57] 사회적 영향력은 다른 사람이나 집단에 속한 한 사람의 변화이며, 권력은 잠재적 영향력이다. 사회적 영향력에는 정보, 준거, 전문성, 정당성, 보상, 그리고 강제의 여섯 가지 기초가 있다.[58]

상호적 권력기초에 대한 양자갈등은 상호적 보상과 강제적 권력(보상적 또는 강제적 능력의 소유, 상대방에게 유익이나 해를 끼치려는 의향의 전달, 그 의향의 실제행사), 상호적 정당성의 권력(사회적 계약이나 규범의 순기능적 가치), 상호적 준거권력(양당사자가 서로에 대하여 높은 일체감을 가지거나 희망할 경우), 상호적 전문가 권력(상대방에 대한 우월한 지식이나 전문성을 인정할 경우에만 존재), 상호적 정보권력(당사자들 간의 차이를 서로 논의하고 서로의 욕구와 한계를 이해하고 적절한 양보와 타협), 상호적 권력과 반응(쌍방지향, 회피, 대항)에 의하여 설명된다. 이는 더 나아가 비상호적 권력에 대한 양자갈등과 다원적 권력기초에 대한 양자갈등으로 확대 설명된다.[59)]

권력은 대부분의 논문들에서 그 개념이 한 사람의 행동이 다른 사람에 의해 영향을 받는 두 사람 이상의 행동자들간의 관계와 관련된다는 데에는 일반적으로 합의하고 있다. 정치학자인 Robert Dahl은 권력을 다음과 같이 정의하고 있다. 즉, "A가 B로 하여금 달리 하지 못할 어떤 것을 하도록 할 수 있는 정도만큼 B에 대하여 권력은 가진다".[60)] 이러한 정의에서 흔히 간과되고 있는 중요한 점은 권력 변수가 관계적이라는 것이다. 권력은 행사되지 않으면 의미가 없다. 한 사람이나 집단은 고립하에서는 권력을 가질 수가 없다.

권력의 관계적 측면은 Richard Emerson의 총 권력성좌에서 의존성의 관계에 관한 언급에서 특히 발전되었는데, 그는 권력은 "다른 사람의 의존성에서 내재적으로" 존재한다 즉, 권력관계에서의 당사자들은 상호 의존성에 의하여 서로에게 연계되어 있다고 하였다.[61)]

5. 이해, 갈등, 권력에 대한 관점의 고찰

다음 <표 2-1>에서는 이해, 갈등, 권력에 내한 일원론자와 다원론지, 그리고 급진적 베버주의자의 견해를 비교 고찰해 보고자 한다.

〈표 2-1〉 이해, 갈등, 권력에 대한 제 견해

	일원론자의 견해	다원론자의 견해	베버주의자의 견해
이해 (interest)	공동목표달성에 강조를 둔다. 조직은 공동목표의 테두리 내에서 통합되며, 잘 통합된 팀의 형태로 그 목적의 성취를 위하여 노력하는 것으로 고찰된다.	개인과 집단의 이해의 다양성에 기초를 둔다. 조직은 조직의 공식적 목표에 있어서 원거리의 이해만을 가지는 느슨한 연합(coalition)으로 고찰된다.	전체로서의 사회형성내에서 "계급"의 다양한 사회경제적 형태의 의미로 이해의 이원적인 특성과 상호적 반대에 강조를 둔다.
갈등 (conflict)	갈등을 적절한 관리활동을 통하여 제거될 수 있는 드물고도 일시적인 현상으로 본다. 갈등은 일탈자들이나 문제발생자들의 활동으로 돌려진다.	갈등을 조직업무의 본래적이고 근절할 수 없는 특성으로 보며, 갈등의 잠재적인 긍정적 또는 기능적 측면을 강조한다.	갈등을 일반적으로는 사회에서, 특정하게는 조직들에서 변화를 추진하는 도처에 존재하고 분열적인 동인으로서 고찰한다. 갈등이란 사회체제의 억압된 형태일 수 있고, 실증적인 "현실" 수준에서 항상 뚜렷하게 나타나는 것은 아니라고 인식한다.
권력 (power)	조직생활에서 권력의 역할은 무시된다. 권위, 리더십, 통제 등의 개념들은 공동이해의 달성을 위하여 조직을 지도하는 관리적인 특권(prerogative)을 언급하는 수단의 의미로 쓴다.	권력을 조직활동의 이해에 있어 중요한 변수로 본다. 권력은 이해갈등들이 회피되고 해결되는 매개체이다. 조직은 다양한 원인들로 부터 그들의 권력을 도출해 내는 권력소지자들의 다양성으로 고찰된다.	권력을 일반적인 사회통제의 과정에 관련된 통합적이고 불평등하게 배분된, 제로섬 현상으로 본다. 일반으로는 사회, 특정하게는 조직은 권위관계의 더욱 가시적인 형태일 뿐만 아니라 다양한 형태의 이념적인 조작을 통하여 그들의 권력을 행사하는 주도적인 이해집단들의 통제하에 있는 것으로 간주된다.

출처 : Gibson Burrell and Gareth Morgan, *Sociological Paradigms and Organizational Analysis*, (London: Heineman, 1979), p. 204(일원론자와 다원론자의 견해), p. 388(급진적 베버주의자의 견해), recited in Hall, op. cit., pp. 130-131.

■ 주석

1) 안광일, "정부중재에 의한 노사갈등관리에 관한 연구", 고려대학교 대학원, 박사학위 논문, 1989, 13쪽.

2) Stuart M. Schmidt and Thomas A. Kochan, "Conflict: Toward Conceptual Clarity", ASQ, vol. 17, no. 3, Sep. 1972, pp. 359-370; Louis R. Pondy, "Organization Conflict: Concepts and Models" ASQ, 1967, pp. 296-320; John R. Minnery, Ch.1, "Conflict: Concept and Definition", Conflict Management in Urban Planning, England: Tower Pulishing Co., 1985, pp. 3-38.

3) Jacob Bercovitch, *Social Conflict and Third Parties: Strategies of Conflict Resolution*, Boulder, (Colorado: Westview Press, 1984), p. 21.

4) J.G. March and H.A. Simon, *Organizations*, (N.Y.: John Wiley & Sons, 1958), p.112 ; 권기성 외, 「행정학 원론」, (서울: 진성사, 1989), 522쪽에서 재인용.

5) *International Encyclopedia of the Social Sciences*, (the Mcmillan Company & the Free Press, 1968), vol. 3, p. 220.

6) Ralph H. Kilmann and Kenneth W. Thomas, "Four Perspectives on Conflict Management ; An Attributional Framework for Organizing Descriptive and Normative Theory", *Academy of Management Review*, Jan. 1983, pp. 59-60.

7) Ralph Darendorf, *Class and Class Conflict in Industrial Society*, (Stanford Calif. : Stanford Univ. Press, 1959), p. 135 ; Lewis A. Coser, *Continuity in the Study of Social Conflict*, (N.Y. : Free Press, 1967), Ch. 1 ; 강신문, "앞의 논문", 9쪽에서 재인용 ; Darendorf 와 Coser에 관하여는 박영신, 「앞의 책」을 참고.

8) Louis R. Pondy, "Organisational Conflict : Concepts and Models", ASQ, vol. 12, no. 2, 1967, p. 298.

9) Ibid, pp. 256-320.

10) Bercovitch, *op. cit.*, p. 21.

11) J.W. Burton, *World Society,* (Cambridge: Cambridge Univ. Press, 1972), p. 137.

12) Orville C. Walker, Jr., "An Experimental Investigation of Conflict and Power in Marketing Channels", Univ. of Wisconsin, 1961 unpublished Ph.D. thesis, 1970, p. 18.; Stuart M. Schmidt and Thomas A. Kochan, "Conflict: Toward Conceptual Clarity", ASQ, vol. 17 no. 3, Sep. 1972, p. 362.

13) Richard E. Walton and Robert B. McKersie, *A Behavioral Theory of Labor Negotiations*, (NY: McGraw-Hill, 1965), p. 11; Schmidt and Kochan, "loc. cit.".

14) James D. Thompson, *Organizations in Action*, (NY: McGraw-Hill, 1967)을 참고.

15) Walker, *op. cit.*, p. 18.

16) Raymond W. Mack and Richard C. Snyder, "The analysis of social conflict-toward an overview and synthesis", *Journal of Conflict Resolution*, vol. 1 no. 2, pp. 212-248.

17) Kenneth E. Boulding, *Conflict and Defense: A General Theory*, N.Y.: Harper & Row, 1957을 참고; recited in Stuart M. Schmidt and Thomas A. Kochan, "Conflict: Toward Conceptual Clarity", *ASQ*, vol. 17, no. 3, Sep. 1972, p. 362.

18) Herbert A. Simon, "On the concept of organizational goal", *ASQ*, 9, pp. 1-22.

19) Pondy, "*op. cit.*", pp. 296-320; Schmidt and Kochan, "*op. cit.*", p. 363.

20) Cornelis J. Lammers, "Strikes and mutinies: a comparative study of organizational conflicts between rulers and ruled", *ASQ*, 14, pp. 558-572.

21) D.J. Hickson, C.R. Hinings, C.A. Lee, R.E. Schneck, and J.M. Pennings, "A strategic contingencies' theory of intraorganizational power", *ASQ*, 1971, pp. 216-229.

22) H.J. Reitz, *Behavior in Organizations*, 2nd ed., Homewood Ⅳ : Richard D. Irwin, Inc., 1981, p. 407.

23) Joseph A. Litterer, "Conflict in Organization: A Reexamination," H. Tosi and W. Hamner (eds.), *Organization Behavior and Management*, Michigan State University, 1974, p. 322.

24) James A.F. Stoner, *Management*, Englewood Cliffs, N.J.: Prentice-Hall, Inc., 1978, p. 345.

25) D.G. Pruitt and J.Z. Rubin, Social Conflict, NY: Random House, 1986, pp. 4-5.

26) Stuart M. Schmidt and Thomas A. Kochan, "Conflict: Toward Conceptual Clarity", *ASQ*, vol. 17, no. 3, Sep. 1972, pp. 359-370.

27) Stuart M. Schmidt and Thomas A. Kochan, *loc. cit.*

28) Bertram H. Raven and Arie W. Kruglanski, "Ch.3 Conflict and Power" in Swingle (ed.), *The Structure of Conflict*, NY: Academic Press, 1970, pp. 69-109.

29) Kenneth E. Boulding, "A Pure Theory of Conflict applied to Organization", in R.L. Kahn and K.E. Boulding (eds.), *Power and Conflict in Organizations*, N.Y.: Books, 1964, p. 138 ; 박연호, 오세덕, 「조직관리론」, 서울: 법문사, 1983, 288쪽.

30) 양창삼, 「조직이론」, 박영사, 1992, 698쪽.

31) Georg Simmel, Conflict and the Web of Group-Affilliations, translated by Kurt

H. Wolff, NY: The Free Press, 1955, "Part 1. Conflict Ch. 1. The Sociological Nature of Conflict", pp. 14-15. Part 1.의 원제는 Der Streit이나 이는 대체로 분쟁 (qurrel)으로 번역되므로, Simmel이 사용하는 의미로는 Conflict로 하는 것이 더 옳을 것이다.

32) Simmel, *op cit.*, pp. 14-15.

33) Simmel, *op cit.*, pp. 17-19.

34) Simmel, *op cit.*, pp. 20-24.

35) J. G. March and H. A. Simon, *Organization*, N.Y.: John Wiley, 1958, p. 112.

36) Louis R. Pondy, "Varieties of Organizational Conflict", *ASQ*, vol. 14(4), 1969, pp. 499-505.

37) Louis R. Pondy, "Organizational Conflict: Concepts and Models", *ASQ*, vol. 12, no. 2, Sep. 1967, pp. 296-320; (1) 협상적 접근 (bargaining approach) : 한정된 자원을 획득하기 위해, 경쟁하는 이해관계집단의 갈등을 취급, (2) 관료제적 접근(bureaucratic approach) : 계층적 구조에서 권한관계와 상사의 부하에 대한 통제에서 발생하는 갈등을 취급, (3) 시스템적 접근 (systems approach) : 기능적 관계와 조정의 필요성 취급.

38) D. Hellriegel, J.W. Slocum, Jr., and R.W. Woodman, *Organizational Behavior*, St. Paul, MN: West Publishing, 1983, pp. 471-474.

39) Fred Luthans, *Organizational Behavior*, N.Y.: McGraw-Hill, 1981, pp. 380-381.

40) H. Hamner Hill (ed.), "A Functional Taxonomy of Normative Conflict", *Law and Philosophy*, 6(1987), p. 238.

41) Cartwright & Zander, 1968; Raven and Rietsema, 1957; recited in Raven and Kruglanski, *Ibid*, p. 70.

42) 이런 상황을 '억압된 갈등' (suppressed conflict)이라고 한다. Jon Martin Trolldalen, *International Environmental Conflict Resolution - The Role of The United Nations*, Washinton D.C.: NIDR(National Institute for Dispute Resolution, 1992, p. 3.

43) J.M. Trolldalen, *loc cit.*

44) 안광일, "앞의 논문", 15-26쪽.

45) Stephen P. Robbins, *Managing Organizational Conflict: A Nontraditional Approach*, Englewood Cliffs, N.J.: Prentice-Hall, 1974 ; 양창삼, 「앞의 책」, 693-696쪽.

46) Donald Nightingale, "Conflict and Conflict Resolution", *Organizational Behavior :Research and Issues*, George Strauss (edited), Belmont, C.A.: Wadsworth Pub., Co., 1976, p. 143.

47) Minnery, *op. cit.*, pp. 33-34.

48) 안광일, "앞의 논문", 46-47쪽.

49) Daniel Katz and Robert L. Kahn, *The Social Psychology of Organizations*, 2nd ed., John Wiley & Sons, Inc., 1978, p. 164 ; Stuart M. Schmidt and Thomas A. Kochan, "Conflict : Toward Conceptual Clarity", ASQ, vol. 17, no. 3, 1972, p. 362.

50) Georg Simmel, *Conflict and the Web of Group-Affilliations*, NY: The Free Press, 1955, "Part 1. Conflict Ch. 2. Competition", pp. 57-58.

51) W. Clay Hamner and Dennis W. Organ, *Organizational Behavior*, Dallas, Tex.: Business Publication, 1978, p. 193, recited in Fred Luthans, *Organizational Behavior*, 3rd ed., N.Y.: McGraw-Hill, 1981, p. 366.

52) 서봉연 외 6인, 「심리학 개론」 박영사, 1985, 364-372쪽.

53) R. D. Nye, *Conflict among Humans : Some Basic Psychological and Socio- economic Considerations*, N.Y.: Springer, 1973, p. 67 ; 안광일, "앞의 논문", 15쪽에서 재인용.

54) Folger and Poole, "Ch.4 Power: The Architecture of Conflict"(p. 107) in *Working Through Conflict: A Communication Perspective*, Glenview: Scott, Foresman and Company, 1984, pp. 107-148.

55) Folger and Poole, "*Ibid.*", p.111.

56) Folger and Poole, "*Ibid.*", pp.122-123.

57) Betram H. Raven and Arie W. Kruglanski, "Ch.3 Conflict and Power" in Swingle(ed.), *The Structure of Conflict*, Ch.3, NY: Academic Press, 1970, p. 72.

58) Raven and Kruglanski, pp. 72-83.

59) Raven and Kruglaski, *Ibid.*, pp. 86-104.

60) Robert Dahl, "Concept of Power", *Behavioral Science*, 2 (July 1957), pp. 202-203; Abraham Kaplan, "Power in Perspective", in Robert L. Kahn and Elise Boulding, eds., *Power and Conflict in Organizations*, NY: Basic Books, Inc., Publishers, 1964, pp. 11-32.; Richard H. Hall, "Ch.7. Power and Conflict", *Organizations: Structure and Process* (Englewood Cliffs: Prentice-Hall, 1982), pp. 197-198.

61) Richard M. Emerson, "Power Dependence Relations", *American Sociological Review*, 27, no. 1 (February 1962), p. 32.

제3장 갈등의 원인과 단계

제1절 갈등의 원인

1. March와 Simon의 갈등원인

March와 Simon은 갈등이 발생하는 주요 원인을 공동의사결정의 필요성(스케줄상의 상호의존성, 계층제의 층, 제한된 자원에의 공동의존성), 목표의 차이(자원의 풍부성, 집단에의 일체화, 목표의 구체성), 그리고 현실인지의 차이(정보량의 수, 정보통과지점의 수)로 보고 있다.[1]

사회적 갈등은 실제 또는 소망되는 반응들의 양립불가능으로부터 야기되는 둘 또는 그 이상의 사회적 실체들(개인, 집단 또는 더 큰 조직들)간의 긴장(tension)으로 정의되므로, 목표의 불일치에서 연유되는 것으로 본다. 이러한 견해는 경쟁을 갈등의 한 형태로 본다. 경쟁적 갈등은 자원 부족의 측면에 기인한다. "갈등"이라는 제목하의 대부분의 연구는 목표와의 불일치 또는 부존자원에 대한 경쟁에 초점을 두고 있다. 또한 갈등은 수단이나 하위목표와의 불일치에서 야기될 수도 있다. 공통된 목표를 지향하고 있는 작업집단의 사람들이 그 목표달성을 위한 활동을 조정함에 있어 갈등을 가지는 것은 흔한 일이다.[2]

2. Pondy의 에피소드

Pondy는 갈등들은 선후관계로 연결된 에피소드라고 하면서, 갈등의 원인을 다음과 같이 보고 있다. 즉, 갈등의 선행조건(자원제한, 정책간 차이), 관련 개인들의 정서적 상태(긴장감, 압박감, 증오감, 불안감), 관련 개인들의 인지적 상태(갈등상황인지), 수동적 저항으로부터 표면적 공격에 이르는 갈등행동으로 본다. 갈등은 이러한 것들이 서로 무관한 것이 아니라 선후관계에 따라 연속된 것이라고 보며, 이것을 에피소드라고 하였다.[3)]

3. Schmidt와 Kochan의 갈등잠재력 모형

Schmidt와 Kochan은 Pondy와는 달리 갈등을 그 선행단계와 연관시켜 다루지는 않았으나, 노출된 갈등에 한정시키되 그 갈등의 잠재력을 파악하는데 중점을 두었다. 갈등을 경쟁과 구별하면서 갈등의 성립조건을 제시하였다.[4)]

첫째, 갈등은 목표의 상반성, 즉 비양립성(incompatibility)이 전제되어야 한다. 목표의 비양립성은 한 주체에 의한 목표성취가 다른 주체의 목표달성을 방해하는 것으로 받아 들여져야 한다. 비양립성은 차이(difference)와는 다르다. 경쟁도 목표의 비양립성을 필요로 한다.

둘째, 갈등이나 경쟁 모두 관련 주체들을 위한 자원활용 가능성에 의해 규제된다. 각 주체가 공동자원에 서로 의존할 때도 있고 자원이 무제한 활용가능한 것으로 인지될 수도 있다. 활용자원이 제한되어 있을 경우 갈등이나 경쟁의 정도는 높아진다.

셋째, 갈등은 활동(activities)면에서 경쟁과 구별된다. 갈등은 주체들 사이에 활동의 상호의존성이 있어 한 집단이 상대집단의 활동에 간섭하거나 활동을 방해한다. 그러나, 경쟁은 이러한 상호의존성이 없고 방해도 없다. 경쟁은 양립될 수 없는 목표나 자원에의 공동의존성이 있을 수도 있고 없을 수도 있지만 각자 활동이 서로 의존관계에 있지 않아 서로 방해하거나 간섭할 기회를 인지하지 못하는 가운데 평행적인 노력만 하는 것으로 이해된다.

갈등잠재력은 요구되는 자원이 공유되는 정도, 상호의존성의 정도, 지각되는 목표불일치성의 정도에 의존한다. 갈등잠재력을 결정할 것으로 생각되는 변수들은 3차원공간으로 고찰될 수 있다. 다음 <그림3-1>는 갈등행동의 잠재력을 나타내고 있다. 상대적인 목표불일치성은 y축, 공유자원의 정도는 x축, 그리고 상호의존적 활동은 z축에 표시된다. U는 높은 갈등잠재력을, J는 낮은 갈등잠재력을 나타낸다. UJ선은 갈등잠재력 벡터이다. 이 개념틀은 연구자들로 하여금 상호의존적인 부서들 사이에서 갈등을 유발시키는 중요한 심리적, 구조적, 환경적 및 기타 요인들을 분류할 수 있게 해 주는 이점이 있다.

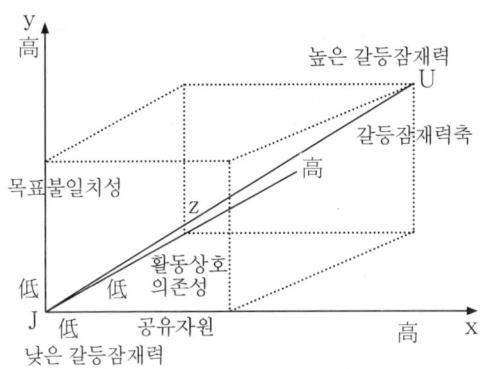

출처 : Stuart M. Schmidt and Thomas A. Kochan, *op. cit.*, p. 366.

〈그림 3-1〉 갈등행동의 잠재력

이들이 갈등과 경쟁을 구분하는 것은 갈등의 노출적 행동을 구체적, 객관적으로 분석하기 위한 것이다. 갈등과 경쟁의 구분은 E. A. Ross의 싸움(fight)과 경주(race)의 이론에 바탕을 둔 것이다.[5] 즉, 싸움을 갈등으로 경주를 경쟁으로 보았다. 경주에 있어서도 활동은 상호의존성이 있고 상대방의 행동을 방해할 가능성이 있으며, 목표가 상반되고 제한된 자원에 서로 의존할 경우에도 서로 상대방의 행동에 간섭하고 방해할 가능성이 있다고 볼 때, 이러한 구분의 논리적 근거는 크게 약화된다.

제 2 절 갈등의 단계

1. Pondy의 갈등 에피소드(연속모형)

Pondy는 갈등의 동태성에 중점을 두고 갈등발생을 5 단계로 나누어 설명하였다. 각 단계의 갈등은 서로 선후관계로서 연속적으로 연결되어 있으며, 갈등의 발생은 (1) 잠재적 갈등(latent conflict: 상황), (2) 지각된 갈등(perceived conflict), (3) 감지된 갈등(felt conflict), (4) 명시적 갈등(manifest conflict), (5) 갈등의 여파(conflict aftermath) 등의 과정으로 이해하고 있다.[6] 이를 그림으로 나타내면 <그림 3-2>과 같다.

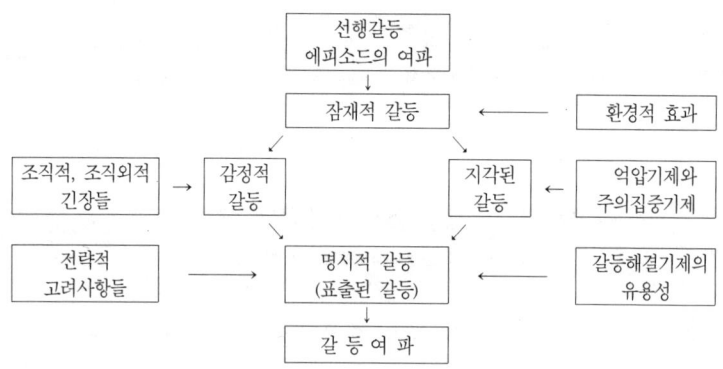

출처 : L. R. Pondy, *Ibid.,* p. 306.

〈그림 3-2〉갈등 에피소드의 동태성

에피소드 구성단계를 차례대로 고찰하여 보면 다음과 같다.[7]

1) 잠재적 갈등(상황: conditions)

잠재적인 갈등은 세 가지 기본적인 유형으로 압축해 볼 수 있다. 즉, 부족한 자원에 대한 경쟁, 자율성 추구, 하위부서 목표들의 분산성을 들 수 있다. 경쟁은 자원획득을 위한 참여자들의 집합적 요구가 자원의 이용가능성을 초과할 때 갈등의 원인이 된다. 자율성추구는 당사자 일방이 상대방의 영역이나 그 통제속에 자신을 구속시키려 하는 상대방의 활동에 통제를 행사하려고 할 때 갈등을 발생시킨다. 목표의 분산성은 어떤 협력활동을 해야 하는 두 당사자들이 협력활동에 합의할 수 없을 때의 갈등원인이다. 또 한 가지 잠재적 갈등에서의 중요한 형태 중의 하나는 역할갈등이다. 역할갈등은 핵심이 되는 개인이 그의 역할체계내에 있는 사람들로부터 양립할 수 없는 역할요구나 기대를 받을 때 발생한다.

2) 지각된 갈등(인지: cognition)

지각된 갈등이란 한 사람 이상의 당사자가 잠재적 갈등을 인식하게 되는 상태를 말한다. 갈등은 어떠한 잠재적 갈등이 존재하지 않을 때도 지각될 수 있다. 갈등을 지각하는 참여자가 하나도 없는 관계속에서도 잠재적 갈등상황은 있을 수 있다. 어떠한 잠재적 갈등도 존재치 않을 때 갈등이 지각되는 경우는 소위 갈등의 "어의적(semantic) 모형"에 의해서 다루어 질 수 있다. 이 설명에 따르면, 갈등은 당사자들간에 서로의 진실한 입장을 오해하여 초래된다. 이러한 갈등은 당사자들간의 의사소통을 개선함으로써 해결될 수 있다. 그러나, 갈등당사자들이 실제로 상반된 입장을 취하고 있는 경우에는, 오히려 보다 개방된 의사소통은 단지 갈등악화를 초래할 뿐이다.

잠재적 갈등이 인식수준에 미치지 못하는 경우는 갈등지각을 한정하는 억압기제와 주의집중기제의 두 가지 기제가 작용하기 때문에 발생한다. 억압기제(supression mechanism)란 개인들이 인식하기 어려울 정도로 약하게 위협을 주는 갈등은 지각하지 않으려는 경향을 의미한다. 그러나, 갈등이 개인 인격의 중심에 있는 가치관과 관련되어 있을 때에는 강한 위협요인이 될 것이며, 이것은 반드시 인식하게 될 것이다. 주의집중기제(attention-focus mechanism)란 조직이 주어진 시간과 능력으로 처리할 수 없는 많은 갈등과 직면하게 될 경우, 이 가운데 단지 몇몇 갈등에만 주의를 기울이게 되는 경향을 의미한다. 이때의 갈등은 단기적이고 일상적인 방법으로 해소되는 경향이 있다.

3) 감정적 갈등(정서: affect)

감정적 갈등은 갈등이 격화되어 상대방에게 적대감을 갖게 되는 것이다. 갈등이 지각되었다고 하여 반드시 긴장, 분노, 적대감 등으로 이어지는 것은 아니며, 갈등이 개인화(personalized) 또는 내면화(internalized)되어야 비로소 부정적인 감정을 가지게 되는 것이다. 긴장, 적의, 불안, 좌절감 등이 감정적 갈등에서 나타나는 현상이다.

4) 명시적 갈등(행태: behavior)

적대적인 행동이 실제로 표출되는 단계이다. 가장 명백한 것은 공개적인 공격행위이지만, 그러한 물리적이고 가시적인 폭력은 조직규범상 강하게 제지되는 것이 보통이다. 그러므로, 어떤 행동이 갈등을 수반하는가를 결정하는 중요한 요소중의 하나는 그 행동의 배경을 고찰하는 것이 중요하다. 태업이나 공격적 또는 방어적 협력을 통하여 반대자의 계획을 방해하려는 묵시적 시도도 포함될 수 있다. 갈등은 일단 어떤 특정 잇슈를 가지고 분출하면, 대체로 확대되고, 처음의 특정 갈등은 관계의 안정성을 유지하려는 이해에서 억압되어 왔던 더 일반적이고 더많은 개인적인 갈등을 유발시킬 수 있다.

Pondy에 의하면 명시적 갈등이란 행위자의 관점에서 적어도 다른 참가자들의 목표를 좌절시키는 행동을 의미한다고 한다. 그러나, 예를 들어 A가 모르는 상태에서 B의 목표를 방해한다면 이것은 갈등행동이 아니다. B가 A의 행동을 갈등으로 지각하고 있다는 사실을 A에게 알리고, B가 그러한 메세지를 인정하고서도 계속 그러한 행동을 할 때, 이는 명시적 갈등이 된다.

5) 갈등의 여파(상황: conditions)

각 갈등 에피소드는 갈등 에피스드의 마지막 단계인 갈등의 여파(conflict aftermath)는 현재화된 갈등이 발생한 이후의 결과상태로 갈등 에피소드의 유산(legacy)을 말한다. 모든 참가자들이 진정으로 만족하는 수준에서 갈등이 해소된다면 앞으로의 더욱 협력적인 관계를 위한 토대가 구축될 것이다. 그러나, 갈등이 억압되어 있을 뿐만 아니라 해소되지 않은 상태로 계속 존재한다면 갈등관계가 개선되거나 해소될 때까지 갈등의 잠재적 조건은 악화되고 매우 심각한 형태로 폭발할 수 있다.

2. Rahim의 갈등 에피소드

Rahim은 조직갈등에 관한 여러 학자들의 견해를 종합적으로 검토한 다음 이를 종합하여 <그림 3-2>과 같이 다섯 단계의 살등 에피소드 모형을 개발하였다. 이를 간략하게 살펴보면 다음과 같다.[8]

첫번째 단계는 선행 조건(antecedent conditions)이다. 이는 갈등이 발생하기 이전에 개인들이나 집단들이 지니고 있는 구조상황, 행태적 상황, 인구통계학적 상황을 의미한다. 행태적 상황(behavioral conditions)은 갈등당사자들의 성격, 철학, 소신 등을 지칭한다. 인구통계학적 상황(demographic conditions)은 갈등당사자들의 연령, 성, 교육수준, 조직에 있어서의 근속년

수 등과 같은 변수를 지칭한다. 구조상황(structure conditions)은 조직구조와 과업구조를 지칭한다. 권한관계가 명확하지 않은 느슨한 구조(낮은 공식화)는 갈등을 조장할 수 있는 반면, 보다 엄격한 관료제적 구조는 특정 갈등을 방지하는 경향이 있다. 이와 마찬가지로 과업구조도 과업이 단순하거나 복잡한 정도를 나타낸다. 목표와 절차가 명확하게 정의된 단순 과업은 복잡한 과업에 비해 갈등을 적게 발생시키는 경향이 있다.

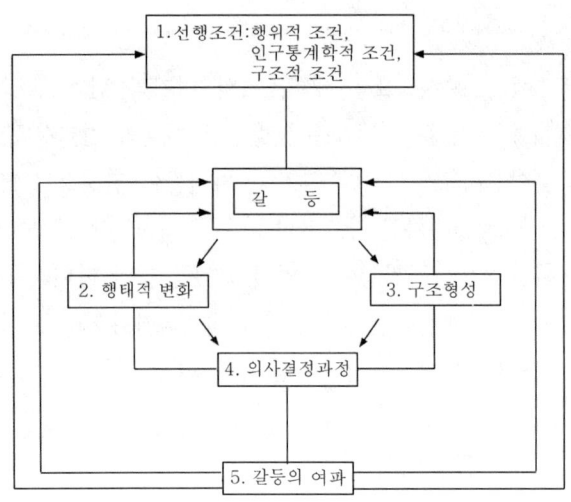

출처 : Rahim, *Ibid.*, p. 60.

〈그림 3-3〉 Rahim의 갈등 에피소드의 5 단계

두번째 단계인 행태적 변화(behavioral change)는 갈등이 시작된 이후에 발생하며, 부정적인 태도를 강화함으로써 수반되는 공격적인 행동을 말한다. 이 단계에서 집단의 관심은 목표달성에서 "승리"로 전환되며, 상대방과의 상대적인 힘을 시험해 보게 되고, 사람들의 속성과 지각이 바뀌게 되며, 앞으로의 협력이 보다 어렵게 된다. 그리고, 이 단계에서는 갈등당사자들이 상대방을 서로 적으로 간주하기 시작하며, 흔히 부정적인 고정관념을 갖게 된다.

세번째 단계인 구조형성(structure formation)은 갈등당사자들간의 상호작용이 보다 경직됨에 따라서 발생한다. 즉, 갈등당사자들은 규칙과 절차, 그리고 정보의 문서화를 강조하게 되고, 이를 통한 의사소통과 상호작용을 선호하게 된다. 또한 갈등당사자들은 흔히 친숙한 비공식적인 명칭보다는 공식적인 직함을 사용하게 된다. 결국 갈등은 가능한 제도화되고 공식화된다.

네번째 단계인 의사결정과정(decision process)은 갈등당사자들이 일상적인 의사결정방법 대신 대안적 의사결정과정이나 의사결정구조를 개발하는 단계이다. 예컨대, 상관이 부하와의 갈등을 해소하기 위해 공식적인 지침을 하달하는 경우나 또는 집단간에 갈등이 발생했을 때 공동의 상관이 문제를 해결하는 경우 등이 이에 해당된다.

마지막 단계인 갈등의 여파(conflict aftermath)는 갈등이 해소된 이후에 발생한다. 만일 한쪽 당사자가 자신을 패배자라고 지각할 때 비탄과 분노에 휩싸일 수 있다. 이러한 감정은 앞으로의 상호작용에 쉽게 영향을 미칠 수 있으며, 어떤 중요한 다른 행동의 결정요인이 될 수 있는 잠재적 갈등의 한 원인이 될 수 있다. 이에 반해서 갈등이 만족스러운 합의적인 관점에서 해소될 때, 양 당사자들은 보다 긍적적이고 협력적인 태도와 행동을 취하게 된다.

3. Wright의 연속모형

Wright는 전쟁상황을 분석함에 있어서 유사한 연속모형을 제시하고 있다.[9]

첫째, 감정, 목적, 주장 또는 사회적 실체의 의견에 있어서의 비양립성이 존재한다. 이것은 당사자들이 행동을 시작할 때, 다음의 단계를 유도한다.

둘째, 사회적 긴장이 발생한다. 이 단계는 아래의 단계를 초래시킬 수 있는 '상황'이다.

셋째, 갈등, 비양립성을 해결하는 과정이다. 만약, 갈등 정도가 아주 높고 규제적 장치들이 비효과적이라면, 이것은 다음 단계로 상승될 수 있다.

넷째, 표출적 폭력, 전쟁은 전 단계의 갈등해결과정이 제대로 작동하지 않는 특별한 경우에 발생하게 된다.

4. Trolldalen의 갈등상승모형

이 모형은 두 개의 차원을 가지고 있다. 수직축은 4개의 국면으로 구분되고 갈등의 극단화 수준을 나타낸다. 수평축은 시간의 경과를 나타낸다. 극단국면들은 자운유용성과 집단들간의 인식, 갈등관련 집단의 수, 갈등의 복잡성 정도, 그리고 관련 집단들의 행동의 정도에 의해 분리된다.[10]

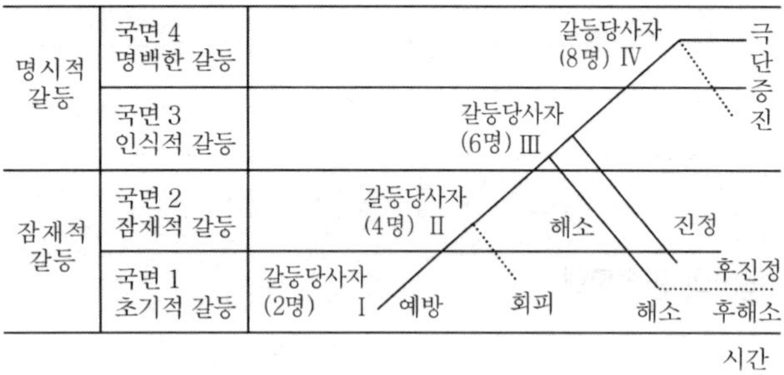

출처 : J. M. Trolldalen, *Ibid.*, p. 7.

〈그림 3-4〉 상승모형(escalation model)

이 모형의 중요한 특성은 모든 국면에서 분쟁자원들의 효용이 발생한다는 것이다. 이것은 국면1이 어떠한 자원의 효용성도 그 자원의 실제적이고 잠재적인 사용자들 사이에서 갈등을 유발시킬 수 있다는 사실 인식에서 초기적 갈등이라 명명하는 이유이다. 또한 상승형태는 갈등에 관련된 당사자들의 수가 갈등이 상승할수록, 시간이 흐를수록 증가하는 경향이 있다는 것이다. 그러나, 모든 사례연구들이 다 이러한 고찰을 지지하는 것은 아니다.

1) 상황 Ⅰ : 초기적 국면(incipient phase) - 방지(prevention)

초기국면에서는 자원의 사용자들간에 낮은 정도의 긴장이 있다. 그러나, 자원의 효용성이 발생하고는 있기 때문에 갈등의 잠재성이 존재한다. 갈등의 발전을 피하기 위하여 유력한 기관들은 환경적 외부성을 감소시키기 위한 자원갈등전략을 발전시킬 수도 있다. 이러한 종류의 접근방법을 방지라고 하며, 가능한 만족영역을 확인하기 위한, 그리고 갈등의 기초를 제거하거나 최소화하기 위한 능동적인 계획의도라고 한다. 방지조치들은 법적 장치, 정책안, 기타 다른 활동들을 포함한다.

2) 상황 Ⅱ : 잠재적 국면(latent phase) - 회피(avoidance)

이것은 한 자원 사용자가 그의 목적이 다른 사용자의 목적과 양립하지 않음을 알고 있을 때, 또는 다른 상대방들이 부정적 환경적 효과에 노출된다고 인식될 때 발생한다. 이 상황에서 한 당사자는 자원이 아직은 풍부할 동안 이득을 극대화하기 위하여 자원의 비율을 증가시키려 한다. 이것은 부정적인 환경적 영향을 증가시키고, 다른 당사자들의 개입을 증가시킨다. 제삼자의 개입은 갈등이 더욱 상승하지 못하게 하는데 필요될 수 있다. 이러한 접근법을 회피라고 한다. 이것은 양립할 수 없는 목표가 나타난 상황에서 취해지는 반응적 노력이라고도 할 수 있다.

3) 상황 Ⅲ : 인식적 국면(acknowledged phase)-진정과 해소(settlement and resolution)

만약 회피가 실패한다면, 또는 갈등을 방지하거나 회피하기 위하여 어떠한 시도도 없다면(예를 들면, 한 당사자가 권력의 대부분을 명백히 소유하고 있는 상황에서), 상황은 명백하고도 인식적인 갈등이 되기 쉽다. 부정적인 환경적 영향과 관련된 양립할 수 없는 목표는 모든 당사자들에게 명백하게 드러나게 된다.

이 단계에서는 다음의 사건들이 발생할 수 있다. 당사자들은 경쟁으로 인식하고, 그들 자신의 이해들에 대한 위협으로 그것을 받아들이며, 인접 당사자들에게 그들의 입장을 알린다. 이것은 하나 이상의 제삼자의 개입을 유발시킬 수 있다. 일단 이 단계에 도달되면, 당사자들은 자신의 입장을 옹호하고 방어하게 된다. 이러한 상황에서 다루어지는 다음과 같은 세 가지 접근방법이 있다.

첫째, 갈등진정(conflict settlement)은 갈등(갈등행동)의 징후들과 위치를 변경시키려고 한다. 상대자의 목표를 변경시키려고 하지 않고, 갈등태도와 행위자들의 갈등태도와 지각과 같은 중요한 목표구조를 변경하지 않고 남겨 두려고 한다. 비록 갈등진정이 주어진 사례에서 유일한 현실적 선택안이라고 할지라도 갈등이 다음 단계에서 재상승하지 않으라는 보장은 없다. 따라서, 갈등진정은 갈등의 재상승의 가능성을 수반하는 지속할 수 없는 합의로 언급될 수 있다.

둘째, 갈등해소(conflict resolution)는 갈등의 근본 원인들을 제거시키는 수용할 수 있는 합의를 말한다. 갈등해소는 분쟁자원의 지속가능한 사용을 가능케한다. 지속가능성의 조건은 갈등해소가 방지나 회피조치를 포함해야 한다. 갈등해소는 전제조건들이 충족되는 것을 의미한다. 즉, 제삼자는 상대자들에 의해 상호적으로 수용된다. 갈등해소과정은 그 자체가 합법적이고 건설적인 상대자들에 의해 고려되고 있고, 당사자들은 그들의 중요한 이해들을 알리려고 하며, 알릴 수 있다.

셋째, 인센티브의 사용(use of incentive)은 환경적 문제들이 경제개발과 밀접하게 관련된다는 사실을 아는 것이 필요하다. 따라서 환경문제는 지역 어디에서나 알아야 하고 해결되어야 한다. 발전도상국에게 재정적 원조와 기술이전은 모든 국가의 참여와 국가의 환경보호의 의무에 순응하는 능력을 촉진시킨다.

4) 상황 Ⅳ : 초기적 국면-진정후(post-settlement)/해소후(post-resolution)

이 국면에 도달하려면 서너 단계를 거쳐야 한다. 즉, ① 상황 I (방지), ② 상황Ⅱ(회피), ③ 상황Ⅲ(갈등진정이나 해소)이 그것이다. 상황Ⅳ가 방지, 회피 또는 갈등해소에 도달했다면, 발전경로는 해소후가 될 것이며, 만약 상황Ⅳ가 갈등진정에 의해 도달되었다면, 갈등은 재상승할 것이고, 발전경로는 진정후로 특징될 수 있다.

■ 주석

1) March and Simon, *op. cit.*, p. 128.

2) Bertram H. Raven and Arie W. Kruglanski, "Ch.3 Conflict and Power" in Swingle (ed.), *The Structure of Conflict*, (NY: Academic Press, 1970), pp. 69-109.

3) Louis R. Pondy, "Organizational Conflict : Concepts and Models", *Administrative Science Quarterly*, (vol. 12, no. 2, September 1967), pp. 296-320.

4) Stuart M. Schmidt and Thomas A. Kochan, "Conflict: Toward Conceptual Clarity", *ASQ*, vol. 17, no. 3, Sep. 1972, pp. 359-370.

5) E. A. Ross, *Principles of Society*, (NY: Century, 1930)을 참고하시기 바람.

6) L. R. Pondy, *Ibid.*, pp. 300-306.

7) 아래의 각 제목의 괄호안의 설명은 John R. Minnery, *op. cit.*, p. 4를 참고하였다.

8) M.A.Rahim, *Managing conflict in Organizations*, (New York : Praeger Publishers,1986), pp.59-63.

9) Recited in John R. Minnery, *op. cit.*, p. 4.

10) Jon Martin Trolldalen, *International Environmental Conflict Resolution - The Role of The United Nations*, Washington D.C.: NIDR (National Institute for Dispute Resolution 1992, pp. 8-12.

제4장 갈등관리의 의의

제1절 갈등관리의 개념과 고려사항

1. 갈등관리의 개념

갈등은 인간이 존재하는 곳이면 어디에서나 존재한다. 그리고 완전한 갈등해결이란 어렵다. 이 연구에서는 인간사회 또는 조직사회에서 갈등이란 없앨 수 없고 피할 수 없는 것으로 인식하기 때문에, 갈등의 해결이라는 말을 갈등관리라는 말과 동일시한다.

갈등관리란 역기능적이고 파괴적인 갈등을 해소 또는 진정시키고, 갈등의 순기능적이고 건설적인 측면을 촉진시키기 위한 활동을 포괄적으로 지칭하는 말이다.[1] 지방자치가 발달함에 따라 지방정부가 주민의 요구에 부응하고 주민상호간의 갈등을 관리할 필요성은 증대하고 있기 때문에 지방정부의 갈등관리 역량의 제고는 무엇보다도 중요시되고 있다.[2]

갈등이라는 용어는 겉으로 드러난 폭력만에 국한될 수 없다. 연구의 관심은 갈등의 제거, 방지, 억제가 아니라 갈등의 관리에 있다. 갈등상황의 당사자들은 항상 협력의 분위기에만 있는 것은 아니며, 실제로 의사소통을 철회하고 중단하고 싶어 하거나, 적대적이고 화를 내고 미심쩍어 하기 쉽다. 갈등관리의 일반적인 접근방법은 승-패게임이 아니라 승-승게임이다.[3] 대부분의 갈등관리의 접근방법은 다음과 같은 특징이 있다.[4]

첫째, 수단에 대한 불화(서로의 갈등관리 방식)

둘째, 당사자들간에 있어서 명백한 우리 편와 그들 편의 구별

셋째, 각 당사자는 갈등을 자신의 관점에서만 본다.

넷째, 각 당사자의 노력은 전체적인 승리를 향한다.

다섯째, 갈등은 대체로 개인화된다.

여섯째, 불화가 강조된다.

일곱째, 부정적인 고정관념이 지배한다.

갈등해결에 대한 가능성은 갈등에 대한 가정의 논리적 확장을 구성하고 있다. 갈등관리에 대한 대부분의 접근방법은 단순히 갈등을 진정시키는(settling) 데에만 관심을 가지고 있다. 그러나, 갈등관리에 대한 문제해결 접근방법은 갈등해소를 위해 고안되었다.[5] 갈등관리의 수단은 새로운 선택안을 만들어 내거나 당사자들이 그들의 갈등을 공유된 딜레머로 취급하도록 하는 것이다. 성공적인 갈등의 해결은 증상은 물론이고 묵시적인 원인(행동과 지각)들에서의 변화를 요구한다. 증상만을 취급하는 권력지향적인 전략을 포기하고, 참여적이고 분석적이며, 비강제적인 접근방법을 취함으로써 억압된 감정을 해소하고, 묵시적 가치들, 동기들과 지각을 표면화시키도록 한다. 그 특성상 갈등해결은 훨씬 더 복잡한 실행을 요구한다.[6] 그러한 요구와 복잡성 때문에 관련당사자들은 이러한 산출 즉, 갈등해결을 성취할 적당한 지식, 경험이나 동기부여를 결여하고 있을 수 있다.[7]

갈등관리에서는 갈등의 역기능적인(파괴적인) 측면보다는 순기능적인 (건설적인) 측면을 강조하고 있으나 실제로 표출되는 갈등은 소모적이고 파괴적인 양상을 나타내는 것이 사실이므로, 단기적인 해결책을 강구하는 경우가 많다. 그러나, 단기간에 해결하려고 한다면 갈등관리역량의 형성이나 갈등관리의 제도화에 실패할 가능성이 크다.

2. 갈등관리의 고려사항

갈등관리는 갈등의 발생원인에 따라 다양하고 독특하게 적용된다. 즉, 갈등의 발생원인은 주체가 누구이냐에 따라 달라질 수도 있고, 내용이 무엇이냐에 따라 달라질 수도 있기 때문에, 갈등관리에 대한 접근방법도 달라진다. 이 책에서는 환경문제로부터 야기된 갈등의 관리, 즉 환경갈등관리에 중점을 두고 그 고려사항들을 고찰하기로 할 것이다.

환경갈등관리는 다른 문제로 인한 갈등관리에서의 고려사항과는 다소 다른 측면이 있다. 환경갈등관리가 다른 여타의 갈등관리와 구별될 수 있는 특징을 살펴보면 다음과 같다.

첫째는 갈등관리의 근원적인 측면에 있어서 우선 갈등당사자가 많다는 것이다. 둘째는 갈등관리절차가 다른 여타의 절차들과 다르게 적용된다는 것이며, 마지막으로 환경문제의 속성상 잇슈자체가 복잡하고 대단히 기술적, 전문적이라는 것이다.[8]

갈등관리에 있어서는 많은 측면의 사람들이 관련되며, 관계는 환경갈등관리가 각각의 당사자 집단들간의 관계에 관련된 N-당사자 상황이기 때문에 곤란한 분야이다.[9]

문제의 실체는 '우리가 중심쟁점들을 발견할 수 있을까? 그리고 마찬가지로 부차적인 쟁점들을 발견할 수 있을까?' 하는 의문을 던져 준다. 문제들은 환경쟁점들에 대한 당시자들의 가치구조에 집견되어 있기 때문에 파악이 어려운 경우가 많다. 다음에서는 환경갈등관리에 있어서 고찰해야 할 주요한 고려사항들을 항목별로 나누어 고찰해 볼 것이다.

1) 관련된 사람들(people)

대체로 단 둘의 당사자를 가지는 노사갈등 모형과는 달리 대체로 많은 당사자가 관련되는 특질이 있다. 예를 들면, 정부측의 입장에서 보면

고도로 구조화된 관료제가 있고, 대기업이나 시민집단들도 권력행사의
측면에서는 아주 다양하다. 당사자가 찬반 양대세력으로 나누어 지는
경우에 찬성세력들 간에도 미세한 의견차이로 서로 갈등할 수 있다.10)
더군다나 환경갈등에서는 미래를 다룬다. 우리는 다가오는 미래세대에
영향을 줄 결정을 하고자 하는 것이며, 그들의 이익을 적절히 대표하는
방법을 알지 못하고 있다. 얼마나 많은 당사자들이 참여하게 될지 상한
선이 없기 때문에 새로운 당사자들이 출현할 가능성은 얼마든지 있다.

2) 절차 문제(procedural problems)

환경갈등관리의 분야에서 흔히 존재하는 절차적인 문제들은 어떠한
제도적 분쟁해결 절차들이 존재하지 않을 수도 있다는 것과 관련된다.
주어진 상황하에서는 어떤 기관이 공청회를 개최할 규정을 가지고 있을
수도 있으나, 이러한 공청회는 한쪽 측면에서만 입장표명을 하고 페인
트칠을 하는(가장하는) 것을 유추하는 것으로 기술되고 있다. 그럼에도
불구하고, 공청회는 정부조직들이 법적으로 수행할 권한을 부여받고 있
는 유일한 명분(the only mission)인 경우가 많다. 정부조직들은 관련된 정
부관료들이 어떤 선호를 가지고 있든간에 공법과 규정들이 허용하는 것
만을 할 수 있을 뿐이다. 이러한 문제들을 다루는 또 다른 제도적 방법
은 존재치 않는 경우가 대부분이다.

또한, 한편으로는 환경갈등관리가 새로운 분야이기 때문에 다른 절차
들 간에 경쟁이 있을 수도 있다. 어떻게 이들을 결합시킬 것인가에 대
하여 혼란이 야기될 수도 있을 것이다. 일단 혼란이 생기면 합의를 구
체화하거나 실행할 방법은 아마도 존재치 않을 것이다. 합의문을 통제
할 수 있는 어떠한 장치가 있어야 하겠으나, 거의 이러한 장치는 제공
되지 않는 경우가 많다.

3) 실체(substances)

쟁점들(issues)은 흔히 다원적이고, 꼬여 있고, 복잡한, 한 마디로 이해하기 어려운 것들이다. 또한 사실들은 불완전하거나 모순될 수도 있다. 당사자들은 정확한 자료들을 어디에서 입수하는가? 이는 획득이 어렵다. 신문을 읽어서 알고 있으나 밝혀진 수치들, 그 의미는 무엇인가? 사람들이 그것을 어떻게 측정하는가? 만약 측정된다면 대상 지역사회의 외부에서는 잘 이해할 수 없는 언어로 '과학적으로 타당한' 관찰로서 보도될 뿐만 아니라, 그 대상 지역사회가 그에 대하여 다른 지역사회들에게 시사해 줄 절차는 전혀 없는 것이다. 아무도 그런 일을 해오지 않았다. 장기효과는 불확실하다.

우리는 오늘 결정을 하지만 미래에 대하여는, 또 다가오는 미래세대들에 대하여는 어떠한가? 과학자들은 이런 문제들에는 꿀먹은 벙어리이기 일쑤이다. 이 문제는 도래하는 2년 정도에도 훌륭한 그리고 재협상이 가능한 계약상의 노사합의와는 명백히 다른 것이다. 환경사례의 경우, 예측치 못한 사건들이, 좋은 것이든 나쁜 것이든, 가까운 미래에 발생할 수 있는 것이다.

제 2 절 갈등단계와 갈등관리의 과정

1. 갈등의 단계

갈등의 단계는 학자들에 따라 다양하게 소개되고 있다.

Pondy는 갈등의 동태성에 중점을 두고 갈등발생을 5 단계로 나누어 설명하였다. 각 단계의 갈등은 서로 선후관계로서 연속적으로 연결되어 있으며, 갈등의 발생은 ① 잠재적 갈등(latent conflict: 상황), ② 지각된 갈등(perceived conflict), ③ 감지된 갈등(felt conflict), ④ 명시적 갈등(manifest conflict), ⑤ 갈등의 여파(conflict aftermath) 등의 과정으로 이해하고 있다.[11]

Rahim은 조직갈등에 관한 여러 학자들의 견해를 종합적으로 검토한 다음 이를 종합하여 다섯 단계의 갈등 에피소드 모형을 개발하였다.[12] ① 선행상황(antecedent conditions), ② 행태적 변화(behavioral change), ③ 구조형성(structure formation), ④ 의사결정과정(decision process), ⑤ 갈등여파(conflict aftermath)가 그것이다.

Wright는 전쟁상황을 분석함에 있어서 유사한 연속모형을 제시하고 있다.[13] 즉, ① 감정, 목적, 주장 또는 사회적 실체의 의견에 있어서의 비양립성, ② 사회적 긴장, ③ 갈등, 비양립성을 해결하는 과정, ④ 표출적 폭력(전쟁 등)으로 나누었다.

Trolldalen은 그의 갈등상승모형[14]에서 갈등의 단계를 ① 상황 I: 초기국면(incipient phase), ② 상황 II: 잠재 국면(latent phase), ③ 상황 III: 인식국면(acknowledged phase), ④ 상황 IV: 초기국면 - 진정후(post-settlement)/해소후(post-resolution)로 나누었다.

Minnery는 이러한 갈등단계들을 가장 간단하게, ① 선행상황, ② 갈등, ③ 갈등여파의 세 개의 갈등과정으로 나누어 보고 있다.[15]

위에서 고찰된 바와 같이 갈등의 단계들은 하나의 과정으로 이루어진다. 그러나, 이론상 갈등단계들은 선후 관계로 연결되어 연속성을 지니고 있지만 현실은 전혀 그러하지 못하다. 즉, 어디부터 어디까지가 어떤 갈등단계인 가를 정확하게 구분한다는 것은 어렵다. 뿐만 아니라, 선행갈등단계에서 갈등이 해결되는 경우도 많이 있고, 모든 현실의 갈등 현상들이 똑같은 갈등과정을 거치는 것은 아니다.

2. 갈등관리의 과정

다음에서는 사례분석에 필요로 되는 갈등과정에 관하여 위의 선행연구들을 토대로 하여 특히 환경문제에 대한 갈등의 관리과정에 중점을 두고 갈등관리과정을 다음과 같이 4 단계의 갈등단계(국면)로 나누어 고찰하고자 한다.

1) 갈등의 발단단계(잠재적 갈등단계)

모든 갈등현상들은 그 원인을 가지고 있다. 그것이 목표의 비양립성에 기인하든, 지각의 차이이든, 이해의 차이이든, 수단이나 방법의 차이이든 상관없이 반드시 원인을 가지고 있다. 갈등당사자들이 갈등의 원인에 대한 통찰력을 가지고 상호간 갈등해결에 노력한다면 갈등은 쉽게 해결될 수 있는 경우가 많다. 갈등조건이 형성되면 작은 촉발요인에 의해서도 갈등은 쉽게 표출될 수 있다. 갈등조건은 목표의 비양립성, 한정된 자원에 대한 공유상황, 활동의 상호의존성 등으로부터 갈등당사자간의 불일치와 반목이 어느 정도 일정기간 지속되어 갈등잠재력이 증폭되는 상황을 말한다.

갈등잠재력이 증폭되고 있을 때 갈등원인을 제공한 당사자 일방이 재빨리 조치를 취하여 갈등의 발생을 예방할 수도 있으나, 오히려 그러한 조치들이 갈등을 유발시키는 경우도 있다. 갈등은 쌍방 당사자들 간에 발생하는 것이기 때문에 갈등문제의 심각성을 당사자 일방이 느끼지 못함으로써 오히려 갈등상황을 증폭시키는 경우가 많이 있다.

환경갈등의 경우에 있어서 피해를 느끼고 있는 주민들은 그 심각성에 우려를 가지고 있고 위협을 느끼고 있는 상황에서, 정부의 조치들이 일방적이거나 주민의견을 수렴하지 않았을 경우에는 갈등잠재력을 증폭시키는 결과를 초래한다. 정부가 주민들의 갈등문제에 대한 인식을 정확하게 파악하고 그에 대한 적절한 조치를 취했을 경우에는 갈등은 사전에 해결되어 갈등행동이 유발되는 것을 예방할 수 있다. 갈등에 소요되는 시간과 비용이나 시민의 불편을 감안한다면 갈등의 초기단계인

발단단계에서 정확한 문제인식과 적절한 예방활동을 취하는 것이 무엇
보다도 중요하다.

2) 갈등의 표출단계(명시적 갈등단계)

잠재화된 갈등이 표출되도록 하는 데에는 몇 가지 조건이 결부되었
을 경우이다. 즉, 갈등을 야기한 원인 자체가 분명하게 잇슈화되고, 갈
등당사자의 확인이 가능하며, 감정적인 차원으로 지각될 때 발생한다.
특정 지역의 환경갈등의 경우에 있어서는 문제의 심각성이 주민들의 일
상생활과 직결되고 있기 때문에 극렬해지는 경우가 많다. 폭력적 시위
나 집단행동은 조직화되지 않은 주민들을 조직화된 집단으로 묶어주는
역할을 한다. 주민집단들이 더욱 조직화될수록 표방하는 잇슈는 더욱
강렬해지고 그에 따른 협상을 위한 요구사항들도 많아지게 된다.

갈등이 표출되었을 경우, 물리적인 힘에 의하여 해결하려고 한다면
오히려 갈등문제의 본질이 흐려지고 또 다른 감정적인 대치의 국면으로
갈 우려가 많다. 표출된 환경갈등은 한 지역에 국한되는 경우도 있지만
환경문제의 광역성으로 인하여 유사한 다른 환경갈등을 촉발시키기도
하며, 연대관계를 형성하여 공동대처하는 경우도 있기 때문에 확산되는
경향을 가진다. 환경갈등이 집단분규의 양상을 띠게 되는 것도 주장하
는 잇슈가 지역성과 체제성 및 광역성을 지니고 있기 때문이다.[16] 또한
표출된 갈등에 대한 근시안적인 대처는 갈등의 정도를 더욱 심화시키고
분규를 장기화시키며 조직화시키는 원인을 제공한다.

집단행동을 하는 주민들에 대하여 정부가 문제해결을 위한 대안을
제시하지는 않고 강력대처하겠다고 공언한다든지 집단행동을 주도한
주민의 일부를 사법처리한다든지 하는 것은 갈등문제의 본질을 해결하
려는 의도라고 보기는 어렵고, 오히려 감정적인 갈등을 증폭시키는 결
과를 초래해 더욱 해결의 실마리를 흐리게 하는 요소가 될 수 있다.

3) 갈등해결의 탐색단계

갈등관련 당사자들이 갈등이 발생하고 있음을 인식할 때에는 여러 가지 갈등해결을 위한 전략과 전술이 활용된다. 갈등이 표출되기 전에 해결책을 모색하는 예방, 갈등문제자체의 무시, 철회 또는 회피, 표출된 갈등에 대한 강압, 대면, 협의, 협상 또는 정략, 문제해결을 위한 제삼자의 개입(중재, 조정17), 알선) 등 조치들이 이용된다.

환경문제에 대한 지방정부의 갈등해결은 주민의 생활과 직결되는 사항이므로 조속하게 해결해야 할 뿐만 아니라 책임있는 사람의 합리적이고 합당한 해결책이 제시되어야 한다. 해결책을 모색하는 과정에서는 갈등 상대방의 의견을 개진할 수 있는 기회를 제공하기 위하여 공청회나 간담회 등의 절차를 마련하고, 주민들의 의견개진과 의견의 결집을 용이하게 하기 위하여 갈등당사자로서의 단체를 구성하여 일정한 권한을 부여하는 것이 중요하다. 즉, 구성된 주민대표단체는 주민을 갈등상대방으로 인정하고 잇슈를 함축시킴으로써 문제의 본질에 대한 접근을 용이하게 하고, 불필요한 논쟁을 피할 수 있게 하기 때문이다.

어떤 경우에는 갈등관리가 아주 효율적으로 이루어졌다고 하더라도 갈등의 앙금이 남아 있을 수 있기 때문에 완전한 갈등관리란 존재하지 않을 수도 있지만, 갈등을 가장 잘 관리하는 것은 갈등을 발생시키는 문제자체의 해결일 것이다. 갈등문제해결을 위한 전략 중에서 최근에 가장 중시되는 것으로서 제삼자 개입이 있다. 갈등에 있어서 제삼자는 공정하고 예리하며 전문적인 지식을 가지고 있어야 한다. 그는 갈등당사자들의 해결을 위한 협의를 존중하고 당사자간 합의를 도출하는데 도움을 줄 수 있도록 개입해야 한다.

4) 후갈등단계(갈등의 여파단계)

어떤 갈등은 완전히 해결되어 오히려 갈등당사자를 결속시키고 발전과 쇄신의 계기로 삼을 수 있도록 하는데 도움이 될 수도 있다. 그러나, 어떤 갈등은 피상적인 해결만 되었거나 갈등을 발생시킨 문제의 본질자체에 접근은 하지 못한 채 시간만 지연됨으로써 갈등의 골이 더 깊어질 수도 있다. 또 단기적으로는 해결된 것 같은 갈등도 일정한 시간이 지난 다음에 똑같은 문제로 인한 갈등이 유발되는 경우도 있고, 완전한 합의에 도달하지 못하고 부분적으로만 합의에 도달한 경우에는 미합의된 부분에 대한 갈등유발의 소지는 언제나 남아 있을 수 있다.

환경갈등의 완전한 해결이란 거의 있을 수 없다. 다만, 단기적인 관점에서 당해 갈등문제 자체가 완전히 해소될 수 있는 경우가 아주 없는 것은 아니다. 이러한 경우는 주로 갈등이 표출되기 전에 쌍방 갈등당사자들이 예방적 차원에서 완전한 합의를 도출할 때 가능하다. 이러한 경우를 갈등해소(conflict resolution)라 한다.

갈등에 대한 해결책에 부분적인 합의가 이루어진 경우에도 남아있는 갈등에 대한 지속적인 잠재성은 존재한다. 특히 환경갈등의 경우에 있어서 단기적, 피상적으로 합의된 경우에는 똑같은 갈등상황이 조성되어 곧바로 갈등행동으로 표출되는 경우가 많다. 그러나, 갈등관련당사자들은 갈등행동으로 인한 물적·정신적 피해를 잘 알고 있기 때문에 최대한 갈등행동의 유발을 억제하려고 노력한다. 인간사회에서 특히 환경문제에서 갈등을 완전히 제거하기란 거의 불가능하다. 그러므로, 갈등을 해결할 수 있는 장치를 마련하고 그러한 장치의 효율적인 활용을 통하여 지속적으로 발생하는 갈등(특히 환경갈등)에 대처할 수 있을 것이다.

갈등관리과정에서 지나치게 일방 당사자에게 권력을 부여하는 경우에는 또다른 갈등의 불씨를 심어주는 결과가 초래되기 때문에 갈등을 장기적인 차원에서 효율적으로 관리하기 위하여는 명확한 권한과 책임한계를 설정하는 것이 중요하다. 갈등진정의 국면을 지속적으로 이어나가기 위하여는 무엇보다도 관련된 당사자들이 자신의 역할의 한계를 인식하고 유기적으로 기능할 때 공동의 갈등해결목표를 달성할 수 있을 것이다.

잠재적인 갈등의 여파를 치유하고 관리해 나가기 위해서는 정보의 공개, 주민의견수렴, 갈등당사자로서의 주민단체의 형성, 정부조직상에 있어서의 갈등관리팀의 형성, 정기적인 모임 등 협상의 제도화를 위한 학습과정이 중요시된다.

3. 갈등관리과정상의 고려사항

갈등관리는 갈등 과정(갈등단계)에 따라 다양하게 변화될 수 있다. 즉, 이미 앞에서 제시한 갈등의 발단단계, 표출단계, 탐색단계, 후갈등단계 에 따라 그 의미나 행동과정이 달라진다고 볼 수 있겠으나 여기에서는 환경갈등관리의 과정상에서 나타나는 공통적인 다음의 몇몇 특징적인 요소들을 중심으로 고찰하고자 한다.

첫째, 주체(subjects)의 변화 — 갈등발생의 초기에는 개인의 문제 또는 집단의 문제에 국한되던 것이 조직전체의 문제 또는 사회문제로 확산됨 에 따라 관련되는 갈등당사자들의 수와 범위도 변화한다. 또한 갈등당 사자의 성격도 자생적인 집단의 형식에서 점차 조직화 과정을 거치면서 지도자를 가지고 내부규범을 가지는 형식으로 발전한다. 즉, 갈등당사 자 식별을 위한 집단화 과정이 나타난다. 그 과정은 대체로 비공식적인 것으로부터 공식적인 것으로, 비제도적인 것으로부터 제도적인 것으로, 자생적인 것으로부터 의도적인 것으로, 관주도에서 시민참여유도로 변 화하게 된다.[18]

둘째, 이해관계(interests)의 변화 — 갈등을 초래하는 처음의 문제가 발 생되면, 그와 관련된 또다른 다양한 불만들이 분출된다. 환경갈등의 경 우 실현성이 없거나 제기된 문제와 직접 관계되지 않았던 평소에 개인 적으로 가지고 있던 불만들이 모두 관련된다. 주민의 관심사도 개인적인 것에서부터 공동적인 것으로 다양하게 변화한다. 이러한 이해관계들이 갈등과정을 거치면서 몇 개의 잇슈로 결집되어 나타나고 그러한 문제를 해결하기 위한 대안으로서의 요구사항들이 제시된다. 갈등당사자의 관심은 이제 문제 자체보다는 그 문제의 해결을 위한 대안들에 모아진다. 갈등당사자들은 관련된 이해관계를 조정(調整)하고 변화시킴으로써 협상을 통하여 갈등을 해결하려고 하게 된다.

셋째, 갈등에 대한 해석(interpretation)의 변화 - 갈등이 발생하는 발단단계에서는 갈등당사자간 이해의 대립으로 의사소통이 잘 이루어지지 않아서 갈등이 심화되는 경우가 많이 있다. 그러나, 갈등당사자들이 협의를 하는 과정에서 갈등자체에 대한 해결노력으로 갈등을 적대적인 것에서 우호적인 것으로, 폐쇄적인 것에서 개방적인 것으로, 권위적인 것에서 민주적인 것으로, 부정적인 것에서 긍정적인 것으로 해석하려는 경향이 더욱 증대하게 되는 것이다. 갈등당사자들간에 있어서의 이러한 해석의 변화는 갈등이 관리되고 난 다음, 잠재되는 갈등의 의미를 새롭게 개선시켜 주며, 앞으로의 갈등해결에 있어서 바람직스러운 전례가 될 수 있다. 지방정부의 환경갈등에 있어서도 지방정부와 주민이 갈등문제에 대하여 가지는 해석상의 변화는 갈등당사자들의 바람직스러운 태도와 가치관으로의 변화를 초래하는 데 중요한 기반을 형성한다.

또한, 환경분야에서는 생과 사의 결정이 보통이다. 돌이킬 수 없는 것일 수도 있다. 논의하고자 하는 과정들에는 많은 것들이 있겠으나, 우선 가장 덜 구조적인 것에서부터 가장 공식적인 것으로 논의의 중점을 옮겨 보기로 하자. 갈등관리의 과정에는 사실발견, 화해, 협상, 촉진, 매개와 조정 등이 있다.[19]

사실발견(fact-finding)은 노력이 가장 적게 드는(the least labor- intensive) 유형일 것이다.[20] 사실들은 흔히 잘 알려지지 않는다. 어떤 사람도 사실을 발견하지 못했을 수도 있다. 사실발견 분석은 사실인 것을 확인하고 그

것을 문서화하는 것일 수 있다. 당사자들의 가치와 그들의 다른 조직들과의 관계의 측면에서 옳다는 것을 확인함으로써, 즉 자료들에 대한 잘못된 지각을 제거하는 것만으로 많은 사례들이 해결될 수 있다.

화해(conciliation)는 간단히 말해서 감정적이고 혼란이 야기되는 측면이다. 환경갈등들은 사람들에 관련된, 아마도 고정관념(우리측은 좋고 상대편은 무조건 나쁘다)에 관련된 문제들과 관계가 있는 것 같다. 대개 화해의 목적은 그들이 서로를 짐승이 아닌 인간으로서 인식할 수 있도록 결합하는 것이다.

협의(negotiation)는 차선의 가장 구조화된 접근이다. 당사자들이 이 경우에서 하고자 하는 것은 양자가 서로를 교화시키고 흥정하는 것이다. 흔히 협력적 문제해결이라고 불리우는 촉진(facilitation)은 주로 당사자들이 외부로부터의 어떤 사람을 필요로 하는 첫 단계이므로 공식적 방향으로 진일보한 것이다. 우리가 분쟁당사자들 중 하나라면, 사실발견, 화해, 협의는 스스로 할 수 있으나, 일단 촉진에 도달하면, 분쟁에 있어서 외부 인물을 필요로 하게 된다.

조정(medaition)은 제삼자가 훨씬 더 큰 힘을 가지고 있는 경우에 존재하며, 마지막으로 중재(arbitration)는 어떤 종류의 구속력있는 결정이 이루어지도록 할 때 존재한다. 환경사례의 경우 중앙정부는 모종의 구속력있는 중재권한을 가지기 어려운 경우가 많다. 따라서, 덜 공식화된 절차에 중점을 두고 고찰해 볼 필요가 있다.

제 3 절 갈등관리의 모형들

건설적 갈등관리는 중요한 사회문제들에 대한 대답이다. 지금까지 그래왔고 앞으로도 그럴 것이다. 갈등은 앞으로도 "번성(flourishing)"을 계속할 것이고, 건설적 갈등관리는 발생하는 그러한 갈등들의 가능한 해결책을 제공할 것이다.[21] 갈등관리의 두 가지 가장 건설적인 접근방법을 소개하자면, 협의(negotiation)와 제삼자개입(third-party intervention)이 있다. 제삼자개입은 협의와 유사한 것으로서 합의에 도달할 기회를 향상시킬 수 있으나, 한편 잘못 사용되면 파괴의 수단이 될 수도 있다.

개인들간, 집단들간, 또는 국가들간에서 갈등이 발생할 때, 해결될 수 있는 방법에는 지배(domination), 합의각서(capitulation), 부작위(inaction), 철회(withdrawal), 협의(negotiation), 그리고 제삼자 개입(third-party intervention)이 있다.[22]

1. 갈등관리의 협상모형들

이 연구에서는 학자들에 의하여 제기되어 온 갈등관리의 협상모형들에 관하여 간략하게 살펴 보고, 몇 가지 관점에서 각 모형을 서로 비교하여 보도록 할 것이다.

1) 상호이익모형(the mutual gains models)

Fisher 등은 Getting to Yes[23]라는 책에서 "상호이익 접근방법"이라는 다양한 이데올로기를 분출시켰다. 저자들은 처음에는 그럴 의도가 아니었다. 조직행태 원리의 기초자인 Follet은 20세기 초반에 "통합(integration)"에 대하여 글을 썼다.[24] 남성들이 지배하는 분야에서 글을 쓴 몇 안되는 여성들 중의 한 사람이다. 그녀의 업적도 최근까지 별 관심을 얻지 못했었다. "이데올로기"로서 협의에 대한 상호이익 접근방법을 특징화함에 있어서, 전통적인 현실정치의 의미로, 한 편이 다른 편의 희생을 통하여만 잘할 수 있는 제로섬(zero-sum)의 배열에서의 갈등을 고찰하기보다는 양 당사자들이 받아 들일 수 있는 해결책의 가능성을 주장하고자 한다.

Getting to Yes에서 소개된 하나의 일화를 보기로 하자. 두 사람이 한 개의 오렌지를 나누는데 대해 언쟁을 하고 있다. 한 사람은 자기에게 유리하게 80대 20으로 나누자고 하고, 다른 사람은 25대 75로 나누자고 한다. 양보가 계속된 뒤에 두사람은 50대 50으로 나누기로 했다. 아주 공정하고 현명한 해결책인 것처럼 보인다. 그러나, 한 사람은 껍질을 까서 버리고 속살을 먹는 한편, 다른 한 사람은 오렌지 속살을 버리고 케익을 굽기 위해 껍질을 사용한다. 만약, 두 사람이 각자가 가지고 싶어하는 또는 양보하고 싶어하는 오렌지의 양을 토론하지 않고 각자가 왜 오렌지를 원했는지를 토론했더라면, 다른 사람에게 가치있는 것을 집어 던져 버리는 대신에 둘 다 그들이 원하는 것을 모두 얻었을 것이다.

또다른 이해관계의 분석을 통하여 합의한 예가 Follet의 글에 나온다. 두 사람이 도서관의 "창문을 '닫자', '열자'"하고 논쟁하고 있다. 창문을 열기를 바라는 사람은 더워서 방이 시원해지기를 원한다. 창문을 닫기를 원하는 다른 한 사람은 한기를 피하고 싶어한다. 해결책은 제삼자가 옆방에서 창문을 여는 것이다.

이러한 도움말들은 협의의 상호이익 접근방법을 설명하는 것이다. 만약 중요한 이해를 분석함으로써, 이러한 이해들을 만족시키는데 사용될 수 있는 몇 가지 창의적인 선택들을 발전시킨다면, 모든 갈등당사자들이 그들이 원하는 것을 얻었다는 확신을 발견할 수 있을 것인데, 왜 가능할 때마다 그런 접근법을 활용하지 않는 것일까? 폭력, 지배와 갈등상승에 대한 대안발견을 위한 투쟁세계에서, "승-승(win-win)"보다 더 나은 방법이 있을까?

2) 양보-수렴 모형(concession-convergence model)

대부분의 사람들이 협의(negtiation)를 생각할 때 마음속에 떠오르는 것은 두 사람이 분배의 반대측면에 서서 그들의 열망에 관하여 뭔가를 포기함으로써 서로에게 접근하는 합의(agreement)이다.[25] 판매자는 기대하는 것 이상을 요구하고, 구입자는 지불하고 싶은 이하를 제공하려고 한다. 단계적인 양보를 통하여 양 당사자는 각자가 수용할 수 있는 어떤 점에 수렴하게 되는 데 이를 "양보-수렴"이라 한다.

3) 점진적 모델(the models side by side)

분배적이고 통합적인, 양보-수렴과 상호이득의 두 접근방법들은 갈등관리에서 중요하다. 양자택일은 불필요하고 어리석은 일이다. 이는 Walton과 McKersie, Tracy와 Peterson, Lax와 Sebenius에 의해 명백히 시사되고 있다.[26] 학자들은 두 접근방법이 반복적이라기 보다 통합적인 관계라고 지적하고 있다. 각기 다른 상황에서 양자는 가장 적절하게 된다. 상호이익 모형에서는 일방적 개입이 확실한 승리를 만들어 주는 대신 양자택일의 게임에서는 어떤 한사람이 상대방에게 양보를 강요하고, 다른 사람의 측면에서는 전적으로 선택의 기회가 배제되는 경우일지라도, 중요한 이해를 달성하도록 하는 정보를 서로 차단할 수도 있다.

의사소통의 개방성변수의 측면에서 상호이익 모형과 양보-수렴 모형을 비교해 보자. 개방성은 양보-수렴 접근법에서 사용될 수 있을 것이다. 왜냐하면, 다른 상대방이 첫번째 사람을 착취한다는 정보가 폭로될 수 있기 때문이다. 상호이익 접근방법에서는, 정보교환의 개방성에 프리미엄이 부가된다. 각자가 특정 제안에 찬동하기 위하여 필요한 것을 다른 사람에게 부여하는 것이 가장 좋다는 것을 알 수 있는 것은 바로 그러한 교환을 통해서 가능한 것이다.

협의(negotiation)에 있어서 협박(threat)의 사용을 살펴 보자. 양보-수렴 모형에서, 협의자는 협박이 다른 상대방이 포기하도록 하는데 사용될 수 있다고 생각할 수 있으나, 상호이익모형에서는 협박의 사용은 별 의미를 가지지 못하는데, 그것은 공유된 목적이 한 쪽이 상대방을 밀어붙이기보다는 함께 직면한 문제를 해결하자는 것이기 때문이다.

상호이익 접근방법은 도덕성, 협력성, 진실성, 정의로 연결되고, 양보-수렴 접근방법은 심지어는 어둠의 세력(the forces of darkness)에 연결된다고 말할 수도 있다. 현실은 그 보다도 더 복잡하고 흥미롭다. 상호이익 접근방법은 해결되어야 하는 갈등문제는 정보공유와 협의자들에 직면하는 공동잇슈의 점진적 분석을 통하여 가장 잘 알려진다. 양보-수렴 접근방법은 서로 다른 상황조건하에서 더 적절하다.

첫째, 협의상황이 양보-수렴을 필요로 하는 규범과 기대를 염원할 수 있다. 물건을 사러갔을 때 상인은 아주 높은 가격을 제시하는 것으로 시작한다면, 당신은 그 상인이 더 진행하기 전에 그의 관심 가격이 얼마인가를 묻지는 않을 것이다. 그렇게 묻는다면 상인은 당신이 해서는 안되는 어떤 것을 연막하고 있다고 결론지을 수 있다. 이런 상황에서 적당한 에티켓은 불필요한 그 사람의 이해를 분석하려고 할 것이 아니라 판단적인 잘못된 진술을 요구하는 것이다.

둘째, 일방 또는 쌍방이 상호이익적 협의의 어려운 일을 수행하는데 필요한 시간, 에너지, 동기부여를 결여할 수 있다. 중요한 이해를 찾아 낸다는 것은 합의를 촉진하는데 사용될 수 있는 선택안을 개발하는 이 외에 기술과 끈기를 요한다. 양보-수렴교환에서는 상대적으로 신경을 덜써도 되고 노력을 덜해도 된다. 효과적인 양보-수렴협의를 하기 위하여는 합의에 도달할 때까지 기대이상을 요청하는 방법과 일련의 단계적 양보를 하는 방법을 알아야 한다. 원칙적인 문제해결을 효과적으로 하려면, 많은 노력과 기술이 필요하다.

셋째, 협의는 과정을 지켜 본 다음, 강렬하고 극단적인 입장을 취하도록 협의에 압력을 가하는 사람들(유권자들)이 있는 곳에서 발생한다. 이러한 상황하에서는 상대방으로부터 양보를 얻어내는 협상라운드의 각 말미에서 "지원자(backers)"에게 보고해야 할 필요가 있을 수도 있다.

넷째, 협의는 하나씩 하나씩 단일 잇슈에 초점을 둘 수도 있다. 이런 상황에서는 상호이익적 분석은 의미가 없을 수 있다.

끝으로, 양보-수렴 접근법은 두 단계의 표준 협상과 같은 게임상황이다. '당신이 가면, 나도 간다. 내가 가니 당신도 가고, 당신이 가니 나도 간다···' 실제로 양보-수렴 배열에서의 협상자들은 누가 가장 손해를 덜 보는가를 알지 못한다. 왜냐하면, 상대방이 이를 알지 못하고 그들이 기대하는 이상으로 요구하는 것으로 생각하기 때문이다.

2. 갈등관리의 제삼자개입 모형

제삼자 개입은 조정(mediation), 화해(conciliation), 중재(arbitration)를 생각해 볼 수 있다. 조정에서는 분쟁자들에 의해 숨겨질 필요가 없는 조언적 권고가 이루어진다. 화해는 잇슈의 해결이라기보다는 갈등이 수행되는 과정에 초점을 둔다. 중재는 제삼자의 해결을 위한 권고가 구속력을 가진다.

제삼자 개입은 그 효과성에 있어서 몇 가지 한계를 가지고 있다. 첫째, 제삼자 포함은 양자간 안정성을 깨뜨리는 효과를 가지고 있다. 그것은 효과성의 원인이 되기도 하지만 잠재적인 위험의 원인이 되기도 한다.

둘째, 제삼자는 분쟁자들 자신과 갈등상태에 있는 개인적인 의제를 가질 수 있다. 부동산 중개업자는 잠재적 매입자와 매각자를 함께 묶을 이해를 가지고 있다. 그러나, 그는 또한 사업상의 이해를 가지고 있고 분쟁자들이 직접적인 접촉을 하지 못하게 함으로써 가장 잘 성취될 수 있는 뭔가를 가지고 있다.

셋째, 제삼자는 분쟁해결을 야기시키기 위한 수단이 무엇이든 간에 신중히 검토하지 않고 사용하려는 유혹을 너무 자주 받는다. 수단성이 크면 클수록 합의에 도달할 가능성도 커진다. 문제는 그 합의가 분쟁자들 자신의 동기부여라기보다는 외부개입의 결과라는 것이다.

요컨대 제삼자는 건설적 갈등관리에 매우 중요한 세력이다. 그들은 다방면에서 도움을 줄 수 있고, 동시에 신속한 외부적 고정의 약속에 유인되어서는 안된다. 모든 상황에 딱 맞는 단일의 협상모델이란 있을 수 없듯이, 어떤 단일의 제삼자가 있을 수 없다. 궁극적으로 사람들은 그들 자신의 갈등을 알아야 할 책임을 가져야 하며, 제삼자에게 미루려고 해서는 안된다.

■ 주석

1) 건설적인 갈등이란 갈등이 순기능적으로 작용함으로써 보다 더 큰 발전과 쇄신의 계기로 작용하는 갈등을 말하며, 파괴적인 갈등이란 갈등이 역기능적으로 작용함으로써 발전이나 쇄신에 저해되고 소모적인 갈등을 말한다.

2) Robert Atkins, "Making Use of Complaints: Braintree District Council", *Local Government Studies*, vol. 18, no. 3, (London: Frank Cass, Autumn 1992), pp. 164- 171.

3) Jacob Bercovitch, *Social Conflict and Third Parties: Strategies of Conflict Resolution*, (Boulder, Colorado: Westview Press, 1984), p. 19.

4) Bercovitch, *Ibid.*, p. 20.

5) Kenneth Kressel, Edward A. Frontera, Samuel Forlenza, Frances Butler & Linda Fish, "The Settlement-Orientation vs. the Problem-Solving Style in Custody Mediation", *Journal of Social Issues*, vol. 50, no. 1, 1994, pp. 67-84.

6) Martha Harty & John Modell, "An Attempt to Institutionalize applied interdisciplinary social-science", *Journal of Conflict Resolution*, vol. 35, no. 4, (December 1991), pp. 720-728.

7) 이것이 문제해결 접근방법이 특정 제3자에 의해 가장 잘 실시된다는 이유이다.; J.W. Burton, "International Problem Solving Organisation", A paper presented to the 24th International Studies Association, (Mexico, 1983); Bercovitch, *op. cit.*, p. 22.

8) Ethan T. Smith, "7(i) Environmental conflict management" in Sandole and

Sandole-Staroste, *Conflict Management and Problem Solving: Interpersonal to International Applications*, (New York: New York University Press, 1987), pp. 149-168.

9) Vladimir Akimov, "Automatic Simulation of N-Person Social Dilemma Games", *Journal of Conflict Resolution*, vol. 38, no. 1, (March 1994), 138-148.

10) 김영평, "70년대와 80년대의 우리나라 정책갈등양상", 한국행정연구원, 「한국행정연구」, 1994년 봄호, 제3권 제11호, 1994. 6., 120-121쪽.

11) Louis R. Pondy, "Organisational Conflict" : Concepts and Models", vol. 12, no. 2, *ASQ*, (1967), pp. 300-306.

12) M.A. Rahim, *Managing Conflict in Organizations*, (New York : Praeger Publishers, 1986), pp. 59-63.

13) Recited in John R. Minnery, *op. cit.*, p. 4.

14) Jon Martin Trolldalen, *International Environmental Conflict Resolution: The Role of The United Nations*, Washington D.C.: NIDR(National Institute for Dispute Resolution), 1992. pp. 8-12.

15) John R. Minnery, "1. Conflict: concept and definition", *Conflict Management in Urban Planning*, England: Gower Publishing Co., 1985, pp. 3-8.

16) 제1장 제1절의 환경문제의 특질과 제1장 제2절의 지방정부의 환경갈등의 특성을 참고.

17) 여기에서 말하는 조정(調停, mediation)이란 '틀어진 사이의 중간에 들어서서 화해를 시킨다'는 뜻으로서, '골라서 정돈한다'는 뜻을 나타내는 조정(調整, coordination)과는 구별되는 개념이다.

18) 예를 들면, 지역주민대표자회의, 대책위원회, 협상대표 등을 들 수 있다.

19) Ethan T. Smith, "7(i) Environmental conflict management" in Sandole and Sandole- Staroste, *Ibid.*, pp. 151-152.

20) 사실발견과정을 위한 사실들에는 기본적으로 세가지 범주가 있다. 사람지향 자료들, 관계지향 자료들, 그리고 실체적 자료들이 그것이다. 사람들에 관련된 자료는 특정집단의 이해가 무엇이며, 이해의 내용이 무엇인가와 같은 고려사항들이다. 이해는 환경사례의 경우 매우 광범(global)하다.

21) Jeffrey Z. Rubin, "Models of Conflict Management", *Journal of Social Issues, The Society for the Psychological Study of Social Issues*, vol. 50. no. 1, 1994, pp. 33-45.

22) *지배 : 당사자 일방이 물리적 또는 심리적 수단을 통하여 상대방에게 자신의 의 지를 부과시키려고 할 때 발생한다.

*합의각서 : 당사자 일방이 일방적으로 상대방에게 명백한 승리를 양도하는

것이다.

*부작위 : 당사자 일방이 아무것도 하지 않거나 그렇게 보이는 것이다.

*철회 : 당사자 일방이 갈등에서의 참여를 계속 거부하는 것이다.

*협의 : 둘이상의 갈등당사자들이 상호 수용가능한 합의를 만들어내기 위해 제안이나 아이디어를 교환하는 것이다.

*제삼자 개입 : 분쟁당사자들과 구별되는 개인이나 집단이 당사자들로 하여금 합의를 하도록 유도하려고 나서는 것이다.

23) R. Fisher, W.L. Ury, & B.M. Patton, *Getting to YES : Negotiating agreement without giving in*, 2nd ed., (NY: Penguin Books, 1991).

24) H.C. Mercalf & L. Urwick(eds.),, (NY: Harper & Row, 1942).

25) J.G. Rubin, D.G. Pruitt, & S.J. Kim, *Social conflict: Escalation, stalemate, and settlement*, 2nd ed., (NY: McGraw-Hill. 1994).

26) R.E. Walton and R.B. McKersie, *A behavioral theory of labor negotiations: an analysis of a social interaction system*, (Ithaca, NY: ILR Press, 1965); L. Tracy and R.B. Peterson, "A behavioral theory of labor negotiations: How well has it aged?, *Negotiation Journal*, 2, pp. 93-108; D.A. Lax and J.K. Sebenius, *The manager as negotiator: Bargaining for cooperation and competitive gain*, (New York Press, 1986); recited in Rubin, op. cit., p. 37.

제 5 장 갈등관리의 전략

제 1 절 갈등관리전략의 의의

갈등관리는 발생한 갈등을 바람직스러운 방향으로 의도적·계획적·인위적으로 개선시키는 것이다. 잠재된 갈등상태에서도 갈등관리를 위한 활동들이 전개될 수 있으나, 일반적으로 갈등관리라 함은 표출된 갈등을 누가, 어떤 방법으로 관리하여 갈등의 유발요인을 원천적으로 해결하느냐 또는 표출된 갈등을 진정국면으로 유도하느냐에 관련된다.

갈등관리전략이란 갈등을 관리하기 위하여 취해지는 당사자의 제반활동을 말하며, 한 번 조치가 취해졌다고 해서 지속되는 것이 아니라 갈등의 탕사자가 변화하고, 갈등문제의 이해가 변화하고, 그에 따른 갈등의 이해가 변화하기 때문에 과정적 차원으로 인식해야 한다. 그러나 갈등관리전략은 그 전략을 행사하는 자와 대상이 되는 상대방의 입장에서 주관적 판단의 개입소지가 있기 때문에 실행측과 대상측에서 차이가 존재할 수 있다는 것을 알아야 한다.

환경갈등관리의 .실제 상황에서는 어떤 한 전략만으로 이루어 지는 경우는 없고 하나의 과정으로 이루어 진다.[1] 다만, 특정 상황에서는 특정 전략이 강조될 수 있으며, 상황에 따라 단일의 전략적용으로 갈등해결이 이루어 지기도 하며, 복합적인 전략적용으로 갈등해결이 이루어지기도 한다. 또 어떤 경우에는 특정 갈등전략이 오히려 갈등을 조장, 촉진시키기도 한다.[2] 단일전략의 강조보다는 혼합전략이 더 효과적이며, 성공과 실패의 정의도 관심사와 잇슈들에 친숙하고 일관성있는 산출로

골격이 이루어져야 한다.3)

제 2 절 갈등관리전략에 대한 제견해

갈등관리전략은 학자들에 따라 매우 다양하게 전개되고 있으며 그 분류기준도 일정하지 않다. 그러나, 이 연구에서는 갈등해결을 위한 주요한 학자들의 견해를 간단히 살펴보기로 할 것이다.

1. March와 Simon의 갈등의 해결방안4)

March와 Simon은 조직갈등을 논하면서, 조직이 집단간 갈등에 직접 개입하는 방법(intervention approach)과 개입하지 않고 집단들에 맡겨버리는 비개입적 방법(non-intervention approach)으로 나누어 고찰하였다.

1) 개입적 방법

조직이 집단간의 갈등에 직접 개입하는 것으로서 무마(smoothing), 강압(repressing), 관심전환(detracting)을 들고 있다. 무마는 공개적 충돌을 피하고 갈등상대 양측에 공동관심사를 구축하고 그에 따라 보상을 실시하는 것이다. 강압은 갈등 양측에 조직업무를 방해하면 처벌하겠다고 위협함으로써 갈등을 억누르는 방법이다. 관심전환은 집단들의 관심을 갈등에서 다른 쪽으로 돌리게 하는 것이다. 이 세 가지 방법을 증상처리법이라 한다. 이 외에도 갈등완화시책으로 갈등을 어느 수준이나 범위에 한정시키는 규칙을 만들어 갈등을 봉쇄 또는 완화하는 방법을 들고 있으며, 갈등근원 제거시책으로 갈등원인이 되는 중심인물을 속죄양으로 삼아 제거하는 방법을 제시하고 있다. 갈등원인이 조직구조에 있을 때는 구

조를 재편성하여 상호의존성을 줄이거나 공유되는 자원을 줄이거나 과
업에 대한 책임을 재정립하거나 조직을 분권화 하거나 갈등을 빚는 두
집단을 통합하는 방법을 사용한다.

2) 비개입적 방법

조직이 집단의 갈등에 개입하지 않고 갈등당사자간에 맡김으로써 해
결을 모색하는 방법으로서, 문제해결(problem solving)과 설득(persuasion), 협
상(bargaining)과 정략(politics)이 있다. 문제해결은 갈등을 유발시키는 문제
자체를 제거하려는 것이고, 설득은 태도나 목표차이와 같이 규정화되지
않은 갈등에서 상대방과 목표의 차이를 줄이거나 공유하려는 것을 말한
다. 협상은 당사자간에 양보와 획득관계로서 서로 교환을 통하여 중간
지점을 얻으려는 것이며, 정략은 제삼자의 도움을 얻어 갈등을 해결하
려는 비분석적인 방법이다. 비개입적 방법은 갈등자체를 무시하거나 관
련집단 스스로 문제를 해결하도록 하는 것으로, 문제가 해결될 수 있다
는 가정에 기반을 둔 것이다. Simon은 개인갈등 → 대인적 갈등 → 집단
간 갈등 → 조직간 갈등에 이를수록, 비분석적 방법이 사용된다고 했는
데, 이는 공동결정의 필요성이 많기 때문이다.

2. Thompson의 갈등해결행동

Thompson은 갈등을 목표측면과 수단측면으로 나누어 갈등당사자간에
목표와 수단에 대하여 각각 합의, 미합의로 나누어 갈등해결을 위한 행
동방식과 조직구조를 연결하여 설명하였다. 다음 <표 5-1>은 이러한
관계를 나타내 주고 있다.

〈표 5-1〉 Thompson의 갈등관리 분석틀

		가능한 결과에 대한 선호 (목표측면)	
		합의	미합의
인과관계에 대한 인지 (수단측면)	합의	계산, 관료적 구조	타협, 대의구조
	미합의	판단, 공공관리구조	영감, 아노미 구조

출처 : J. D. Thompson and Arther Luden, "Strategies, Structures and Processes of Organizational Decision", in J. D. Thompson (eds.), *Comparative Studies in Administration*, Pittsburgh: University of Pittsburgh Press, 1959, p. 199.

Thompson은 공동결정의 필요성을 전제하고, 공동결정의 필요성이 많을수록[5] 비분석적 해결방법(협상, 정치, 타협, 영감)을 사용하는 경향이 있고, 이 필요성이 적을수록 분석적 해결방법(문제해결, 설득, 계산, 판단)을 사용하는 경향이 있다고 보았으며, 권력분산과 권력집중을 기준으로 하여 갈등의 해결방법과 조직구조 사이의 관계를 다음의 <그림 5-1>로 나타냈다.

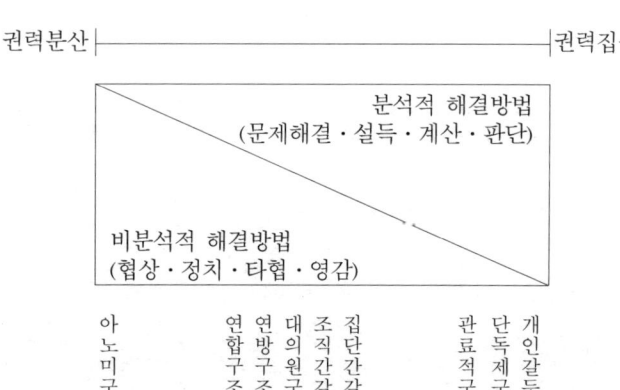

출처 : J. D. Thompson, *loc. cit.*

〈그림 5-1〉 Thompson의 갈등해결행동과 조직구조

3. Thomas의 갈등관리전략6)

K. Thomas는 갈등을 협력성(cooperativeness)과 독단성(assertiveness)에 따라, 관리전략을 <그림 5-2>와 같이 경쟁, 회피, 타협, 공동협력, 수용의 다섯 가지로 나누었다. 여기에서 협력성이란 갈등 당사자 한편에서 상대방의 관심사를 충족시켜 주려는 정도를 말하며, 독단성이란 갈등 당사자 일방이 자신의 관심사만을 충족시키려는 정도를 말한다.

첫째, 경쟁(competition) — 자신의 관심사를 충족시키기 위해 상대방을 압도해 버림으로써 갈등을 처리하는 것을 말한다.

둘째, 수용(accommodation) — 자신의 관심사는 버려두고 상대방의 관심사를 충족시키는데 주력하는 것으로서 상대방을 이길 수 없을 경우, 다음을 기약하는 것도 최선책이라고 생각한다.

셋째, 타협(compromise) — 양측이 상호희생을 통해 부분적으로 만족을 취한다. 가장 보편적인 갈등관리방식이라고 할 수 있다.

넷째, 공동협력(collaboration) — 양측의 관심사를 모두 만족시키는 가장 이상적인 방법이다.

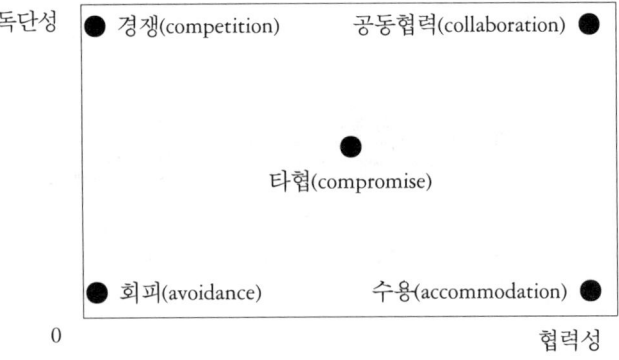

출처 : K.W. Thomas, *Ibid.*, p. 156.

〈그림 5-2〉 토마스의 갈등관리전략

다섯째, 회피(avoidance) — 갈등 논제로부터 물러나거나 이를 피함으로써 자신뿐만 아니라 상대방의 관심사마저 무시하는 방법이다.

이 방식 가운데 어느 것을 택하는 것이 좋은가 하는 것은 갈등의 상황요인에 따라 달라진다. 갈등의 상황요인으로서는 결정의 중요성, 갈등당사자들의 권력, 조직에서의 지위 등을 들 수 있다. 각각의 갈등관리 방식에 적절한 상황을 Thompson은 다음과 같이 제시하고 있다.

첫째, 경쟁은 신속하고, 결단성있는 행동이 요구될 때, 또는 비용절감이나 규칙강요와 같이 인기없는 조치의 시행이 요구되는 상황에서 필요하다.

둘째, 수용은 논제가 다른 상대방에게 더욱 중요할 때 다음 논제에 대한 사회적 신용을 얻을 필요가 있을 때 필요하다.

셋째, 타협은 복잡한 문제에 대해 잠정적 해결이 필요할 때, 또는 임기응변적 해결이 요구될 때에 필요하다.

넷째, 공동협력은 양측의 관심사가 너무 중요하며 통합적 해결안을 발견해야 할 때, 또는 양측의 관여를 확보하고자 할 때에 필요한 방법이다.

다섯째, 회피는 논제가 사소하고 다른 논제가 더 긴급할 때, 또는 사람들을 진정시키고 생각을 가다듬게 할 필요가 있을 때 필요하다.

4. Pondy의 갈등관리전략

Pondy는 갈등관리의 접근방법을 조직내의 하위단위들을 기준으로 협상적 접근, 관료제적 접근, 체제적 접근으로 나누어 고찰하고 있다.[7]

첫째, 협상적 접근 (bargaining approach) — 한정된 자원을 획득하기 위해, 경쟁하는 이해관계집단의 갈등을 해소하기 위해 유용한 자원의 양을 증가시키거나 경쟁집단들의 요구를 완화시키는 전략을 사용해야 한다.

둘째, 관료제적 접근 (bureaucratic approach) — 계층적 구조에서 상사가 부하를 통제하려 할 때 부하가 저항함으로써 갈등이 발생한다. 이를 해결하기 위해서는 개인적 통제를 비개인적 관료규칙으로 바꿀 필요가 있다.

셋째, 체제적 접근 (systems approach) — 협상적 접근은 경쟁문제를, 관료제적 접근은 통제문제를 강조하지만, 시스템적 접근은 조정(調整)의 문제를 강조한다. 특히, 기능조직들간의 수평적 관계를 중점적으로 다룬다. 기능상의 갈등을 조정하는 방법으로서는 적절한 선발, 교육훈련, 배분절차에 의해 목표의 차이를 감소시키는 방법과 공동자원의 의존도 감소, 의견일치를 위한 압력감소, 일정계획완화, 완충장치 도입 등을 통해 기능상 상호의존도를 감소시키는 방법이 있다.

5. E. Phillips와 R. Chester의 갈등관리전략

〈표 5-2〉 E. Phillips와 R. Chester의 갈등관리전략

지 표	문제해결 방법	강압 방법
갈등문제	① 목표합의 ② 공동작업관계 ③ 원활한 의사소통	① 하나의 최선의 방법 ② 가치갈등·자원희소 ③ 규율강조
권력관계	① 동료, 동등권, 제휴 ② 권력은 문제시 하지 않음	① 상사-부하, 불균등한 권력 ② 자원통제
기존절차	① 검토위원회, 목표기준 ② 관련당사자 균등대결	① 중재방법, 재판위원회 ② 기준에 대한 합의 없음 ③ 당사자 불균등 대표
결정분위기	① 타인신뢰, 존경, 관대 ② 문제해결 능력 있음 ③ 강제경험 없음 ④ 기업목적지향 집단목표	① 개인적 적대감 ② 강제경험 있음 ③ 계속되는 심한 갈등 ④ 강한 적대관계
갈등재발 가능성	① 구조적 상황에 따른 갈등 ② 진전되는 갈등해결 필요	① 직무변화, 인사이동을 통해 재발을 제거

출처 : Eleanor Phillips and Ric Chester, "Conflict Resolution: What Works?", *California Management Review*, 21, Summer 1979, p. 82.

E. Phillips와 R. Chester는 갈등관리전략의 지표로서 갈등문제, 권력관계, 기존절차, 결정분위기, 갈등재발가능성을 토대로 하여 문제해결방법을 선택할 것인가 강압방법을 선택할 것인가를 결정하여야 한다고 하였다.

6. 기타 학자들의 갈등관리전략

S. Deep은 순기능적 갈등과 역기능적 갈등을 분리하면서 역기능적 갈등의 해소방법으로서, 회피(avoidance), 무마(smoothing), 강압(forcing), 협상(bargaining), 대면(confrontation)을 제시하고 있고,[8] R. Walton과 R. McKersie는 갈등관리전략을 갈등해결을 의사결정과 관련시켜 다양한 협상과 교환의 과정으로 설명하였다. 즉, 분배적 협상, 통합적 협상, 태도구성, 조직간 협상으로 설명하고 있다.[9]

H. R. Blake, H. A. Shephard와 J. S. Mouton은 철회(withdrawal), 무마(smoothing), 타협(compromise), 강압(forcing), 문제해결(problem solving)을 제시하였고,[10] J. Litterer는 갈등감소를 위한 방법으로 다음과 같은 내용을 제시하고 있다.[11]

첫째, 갈등상태에 있는 당사자 사이에 중립지대(buffers)를 설정한다.

둘째, 갈등상태에 있는 양당사자로 하여금 더 나은 통찰력을 갖도록 도와준다.

셋째, 갈등감소를 위해 조직구조를 재편성한다.

Folger와 Poole은 갈등관리에서 사용되는 주요한 전술들을 소개하였다.[12] 그 전술로서 지연, 갈등인식의 거부, 선수치기, 불만 털어놓기, 연막피우기, 이름붙이기, 쟁점확대, 연합형성, 위협과 약속, 반대급부, 부정적 조사, 뒤집어 씌우기, 빗대말하기, 세분류 등을 소개하고 있다.

지연(postponement)은 갈등을 더 시기가 좋은 방향으로 이동시키는 것이다. 예를 들면, "난 지금 이에 대해 말할 시간이 없어. 내일까지 기다려"라고 말하는 것과 같다.

갈등인식의 거부(refusal to recognize conflict)는 당사자가 갈등이 불일치한 다고는 생각지 않아"라고 말하는 것이다.

선수치기(precueing)는 공개적으로 갈등을 다루기 전에 먼저 갈등에 대 한 반응에 대하여 상대방에게 정보를 제공한다. 예를 들면 상대방의 갈 등언급에 대해 묵시적으로 불쾌감을 나타내어 갈등을 표시하지 못하도 록 미연에 방지한다.

불만 털어놓기(gunny-sacking)는 일시적으로 많은 비난과 문제를 상대방 에게 쏟아 부음으로써 공격을 하여 미처 갈등이 발생할 겨를을 주지 않 는 것이다.

연막피우기(fogging)는 비난이나 공격의 일부만을 인정함으로써 갈등의 본질적인 내용에서 비껴서는 것이다. 예를 들면, "당신은 이 보고서를 망쳐놨어. 당신은 늘 일처리가 늦어"라는 비난에 대해, "그래, 보고서는 완벽하지는 못했어"라고 말함으로써 늦었다는 비난은 교묘히 인정하지 않으려는 것이다.

이름붙이기(labeling)는 갈등 중에 있는 상대방의 행동에 비우호적인 이 름을 붙여 더 이상 갈등을 유발시키지 못하도록 하는 것이다. 예를 들 면, 갈등을 유발시키는 사람에게 "당신은 그렇게 적대적일 필요가 없잖 아"라고 말하는 것이다.

쟁점확대(issue expansion)는 당사자가 고의적으로 자신의 경우를 강화시 키기 위해 쟁점을 추가하는 것을 말한다. "줄줄이 갖다붙이기(bundling boards)"[13]라고도 한다.

연합형성(coalition formation)은 둘 이상의 당사자들이 다른 구성원에 대 항하여 동맹을 형성하는 것이다.

위협과 약속(threat and promises)은 일방당사자가 상대방이 하기를 원하 는 일을 지정하는 진술을 하고 상대방이 동의하면 그 결과를 약속하는 형태를 말한다. 결과가 부정적이면 위협을 하고, 결과가 보상이면 약속을 한다.

반대급부(quid pro quo)는 같은 것을 주고 받는 것이다. 각 당사자는 받은 것과 같은 것을 교환조건으로 줌으로써 갈등을 해결하려고 한다.

부정적 조사(negative inquiry)란 당사자 일방이 상대방을 공격 또는 비난할 때, 상대방은 공격자에게 더 많은 정보를 요구함으로써 반응한다. b가 a에게 비효과적인 일을 한다고 비난하면, a는 b가 의미하는 것을 정확하게 요구하거나, a가 다르게 할 수 있는 것이 무엇인지를 요구한다.

뒤집어 씌우기(umbrella)는 덜 정당한 쟁점으로부터 정당한 분노나 불평으로 비화된 쟁점을 부각시킨다. 예를 들어, a는 모욕때문에 b에게 분개할 수 있다. 이것은 정당한 논쟁사정이 아니다. a는 b에게 화를 내기 위해 뒤집어 씌우기로 이것을 사용할 수 있다.

긍정적인 빗대말하기(alter-casting : positive)는 "선량한" 품성을 가진 사람만이 동의할 것이므로 자신의 요구에 동의하라고 말하는 것으로서, 예를 들면, "현명한"사람이면 동의할 것이므로 당신도 수용해야 한다고 말하는 것이다.

부정적인 빗대말하기(alter-casting : negative)는 "악한" 사람만이 동의하지 않을 것이므로 자신의 요구에 동의하라고 말하는 것이다. 세분류(fractionation)란 어떤 갈등을 개별적인 문제들로 분리하여 다룰 수 없을 정도로 쪼개는 것을 말한다.

위에서 소개된 학자들의 갈등관리전략들 이외에도 일반적으로 갈등해결방법으로 소개되는 전략들을 살펴보면 다음과 같다.[14] 즉, (1) 쌍방문제해결(mutual problem solving), 대면회합(confrontation meeting), (2) 상위목표(superordinate goal)의 도입, (3) 집단간 상호의존성 감소(완충지대형성), (4) 자원의 확충(expansion of resources), (5) 청원체계(appeal system): 옴부즈만, (6) 공식적 권한, (7) 회피(avoidance), (8) 무마(smoothing), (9) 타협(compromise): 협상, 표결, 제삼자에 의한 조정(調停, 잠정적 갈등해소방법), (10) 상호작용촉진, (11) 조직전체적 보상체계, (12) 인적변수 변경 (altering the human variable), (13) 갈등집단의 통합, (14) 공동경쟁 대상 설정, (15) 구조적 변수의 변화(altering the structural variables), (16) 통합기 능 설치(연락조정역 설치, 통합전담부서 상설), (17) 정략 등을 들 수 있 다.

제 3 절 갈등관리 전략의 유형

학자들이 주장하는 갈등관리전략들은 여러 가지 기준에 입각하여 제 시되고 있다. 갈등관리전략에 대한 통일된 하나의 기준이 제시되지 않 는 이유는 갈등해결을 위한 접근방법이 매우 다양하기 때문이다. 이 책 에서는 March와 Simon, 그리고 Phillips와 Chester의 견해 등에 근거를 두 고 갈등당사자들이 갈등을 해결하는 방법과 제삼자를 개입시키는 방법 으로 나누어 고찰하기로 하였다. 즉, 갈등주체를 기준으로 하여 다음과 같이 분류하였다.

첫째는 갈등당사자 일방이 상대방과 대화를 차단한 채 독자적으로 갈등관리전략을 행사하는 경우이다.

둘째는 갈등당사자 일방이 상대방을 인정하고 상대방과 공동노력을 통하여 협력적으로 문제해결을 추구하는 경우이다.

셋째는 갈등당사자 일방 또는 쌍방이 제삼자를 개입시키는 경우이다.

이와 같이 나눈 이유는 현실적으로 적합할 뿐만 아니라, 사례분석을 위하여도 체계적이고 구체적이라고 생각했기 때문이다.

다음에서는 이 책에 근거한 사례들에 대한 연구분석을 위하여 제시 하고자 하는 각각의 전략유형들을 중심으로 살펴보기로 할 것이다.

1. 독자적 관리전략(self-management strategy)

독자적 관리전략이란 우월한 권력을 소유하고 있는 갈등당사자 일방이 주도적으로 갈등을 해결하기 위한 제활동을 하는 것을 말한다. 독자적 관리전략에는 일방적 권력행사, 일방적 정보제공, 지연, 회피, 무마 등이 있다.

일방적 권력행사(unilateral power play)란 상대방의 의견을 수용하지 않고 일방적으로 결정한 사항을 공표하는 것을 말한다. 당연히 상대방의 동의가 있을 것으로 보는 경우도 있고, 상대방의 반발을 예상하면서도 권력적으로 대응하는 경우도 있다. 일방적 권력행사는 일반적으로 집행과정에서 많은 갈등을 유발할 소지를 가지고 있다.15) 그러나, 특정한 제약조건이 있다거나 권력의 행사가 정치사회적으로 일반적으로 받아들여지는 정당성을 가지고 있거나 또는 일방적 권력행사가 받아들여지는 관습이나 풍토가 있을 때에는 갈등관리를 성공적으로 유도하여 원만한 갈등해결에 도달하는 경우도 있을 수 있다.16)

정보제공(informing)이란 갈등상대방에게 일방적으로 정보를 제공하여 자신의 의지를 주지시키는 것을 말한다. 정보제공의 이유는 상대방이 언젠가는 반드시 알게 될 것이 예상되기 때문일 수도 있고, 갈등에 관련되는 참여자의 수가 많아지고 문제가 복잡해짐으로써 갈등이 증폭되기 전에 받아 들이게 힘으로써 갈등문제를 조속히 해결하려는 경우도 있을 수 있다. 대체로 갈등을 해결하는 방법으로서의 일방적 정보제공은 설명회, 공고, 게시판 등 통보의 형식으로 이루어지며 상대방의 의견을 수렴하려는 의도에서 나오는 것으로 보기에는 어렵고, 갈등당사자 일방이 사전에 갈등의 발생소지를 차단시키려는 목적으로 행사되는 경우가 많기 때문에, 오히려 갈등을 유발시키는 전략으로 평가될 수 있다.

지연(postpone)이란 갈등문제의 해결을 위한 조치를 미루어 갈등이 완화되기를 기다리는 것을 말한다. 갈등문제는 시간에 따라 변화하기 때문에 분쟁이 격화되었을 당시에는 해결책을 모색하는 절차를 의도적으로 중단시킴으로써 분쟁이 완화될 때를 기다리는 것이다.

회피(avoidance)란 갈등문제를 인식하지 않으려는 것을 말한다. 갈등상대방과 접촉을 하지 않고 갈등문제에 대한 상대방으로서의 위치를 포기하는 것을 말한다. 회피란 갈등문제 자체로부터 자신을 격리시킴으로써 쟁점이 되는 문제에 대하여 상대방의 관심사를 완화시키려는 의도에서 출발한다. 회피는 철회(withdrawal)라고도 하며, 갈등문제로부터 물러나거나 회피함으로써 자신뿐만 아니라 상대방의 관심사마저 무시하는 방식이다.17) 회피전략의 속성은 시간지연전략(buy time)과 유사한데 이는 어떤 상황의 수용가능성이 시간의 경과에 따라 증가하는 경향이 있다는데 기초를 두고 있다. 대체로 갈등의 정도도 시간의 경과에 따라 약화되는 경향이 있다.18)

무마(smoothing)란 갈등 상대방의 감정을 누그러뜨리기 위하여 의견을 받아 들이겠다는 의사표시를 하고 유인책을 제공함으로써, 갈등문제자체를 희석시키고자 하는 것을 말한다. 갈등문제와는 별개의 보상을 함으로써 갈등문제에 대한 관심을 다른 곳으로 돌리도록 유도하는 것으로서 무마용 유인책을 받아들이는 당사자가 민감하게 반응할 경우에는 오히려 역효과를 초래할 수도 있다.

2. 협력적 문제해결전략(joint problem-solving strategy)

협력적 문제해결은 갈등에 관련된 당사자들이 갈등문제의 해결을 위하여 대안을 모색하고 공동노력을 기울이는 과정이다. 협력적 문제해결에서는 쌍방당사자들이 모두 갈등문제의 원인을 잘 알고 있는 경우에 자신들의 이익을 위하여 그 문제를 해결해야 한다는 입장이 일치할 때 전개될 수 있다. 갈등문제를 해결하려는 의지가 없이 문제로부터 철회하거나 회피한다면 협력적 문제해결은 어렵게 된다. 협력적 문제해결은 공동협의회나 공청회, 간담회 등을 통하여 상대방의 의견을 경청할 태도를 가지고 있을 때 가능한 것이다. 협력적 문제해결전략에는 대면, 협의, 협상 등이 있다.

대면(confrontation)이란 갈등당사자가 갈등문제를 직접 다루기로 하여 서로 회합을 가지게 되는 것을 말한다. 대면은 갈등당사자들의 회합을 통하여 갈등요인이 되고 있는 문제를 분석하고 상호간의 입장을 밝히며 오해를 완화시켜 나가는 과정속에서 상호간의 이해를 증진시키는 방법이다. 대면은 사실에 대한 공동조사 등으로 갈등의 원인을 확인하고 서로간의 신뢰를 강조하여 당사자들의 관심사를 협력하여 공동으로 추구하게 한다.[19] 모든 문제의 해결은 그 문제에 관련된 당사자들의 의지에 달려있고 용기에 달려있다. 적극적으로 갈등을 유발시키는 요인에 대처하여 문제를 규정짓고, 해결책을 도모하는 첫 단계가 바로 대면이라고 할 수 있다.

협의(negotiation)란 갈등당사자들이 갈등문제의 해결을 위하여 문제를 공동으로 인식하고, 쌍방간의 의견을 교환함으로써 원만한 해결책을 찾으려는 의논과정이다. 협의가 갈등해결에 직접 연결되기 위하여는 신뢰성있고 진지한 토론이 전제되어야 하며, 대안을 제시할 수 있는 협의가 되어야 한다. 협의된 내용이 다 채택되는 것은 아니다. 왜냐하면, 협의는 주로 대표자나 기관구성원이 참여하기 때문에 모든 관련당사자들의 이해를 다 반영할 수 없고, 또한 결정권을 가지지 않는 경우도 많기 때문이다. 협의는 후속하는 공동의사결정을 위하여 자신의 입장을 피력하고 상대방의 입장을 경청하는 과정이라고 할 수 있다.

협의방식은 입장협의(positional negotiation)와 원칙협의(principled negotiation)로 구분할 수 있다.[20] 각기 자신의 입장을 상대방에게 이해시키고 설득시키려는 것은 전통적 협력방식이다. 그러나, 이는 협상내용을 근본적 관심사에서 빗나가게 할 수 있고 합의도달시간이 오래 걸리며 협상이

의지의 경합으로 격화되어 협상자들 사이의 원만한 관계유지가 곤란해지기 쉽다. 이런 한계를 극복하기 위한 것이 원칙협상이다.[21] 원칙협상은 문제의 실체에 접근하여 갈등을 해결하려는 객관적, 문제중심적 협의방식으로서 그 기본요소들은 이러하다. 즉, ① 문제로부터 사람을 분리시킨다. ② 입장이 아닌 이해관계에 초점을 둔다. ③ 합의를 이루기 전에 공동이익을 가져올 대안을 개발한다. ④ 협상결과는 객관적이고 공정한 기준에 따라 결정한다.[22]

협상(bargaining)에 대하여 H. Cohen은 "자기가 원하는 것을 타인으로부터 얻기 위하여 그의 호감을 얻어내는 방법에 초점을 둔 지식이나 노력의 집합체",[23] R. Fisher와 W. Ury는 "상대방으로부터 일방이 바라는 것을 얻어내기 위한 기본수단으로서 당사자들이 어떤 문제에 관하여 서로 상충하는 이해관계를 가질 경우 합의에 도달하기 위하여 서로 의사를 주고 받는 과정"[24]이라고 하였다.

협상에서 불화현상은 불완전한 정보를 가지고 있는 집단들에서의 합리적인 행동의 자연스러운 결과로서 발생한다. 물론 불화는 비효율적인 협상과정의 문제들 중의 단하나의 고찰에 지나지 않는다. Harsanyi의 위기지배 원리에 의한 협상게임은 Zeuthen의 협상에서의 양보모형에 근거를 두고 있다. Zeuthen은 게임의 결과는 불화에 관련하여 점증적 효용의 산물이 극대화되는 것과 같다고 하였다.[25] 공통이해와 반대이해를 동시에 가지고 있는 두 당사자들간의 협상을 통한 자원배분과정은 현대사회에서는 아주 흔한 일이다. 얼마전 까지만 해도 대부분의 이론적 연구는 완전한 정보를 가정했다. 즉, 협상자들의 효용기능과 실현가능한 일련의 합의와 이용가능한 선택안들이 모두 공통된 지식으로 여겨졌다. 그 상황에서 존재하는 불확실성은 협상당사자가 불확실한 사건에 대하여 똑같은 정보를 가지고 있음으로써 공유된 불확실성이었다. 그러나, 대부분의 모형들은 충분한 효율적인 정보에 기초를 둔 균형을 가지지 않

는다.26)

환경갈등에서의 협상은 비협력적 게임상황으로서의 접근방법으로서 그 상황은 다음과 같다.27)

첫째, 아주 많은 행위자들이 존재하고,

둘째, 오랜기간동안 행위자들을 반복적으로 집단화하여 작고 무작위적인 선택 집단들로 나누어 지며,

셋째, 간단한 시간범위에 각 집단행위자들의 게임같은 상호작용이 이루어지며,

넷째, 전체로부터 집합에 의해 취해진 과거 활동경력에 대한 각 행위자에 의한 광범한 지식에 의존하고 있으나 전체 속의 확인가능한 개인들에 의해 취해진 과거활동경력에 대한 제한된 정보에 의존한다.

3. 제삼자 개입전략(third-party intervention strategy)

갈등해결전략 중에서 가장 일반화된 방법이 제삼자 개입전략이다.28) 이는 쌍방당사자간에 해결점을 찾기 어려울 때 최종적인 결정의 의미로 활용된다. 그러나, 제삼자가 갈등당사자의 의견과 상관없이 개입하는 것은 갈등을 해결하기 위한 개입이라기보다는 불필요한 간섭이 될 가능성도 있다. 그러므로, 여기에서 사용하는 의미로서의 제삼자 개입이란 당사자간에 문제해결의지는 있으나 문제해결 과정이나 수단, 방법에 불일치하는 경우로서, 공정하고도 객관적인 제삼자의 대안을 고려하겠다는 의사표시가 중요하다. 갈등당사자 중에서 일방의 의견만으로 개입한 제삼자는 공정하다고 할 수 없다. 물론 일방의 신청에 의하여 개입한 제삼자라 하더라도 갈등상대방이 추인하는 경우에는 제삼자로서 정당한 개입이라고 볼 수 있다.

제삼자가 갈등관리과정에 개입하는 이유는 크게 세 가지 정도로 요약할 수 있다.

첫째, 갈등상황이 극히 복잡 미묘하여 많은 참여자들이 존재함으로써 모든 입장을 대변할 수 있는 갈등해결책이 제시될 가능성이 희박한 경우에 제삼자가 문제를 단순화시켜 주기 위하여 개입하는 경우이다.

둘째, 갈등당사자가 갈등을 해결하기 위한 수 차례의 협력적 과정을 거쳤으나, 해결책을 찾지 못하고 해결노력에서 탈퇴하려고 할 때, 제삼자에게 대안제시를 신청함으로써 갈등해결의 분위기를 쇄신하고 적극적으로 문제해결에 집착하게 하고자 할 때 사용된다.

셋째, 권한과 책임의 한계가 불분명함으로 인하여 갈등당사자들이 지지부진한 토론전을 벌이거나 소모전을 전개함으로써 해결책이 없이 표류하는 경우, 권한있고 공신력있는 제삼자[29]가 직권으로 문제해결에 개입하겠다는 의사를 표명함에 따라 갈등당사자들이 이를 받아들이기로 하는 경우이다.

이 책에서는 제삼자 개입전략의 유형을 제삼자의 결정의 효력에 따라 지시적 개입전략, 협력적 개입전략과 수동적 개입전략으로 나누어 보고자 한다.

1) 지시적 개입전략(directive intervention strategy)

지시적 개입전략은 제삼자의 결정에 대하여 갈등당사자들이 받아 들이도록 의무화시키는 것을 말한다. 그러나, 당사자들이 그 결정에 불복하는 경우에는 오히려 갈등을 증폭시키는 결과를 초래할 수 있다. 예를 들어, 길 복판에서 싸움을 하는 두 아이를 말리기 위하여 지나가던 어른이 공정한 판정을 내려주는 경우, 두 아이가 이를 받아들이지 않고 싸움을 계속하게 되는 상황을 생각할 수 있다. 이러한 상황에서 어른이 자신의 판정을 강제적으로 실행하려 하면, 두 아이는 그 어른을 불신하고 그 어른의 판정이 자신에게 불리하게 내려졌다고 생각하는 아이는 더 큰 반발심을 가지게 되어 오히려 갈등을 더욱 부추길 수 있다.

그러나, 지시적 개입전략이라 하더라도 공정한 절차와 객관적인 판단 근거를 가지고 있으며, 당사자들이 이를 납득할 수 있다면 갈등당사자들은 이를 받아들여야 할 것이다. 제삼자의 결정이 집행력을 가지도록 하기 위하여는 제삼자 자신이 강제력을 소유하고 있고, 정당한 절차에 따라 제재를 가할 수 있는 힘을 보유하고 있다면, 지시적 개입전략은 성공적인 갈등관리전략이 될 수 있다.

지시적 개입전략에는 중재(arbitration)와 재정(adjudication)이 있다. 중재(仲裁)는 분쟁의 당사자가 어떠한 쟁점을 중재인 또는 2인이상의 중재인들로 구성된 중재위원회30)에 회부하기로 하고 그 중재의 결정을 따라야 하며, 만일에 어느 일방이 중재의 결정을 이행하지 않으면 이 결정의 이행을 요구하는 소송을 제기할 수 있다. 재정(裁定)은 법원에서와 같이 사실을 조사하여 객관적인 판정을 하며, 판결의 확정력을 가지기 때문에 갈등당사자는 이를 반드시 따라야 한다. 그러나 지시적 개입전략은 제삼자의 일방적 의도로 개입하는 것은 바람직스럽지 못하고 쌍방 당사자들의 신청이 있는 경우에 가능하며, 그 결정에 불복이 있을 경우 해결대안이 마련되지 않으면 안될 것이다.

2) 협력적 개입전략(cooperative intervention strategy)

조정(mediation)은 "갈등당사자들이 중립적인 제삼자의 도움에 의하여 갈등 잇슈들을 체계적으로 분리함으로써 대안들을 개발하고 개발된 대안들을 검토하여 그들의 요구에 맞는 합의된 해결에 이르려는 과정",31) "지속적인 갈등해소의 기반을 구축하려는 의도를 가졌거나 평화적인 갈등해소를 가져올 수 있도록 역할을 하려는 사람이나 기관이 분쟁이나 갈등에 개입하는 것",32) 또는 "갈등당사자들인 개인이나 그룹들을 돕기 위하여 제삼자가 그들 사이에서 진행되고 있는 관계에 개입하는 것",33) "갈등의 직접 당사자는 아니면서 협상과정에서의 문제들을 감소시키거나 제거함으로써 갈등의 해소를 용이하게 하려는 행위자(actor)의 행동"[34]이라고 정의되고 있으며, "갈등관리에 있어서의 중재란 갈등당사자간의 협상과정에 제삼자(정부 포함)가 개입하여 갈등당사자간의 협상과정을 돕거나 협상과정에서의 문제점들을 감소 또는 제거시킴으로써 갈등해소를 용이하게 해주기 위한 과정을 의미한다"라고도 한다.[35]

이 책에서는 조정(調停)이란 갈등당사자로부터 공정한 입장을 취할 수 있고, 갈등당사자의 갈등해결에 도움을 줄 수 있는 정도에 그치는 것[36]을 말하는 것으로서 지방정부의 갈등관리전략에서는 경우에 따라서는 중앙정부는 공정한 제삼자로 볼 수 없고 갈등과정에 참여하는 당사자들 중의 하나로 인식될 수도 있다.[37]

제삼자 조정의 특징은 다음과 같다.[38]

첫째, 조정은 갈등당사자의 승인에 의한 자발적인 관계이다.

둘째, 조정은 갈등과정에 영향을 미칠 것을 의도한다.

셋째, 조정은 도움을 제공하는 제삼자의 도움을 필요로 하는 갈등체제와의 관계이다.

넷째, 제삼자는 광범한 범위의 도움이 되는 행동을 제공할 수는 있으나, 특정한 결과를 강요할 권한은 없다.

다섯째, 제삼자와의 관계는 관련된 당사자 모두에게 있어서 일시적인 것이다. 조정은 별도로 분리된 자율적인 과정이 아니라 넓게는 갈등관리과정, 좁게는 협상과정에서 빠뜨릴 수 없는 부분으로 이해해야 한다.[39] 조정전략으로는 자료수집, 재협의, 의존성, 분석을 사용하기도 한다.[40]

조정은 당사자간 상호작용, 조정자의 기술과 전략 등을 고려해야 한다. 조정자의 기술을 결정하는 요소에는 규칙과 기준, 당사자의 일반적 배경과 관심, 분규특성,[41] 문화, 조정배경, 조정자의 이념, 분규진정이냐 합의도출이냐, 당사자 만족 등이 있고, 조정의 산출에서는 갈등수준, 당사자의 동기부여와 개입, 잇슈의 유형 등이 있다. 또한 조정과정은 얼마나 동적으로 상호작용하느냐가 조정효과에 큰 영향을 끼친다. 그러므로 조정은 경직적으로 운영되어서는 안된다.[42]

중재(arbitration)[43]는 협상자들이 합의에 도달할 수 없을 때 결정을 부과시킬(최종적인 제안의 조정으로서의 구속력을 가지고 있는) 권한을 부여받은 중재자의 존재에 의해 정의될 수 있다. 제도화된 중재는 민사소송의 대체가 된다.[44] 중재위원회의 결정은 당사자들을 법률적으로 구속하는 준사법적인 효력을 가진다.

이와는 달리 조정(mediation)이란 제안은 할 수 있지만 결정을 부과시킬 권한은 가지지 않은 제삼자의 존재를 말한다. 조정자(또는 각 잠재적 중재자)는 존재하는 어떠한 구속력을 가지고 메카니즘에 개입하며, 협상당사자들에 대하여 자신의 개입을 알린다. 따라서, 조정자(또는 조정자가 선택하는 절차)는 상황에 따라 협상자들에게 부과되거나 협상자들에 의하여 동의된다. 협상자들은 만약 그들이 합의에 도달하지 못할 때 조정자의 메카니즘이 부과된 상태에서 협의한다. 이와 관련하여 다음과 같은 몇 가지 특정 사항이 있다.[45]

첫째, 협상당사자들은 조정결정을 수용하기보다는 그들 자신의 결정을 협의할 권한을 항상 가지고 있다. 조정은 협상권에 방해가 될 수도 있다는 것이다.

둘째, 조정자는 결정보다는 메카니즘을 선택하고 집행한다 메카니즘은 동기부여문헌에서 사용되는 용어로서, 간단히 말하자면 산출을 결정하는데 사용되는 일련의 규칙이며 따라서 행위자들의 동기를 통제한다. 갈등영역에서 나타나는 조정은 협상이 결렬될 경우 조정자가 결정(settlement)을 부과시킨다는 의미로 사용되고 있다. 실제로 조정자는 아주 현명하게 협상자들의 선호에 대한 정보와 결정을 작성하기 전에 실현가능한 것이 무엇인가를 고찰한다. 동기부여문헌에서 이와 가장 유사한 것이 바로 결정을 선택하는 것보다 메카니즘을 선택한다는 것이다.

셋째, 조정자는 협상자가 소유하지 않은 개입력을 가지고 있다. 이러한 개입권한은 조정자에게 그의 개인적 선호를 압도할 권한을 부여하며, 스스로를 협상산출을 개선하는 수단으로 변화시키도록 한다는 것이다. 이것이 조정자와 협상자간, 그리고 조정하의 협상과 더 일반적인 사회제도에서의 협상간에서 나타나는 주요한 차이이다.

조정은 타협적인 해결을 모색하는데 비중을 두고 있으나 조정인의 전문적 지식과 경험, 그리고 공정성과 신뢰성이 가장 중요하다.

3) 수동적 개입전략(passive intervention strategy)

수동적 개입전략이란, 갈등에 관련된 당사자들이 매우 곤혹스러운 갈등해결모색과정을 겪고 있을 때, 제삼자는 방관(standing by)하는 자세만을 고수하는 것을 말한다. 갈등당사자들이 제삼자로서 인정하여 구성했다 하더라도 그 구성상에 있어서 불편부당성이 지켜지지 않았거나 또는 자신의 결정에 대하여 객관적인 지식이나 과학적 판단의 근거가 희박한 경우 분명한 입장을 취하지 못하게 되어 망설이는 제삼자의 개입태도를 수동적 개입이라고 한다.

수동적 개입전략 중에는 알선(good office)이라는 것이 있다. 알선자가 당사자들의 자율적 협상의 길을 터주기 위해서 당사자들의 견해를 타진하여 전달하거나 협상의 조건을 제시하는 등의 노력을 통해 당사자들의 의견접근을 돕는 활동으로서 알선과정에서 결정을 내리거나 타결안을 제시할 수는 없다. 알선자는 적당하게 시간을 때우거나 기회주의적으로 적응함으로써 갈등해결에 별로 도움을 주지 못하는 경우가 많다.

수동적 개입전략에서의 제삼자는 갈등당사자들이 알 수 없는 자신의 어떤 목적을 가지고 있을 수 있다. 이로 인하여 갈등당사자들과 제삼자가 오히려 잠재적 갈등의 소지를 가질 수 있다. 예를 들면, 건물의 매매에 있어서 중개인의 역할이 그러하다. 매도자는 보다 높은 액수의 돈을 받으려 하고, 매입자는 보다 낮은 액수의 돈을 주려고 할 때, 중개인은 그들의 상충되는 목표에 대한 문제해결에 수동적으로 개입하면서, 자신이 받을 커미션에 집착하는 경우이다. 물론 갈등해결에 중요한 요소 중에 하나가 시간개념이기 때문에 시간이 흘러감에 따라 갈등이 완화되는 경우도 있을 수 있는데, 이것은 제삼자(알선자)가 시간전략을 구사한 때문이 아니다.

그러나, 수동적 개입전략은 제삼자의 태도와는 상관없이 갈등당사자들이 해결대안을 찾을 수 없어 곤란에 빠진 경우에 다른 제삼자를 알선한다거나 쌍방 갈등당사자를 오가며 시간을 지연시킴으로써 갈등해결의 시간적 기회를 더 많이 확보해 줄 수 있는 이점도 있다.

■ 주석

1) Alan Lawton and David McKevitt, "Strategic Change in Local Government Management: comparative Case Studies", *Local Government Studies*, vol. 21, no. 1, (London: Frank Cass, Spring 1995), pp. 46-64.

2) 갈등이 촉진된다고 하여 반드시 갈등해결에 부정적으로 작용하는 것은 아니다. 다만, 외형상 갈등해결에 역행하는 것으로 보일 수는 있다.

3) Patrick M. Regan, "Conditions of Successful Third-Party Intervention in Intrastate Conflicts", *Journal of Conflict Resolution*, vol. 40, no. 2, Sage Publications, Inc., June 1996, pp. 336-359.

4) March and Simon, *op. cit.*, pp. 129-131.

5) 톰슨은 관료적 구조 → 공동관리구조 → 대의구조 → 아노미 구조로 갈수록 결정 주체간에 권력이 분산된 연속선을 의미하며 공동결정의 필요성이 높아진다고 했다.

6) K.W. Thomas, "Conflict and Conflict Management", M.D. Dunnette (ed.), *Handbook of Industrial and Organizational Psychology*, (Chicago: Rand McNally, 1976), pp. 889-935.

7) Louis R. Pondy, "Organizational Conflict: Concepts and Models", *ASQ*, vol. 12, no. 2, Sep. 1967, pp. 296-320.

8) Samuel D. Deep, *Human Relations in Management*, Encino, (CA: Glencoe Publishing, 1978), pp. 215-219.

9) Richard E. Walton and R. B. McKersie, *A Behavior Theory of Labor Negotiation*, (NY: McGraw-Hill, 1965), p. 499.

10) Robert R. Blake, H.A. Shephard, and J.S. Mouton, *Managing Intergroup Conflict in Industry*, (Houston: Gulf Publishing, 1964), p. 52.

11) Joseph A. Litterer, "Conflict in Organization: A Reexamination", Henry L. Tosi and W. Clay Hamner (eds.), *Organizational Behavior and Management: A Contingency Approach*, (Chicago: St. Clair Press, 1974), pp. 325-326.

12) Folger and Poole, "Ch. 4 Power: The Architecture of Conflict" in *Working Through Conflict: A Communication Perspective*, (Glenview: Scott, Foresman and Company, 1984), pp. 107-148을 참고.

13) R. Walton, *Interpersonal Peacemaking: Confrontations and third party consultation*, (Mass.: Addison-Wesley, 1969); Folger and Pool,"op. cit.", p. 123.

14) 양창삼, 앞의 책, 736-740쪽; 정보전략, 촉진전략, 규제전략, 유인전략으로 나누기도 한다(전라남도연구단, "자치단체내 지역·집단이해갈등조정방안", 내무부지방행정연수원, 지방행정발전세미나, 23-24쪽).

15) Dipak K. Gupta, Narinder Singh, & Tom Sprague, "Government Coersion of Dissidents-Deterrence or Provocation?", *Journal of Conflict Resolution*, vol. 37, no. 2, June 1993, pp. 301-339.

16) Diana Richards, T. Clifton Morgan, Rick K. Wilson, Valerie L. Schwebach, & Garry D. Young, "Good Times, Bad Times, and the Diversionary Use of Force", *Journal of Conflict Resolution*, vol. 37, no. 3, (Sage Publications, September 1993), pp. 504-535.

17) 박호숙, 「지방자치단체의 갈등관리」, (다산출판사, 1996), 61쪽.

18) James P. Lester and Ann O'M Bowman (eds.), *The Politics of Hazadous Waste Management*, (Durham: Duke Univ. Press, 1983); James E. Anderson, *Public Policy-Making*, 2nd ed., (NY: Holt, Rinehart and Winston, 1979), pp. 116-117; 박호숙, 「위의 책」, 61-62쪽.

19) Andrew P. Szylagyi and Marc P. Wallace, *Organizational Behavior and Performance*, 2nd ed., (Goodyear Publishing Co., Inc., 1980), p. 264.

20) 이달곤, "협상이론의 연구와 원칙에 근거한 협상전략", 「행정논총」, 제27권 제1호, 322-328쪽.

21) R. Fisher & W. Ury, *Getting to Yes: Negotiating Agreement without Giving in*, (NY: Penguine Book, 1984), pp. 100-111.

22) 안성호, "지방정부간의 갈등관리와 중앙정부의 역할", 한국행정연구원, 「한국행정연구」, 1994 가을호, 제3권 제3호, 40-41쪽.

23) Herb Cohen, *You Can Negotiate Anything, Englwood Cliffs*, (N.J.: Prentice-Hall, 1984); 조겸근 역, 「협상의 비결」, (서울: 한국생산성본부, 1987), p. 13.

24) Roger Fisher and William Ury, *Getting to Yes: Negotiating Agreement without Giving in*, (New York: Penguin Books, 1981), introduction p. xi.

25) Barry Sopher, "Concession Behavior in a Bargaining Game", *Journal of Conflict Resolution*, vol. 38, no. 1, March 1994, pp. 117-137 참고.

26) Kalyan Chatterjee, "Ch.2 Disagreement in bargaining", in Alvine E. Roth, *Game Theoretic Models of Bargaining*, (NY: Cambridge Univ. Press, 1985), pp. 9-25.

27) Robert W. Rosental, "An Approach to some noncooperative game situation with special attention to bargaining", in Roth, *Ibid.*, pp. 63-71.

28) Quanwu Zhang, "An Intervention Model of Constructive Conflict Resolution

and Cooperative Learning", *Journal of Social Issues*, vol. 50, no. 1, 1994, pp. 99-116; Gregory A. Raymond, "Democracies, Disputes, and Third-Party Intermediaries", *Journal of Conflict Resolution*, vol. 38, no. 1, (Sage Publications, Inc., March 1994), pp. 24-42.

29) 갈등이 예상되어 이미 갈등조정기관이 형성되어 있는 경우로서, 예를 들면 지방자치단체 분쟁조정위원회나 환경관련분야의 전문가집단 등이 그 예이다.

30) 우리나라의 '환경오염피해분쟁조정법'에 의하면, 분쟁조정절차를 알선, 조정, 재정으로 나누고 있다. 알선(斡旋)은 알선위원이 분쟁당사자의 의견을 듣고, 그 요점을 정리하는 등, 사건이 공정하게 해결되도록 중개에 힘써 분쟁당사자간에 민법상의 화해계약을 체결시키는 것을 목적으로 하는 제도로서 당사자 일방 또는 쌍방이 신청함으로써 시작된다(동법 제15조). 조정(調停)은 조정위원회가 특정분쟁에 대하여, 법적절차에 따라 당사자간을 중개하여 쌍방의 양해에 기초한 합의를 이끌어 내어 분쟁의 해결을 도모하는 것이다. 알선절차와 비교하면, 조정위원회가 적극적으로 당사자 간에 개입하고, 분쟁해결의 실질적 내용에 대해서도 주도권을 가지고 이끌어 나가는 점에서 차이가 있으며 공권적 해결의 색채가 농후한 제도이다. 따라서 증거자료수집 등에 있어 어느 정도 강제권한이 인정되고 있다. 조정절차는 당사자로부터 의견을 청취하고 관계인의 진술과 문서의 제출 등 사실조사를 할 수 있다(동법 제13조). 조정에 대한 거부는 절차진행 중 언제라도 가능하다(동법 제25조). 재정(裁定)은 당사자간의 환경오염피해에 대한 민사상의 분쟁에 관하여 재정위원회가 소정의 절차에 따라 법률적 판단을 내려 분쟁을 해결하는 제도이다. 재정절차에서는 자료 수집을 위한 사실조사, 당사자심문, 재정문서 송달이 있다(동법 제35조).

31) Jay Folberg and Alison Taylor, *Mediation: A Comprehensive Guide to Resolving Conflicts without Litigation*, (San Francisco: Jossey-Bass Publishers, 1986), p. 7.

32) M. Harbottle, "The Strategy of Third Party Intervention in Conflict Resolution", *International Journal*, vol. 35, no. 1, 1979-80, p. 120.

33) C. Argyris, *Intervention Theory and Method*, Reading, (Mass.: Addison-Wesley, 1970), p. 15.; 안광일, 「정부갈등관리론」, (대명출판사, 1994), 223-224쪽에서 재인용.

34) O.R. Young, *The Intermediaries : Third Parties in International Crises*, Princeton, (N.J.: Princeton University Press, 1967), p. 34; 안광일, 「위의 책」, 224쪽에서 재인용.

35) 안광일, 「위의 책」, 같은 쪽; 안광일, "노사갈등관리로서의 정부중재에 관한 연구", 「한국행정학보」, 1990. 8, 944-945쪽을 참고.

36) 왜냐하면, 제삼자 중재가 오히려 지방정부의 자율성을 저해하고 자율적 갈 등해결의 학습기회를 박탈하여 갈등해결의 결과 대한 만족도를 떨어뜨려 갈 등이후 당사자들 사이의 관계를 개선시키지 못할 수도 있기 때문이다. (K. Kressel & D. Pruitt, "Conclusion: A Research Perspective in the Mediation of Social Conflict" in K. Kressel & D. Pruitt (ed.), *Mediation Research*, San Francisco, (CA: Jossey-Bass), pp. 394-436).

37) 혹자는 상위정부나 중앙정부를 제삼자로 보기도 한다. (안성호, "지방정부간 의 갈등관리와 중앙정부의 역할", 한국행정연구원, 「한국행정연구」, 1994 가 을호, 제3권 제3호, 40쪽) ; 혹자는 중재기관으로 중앙정부, 지방정부 또는 시 민단체가 될 수 있다고 본다. (백완기, "지방자치와 지역이기주의", 대한지방 행정공제회, 「지방행정」, 통권 제45권 제513호, 1996.7, 109쪽).

38) J. Bercovitch, *op cit.*, pp. 13-14.

39) T.C. Shellling, *The Strategy of Conflict*, Cambridge, Mass.: Harvard University Press, 1960, p. 44; C. Stevens, *Strategy and Collective Bargaining Negotiation*, (New York: McGraw-Hill, 1963), p. 123; J. Bercovitch, op. cit., p. 15.

40) Nam Hyeon Kim, James A. Wall, Jr., Dong-Won Sohn & Jay S. Kim, "Community and Industrial Mediation in South Korea", *Journal of Conflict Resolution*, vol. 37, no. 2, (Sage Publications, Inc., June 1993), pp. 361-381.

41) 분규특성은 조정결과에 영향을 끼친다. 조정은 각각의 그리고 모든 분규에 효과적이거나 성공적이라고 할 수 없다. 어떤 분규들은 중재가 용이하지만 다른 것들에서는 당사자들이 다른 수단들을 사용해야 할 수도 있다.(Jacob Bercovitch & Jeffrey Langley, "The Nature of the Dispute and the Effectiveness of International Mediation", *Journal of Conflict Resolution*, vol. 37, no. 4, (Sage Publications, Inc., December 1993), pp. 670-691).

42) James A. Wall, Jr., Ann Lynn, "Mediation - A Current Review", *Journal of Conflict Resolution*, vol. 37, no. 1, March 1993, pp. 160-194.

43) 일반적으로 mediation을 조정으로, arbitration을 중재로 번역한다. ; 안성호, "앞의 논문", 41쪽; 김홍식, 정형덕, 「지역이기주의 극복을 위한 정책연구」, 한국지방행정연구원, 1993.2., 52쪽; 이상돈, "우리나라 환경분쟁조정제도의 현황과 발전방안", YMCA국제환경정보교육센터, 「환경리포트」, vol. 15, 1995. 9-10., 81쪽; 동아출판사편집부, 「동아마스타국어사전」, (동아출판사, 1987), 1969쪽.

44) Amy Farmer Curry & Paul Pecorino, "The use of Final Offer Arbitration as a Screening Device", *Journal of Conflict Resolution*, vol. 37, no. 4, (Sage Publications, Inc., December 1993), p. 656.

45) Vincent P. Crawford, "Ch. 17. The role of arbitration and the theory of incentives", in Roth, *Ibid.*, pp. 363-389.

제 6 장 갈등해결의 정도

제 1 절 갈등해소와 갈등진정

갈등관리는 발생된 갈등의 원인을 진단하여 해결하는 과정이므로 갈등관리의 정도는 갈등해결의 정도로 나타난다. 갈등해결의 정도는 갈등해소와 갈등진정으로 나누어 볼 수 있다.

1. 갈등해소(conflict resolution)

갈등해소란 갈등의 근본 원인들(root causes)을 제거시키는 쌍방간 수용가능하고 지속가능한 합의를 말한다. 갈등관리라는 말은 위에서 확인되는 네 개의 갈등단계(국면)에서 모두 나타난다. 갈등해소를 확인하는 요소들로서는 다음의 몇 가지를 제시할 수 있다.[1]

첫째, 목표에 합의할 뿐만 아니라 그 수단이나 방법에 대해서도 합의를 하고 있다.

둘째, 갈등을 유발시킨 문제에 대하여 갈등당사자들이 합의된 내용을 수용하고 있으며 문제시하지 않고 있다.

셋째, 갈등당사자들이 갈등유발문제에 대하여 상대방을 적(opponent)으로 생각하지 않는다.

넷째, 해결된 갈등상황이 재발되지 않고 지속적인 해결의 효력을 유지하고 있다.

다섯째, 갈등당사자들이 유사한 문제가 발생하더라도 이미 해결된 갈등문제와는 무관하다고 생각한다.

2. 갈등진정(conflict settlement)

진정(settlement)은 주로 갈등의 징후를 변경하고자 하는 것으로 갈등의 재출현의 가능성을 가지고 있는 대개는 지속성이 없는 합의이다. 갈등의 진정은 표출된 갈등이 일시적으로 누그러지는 현상으로서, 합의에 대하여 일정한 조건을 첨부하여 받아들이거나 일부분의 내용에 대하여만 수용하는 입장을 취하는 경우이다. 또한 합의가 지속성이 없기 때문에 같은 문제로 인하여 조건만 형성되면 언제든지 분쟁이 발생할 가능성이 있는 상태를 의미한다.

갈등진정이 항상 부정적으로만 작용하는 것은 아니다. 오히려 적절한 갈등상황이 지속되는 것은 상대방을 의식하게 함으로써 긴장감을 조성하게 하여 변화와 발전의 계기가 될 수도 있다. 갈등진정으로 인하여 잠재화된 갈등을 지속적으로 관리하기 위하여는 적절한 갈등관리 메카니즘을 준비하여 초래될 갈등에 대비할 수 있다. 이미 갈등관리전략의 적용을 통하여 성공적으로 갈등이 진정된 경우, 특정 상황이 도래함에 따라 갈등이 표출된다 하더라도 이미 갈등관리의 경험이 있고 또 갈등관리의 장치가 대비되어 있는 상태이므로 바람직한 갈등관리가 가능하게 될 것이다.

갈등관리의 목표는, 현실적인 의미에서는 갈등의 완전한 해소는 거의 어렵기 때문에 갈등진정이다. 갈등진정을 단순히 외형적인 분규의 과격성이나 온건성으로만 파악하는 것은 곤란하다. 왜냐하면, 외형상 온건한 분규라 하더라도, 내적으로는 목표의 비양립성과 자원한정성 등으로 인하여 갈등상황이 지속될 수 있고 언제든지 표출될 수 있다면 그것은 갈등이 진정된 상태라고 보기 어렵다. 오히려 침묵(silence) 가운데서 더 큰 갈등이 도사리고 있을 수 있기 때문에 심층분석을 하지 않고서는 갈등진정상황이 어느 정도인지 정확히 계산하기는 어렵다. 그러므로 본 연구에서도 갈등의 완전한 해소냐 아니면 갈등이 진정국면으로 들어갔느냐 하는 것을 외형상의 변화에 초점을 두기로 하지만, 갈등진정의 정도가 내용상 어떠하냐 하는 것에도 관심을 기울이면서 사례를 고찰하고자 한다.

제 2 절 성공적 갈등관리와 실패적 갈등관리

1. 성공적 갈등관리

사용된 갈등관리방법들이 성공적인가의 여부는 개념적으로 두 가지 반대적인 비교를 통하여 이루어 질 수 있다. 즉, 만약에 아무런 조치도 이루어 지지 않았고 어떤 갈등관리방법도 시행되지 않았다면 어떤 결과가 초래되었을 것인가를 고찰하는 것이다. 그러나, 경우에 따라서는 아무런 조치도 하지 않는 것이 가장 좋은 행동과정일 수 있다. 또한 다른 조치를 취했을 경우에는 결과가 어떻게 변화되었을 것인가를 알아보는 것이다. 우문일지는 모르지만, 이러한 고찰은 가능한 미래의 행동대안으로서 제시될 수 있는 것이다. 이러한 비교는 분석상 유용하기는 하나, 기설적이며 특정 갈등상황에서는 갈등관리전략의 성공과 실패를 고찰하는데 도움이 되지 않을 수도 있다.

성공적인 갈등관리의 세 가지 기준으로서는 일반적으로 다음과 같은 것들이 제시되고 있다.[2]

첫째, 수용성(acceptance)이다. 이것은 해결책이 분쟁당사자들에 의해서 수용되는 정도이다. 당사자들은 두 가지 이유에서 해결책을 수용한다. 즉, 그들이 그 내용을 선호하기 때문에 또는 그 해결책에 도달한 과정이 공정하다고 생각하기 때문이다. 한 당사자가 행동할 힘이 없어서 해결책에 반대하지 못하는 경우는 수용성(acceptance)이 아니라 체념(resignation)이다.

둘째, 지속성(duration)이다. 이것은 해결책이 지속하는 정도이다. 장기적 해결책은, 특히 상호 수용성에 관련될 때, 단기간에만 작용하는 것보다는 더 낫다. 그러나, 어떤 해결책이 다양한 관점에서 썩 좋은 것(excellent)일 수 있으나 당사자들 중 누구도 어떠한 통제력도 가질 수 없는 외생적인 세력이기 때문에 좌절될 수 있다는 하나의 경고(caveat)가 있다.

셋째, 변화된 관계(changed relationships)이다. 이것은 분쟁자들간의 상호작용이 분쟁진정 이전과 이후에 (긍정적인 측면에서) 달라지는 정도이다. 가장 좋은 갈등관리는 관계자체가 각 당사자들에 더 보상적인 것이 되고, 그것을 유지하기 위해 더 큰 노력이 이루어지며, 더 긍정적인 영향이 그와 관련되는 것으로서 분쟁당사자들간의 관계를 변형시키는 것이다.

이러한 관점에서 볼 때, 가장 성공적인 갈등관리는 상호적으로 수용가능하고 지속적일 뿐만 아니라, 당사자들간의 관계도 변화시킬 수 있는 해결책을 만들어 내는 것이라고 할 수 있다.[3]

2. 실패적 갈등관리

갈등관리의 실패는 다양한 이유에서 발생한다. 어떤 경우에는 한 당사자가 상대방에게 보복(retaliation)을 하기 위하여 의도적인 독자적 전술을 구사할 수도 있다. 다른 경우에는 분쟁자들이 서로, 또는 제삼자에게 말하고 있으나 논쟁장소의 결핍, 의제에 대한 합의의 결여, 하나 이상의 합의영역의 발견능력의 부족, 모든 당사자들이 수용할 수 있는 패키지 결합의 실패 등의 이유로 해결을 향한 진전이 합의에 도달하기도 전에 정지해 버리는 수도 있다. 또한 처음에는 적어도 부분적으로 성공인 것 같지만 실패로 진전되는 경우도 있다. 갈등관리의 실패는 공통된 어떤 형태를 가지는데 그것은 분쟁자들의 중요 관심사와 해석의 무시에서 비롯되는 것이다. 갈등관리에서의 실패는, 비록 사례별로 다른 발전경로를 가지고 있고, 다른 종류의 갈등이기는 하지만, 이러한 공통적인 요소를 공유하는 것이다.

■ 주석

1) 성공적인 갈등관리로서 제시된 수용성, 지속성, 변화된 관계의 측면에서 파악할 수 있다.
2) Deutch, Pruitt & Rubin, Susskind & Cruikshank, Ury, Brett, & Goldberg가 제시하고 있다. ; Ross, *op. cit.*, p. 120.
3) Ross, *Ibid.*, p. 121.

제 7 장 환경갈등 사례분석 : 군포시 쓰레기소각장 사례

제 1 절 환경갈등 분석틀의 설정

1. 갈등특성과 관련된 요인

지방정부가 직면하고 있는 환경문제의 갈등특성은 ① 지역이기주의, ② 지방정부의 책임도, ③ 공개도, ④ 지방정부에 대한 신뢰도, ⑤ 안전성, ⑥ 시간성 등의 측면에서 고찰하고자 한다. 그러나 모든 사례들이 이러한 환경갈등의 특성에 비추어 완전하게 설명될 수 있는 것은 아니기 때문에 사례분석에 있어서 환경갈등을 규정하는 측면에서는 이들 특성들에 대한 고찰이 선별적일 수 있다.

이러한 요소들은 지방정부의 환경갈등의 유형인 목표갈등, 수단갈등과 연결되어 있으며, 목표갈등은 (1) 표방하는 가치의 대립정도, (2) 추구하는 이해의 대립정도, (3) 갈등목표에 대한 지각의 차이 등의 측면에서 고찰하기로 하며, 수단갈등은 (1) 결정과정에 대한 주민참여방식의 차이, (2) 갈등해결 방법들에 대한 인식의 차이, (3) 공정성과 신뢰성의 정도의 차이라는 측면에서 고찰하기로 한다. 이 또한 모든 사례들을 완전하게 설명할 수 없을 뿐만 아니라, 모든 사례들이 이러한 요소들에 비추어 판단될 수 있는 것도 아니다.

환경갈등의 특성변수들은 이 책에서는 외부적 요인을 이루는 것으로서, 갈등관리전략이나 갈등해결에 영향을 주는 요인으로서 환경갈등관리전략과 그 해결에 있어서 배경이 되는 요인이기 때문에 사례들간의 비교분석을 함에 있어서 활용될 수 있을 것이다.

2. 갈등관리전략의 유형

이 책에서 채택하고 있는 갈등관리전략은 기존의 연구들이 그러하듯이 특정의 분석틀로서 이용될 것이다. 다른 연구들에서 사용된 분석틀로서의 갈등관리전략들이 반드시 여기에서 똑같이 적용되는 것은 아니다. 다만, 우리나라의 지방자치단체의 상황에서 볼 때, 지방자치제도가 일천하고 경험이 풍부하지 못할 뿐만 아니라 그동안 중앙집권적인 행정풍토하에서 중앙정부가 주도적으로 갈등관리를 해 왔었다는 점을 고려하여, 다음과 같은 갈등관리전략의 이론적 틀을 제시하고자 하였다.

1) 독자적 관리전략

우월한 권력을 소유하고 있는 갈등당사자 일방이 주도적으로 갈등을 해결하기 위한 제활동을 말한다. 독자적 갈등관리전략에는 일방적 권력행사, 일방적 정보제공, 지연, 회피, 무마 등이 있다. 이들 용어들은 분석을 위하여 다음과 같이 개념화시키고자 한다.

분석을 위하여 사용되는 용어로서의 독자적 관리전략의 의미는 지방정부(중앙정부 포함)가 갈등당사자인 주민에 대하여 일방적으로 취하는 갈등관리전략을 말한다.

(1) 일방적 권력행사 - 표출된 갈등을 강제적인 공권력을 이용하여 진압시키거나 관련자를 구속하는 등 사법적 수단에 의존하는 경우를 말한다.

(2) 일방적 정보제공 - 지방정부가 비밀리에 결정한 사항을 일시에 공표(공고)하거나 일방적으로 통보(설명회 개최)함으로써 민의의 수렴절차를 거치지 않는 경우를 말한다.

(3) 지연 - 갈등을 유발시키는 문제에 대한 갈등당사자인 주민들의 요구에 대하여 다음 기회에 결정하기로 한다든지 최선을 다하겠다고 말하여 시간을 의도적으로 연장시키는 행위를 말한다.

(4) 회피 - 갈등이 잠재해 있거나 표출된 상황에서 무관심하려고 하거나 관련이 없는 것처럼 다른 관련기관에게 책임을 전가하는 것을 말한다.

(5) 무마 - 지방정부가 갈등의 본질적인 원인을 찾아 해결하려고 노력하기보다는 주민들의 관심을 다른 곳으로 돌린다거나 주민의 일부를 회유 또는 보상을 약속하는 등을 말한다.

2) 협력적 문제해결전략

갈등에 관련된 당사자들이 갈등문제의 해결을 위하여 협력하여 대안을 모색하고 공동노력을 기울이는 과정이다. 협력적 문제해결전략에는 대면, 협의와 협상 등이 있다. 분석을 위하여 사용되는 이들 용어들에 대한 정의는 다음과 같이 개념화시키고자 한다.

협력적 문제해결전략은 갈등당사자인 지방정부(중앙정부 포함)와 주민이 공동으로 갈등해결을 위하여 대안을 모색하고 수평적 협력을 도모하는 것을 말한다. 협력적 문제해결전략이 취지하는 바대로 실천되기 위하여는 지방정부의 공동협력의지가 중요하다. 지방정부가 주민대표단이나 주민대책위 등을 구성하여 그들로 하여금 스스로 문제를 결정할 수 있도록 조력하는 것이므로 무엇보다도 지방정부의 협력의지가 있느냐 하는 것이 중요한 판단기준이 된다. 그 측정기준으로서는 공개도와 의견수렴의 인정정도 등이 있다.

(1) 대면 - 적극적으로 문제해결을 하기 위하여 갈등문제를 유발시키는 원인을 찾아 근본적으로 그 갈등문제를 봉쇄하려는 자세로서 지방정부가 갈등당사자와 직접 면담을 추진하거나 또는 방문·시찰함으로써 주

민들의 의견을 직접 경청하는 것을 말하며, 이에는 회유, 부탁, 약속, 권유 등이 포함된다.

(2) 협상 - 지방정부가 주민들과 대등한 입장에서 상호양보의 관계를 형성하는 것을 말한다. 주민들에게 비선호시설의 수용을 요구하는 대신 반대급부를 제공한다든지, 시위관련자를 풀어주는 대신으로 집단시위를 자제한다든지 등의 형태로 교환관계가 나타나는 것을 말한다.

(3) 협의 - 지방정부가 주관하는 공청회나 간담회 또는 주민대표단이 주관하는 협의회 등을 통하여 갈등상대방인 주민들의 의견을 청취하고 지방정부의 계획이나 정책을 의논하는 장(場)을 형성하는 것을 말한다.

3) 제삼자 개입전략

쌍방 당사자간에 해결점을 찾기 어려울 때, 최종적인 결정의 의미로 공정하고 객관적인 제삼자를 활용하는 것을 말한다. 제삼자 개입전략에는 지시적 개입전략, 협력적 개입전략, 그리고 수동적 개입전략이 있다. 분석을 위하여 각각의 전략을 개념화하면 다음과 같다.

제삼자 개입전략이란 갈등당사자가 아닌 개인이나 단체로서, 갈등을 해결하는데 조력하기 위하여 당사자 쌍방의 합의된 신청으로 갈등해결을 촉진시키는 자이다. 제삼자 개입을 통하여 문제가 원만하게 해결될 수 있기 위하여는 제삼자가 공정성, 객관성, 신뢰성을 유지해야 한다.

(1) 지시적 개입전략

제삼자의 결정이 구속력을 가지는 것으로서 중재와 재정이 있다. 중재(仲裁; arbitration)는 구속력을 가지나 당사자가 불복할 경우 소송을 제기할 수 있는 것을 말한다. 재정(裁定; adjudication)은 법원에서 판결하는 것처럼 판결의 확정력을 가지는 것을 말하는 것으로 당사자가 불복할 경우에는 일정한 제재가 가해질 수 있다.

(2) 협력적 개입전략

제삼자가 중립적인 입장을 지키면서 대안을 개발하여 제시함으로써 당사자간의 갈등해결에 도움을 주기 위한 것[1]으로서 당사자간의 해결을 존중함을 기본적인 이상으로 생각하는 것으로서 조정(調停; mediation)이 이에 해당된다. 조정이란 갈등당사자인 지방정부, 주민과 직접 이해관계가 없는 전문가 집단이 조언을 하거나 과학적인 조사를 하여 객관적인 대안을 제시하거나, 갈등당사자들의 요청에 의하여 갈등당사자 쌍방의 이해를 가장 잘 조화시킬 수 있는 대안을 마련하는 것이다. 조정은 협력적인 차원에서 조력하는 것이므로 제삼자가 결정한 대안이 구속력을 가지는 것은 아니다. 경우에 따라서는 갈등 당사자 일방이 선정한 제삼자를 다른 갈등당사자가 인정하는 경우에도 조정자로서 성립될 수 있다.

(3) 수동적 개입전략

갈등해결에 도움을 주기로 요청된 제삼자가 방관적인 자세를 견지하는 것을 말한다. 제삼자가 과학적, 객관적인 지식이나 능력이 부족하거나, 공정성을 지키기 어려운 상태일 때, 또는 주어진 제삼자로서의 책임을 저버리고 직무태만을 하는 경우 등이 이에 해당된다. 수동적 개입전략에는 알선이 있는데 이 때의 제삼자는 갈등문제가 해결되도록 분위기를 조성하는 매개자의 역할을 하지만 적극적으로 나서지 않고 형식적으로 갈등당사자 사이를 왕복하는 경우가 포함된다.

3. 갈등해결의 정도

갈등관리의 정도는 목표갈등과 수단갈등에 대한 해결정도로 측정한다. 갈등당사자들이 목표에 일치하고, 목표달성을 위한 수단이나 절차에도 완전히 일치하면 갈등해소(resolution)라고 한다.

표출된 갈등이 외면상 잠잠해 졌거나 분규발생회수가 현저히 감소되었을 경우로서, 갈등당사자들이 추구하는 목표에 대하여 완전하게 합의하지 않았거나, 목표달성을 위한 수단이나 절차에 불일치 또는 불만이 남아 있으면 갈등진정이라 한다. 갈등진정은 갈등의 잠재성이 있는 것이므로 언제든지 조건이 형성되면 분규가 유발될 수 있는 상태로의 갈등을 말한다.

또한 갈등해결정도를 측정하는 지표로서는 해결의 수용성, 해결의 지속성, 관계의 변화성을 들 수 있다. 수용성이란 갈등해결대안에 대하여 합의가 되어 갈등당사자가 받아들이는 정도를 말하며, 해결의 지속성이란 갈등해결상태가 지속되어 시간의 흐름에 따라 갈등재발의 가능성이 없는 정도를 말한다. 관계의 변화성이란 첨예하게 대립되던 갈등당사자들의 공격욕이나 적대감이 우호적이고 협력적인 관계로 전환되는 정도를 말한다.

갈등해결의 정도를 알아보기 위해서, 첫째, 이해의 변화(목표갈등의 변화) 둘째, 갈등해석의 변화(수단갈등의 변화) 셋째, 제도적 해결장치의 수립정도 넷째, 미해결 과제와 또 다른 갈등잠재성 등에 대하여도 검토해야 할 것이다. 그러나, 이러한 기준들은 모든 사례에 공통적으로 적용되는 것은 아니기 때문에 본 연구의 사례분석에서는 필요에 따라 설명을 부가해야 될 것이다.

4. 분석틀

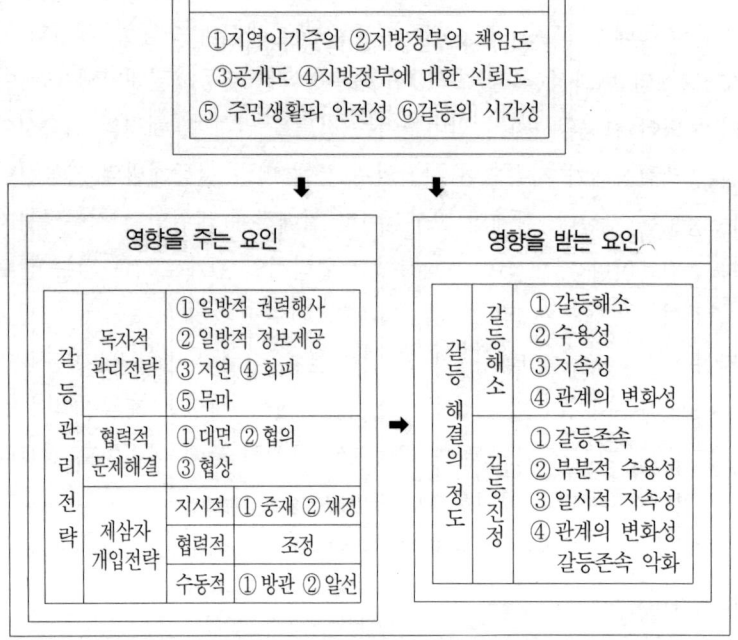

〈그림 7-1〉 갈등관리전략과 갈등해결정도의 관계에 관한 분석틀

제 2 절 군포시 사례의 선정이유와 개요

1. 사례의 선정이유

첫째, 주민에 의한 지방자치단체의 장 직접선거를 전후하여 급격하게 발생하고 있는 쓰레기 소각장 입지선정의 대표적 사례이며, 이와 관련한 갈등상황과 그에 대한 갈등관리전략의 변화과정을 확인할 수 있다. 지방자치가 진행되어 감에 따라 갈등양상은 어떻게 변화하고 있으며, 갈등관리전략은 어떠한 내용으로 적용되며, 그 해결의 정도는 어떠한가를 파악함으로써 지방자치실시로 인한 갈등의 관리과정을 고찰할 수 있다.

둘째, 군포시 쓰레기 소각장 사례는 군포시에 국한되는 것이 아니라, 중앙정부인 환경부, 상급자치단체인 경기도, 김포 수도권쓰레기 매립지조합 등이 모두 관련되는 포괄적인 갈등관계를 파악할 수 있다.

셋째, 김포 수도권쓰레기 매립지의 군포시 쓰레기 반입거부라는 외부적인 조건(외부성)하에서 지방정부와 주민, 주민상호간, 집행기관과 의결기관(군포시의회)과의 갈등관계 등 지방정부내에서의 여러 차원의 갈등관리과정을 고찰할 수 있다.

넷째, 갈등요소들과 갈등양상이 다양하게 전개되었고 갈등관리전략의 전개과정을 파악할 수 있게 함으로써 앞으로 효율적인 갈등관리전략의 방향을 제시할 수 있고 지방정부의 갈등관리의 메카니즘의 형성(제도화)에 기여할 수 있다.

다섯째, 1995년 7월 1일 민선시장 임기개시일 이후부터 주민의 활발한 집단운동으로 전개되었던 갈등이 여러 가지 우여곡절을 거친 뒤, 1996년에 접어들어 비록 잠재적인 갈등으로 남아 있기는 하지만 소각장 입지선정이 일단락됨으로써 갈등진정국면이라는 갈등해결에 도달된 경우이므로, 갈등전략의 효율성을 파악할 수 있다.

갈등당사자는 중앙정부(환경부), 광역지방자치단체(경기도), 군포시(집행부, 지방의회), 그리고 주민(신시가지,구시가지)이다. 분석대상기간은 92년초 - 97년초까지이다. 주요한 영향요인은 95년 지방의원 선거와 단체장 선거이다. 갈등의 파급영향은 외부 지방정부(김포매립지)의 제약성이며, 정부-주민간 뿐만 아니라 주민상호간 갈등도 유발하였다.

2. 사례의 개요

군포시 쓰레기소각장 설치와 관련된 문제의 발단은 1992년 4월 5일 산본동 산 166번지 일대 그린벨트 31,431㎡에 하루 200톤 처리규모의 소각장을 건설한다는 결정사항을 일간신문에 공고하고, 92년 12월 5일에는 환경영향평가결과에 대한 공람공고를 하였다고 주장했기 때문이다. 주민들의 주장은 92년 12월에는 산본신도시에 입주할 5만세대 중 141세대(전체의 0.28%)만이 입주한 상황이었으므로 환경영향평가서에 대한 공람을 끝냈고 평가서내용에 관하여 주민반대의견이 없었다고 군포시가 주장하는 것은 환경영향평가법이 정한 공정한 주민의견수렴과정이 생략된 것이라고 반발하였다. 그러나, 군포시는 적법절차를 거친 사안이므로 공사를 강행하겠다는 입장을 고수하였다. 이에 주민들은 즉각적으로 반발하여 '산본 쓰레기소각장 건설반대 범시민대책위원회'를 구성하여 군포시에 집단적으로 대응하였다[2].

93년 7월 6일 1천여명이 1차 반대집회를 가진 뒤 95년 4월까지 약 1년 10개월 동안 연인원 4만여명이 20여차례에 걸쳐 집회와 시위를 했다. 항의는 산본주거지, 소각장 설치예정지, 과천 정부종합청사, 민주당사 등지에서 밤낮없이 다양하게 전개되었다[3].

주민들은 95년 6월 27일 지방선거가 다가오면서, 쓰레기소각장 건설문제는 민선시장에게 맡겨 재검토하도록 함에 따라 소각장설치관련 항의는 일시적으로 진정되었다. 군포시장 후보들과 경기도지사 후보들은 군포시민의 약 60%정도에 달하는 산본신도시 주민들의 표를 의식하여 '산본동 산 166번지 일대'에 설치키로 되어 있는 쓰레기소각장 건설을 백지화하는 것을 선거공약으로 앞다투어 내놓았고, 당선된 조원극 군포시장도 쓰레기소각장 입지선정을 재검토한다고 공표하였다.

95년 7월 28일 '김포 수도권쓰레기매립지 대책위원회'(위원장 이균홍, 이하 '대책위')는 군포시가 산본소각장을 건설하지 않을 경우 8월 7일부터 군포시의 쓰레기반입을 금지시키겠다고 군포시에 통보하였다. 대책위의 이같은 방침은 산본신도시에 예정되었던 소각장 건설을 현 시점에서 중단할 경우 타 지역에 대한 후보지 마련조차 어려운데다 부지를 선정했다 하더라도 환경영향평가, 설계, 그린벨트해제 등에 소요되는 시간이 4-5년이나 소요되므로 사실상 소각장건설이 불투명하다고 판단했기 때문이다. 8월 7일부터 군포시 쓰레기의 반입이 전면중단되었다[4].

수도권 매립지 주민대책위는 군포쓰레기 반입저지와 관련하여 대책위사무실에서 군포시장 등 군포시 관계자와 회의를 갖고 대책위가 제시하는 이행각서[5]에 서명할 경우 군포시 쓰레기반입을 허용하겠다고 밝혔다. 수도권매립지 주민대책위는 군포시장, 지역구 국회의원, 시의회의원 전원, 주민자율추진위원회 위원 전원이 서명할 것을 요구했다. 서명대상자는 총 40명(주민자율추진위원이 2명 감소된 16명으로 되어 38명)이었으나, 소각장 건설부지로 지목되고 있는 부곡동과 대야동 출신의 구시가지 의원들과 주민자율추진위원들 중 구시가지 대표들은 서명을 거부하였다. 8월 17일 군포시가 27명이 서명한 이행각서를 제출하자 김포매립지 대책위는 반입을 허용하면서[6], 95년 9월말까지 새로운 소각장 부지선정 및 공고, 10월 1일까지 새 소각장 부지 인근주민 50%이상의 동의안 제출 등 4개항의 이행각서의 내용이 실현되지 않을 경우 쓰레기 반입을 다시 중단하겠다고 하였다.

군포시에서는 95년 8월 1일 구성된 '시민자율추진위원회'를 통하여 쓰레기 소각장 설치문제를 해결하기로 하였다. 이 위원회에서는 95년 8월 25일 산본동과 부곡동 등 8개후보지 중에서 부곡동 722번지로서 부곡농장 맞은 편에 위치한 부지로 결정하였다[7]. 그러나, 주민 50여명은 29일 오전 9시경부터 5시간동안 군포-안산간 47번 국도에서 부곡동 722번지로 연결되는 폭 3m의 진입로를 경운기 2대로 가로 막고 농성을 벌였으며, 부곡동 57-6번지 일원의 철도화물터미널 부지중 일부를 매입하여 건립하겠다고 발표하자, 부곡동, 군포2동, 의왕시 삼동주민들은 군포시장실을 점거 '신도시에서 거부한 소각장을 구시가지에 건설할 수 없다'며 시장이 철회각서에 서명할 것을 요구하며 밤늦게 까지 농성했다. 조원극 군포시장은 9월 2일 부곡동에 소각장을 건설하지 않겠다고 하여 부지선정계획을 철회했다.

군포시는 14개지역을 선정하여 재조사를 실시하였으나 성과없이 시간만 흘러 김포 수도권매립지 대책위원회와 약속한 기한을 넘기는 바람에 10월 2일 김포매립지대책위의 만장일치로 또 다시 쓰레기 반입이 무기한 중단되었다[8].

10월 2일 김포매립지대책위의 제2차 쓰레기 반입거부결정에 따라 군포시민들은 19일동안 생활쓰레기 더미로 인한 악취와 해충으로 고통을 받는 등 또다시 쓰레기대란을 겪었다. 악취와 해충 등으로 쓰레기 폐해가 심해지자 군포시는 탈취제를 배포하고 방역작업을 강화했으나, 주민들의 반발을 더욱 거세졌다.

대책위는 95년 10월 20일 주례 정례회의를 갖고 군포시민의 불편함과 조원극 군포시장이 12월 31일까지 시장직을 걸고 부지선정을 하겠다는 간절한 요구를 받아 들여 이날 오후 6시부터 군포시 쓰레기 반입을 허용하기로 결정했다[9]. 그러나 대책위는 12월 31일까지 쓰레기소각장 입지선정이 이루어지지 않을 경우 또다시 쓰레기반입을 중단시키겠다고 밝히는 동시에 군포시는 어떠한 조건도 받아들여야 한다고 강력히 요구하였다[10].

96년에 들어오면서, 소각장 부지 대상지역인 신도시 주민들은 95년 12월 30일 군포시에 의하여 발표된 소각장 부지선정을 다시 해야 하고 규모를 축소해야 한다고 주장하면서 대규모 시위를 하기도 하였으나, 군포시가 단호한 입장을 표명함에 따라 이에 주민들은 96년 5월 22일 경기도 행정심판위원회에 '쓰레기 소각장 시설입지 결정처분 취소'를 요구하는 행정심판을 청구하였다[11]. 그러나, 경기도 도시계획위원회는 96년 6월 16일 그린벨트 지역인 군포시 산본동 산 170번지 일대 1만7천 30㎡를 쓰레기소각장 부지로 원안의 결함에 따라 군포시와 해당지역 주민들간의 분쟁이 4년여만에 사실상 매듭지어졌다[12].

제 3 절 군포시 사례의 분석

1. 갈등단계별 분석

1) 갈등의 발단단계

군포시 사례의 경우 갈등발단단계는 대체로 산본동 아파트 입주전인 92년 환경영향평가의 공람시기부터 김포매립지대책위의 제1차 쓰레기 반입중단결정이 있은 95년 8월 7일 이전까지로 볼 수 있다.

군포시 산본동의 신시가지 아파트의 입주자들이 입주하기도 전인 1991년 9월 7일에 산본동 166번지 일대를 소각장건설부지로 결정하고 건설사업자도 전혀 입주예정주민들과 협의없이 일방적으로 비밀裡에 절차를 진행하였다. 1992년 12월 주민에 대한 환경영향평가 사항의 공람과 의견수렴절차가 실시되었으나, 그 시점에서는 일부 주민들만(입주예정자 전체 중 입주자 0.28%)이 있었고, 주민의견을 개진할 수 없는 상황이었다[13].

산본동 산 166번지 일대는 수리산의 동쪽 능선 아래에 있는 계곡으로서 분지를 이루고 있고, 인근에는 초등학교, 중학교와 대단위 고층(25층) 아파트단지가 위치하고 있어 소각장이 가동되면 강한 소용돌이 기류의 영향으로 신도시 전체가 고농도의 대기오염물질[14]로 가득차 20만명의 시민이 엄청난 피해를 당하는 환경재앙이 일어날 가능성이 있다는 연구결과가 나왔다[15].

95년 6월 27일 지방선거에서 군포시 주민의 60%에 달하는 신시가지 주민들의 표를 의식하여 이미 결정된 소각장 부지를 백지화하겠다는 공약을 한 다음, 조원극 군포시장이 당선된 직후, 종전의 건설계획을 백지화하고 새로운 소각장 건설부지를 찾겠다고 밝힌데서 비롯됐다[16]. 공약에 대한 사실이 알려지자 김포 수도권 매립지대책위원회가 군포쓰레기 소각장 건설을 당초계획대로 추진하지 않을 경우 "군포시에서 발생한 모든 쓰레기 반입을 중단시키겠다"고 했다[17].

2) 갈등의 표출단계

단체장 선거가 있기 전 군포 산본신도시의 계룡·한양·을지·가야 아파트 주민들이 아파트 단지 부근 쓰레기소각장 건설에 항의하여 94년 12월 6일부터 열흘동안 자녀들을 학교에 보내지 않았다[18]. 이후 주민들은 93년 7월 6일부터 95년 4월까지 연인원 4만여명이 20여차례에 걸쳐 집회와 시위를 벌였다[19]. 95년 4월 17일 주민들은 '산본신도시 소각장 사법대책위원회」(위원장: 고성옥)을 구성하여 18일 주민 2만명위 동의로 주민의견수렴을 제대로 거치지 않았으며 중대한 대기오염을 일으킬 가능성이 높다면서 서울고법에 군포시장을 상대로 '쓰레기소각장설치 허가처분취소 청구소송'을 제출하였다[20].

단체장 선거 이후, 조원극 시장의 기존소각장 건설계획의 백지화 결정이 있자, 95년 8월 7일 김포수도권 매립지의 군포쓰레기 반입중단 이후 군포시청에는 거센 항의와 함께 대책을 묻는 주민들의 전화가 빗발치기도 했다[21].

95년 8월 28일 군포시가 부곡동 722번지 일대 부지선정을 발표하자 인근주민들은 농성을 벌였으며, 부곡동과 군포2동, 의왕시 삼동 주민 2백여명은 군포시청에 몰려가 시장실을 점거, "신도시에서 거부한 소각장을 구시가지에 건설할 수 없다"며 조원극 시장 면담과 철회각서에 서명할 것을 요구하며 밤늦게까지 농성했다.

95년 10월 2일부터 10월 20일까지 2차 반입중단으로 고통을 당한 군포시는 95년 12월 30일 쓰레기 소각장부지를 신도시인 산본동 산170번지 일대로 확정·발표했으며, 이에 대해 신도시 주민들과 시의원들이 크게 반발했다[22]. 96년 1월 7일 신도시지역 주민 2천여명은 군포시청 앞 광장에서 '예정지 철회'를 요구하며 1시간여 동안 항의집회를 가졌다[23].

4) 갈등해결의 탐색단계

군포시는 민선도지사와 시장의 선거공약인 소각장 건설 백지화로 일단 신도시 주민들의 집단민원이라는 급한 불은 껐지만 김포 수도권 매립지대책위와 환경부에서 주장하는 쓰레기 발생지 소각원칙에 대해서는 할말이 없게 되었다. 군포시는 대책위측에서 새로운 부지를 마련, 소각장을 만들 때까지 쓰레기반입을 양해해 달라고 요청, 사정[24], 설득[25] 했으나 받아 들여지지 않았다.

95년 8월 7일 군포시쓰레기 반입중단결정을 한 매립지 대책위측은 군포시측이 총 27명이 서명한 이행각서를 제출하자 접수[26]한 뒤, 8월 18일 대책위원회 위원 18명이 참석한 가운데 주례 정례회의를 갖고 군포시 쓰레기 반입허용 결정[27]을 내렸다.

군포시는 95년 8월 11일 시민자율추진위원회(위원장 고성옥)를 16명으로 구성[28]한 뒤, 7곳의 대상지를 놓고 주변환경, 주민거주현황 등 전반적인 사항을 점수로 환산해 부곡동 722번지 일원 부곡농장 맞은 편을 소각장의 최적지로 선정했으나 주민들의 거센 반발에 부딪혀 백지화하고, 부곡동 57-6번지 일원의 철도화물터미널 부지 중 일부를 매입하여 건립하겠다고 발표하였으나 부곡동 주민은 물론 인근의 의왕시 주민들까지 격렬하게 반발하였다. 이에 조원극 군포시장은 다시 이를 백지화하고 9월15일 직권으로 「시민자율추진위원회」도 해체시켰다[29].

전문가들은 양측 주민과 행정관청이 모든 권한을 전문가들에게 위임해 분쟁조정위를 구성하고 이 조정위가 사태해결방안을 모색하는 것이 바람직하다고 말했다[30].

군포시는 95년 10월 2일 제2차 쓰레기 반입중단이 결정되었음에도 불구하고 주민홍보를 벌이는 등 대책마련에 부심하고 있으나 뚜렷한 대안을 세우지 못했다[31].

군포시 쓰레기가 수도권 쓰레기매립지로 반입중단된지 19일만인 10월 20일 반입재개됐다. 수도권 쓰레기매립지주민대책위원회는 10월 20일 열린 주례회의에서 지난 10월 2일부터 받지 않았던 군포시 쓰레기를 12월말까지 조건부로 받아 들이기로 결정했다고 밝혔다[32].

쓰레기소각장 부지문제가 표류하는 바람에 수도권매립지로부터 두차례나 쓰레기 반입중지를 당했던 군포시가 소각장후보 인근주민들에게 1,345억원이나 되는 선물을 제시하겠다고 했다[33]. 그러나, 예상후보지인 14개소 인근주민들은 2차에 걸쳐서 쓰레기반출이 중단돼 시가지가 온통 쓰레기하치장이 됐던 쓰라린 경험을 되풀이할 수 없다는 공감대가 형성되었음에도 불구하고 아직도 "우리 동네에 소각장은 안된다"는 입장을 고수했다[34].

5) 후갈등단계

95년 12월 30일 군포시의 산본동 산 170번지 일대를 새로운 쓰레기소각장 예정지로확정한 데에 반발, 산본동 등 신도시 지역주민 2천여명은 96년 1월 7일 군포시청앞 광장에서 '예정지 철회'를 요구하며 1시간여 동안 항의집회를 가졌다35). 신도시 소각장 건립을 반대해 온 고성옥씨 등 신도시 주민 1만4천여명은 더 이상 군포시와 대화를 통하여 문제가 해결될 수 없다고 판단하여 96년 5월 22일 경기도 행정심판위원회에 '쓰레기소각장시설 입지결정처분 취소'를 요구하는 한편 행정심판을 청구했다36). 한편, 경기도 도시계획위원회는 96년 6월 14일 그린벨트지역인 군포시 산본동 산 170일대 1만7천30㎡를 쓰레기 소각장 입지로 원안.의결함으로써 소각장 입지 선정문제를 둘러싸고 벌어진 군포시와 해당지역 주민들간의 분쟁이 4년여 만에 사실상 매듭지어 졌다. 그러나, 96년말에 착공하여 98년말까지 완공할 예정으로 있으나, 신도시 주민들과의 갈등이 완전하게 해결된 것은 아니기 때문에 갈등이 표출될 가능성은 매우 높다. 착공전까지 군포시가 주민들과의 갈등에 대한 관리를 어느 정도 성공적으로 수행하느냐 여부가 관심의 대상이 되고 있다.

2. 갈등특성의 분석

1) 지역이기주의

군포시는 쓰레기소각장 입지선정은 합법적인 절차를 거쳤으며 주민들의 반발은 혐오시설을 기피하려는 지역이기주의라고 간주하여 94년 7월 국무회의에서 '민원최소화'를 조건으로 건설승인을 받았었다37). 또한, 김포매립지 대책위가 지적38)하는 바와 같이 지역이기주의 속성을 가지고 있다. 그러나, 소각장의 예정지인 군포시 산본동의 경우 분지라는 지리적인 요인에 의하여 소각시설의 가동시 주민들에게 중대한 위해를 가져올 수 있다는 보고가 있었고, 주민들이 소각장 자체의 필요성은 인정하는 입장이기 때문에 지역이기주의라고 단정지을 수 없는 특성도 가지고 있다. 그러나, 신도시 주민들은 구시가지에 소각장이 건설되기를 바라고 있었으며, 새 소각장 부지로 검토된 부곡동과 대야동 주민들은 "산본신도시 쓰레기는 산본에서 처리해야 한다"며 쓰레기소각장을 구시가지쪽으로 옮기려는데 대해 격렬히 항의했다[39]. 또한 95년 12월 30일 산본동 170번지 일대로 소각장 부지가 선정되자 96년 1월부터 신도시 주민들은 격렬한 시위를 벌였는데, 이는 "소각장 입지의 필요성은 인정하지만 내지역에는 절대 설치할 수 없다"는 입장이었다.

이상의 상황으로 미루어 볼 때, 군포시의 소각장 입지선정과정상에서 나타난 지역이기주의는 매우 높은 것으로 평가된다. 어차피 주민들이 생활쓰레기를 배출하고 있고, 소각장에 대한 위험성에 대한 우려도 어느 곳이나 마찬가지로 존재하기 때문에, 군포시의 신·구시가지 주민들 간의 갈등은 지역이기주의의 특성[40]이 강하게 비춰지고 있다.

2) 책임도

수도권 쓰레기매립지대책위의 군포시 쓰레기 반입거부결정이 임박하자, 매립지 운영권자인 행정당국(시·도조합)은 7월 20일 교환한 이행각서를 통해 쓰레기 반입결정권을 대책위에 이양했기 때문에 아무런 대책없이, 사태를 지켜보고만 있는 실정이다[41].

군포시는 김포매립지 대책위의 쓰레기 반입금지 통보를 받고서도 별다른 뾰족한 수를 찾지 못한 채 속만 태우며 전전긍긍하고 있었고[42], 환경부는 일선 기초자치단체 사이에서 발생하는 문제를 일일이 중앙정부에서 조정할 수는 없다고 말했다[43]. 군포시 주민들은 조원극 군포시장 뿐만 아니라 이인제 도지사도 소각장이전을 공약하였으므로 경기도도 문제해결에 나서야 한다고 주장하였으나, 경기도는 당분간 이 문제에 개입하지 않겠다는 입장을 밝혀[44] 사실상 아무런 조치도 취하지 않았다. 95년 12월 30일로 예정된 군포쓰레기 소각장 부지선정 최종시한을 앞두고 군포시와 의회가 후보지 선정 책임을 서로 상대방에 떠넘기는 '핑퐁게임'을 계속한 바 있다[45]. 이와 같은 현상들은 모두 행정당국의 책임도가 낮다는 것을 시사하는 것이다.

3) 공개도

군포시는 군포시 산본동의 신시가지 아파트의 입주자들이 입주하기도 전인 1991년 9월 7일에 산본동 166번지 일대를 소각장 건설부지로 결정하고 건설사업자도 전혀 입주예정주민들과 협의없이 일방적으로 비밀리에 진행하였다. 1992년 12월 주민에 대한 환경평가사항의 공람과 의견수렴절차가 실시되었으나, 그 시점에서는 일부주민들만(입주예정자 전체 중 입주자 0.28%)이 입주해 있었고, 주민의견을 개진할 수 없는 상황이었다[46]. 주민자율추진위원회는 95년 8월 25일 오후 회의를 열고 7곳의 대상지를 놓고 주변환경, 주민거주현황 등 전반적인 사항을 점수로 환산해 부곡동 722번지 일원 부곡농장 맞은 편을 소각장의 최적지로 선정했는데 이를 둘러싸고 주민들의 거센 반발이 있었다[47].

군포시는 민선자치시대 이전에 소각장 건립과 관련하여 행정을 공개하고 주민들의 의견을 반영하려는 노력이 부족했다는 점에 착안하여 소각장 건립을 위한 시민자율추진위원회를 구성하여 소각장 부지를 물색하였으나, 대상예정지마다 반발이 심해 조원극 군포시장은 95년 9월 15일 직권으로 「시민자율추진위원회」를 해체시켰다[48]. 이로써 입지선정과정이 공개될 수 있는 제도적 장치마저 잃게 되었다.

4) 신뢰도

94년 12월말 산본동 공사착공으로 시작된 산본소각장 사태는 행정력

에 대한 엄청난 불신을 낳았다[49]. 조원극 군포시장은 부곡동 일대에 소
각장을 입지하겠다고 발표하였으나 주민들의 반대로 백지화하는 등 주
민들로부터 소각장 입지에 대한 신뢰도를 떨어뜨렸고[50], 두 번에 걸친
김포매립지의 군포시 쓰레기반입중단 결정이후, 갈등해결대책을 조속히
내놓지 못해 군포주민들에게 고통을 가중시켰고, 행정조직체계나 시조
례에도 없는 특별보좌역을 분야별로 위촉하는 등 시의회로 부터도 불신
을 사기도 했다[51]. 김포매립지 대책위측에서도 95년 10월 2차 쓰레기
반입중단이 진행되던 중에 조원극 군포시장이 ① 12월 10일까지 입지타
당성조사, ② 12월말까지 소각장 부지선정작업 등을 '직위를 걸고' 종결
짓겠다고 호소했으나 대책위측은 '신뢰성이 없다'며 거절하기도 했다[52].
정부의 신뢰와 중립성은 환경분쟁의 해결과정에 중요한 영향을 미치는
요소로 작용한다[53]. 정부의 신뢰가 격추된 상황에서 정부가 중립자 역
할을 할 것으로 기대할 수는 없다[54].

5) 주민생활과 안전성

처음 쓰레기소각장 부지로 선정되었던 산본동 산 166번지 일대에 대
해 이인영 박사(미국 아르곤국립연구소 근무)는 산본소각장에서 배출될 오
염물질의 분포와 영향권을 분석한 연구 결과[55], 주민생활의 안전성에
대한 심각한 문제가 제기되었다. 또한 이미 서울시 소각장 입지선정과
관련한 주민분규에서 제기되었던 다이옥신에 대한 유해성 논란도 주민
들에게 불안감을 가중시켰다. 95년 12월 30일 소각장 부지로 발표된 산
본동 170번지 일대[56]도 주민들의 쾌적한 주거생활과 안전을 저해할 것
이라며 주민들은 격렬하게 저항을 해왔다.

6) 갈등의 시간성

군포시와 주민들 간의 갈등관계를 촉발시킨 가장 중요한 요소들 중

의 하나는 김포매립지 측에서 제시하는 조건들과 시간적 제약성들에 기인하고 있다. 부지를 선정할 수 있는 시간이 한정되어 있었으므로 장기적인 시각에서 주민의견을 제대로 수렴하여 소각장 부지를 선정할 수 없었고 표류하게 된 것이다[57]. 군포시는 시간적 제약성과 기술적 제약성, 그리고 주민의견수렴상의 제약성 등 김포매립지 측에서 부과한 수용이 어려운 제약성들 때문에 효과적인 갈등관리전략을 구사할 수 없었다. 그리고 처음 산본동 166번지 일대에 소각장 입지선정이 이루어진 이후 갈등표출이 격렬하였으며, 2차에 걸친 쓰레기 반입중단으로 고통을 겪었고, 새소각장 입지선정과정에서도 신·구시가지간 갈등을 경험하였기 때문에, 95년 12월30일 군포시의 새소각장 입지선정이후 한때 갈등표출이 극렬하게 나타나기도 했으나, 장기에 걸친 갈등상황으로 주민들이나 군포시 모두 지쳐있는 상태였다. 따라서 현재 갈등상황이 외형상으로는 진정된 것처럼 보이고 있으나 실제의 갈등자재성은 높다고 할 수 있다[58].

3. 갈등관리전략의 적용과 갈등해결정도의 분석

1) 독자적 관리전략

군포시의 주민에 대한 갈등관리전략 중 독자적 관리전략의 사용은 군포시 산본동의 신시가지 아파트의 입주예정 주민들과 협의없이 일방적으로 1991년 9월 7일에 산본동 166번지 일대를 소각장건설부지로 결정하였다[59]. 입주자들은 소각장 자체의 필요성은 인정하면서도 비공개행정과 지리적 속성으로 인한 안전성의 문제를 들어서 계속적으로 분규를 일으켜 왔다. 이에 대한 지방정부의 입장은 이미 합법적 절차를 거쳐 결정된 이상 소각장 이전을 검토하지 않았다. 즉, 주민과의 갈등을 해결하기 위하여 일방적 권력행사를 그 전략으로 하였다[60]. 일방적 권력행사에 의한 갈등해결의 정도를 구체적으로 고찰하면 다음과 같다.

(1) 목표갈등과 수단갈등

소각장 건립의 필요성에 대하여 지방정부는 단호한 입장이었다. 왜냐하면, 쓰레기의 매립방식으로는 한계가 있고, '내 지역의 쓰레기는 내 지역에서 해결해야 한다'는 정신에 입각하여 소각장 건립을 추진하여 왔기 때문이다. 주민들도 소각장 자체의 건립에는 찬동하는 입장이지만 자신의 지역에는 설치할 수 없다는 입장이다.

군포지역내에 소각장 자체의 건립은 인정한다는 것은 목표갈등의 측면에서는 합의가 어느 정도 이루어 지고 있다는 것이다. 그러나 그 방법상에 있어서 문제가 있는 것은 수단갈등의 측면이다[61]. 수단갈등은 지방정부가 공청회, 협의회 등을 통한 협의적 관리전략의 사용으로 합의에 도달할 가능성이 높다. 그러나, 지방정부는 이를 실행치 않았다.

갈등의 잠재성은 Schmidt와 Kochan이 제시하는 바와 같이 목표의 불일치성, 자원의 공유도, 활동의 상호의존성의 측면에서 파악되고 있는데, 우선 군포시와 주민간에 있어서는 소각장의 필요성에 대한 인식에는 큰 차이가 없으므로 목표의 불일치성은 낮은 편이지만, 자원의 공유도와 활동의 상호의존성은 매우 높다고 할 수 있다[62].

(2) 수용성

정부와 군포시, 주공이 터 선정작업부터 시공방법에 이르기까지 밀어붙이기식 추진에서 벗어나 미리 주민의견을 적극 받아들이는 등 무리없이 추진했더라면 악순환은 되풀이 되지 않았을 것이다[63]. 지방정부의 일방적인 권력행사에 대하여 주민들은 완강한 저항을 하였다. 군포시의 부지선정방식은 주민들과의 갈등관리차원에서 접근한 것이 아니라, 임시방편적이고 단기적으로 갈등을 회피하고자 하는 근시안적인 접근에서 비롯되었기 때문에 갈등당사자인 주민들은 전혀 수용할 수 없었다.

95년 12월 30일 군포시가 산본동으로 소각장부지를 일방적으로 결정하여 발표하자, 신도시출신 의원들과 주민들은 즉시 집단행동으로 대응하였다. 물론, 군포시가 그동안 협력적 갈등관리전략을 구사하지 않은 것은 아니지만, 전혀 해결책이 도출되지 않았을 뿐만 아니라 책임전가에 급급하였기 때문에 독자적 관리전략에 의존하게 된 것이다. 여기에는 김포매립지로부터의 외부적 제한이 중요한 작용을 하였다64).

(3) 지속성

주민에게 일방적으로 추진되었던 산본동 166번지의 소각장을 둘러싼 갈등은 1995년초 환경전문가들에 의하여 그 유해성이 알려지고 군포시장이 그 유해성이 입증되면 소각장을 백지화하겠다고 일방적 정보를 제공함에 따라 주민들의 분규는 다소 완화되었다. 그러나, 그러한 합의로 인한 갈등해결국면은 지속되지 않았다65). 김포매립지측에서 기존 소각장 건설을 종용하면서 압박을 가해 오자 기존 소각장 인근의 신도시 주민들은 긴장하지 않을 수 없었다66).

군포시장의 부곡동으로의 일방적 소각장 부지결정으로 신시가지와의 갈등은 진정되는 듯 하였으나 구시가지 주민들의 집단적인 반발의 계기가 되었고 구시가지인 부곡동의 부지가 다시 번복되어 백지화됨으로써, 독자적 관리전략에 의한 갈등관리가 얼마나 녓없는 것인가를 알게 해준다.

(4) 관계의 변화성

독자적 갈등관리전략은 기존 관계를 더욱 악화시키거나 불신만을 가중시켰다. 조원극 군포시장의 부곡동 소각장부지의 일방적 결정시에는 부곡동은 물론 구시가지 시의원들과 주민들까지 조시장의 결정에 항의

하였다[67]. 발전지향적으로 나아가야 할 지방자치가 행정불신으로 행정
력의 활동무대를 오히려 축소시키고 지방정부에 대한 신뢰를 떨어뜨렸
고 외부갈등주체인 김포매립지 측과의 관계에도 바람직하지 못한 영향
을 끼쳤다. 주민들은 급기야 군포시장을 믿지 못하겠다며 경기도 행정
심판위원회에 제소중이며 행정소송도 제기한 상태에 있어 시장과 주민
과의 갈등관계는 지속되고 있다.

2) 협력적 문제해결전략

군포시가 주민과의 갈등을 해결하기 위하여 협력적 문제해결전략이
적용된 것은 김포매립지의 쓰레기반입중단에 대비하여 조속히 소각장
건립을 추진할 목적으로 구성한 시민자율추진위가 대표적인 예가 된다.
그리고, 제1차 쓰레기 반입중단이 해제된 후 소각장 예정부지를 주민들
로 부터 공모하여 결정하는 과정에서 주민들의 의견을 반영하는 협력적
인 방법을 활용하였다.

(1) 목표갈등과 수단갈등

군포시와 주민들은 김포매립지측의 쓰레기 반입거부 움직임에 대응
하여 조속히 새로운 소각장 부지를 확보해야 한다는 데에는 의견을 일
치시켰다. 특히 제1차 쓰레기 반입중단 사태를 경험하면서 그 필요성을
공감하였다. 그러나, 협력적 방법으로 해결하기 위한 시민자율추진위의
구성에서 부터 구시가지의 반발이 거세게 발생하였다. 시민자율추진위
에서는 수차례의 협의와 토론과정을 거쳐 부곡동 일대를 소각장 부지로
선정하였으나 주민들의 반대로 무산되었다. 협력적 문제해결전략이 수
단갈등의 해결에 대한 합의를 제대로 도출하지 못하여 오히려 목표에
대한 갈등차원으로 비화된 경우라고 할 수 있다.

(2) 수용성

시민자율추진위의 활용으로 상당한 협의가 이루어지고 있음에도 해결책을 받아들이지 못한 데에는 몇가지 원인이 있다. 즉, 첫째는 시간의 제약성으로 인하여 충분한 의견수렴이 이루어 지지 않았고 현지사정을 제대로 파악하지 못했다는 점이다. 둘째는 소각장은 고도의 기술성을 내포하고 있는데 자율추진위는 이를 판단할 전문가들로 구성되지 않았다는 것이다. 셋째는 구성에 있어서 구시가지와 형평을 이루지 못했을 뿐만 아니라 부곡동 722번지 일대 화물터미널부지를 쓰레기 소각장 건설후보지로 결정시에는 구시가지 대표 2명이 빠진 가운데서 결정되었다는 것 등이다.

(3) 지속성

시민자율추진위 자체가 대표적인 협상테이블이었으므로 협의하고 활동을 하는 중에는 갈등이 잠시 진정되는 듯 하였으나 합리적이고 공정하며 객관적인 결정이 나오지 않자 갈등상태는 지속되었다. 시민자율추진위가 갈등관리에 도움이 되지 못하고 오히려 신시가지와 구시가지의 갈등의 골을 깊게 만드는 빌미를 제공하게 됨에 따라 군포시장은 9월 15일 소각장 부지선정도 되기 전에 주민자율추진위를 해산시켰다.

(4) 관계의 변화성

시민자율추진위는 신시가지와 구시가지의 갈등을 확인시켜 주는 장을 제공해 주는데 불과했고, 갈등당사자인 신시가지와 구시가지 그리고 군포시를 대립적인 관계로 이끌어 가도록 유도하는 기구에 불과했다. 그러나, 주민공모를 통하여 14개의 소각장 후보지를 대상으로 기획단을 통하여 2개의 소각장 후보지로 압축한 것은 분명 성과였다. 그리고 주민과 군포시의 관계를 의견수렴과 창의성을 통한 사기제고와 갈등관리를 위한 제도화과정의 계기가 될 수 있었다. 주민도 행정에 있어서 객체이기만 한 것이 아니라 주체가 될 수 있다는 관계형성에 도움이 되었다. 다만, 이러한 관계가 일회적인 것에 그쳤다는 것이 유감이다. 군포시와 주민들의 대화를 위한 절차를 좀더 제도화하여 주민대표단을 구성하고 그들을 통하여 창의성있는 아이디어와 대안을 제시토록 한 다음, 대안에 대한 분석은 전문기관이 담당토록 함으로써 유기적으로 협력관계의 메카니즘을 형성하였더라면 더 좋은 관계를 지속시킬 수 있었을 것이다.

3) 제삼자 개입전략

군포시와 주민간의 관계에 있어서 제삼자의 개입은 찾아보기 어렵다. 김포매립지 대책위와의 관계에서 군포시가 중앙정부와 경기도에 조정을 건의하였으나, 이미 매립지 반입결정권이 환경부와 경기도 등으로부터 대책위측에 넘겨진 상태라 도움을 받을 수가 없었다[68]. 군포쓰레기 반입중단의 위기에 처하자 환경부, 매립지조합과 경기도측은 군포시에 타협을 종용할 뿐[69] 별다른 조치를 취하지 않았다. 또한, 군포시 소각장 부지선정을 위한 주민자율추진위원회에 전문가를 배석시키는 등은 있었으나 갈등관리에서 효과적인 어떤 역할을 수행하지 않았기 때문에 제삼자 개입전략으로 볼 수는 없다. 군포시와 김포매립지의 경우에는 중앙정부인 환경부와 경기도가 제삼자로서의 역할을 해 주었어야 했는데, 환경부는 지방의 자율에 맡긴다는 입장이었고, 경기도도 개입의 의사가 없음을 밝힌 바 있다.

제삼자 개입전략에 의한 군포시의 갈등해결의 정도는 평가할 수 없다. 왜냐하면, 96년 5월 현재는 분규표출이 심하지 않지만, 이미 사법적 판단에 맡겨 제도권에 의한 해결절차를 밟고 있을 뿐만 아니라[70], 여전히 주민들은 소각장의 안전성에 대하여 불안해 하고 있기 때문에 소각장의 안전성을 진단하고 처방할 수 있는 전문가를 포함한 제삼자의 객관적이고 공정한 의견을 수용하는 갈등관리전략이 필요하다고 생각된다.

제 4 절 사례분석결과의 해석

1. 갈등의 단계

군포시의 갈등발단은 소각장에 대한 공개성 부족과 안전성에 대한 위기의식에서 출발하였다. 그러나, 갈등상황을 보다 더 심화시키게 된 것은 군포시장의 기존 소각장 백지화 공약의 실천에 근거하고 있다. 갈등이 표출된 것은 김포매립지 대책위의 군포쓰레기 반입중단사태로부터 야기되었는데, 이 때 군포주민들의 갈등표출은 쓰레기 적체로 인한 고통을 토로하는 것보다는 내지역에는 소각장을 건설할 수 없다는 지역이기주의적인 경향을 나타냈다는 것이다[71]. 95년 12월 30일의 부지선정 이후 일시적으로 갈등이 대규모적으로 표출되었으나, 96년에 들어와 갈등의 잠재성을 안은 채 군포시와 주민들간의 노력으로 선정된 부지에 대한 이해와 협력을 계속하고 있다[72]고 하나, 96년말 실제 착공이 진행되면 잠재된 갈등이 어떤 양상으로 전개될 것인지 귀추가 주목된다[73].

2. 갈등의 특성

군포시 소각장 사례에 있어서, 지역이기주의 성향은 매우 강하게 나타났다. 그리고, 자치시대 이후의 대안없는 소각장 백지화와 95년 말에 있었던 의회와의 책임 떠넘기기 행태로 볼 때 지방정부의 책임도는 낮은 것으로 보이나, 자치시대의 민선시장으로서 끝까지 주민의견을 존중

한다는 대원칙을 고수해 나간 것은 결론이 어떻게 진행되었든 상관없이 높이 평가될 수 있다. 지방행정의 공개도 측면74)에서는 소각장 입지선정과 관련하여 매우 미흡하였으나, 소각장 부지공모와 자율추진위 활용 등 주민의견수렴에 대하여는 공개도를 높이려는 노력75)을 하였으나, 현실적으로 신·구시가지 주민들 간의 갈등만 증폭하였으므로 공개성은 다시 위축되었다76). 또한 지리적으로 볼 때 주민생활과 안전성에 대한 불안은 지속되고 있다. 군포시에서의 가장 중요한 갈등특성들 중 하나는 무엇보다도 김포매립지 대책위에서의 군포쓰레기 반입거부와 시간적 제약성의 부과였다고 할 수 있다.

3. 갈등관리전략과 갈등해결의 정도

군포시의 갈등관리에 있어 독자적 관리전략은 다음과 같은 점을 고려해 볼 수 있다.

첫째, 지방정부의 독자적 갈등관리전략이 갈등관리의 차원에서 접근된 것이 아니라 임시방편적이고 단기적으로 갈등을 회피하려는 데서 출발되었고 이것이 지역이기주의와 결부되었기 때문에 주민들이 전혀 수용할 수 없었다.

둘째, 독자적 관리전략은 될 수 있으면 활용하지 않는 것이 좋다. 독자적 관리전략은 합의에 대한 수용성을 떨어뜨릴 가능성이 높고 갈등을 증폭시키며 상호불신을 심어주는 결과를 초래하기 쉽기 때문에 원칙론에 합의가 되어있고 부분들로 쪼개진 수단갈등의 일부에 대하여 일시적으로만 활용하는 것이 바람직할 것이다.

셋째, 두차례에 걸친 쓰레기 반입중단의 경험을 통하여 소각장 자체의 필요성에는 어느 정도 합의가 이루어진 상태, 즉 목표갈등은 상당히 완화되었으나, 수단갈등을 관리하기 위한 지방정부의 협력적 관리전략이 뒷받침되지 못하였다.

넷째, 주민대책위 등 갈등당사자의 형성이 공식적으로 제도화되어 있지 않은 상태에서 부녀회 등 주로 비공식적 조직을 이용하여 분규가 유발되었으므로 갈등관리가 제대로 이루어 질 수 없었다.

군포시의 경우에 협력적 문제해결전략의 대표적인 것이 소각장 입지선정 시민자율추진위원회일 것이다. 그러나, 시민자율추진위는 제역할을 다해 내지 못하고 해체되고 말았다. 협력적 문제해결전략의 실패상황을 분석하여 보면 다음과 같다.

첫째, 협력하기 위한 시민자율추진위의 구성이 문제였다. 즉, 지역이기주의로 철저하게 무장한 첨예한 이해대립이 있는 구성원들로 조직되었고, 조직구성자체에 대한 반발이 심했기 때문에 협력적 활동자체가 제약된 상태에서 출발하였다.

둘째, 김포매립지로부터의 시간제약성이 부과된 상태에서 시민자율추진위가 충분한 현지사정 파악을 하지 못했고, 입지선정상의 객관적 기준이 없었고, 강력한 추진력을 가지지 못하였기 때문에 갈등관리에 실패하였다.

셋째, 협의활동을 하는 도중에는 잠시 갈등이 진정되는 듯 하였으나, 협의결과가 합리성, 객관성, 공정성을 지니지 못하게 됨으로써 갈등해결에 도움이 되지 못하였다.

넷째, 주민공모를 통하여 시민자율추진위 해체 후 새로 편성된 기획단이 14개의 소각장 부지를 대상으로 2개 후보지로 압축한 것은 갈등관리의 성과였다. 그러나, 이러한 관계가 주민과 행정당국을 제도적으로 연결시켜주는 제도적인 메카니즘으로 발전되지 못하고 일회적인 것에 그쳤다는 것이 한계였다.

군포시에 있어서 제삼자 개입전략은 사용되지 않았다. 군포시에서는 중앙정부인 환경부와 경기도에 김포매립지측과의 조정을 요청하였지만, 환경부와 경기도는 이미 김포매립지 대책위에 쓰레기 반입결정권을 위양한 상태였기 때문에 도움을 줄 수 없었고, 소각장 부지선정은 당해 자치단체 자체의 소관사항이므로 관여하지 않겠다는 입장을 취했다. 앞으로 전개되는 후갈등상황에서는 특히 소각장의 기술적인 문제가 중점적인 갈등잇슈가 될 것이므로 공정한 전문가들을 제삼자로 하여[77] 갈등관리전략을 구사하는 것이 바람직할 것이다[78].

■ 주석

1) David A. Lax & James K. Sebenius, "Negotiating through an Agent", Journal of Conflict Resolution, vol. 35, no. 3, (Sage Publications, Inc., September 1991), pp. 474-493.

2) 문헌사례의 수집은 1992년부터 1996년까지의 조선, 동아, 한국, 중앙, 한겨레, 경향, 서울, 국민, 한겨레 등 중앙신문들과 경기일보 등 지방신문과 조석주, "쓰레기소각장 설치, 무엇이 문제인가 - 군포시를 중심으로", 한국지방행정연구원, 「지방행정정보」, 1995. 10(통권 제49호), 24-29쪽, 그리고 군포시 내부자료를 주로 이용하였다.

3) 한겨레신문, 94. 9. 27.

4) 군포시의 하루평균 쓰레기배출량은 200-250톤정도이나, 군포시가 수거해 간 쓰레기는 120톤에 불과해 나머지는 거리에 방치되었고, 따라서 8월의 뜨거운 여름인지라 악취와 파리등 해충들이 들끓었다.

5) 대책위의 요구내용은 1) 95년 9월 30일 이전에 입지선정 및 공고, 2) 10월 1일까지 주민 50%이상의 동의서 제출, 3) 96년 6월 30일까지 편입되는 토지매수 및 보상, 4) 96년 8월 31일 착공하여 97년 6월 30일 완공, 5) 세부계획서 제출 등이었다.

6) 8월 18일 대책위원회 위원 18명이 참석한 가운데 주례 정례회의를 갖고 찬성 13, 반대 4, 무효 1표로 8월 18일 오후 6시부터 쓰레기 반입을 허용하였다.

7) 이곳은 반경 5백m안에 5가구 20명이 살고 있고, 환경영향평가상 주민동의가 필요한 반경 2km안에는 2천5백48세대 8천4백명이 거주하고 있어 다른 후보지에 비해 주변에 인구가 적고 신갈-안산고속도로 및 47번 국도와 1km정도

떨어져 있어 편리한 교통망 등으로 최종후보지로 결정되었다.

8) 군포시민들은 95년 8월 15일 이후 45일만에 다시 쓰레기와의 전쟁을 치르게 되었다.

9) 이날 대책위는 3차례에 걸친 마라톤회의 끝에 참석대의원 20명 중 찬성 12, 반대 8로 군포쓰레기 잠정적 반입허용결정을 내렸다

10) 세계일보, 95. 10. 21.

11) 국민일보, 96. 5. 23.

12) 동아일보, 96. 6. 16.

13) 조석주, "위의 논문", 24쪽.

14) 불완전연소생성물, 산성가스, 질소산화물, 중금속물질, 다이옥신 등.

15) 이런 사실은 구름물리학의 세계적 권위자로 국립환경연구원 초빙연구원으로 우리나라에 와 있는 이인영 박사 (미국 아르곤국립연구소 근무)가 산본소각장에서 배출될 오염물질의 분포와 영향권을 컴퓨터 모의실험을 통해 분석한 '3차원 모델을 이용한 대기질 영향평가' 연구결과 밝혀졌다. 게다가 소각장이 들어서는 군포시는 94년 환경부가 조사한 결과 전국 2백10개 시·군 가운데 대기오염원 밀집도가 1위인 지역으로 밝혀졌다(한겨레신문, 95. 3. 9).

16) 조선일보, 95. 8. 5.

17) 조석주, "앞의 논문", 25쪽.

18) 12월 9일 능내·둔전·도장·신흥·수리·궁내 초등학교생 총 5,402명 중 1,689명이 결석(결석률31.2%)하였다.

19) 주민대표 3명이 구속되고 14명이 수배를 받았다.

20) 조석주, "앞의 논문", 25쪽; 조선일보, 95. 5. 1.

21) 중앙일보, 95. 8. 8.; 국민일보, 95. 8. 8.; 한국일보, 95. 8. 9.

22) 김영숙(43·재궁동)의원 등 신도시 지역의원 6명은 12월 30일 조원극시장이 최종부지로 결정한 것과 관련, 부당성을 수상하며 시장실에 몰려가 집기를 부수는 등 집단난동을 벌이기도 했다(중앙일보, 96. 1. 4). 한편, 군포경찰서는 3일 시장실의 기물을 부순 유삼종·장후동 씨 등 군포시 의원 6명을 폭력행위 등 처벌에 관한 법률 위반혐의로 입건했다(서울신문, 96. 1. 4).

23) 서울신문, 96. 1. 8.

24) 한겨레신문, 95. 8. 3.

25) 서울신문, 95. 8. 3.

26) 경향신문, 95. 8. 18.

27) 찬성 13, 반대 4, 무효 1표.

28) 공무원, 주민대표, 환경전문가 등으로 구성하였다(한겨레신문, 95. 8. 10).

29) 경기일보, 95. 9. 26.

30) 최열(환경운동연합 사무총장), 유근배(서울대교수, 자연지리학), 신창현(의왕시장, 전 환경정책연구소장)씨 등이 제안하였다(동아일보, 95. 8. 11).

31) 중앙일보, 95. 10. 13; 공무원들이 소극적으로 또는 형식적으로 대응하다가 격앙된 집단민원을 야기하는 경우도 많다(대전직할시연구단, "앞의 논문", 8쪽).

32) 대책위 위원장 직무대리 이균흥씨는 "쓰레기를 시청으로 옮겨 놓아야 할 정도로 군포시민들이 불편을 겪고 있는 현실을 외면할 수 없고, 조시장이 시장직을 걸고 연말까지 소각장 부지를 선정해 주민동의를 받겠다고 약속함에 따라 12월말까지 시한부 반입재개를 허용했다"고 말했다(조선일보, 동아일보, 96. 10. 21).

33) 공업고교 설립, 국제규격의 운동장(3만명 수용), 9백여평의 테니스장, 청소년수련마을, 2천명수용규모의 실내수영장, 실내체육관(5,000명 수용), 생활체육관(1,000명 수용)과 보조경기장(1,000명 수용), 마을회관, 무료 대중목욕탕 등의 건립을 제시하였다(중앙일보, 95. 11. 2).

34) 동아일보, 95. 11. 1.

35) 수도권 매립지 대책위측에서도 96년 3월 15일 주례회의를 열어 군포시에 구체적인 쓰레기 소각장 건설계획서를 3월 21일까지 제출해 달라고 요구하고 계획서가 부실할 경우 군포시의 쓰레기 반입을 중단하겠다고 밝혔다(서울신문, 96. 1. 8).

36) 경향신문, 96. 5. 23.

37) 경기일보, 94. 12. 10.

38) 수도권매립지대책위는 지방선거당시 군포시와 각후보에게 보낸 공문에서 '쓰레기 소각장은 누구에게나 혐오시설'이라고 지적하고 "군포시민들이 자신의 지역에서 발생한 쓰레기를 처리할 소각장 건설을 반대하는 것은 지역이기주의의 대표적 사례"라고 밝혔다(중앙일보, 95. 7. 6).

39) 경향일보, 95. 8. 10; 대야동 도마교마을 주민들은 95년 8월 15일 소각장 설치반대를 주장하며 마을 진입로 5군데에 5명씩 조를 짜 천막을 치고 외부차량 출입을 전면 통제하고 마을 곳곳에 인분 등 오물을 준비하고 소각장설치와 관련된 어떠한 사람도 출입을 금지시키겠다는 강경한 입장을 보였다(경향신문, 95. 8. 16).

40) 지방화시대에 즈음하여 경기도민의 혐오시설 설치에 대한 견해를 묻는 설문에서 주민저항을 '정당하고 불가피한 것'이라고 응답한 경우가 57.1%이고,

'이기적이고 잘못된 것'이라고 응답한 경우는 23.3%였고, 주거지역 근처에 쓰레기 처리장을 설치할 경우 절대로 수용할 수 없다는 견해도 18.3%에 달해 지역이기주의가 높은 것으로 나타났다(경기도, 「경기도민의식구조조사」, 1995. 12, 56-58쪽).

41) 특히 주무부서인 환경부는 대책을 마련할 생각은 하지 않은 채 군포시의 쓰레기 반입문제는 실제 관리자인 수도권 매립조합 사무국의 일이라며 책임전가에만 급급했다(경기일보, 95. 8. 11).

42) 한겨레신문, 95. 8. 3.

43) 국민일보, 95. 8. 8.

44) 조선일보, 95. 10. 6.

45) 군포시 집행부가 의회에 넘긴 최종 결정권을 의회가 되돌려 보내자 집행부는 다시 의회에 떠넘기는 악순환을 거듭했었다(한국일보, 95. 12. 24).

46) 조석주, "위의 논문", 24쪽.

47) 이곳은 당초 주민자율추진위측이 대상지에서 포함시켰던 것이 아닌 조원극 군포시장이 추가로 추진위측에 대상지 삽입을 요청한 것으로 알려 졌었다 (경기일보, 95. 8. 26).

48) 경기일보, 95. 9. 26.

49) 성낙진 기자, "등교거부까지 간 산본쓰레기 소각장 사태", 환경운동연합, 「환경운동」, 통권 19호, 1995. 1, 71쪽.

50) 혐오시설의 입지선정 문제가 복잡성을 띄고 있는 밑바탕에는 주민들은 정부가 제공하는 기술정보를 불신하고 그것을 전달하는 공직자들을 믿지 않기 때문이다(홍철, "앞의 논문", 2쪽).

51) 한국일보, 95. 10. 5.

52) 조시장은 95년 10월 13일 대책위의 주례회의에 참석하여 쓰레기 반입중단을 호소하였다(동아일보, 95. 10. 14).

53) 이달곤, "환경갈등관리-입지정책 사례를 숭심으로", 서울대행정내학원, 「행정논총」, 제31권 제1호, 1993. 6. 232-255쪽.

54) 배병룡 외, "정부불신의 원인과 결과", 「한국행정학보」, 제22권 제2호, 1988, 393-427쪽.

55) 이인영박사는 "지난 1952년 12월 4천여명의 목숨을 앗아갔던 런던스모그 참사와 비슷한 대형참사가 여기서 일어날 가능성도 배제할 수 없다"고 말하였다(한겨레신문, 95. 3. 9).

56) 이곳은 당초 추진하던 산본동 166번지에서 능선쪽으로 9백여m 떨어진 곳으로서 반경 2km이내에는 2만4천9백여 가구가 있다(동아일보, 95. 12. 31).

57) 단기적으로 소각장 부지가 선정되었다 하더라도 주민의견수렴이 제대로 되지 않아 또다시 번복하는 경우가 많았다.

58) 즉, 갈등관리전략의 성공적 실행 때문이라기 보다는 시간의 경과로 인하여 갈등이 진정국면에 들어가게 되었다고 볼 수 있다.

59) 조석주, "위의 논문", 24쪽.

60) 94년 6월 11일 산본신도시 주민 1천5백여명은 산본동 민자당 시흥·군포지구 당사앞 4차선 도로를 점거하고 시위를 벌였고, 이에 경찰은 1천여명의 경찰 병력을 투입해 시위를 강제해산시키고 녹색협의회 부회장 이봉원씨 등 주민 47명을 연행하였다(한겨레신문, 94. 6. 12). ; 94년 12월 5일 오전 11시쯤에는 산본동 166번지 일대의 소각장에 대하여 위치선정이 잘못되었다고 농성을 해 온 주민들을 해산시키기 위하여 전경 25개중대 등 3천여명의 공권력을 투입해 해산시키고 착공한 바도 있다(세계일보, 94. 12. 7). 94년 12월 5일 전투경찰 3천여명을 투입하여 삼엄한 경계속에 소각장 건설공사를 착공했다. 이에 주민들은 날이 어두워지면 곳곳에 경찰차들이 포진해 있고 무장 전투 경찰들이 무리를 지어 있었기 때문에 밖으로 나오지 않고 저녁 9시가 되면 일제히 깡통이나 냄비 따위를 두드려 소음을 내는 깡통시위를 했다(성낙진 기자, "앞의 기사", 66쪽).

61) 그 이유로서는 첫째, 주민의 의견을 제대로 반영하지 않은 비공개적 방법으로 소각장 건설이 추진되고 있고 둘째, 산본동의 지리적 위치상 주민들에게 중대한 위해가 올 수 있다는 안전에 대한 불안의식이 있었다.

62) 즉, 군포시내부의 쓰레기 소각장 예정부지들은 한정되어 있고, 지방자치실시로 소각장 예정부지에 대한 주민들의 협력이 없이는 해결책이 도출될 수 없었으므로(계속되는 백지화), 수단갈등의 잠재성은 매우 높은 것으로 판단된다.

63) 한겨레신문, 94. 5. 25.

64) 왜냐하면, 시간이 충분하였다면 군포시에서는 충분한 토론과 협의를 통하여 소각장의 입지를 결정하려고 노력하였을지도 모를 것인데 제약된 시간과 쓰레기 반입중단의 위협이 있는 가운데에서는 효과적인 지방정부의 갈등관리 전략이 나올 수 없었던 것이다.

65) 왜냐하면, 당장 백지화가 시행되는 것은 아니었기 때문에 주민들의 갈등잠재성을 높은 편이었다.

66) 즉, 갈등해결상태가 지속되지는 못하였다.

67) 95년말 군포시장이 소각장 부지선정을 신시가지 산본동으로 전격발표하자 신시가지 출신의원들은 시장실의 집기를 부수는 등 항의하였고, 경찰력이 동

원된 가운데 주민들도 2천여명이 시위하는 등 행정불신이 가중되었다(중앙일보, 96. 1. 4; 서울신문, 96. 1. 8).

68) 군포시측에서 95년 8월 4일 환경부와 경기도에 중재요청을 하였으나 매립지 대책위에서는 중재를 거부하였다(세계일보, 95. 8. 5).

69) 조선일보, 95. 8. 5.

70) 제삼자(법원) 개입 즉, 재정을 신청하였다.

71) 두 차례에 걸친 대책위로부터의 반입중단조치를 당한 주민들이었지만, 소각장만은 내지역에 건립할 수 없다는 입장은 단호하였다(동아일보, 95. 11. 1).

72) 96년 9월 군포시 청소과 담당공무원 면담.

73) 그동안 후갈등관리전략을 군포시가 어느정도 효과적으로 수행해 왔는가 하는 것은 소각장 착공때 가서 밝혀 질 것으로 보여진다.

74) 행정과 정치의 결합, 그리고 주민중심의 개혁이 필요하다(함성득, "지방화시대 과제와 해결책", 동아일보 특별기고, 95. 9. 6).

75) 기존의 여론수렴방법에는 반상회, 여론모니터, 간담회, 공청회, 민의수렴우편엽서제, 대중매체, 설문조사 등을 들 수 있다(이승종, 김소영, "지방주민여론의 효율적 수렴방안", 한국지방행정연구원, 연구보고서 제124권, 1992.2, 74-83쪽).

76) 정부는 주민에게 기술정보를 위시한 관련정보를 제공하고 평상시에도 언론보도 등을 통해서 일반 시민들에게 사업의 추진상황을 알려야 한다(홍철, "앞의 논문", 8쪽).

77) 지역사회갈등은 가급적 지역사회를 대표하고 지역사회의 대의기능을 가진 지방의회가 적극적인 개입을 통해 지역사회의 분열을 방지하고 갈등해소의 중재과정에서 얻어진 사회적 합의를 지역발전의 새로운 계기나 원동력으로 삼는 것이 바람직할 것으로 보는 견해도 있다(정순오, "지방자치와 갈등해소", 한국지역개발학회지, 제5권 제2호, 1993. 12, 42쪽).

78) 조석주, "쓰레기소각장설치, 무엇이 문제인가?", 한국지방행정연구원, 「지방행정정보」, 통권 제49호, 1995. 10, 28쪽.

제 II 편   비선호시설과 님비

제1장 비선호시설의 의의

제1절 비선호시설의 개념

사회가 고도로 다원화되어가고 삶의 질이 급격히 향상되어감에 따라, 과학기술이 단지 인간의 생활환경을 개선시킨다는 일차원적인 인식에서 생활환경의 개선과 더불어 인간의 건강과 환경을 파괴시킬 수 있다는 다차원적인 인식으로의 의식변화가 널리 확산되어가고 있다.[1]

이러한 의식변화를 반영이라도 한듯 최근에 들어 새로운 시설입지에 대해 지역주민들은 극도로 민감한 반응을 나타내고 있다. 다음 <표 1-1>과 <표 1-2>에서 보는 바와 같이, 지역주민들은 방사성폐기물처리시설, 원자력발전소[2], 교도소, 군사시설, 고속도로, 공업단지, 정신병원, 연탄공장, 쓰레기처리장, 화장터, 공동묘지, 분뇨처리장, 가스저장소 등과 같은 시설들이 자신들의 인근 거주지역에 입지되는 것에 반대한다.

이러한 시설들 이외에도, 일반적으로 지역주민들에 의해 수용거부되는 시설들로는 변전소, 화력발전소, 가스충전소, 저유소, 정유공장, 생의학폐기물처리시설(biomedical incinerator), 빈민주택, 노천광산, 염색공장, 시멘트공장, 정신장애자를 위한 갱생훈련시설(mental health half-way house), 맹아원, 상수도취수장, 하수종말처리시설, 댐, 수원지, 납골당 등과 같은 시설들이 있다.

지역주민들이 이러한 시설들을 수용거부하는 이유는 시설 그 자체의 부정적인 외부성(negative externalities)에서 하나의 원인을 찾을 수 있다. 그러한 시설들이 입지됨에 따라 매연, 소음, 악취, 먼지, 교통혼잡, 재산적 가치의 하락, 지역적 오명 등과 같은 부정적인 영향과 결과들이 발생할 가능성이 매우 높기 때문이다.

〈표 1-1〉 생활주변에서의 입지를 반대하고 싶은 시설[3]

시 설	일반국민	원전주민	시 설	일반국민	원전주민
방사성폐기물처분장	54.8	60.4	분 뇨 처 리 장	14.4	8.0
쓰 레 기 처 리 장	24.7	32.3	공 동 묘 지	12.3	8.4
화공약품 제조시설	20.7	11.8	비 행 장	9.0	2.8
원 자 력 발 전 소	20.1	34.0	가 스 저 장 소	6.0	4.5
화 장 터	19.2	21.4	석 유 저 장 소	0.9	1.1
연 탄 공 장	14.6	7.4			

출처 : 한국원자력문화재단, 「원자력에 대한 국민의식조사보고서」, 1993. 11, 34쪽.

〈표 1-2〉 비선호시설들에 대한 지역주민들의 반대

시 설	이전을 요구하는 사람들(%)	어떤 조치를 취하여 적극적으로 반대하고자 하는 사람들(%)	어떤 조치를 취하고자하지는 않지만 반대하는 사람의 수	총 반대자 수
방사성폐기물처리시설	79	73	22	95
원 자 력 발 전 소	66	59	31	90
공 항	51	32	49	81
교 도 소	43	32	41	73
군 사 시 설	32	16	45	61
고속 자동차 도로	30	17	42	59
공 업 단 지	21	11	35	40
정 신 병 원	21	20	40	60

출처 : T. R. Lee, "Social Attitudes and Radioactive Waste Management", in The 5th European Summer School, *Radioactive Waste Management*, (London EC1 : IBC Technical Services Ltd., 1989) ; R. Kemp, "Why not in My Backyard? A Radical Interpretation of Public Opposition to the Deep Disposal of Radioactive Waste in the United Kingdom", *Environment and Planning A*, 1990, vol. 22, p. 1246.

그러나 한편 이러한 시설들은 사회전체나 국가적인 차원에서 볼 때

없어서는 안될 필요 불가결한 시설들이라고 볼 수 있다. 건전한 삶의 질의 유지 및 개선, 경제안정 및 성장, 사회질서유지, 국가혼란방지, 국가안보, 복지국가실현 등에 있어서 이러한 시설들이 담당하는 역할은 실로 막대하다. 따라서 이러한 시설들은 사회적 편의를 제공하고 불특정 다수의 이익인 공익을 실현하기 위해 어딘가에는 반드시 입지되어야 할 시설들이라고 할 수 있다.

이렇듯 부정적인 외부성으로 말미암아 지역주민들에게 수용거부됨에도 불구하고 사회적 편익제공과 공익실현에 이바지함으로써 사회전체나 국가를 위해 없어서는 안 될 이러한 시설들을 일반적으로 비선호시설이라고 한다. 다시 말해서, 비선호시설이란 사회전체적 또는 국가적 차원에서는 필요성이, 개인적 또는 입지지역적 차원에서는 해악성이 강하게 부각되는 양면성을 동시에 지닌 시설들을 말한다.

Frank J. Popper는 이러한 비선호시설들을 루루(LULUs: Locally Unwanted Land Uses - 지역이 원치않는 토지이용)라고 지칭하였다.[4] 그리고 John J. Pitney, Jr.는 이러한 루루 즉, 공익(common good)이라는 미명하에 지역주민들에게 분노와 고통을 가져다 주는 시설들(예컨대, 교도소, 신경가스저장소, 위험폐기물처리장 등)의 입지정책을 '분노 야기(Bile Barrel)'정책이라고 명명하였다.[5]

제 2 절 비선호시설의 특성

이상에서 논의한 비선호시설들은 몇몇 특성들을 지니고 있다. 이를 간략하게 제시해 보면 다음과 같다.

1. 공공재적 성격

대부분 시장기구를 통한 자동적인 자원배분을 기대할 수 없는 공공재적 성격을 지닌다.[6] 대부분의 비선호시설들은 공공성을 근간으로 하는 공익시설들로서 시장원리에 따라 적정한 공급이 이루어지기 어렵다. 따라서, 주로 정부의 직·간접적인 개입에 의해 공급된다. 비선호시설은 민간부문에 의해 공급될 경우, 독점상태가 야기될 가능성이 높아 효율적인 공급에 차질이 발생할 개연성이 높은 특성을 지니고 있다.

2. 특별한 입지요건의 충족

시설입지 그 자체는 대부분 고도의 기술적인 문제와 직접적인 관련[7]이 있기 때문에 비선호시설들은 제각기 특정 입지요건의 충족을 필요로 한다. 일반적으로 비선호시설의 최적의 입지지역으로 선정되는 장소는 지리학, 지질학, 경제학, 인구통계학 등의 관점에서 매우 심도있게 다각적으로 고려된다.[8] 예컨대, 원자력발전소는 높은 위험성을 내포하고 있기 때문에 입지지역의 지반이 단단해야 하고 인구밀도는 낮은 지역이어야 하는 등 매우 까다로운 입지요건의 충족을 필요로 하다.[9]

따라서 비선호시설들은 제각기 특별한 입지요건의 충족을 필요로 하기 때문에 모든 지역에 균등하게 설립될 수 없는 입지제약이 뒤따른다. 극단적인 경우, 비선호시설은 과학기술적인 요건의 충족이 우선적으로 고려됨으로써 시설입지 선정과정에 있어서 해당 입지지역의 의견이 소홀히 취급될 수 있는 높은 개연성을 지니고 있다.

3. 부정적인 외부성 야기

시설 그 자체에 부정적인 외부성(negative externalities)을 지니고 있기 때문에 비용-편익의 불균형을 야기시킨다.[10) 비선호시설이 새롭게 입지됨으로써 얻게 되는 편익은 해당 시설입지지역을 포함하여 전체 지역사회로 널리 분산된다. 그러나 한편 소음·악취·매연발생, 교통혼잡, 공포심 유발, 인체에 유해한 영향, 자연환경훼손, 지역이미지 손상, 재산적 가치의 하락 등과 같은 사회적 비용(social costs)은 단기적으로 해당 입지지역에 집중되게 된다.

4. 공정성 문제의 야기

비선호시설은 시설입지 선정과정에 힘의 역학관계가 반영됨으로써 공정성 문제(fairness problem)를 야기시킨다.[11) 비선호시설은 더 이상의 재산적 가치의 하락이 발생하기 어려운 경제적으로 열악한 빈곤지역, 반발가능성이 낮은 지역, 인구밀도가 희소한 지역, 그리고 정치적으로 평가절하된 지역에 주로 입지되는 경향이 있기 때문에 형평성 문제를 빈번하게 유발시킨다.

5. 갈등과 마찰의 유발

비선호시설의 입지와 운영 및 관리를 둘러싸고 이해당사자들간에 갈등과 마찰이 발생할 가능성이 매우 높다.[12) 시설입지로 인한 부정적인 결과(예컨대, 지가하락, 환경오염, 지역적 오명, 교통혼잡, 교육환경의 훼손 등)를 차단함으로써 지역이익을 보호하고자 하는 해당 입지지역사회와 비선호시설의 입지를 통해 공익을 실현하고자 하는 사업추진자들간에 대립과 마찰이 발생할 가능성이 높다. 또한 이해관계를 달리하는 수많은 사람들이 시설의 영향권내에 있기 때문에 운영 및 관리를 둘러싸고 다양한 반응을 표출함로써 이해관계의 상충이 발생할 수 있다.

제3절 비선호시설의 유형

사회적 편의제공 및 공익실현에 이바지하나 부정적인 외부성을 내포함으로 인해 지역주민들에게 수용기피되는 비선호시설들은 원자력발전소나 방사성폐기물처리시설에서부터 골프장이나 장애자수용시설에 이르기까지 실로 매우 다양하다. 그런데 여기에서는 입지사업추진 및 관리주체와 수용기피 원인을 중심으로 비선호시설의 유형을 분류해 보고자 한다.13)

1. 공공시설과 민간시설

비선호시설은 시설의 입지추진과 운영·관리 주체를 기준으로 공공시설과 민간시설로 구분해 볼 수 있다. 이를 간략하게 설명해 보면, 다음과 같다.

1) 공공시설

먼저 공공시설은 중앙정부나 지방정부가 주도적으로 입지사업을 추진하고 또한 운영 및 관리에 있어서도 전적으로 책임져야 하는 시설이다. 이러한 시설들은 입지 및 관리문제를 둘러싸고 주로 정부와 해당 입지지역주민간에 마찰과 충돌이 발생할 수 있다.

2) 민간시설

다음 민간시설은 사기업이나 민간인이 시설의 건립 및 운영의 주체가 되는 시설이다. 그리고 이러한 시설의 입지 및 관리문제를 둘러싸고 이해당사자들간에 갈등이 발생할 경우에는 정부의 개입이나 조정을 필요로 한다.

2. 위험시설 · 공해배출시설 · 지역이미지실추시설

비선호시설은 지역주민들의 수용기피 원인을 중심으로 구분해 볼 수 있다. 이를 구체적으로 제시해 보면 다음과 같다.

1) 위험시설

위험시설은 시설 그 자체에 위험성을 내포하고 있어 잘못 시공되거나 관리되었을 때 해당 시설입지지역은 물론 지역사회 전체에 엄청난 인명피해와 막대한 재산상의 손실을 가져올 수 있음으로 인해 수용기피되는 시설이다. 이에 해당되는 시설들로는 원자력발전소, 방사성폐기물처리시설, 정유공장, 변전소, 화력발전소, 가스충전소, 생의학폐기물처리시설, 저유소 등이 있다.

2) 공해배출시설

공해배출시설은 소음·악취·먼지·매연 등과 같은 공해물질을 발생시켜 환경을 오염시킴으로써 수용기피되는 시설이다. 이에 해당되는 시설들로는 위에서 언급한 몇몇 위험시설들을 포함하여 쓰레기처리 및 매립시설, 분뇨처리시설, 골프장, 하수종말처리장, 염색공장, 연탄공장, 시멘트공장 등이 있다.

3) 지역이미지실추시설

지역이미지실추시설은 불쾌한 감정유발, 부정적인 이미지의 연상, 주변 교육환경에 대한 무형적인 침해 등으로 지역적 오명을 유발시킴으로써 수용기피되는 시설이다. 정신병원, 맹아원, 정신 및 지체장애자수용소, 알콜 및 마약중독자수용소, 빈민주택, 양로원, 고아원, 미군기지, 공동묘지, 납골당, 화장터, 교도소 등이 이에 포함된다.

〈표 1-3〉 비선호시설의 유형

비선호 시설	공 공 시 설	민 간 시 설
위험시설	원자력발전소, 방사성폐기물시설, 변전소, 화력발전소, 일반 군사시설, 송전소, 댐 등	가스충전소, 생의학폐기물처리시설, 저유소, 정유공장, 주유소, LNG저장시설, 노천광산 등
공해배출시설	쓰레기처리 및 매립시설, 분뇨처리시설, 하수종말처리시설, 쓰레기소각시설, 고속도로 등	골프장, 염색공장, 연탄공장, 시멘트공장, 화학공업단지
지역이미지 실추시설	교도소, 소년원, 부녀자보호시설, 갱생원, 미군기지, 미혼모수용시설, 의료소년원, 알콜 및 마약중독자수용소 등	빈민주택, 매춘굴, 공동묘지, 납골당, 공원묘지, 정신병원, 정신 및 지체장애자수용소, 고아원, 양로원, 화장터, 농아원

출처 : 유해운·오창택, "비선호시설 입지접근방식의 분석: 한국과 일본의 방사성폐기물처리시설 입지 반발사례를 중심으로", 한국지방자치학회, 「지방자치연구」, 1996. 6, 205쪽.

이상의 비선호시설들은 입지시 해당 입지지역의 명백하고도 실질적인 재산적 가치의 하락을 가져올 수 있다는 공통된 특성을 지니고 있다. 이러한 비선호시설의 유형을 간략하게 제시해 보면 <표 1-3>과 같다.

제4절 비선호시설의 입지접근방식

지금까지 정부나 민간사업자 등과 같은 시설입지 사업추진자들이 비선호시설을 입지시키기 위해 강구해 온 접근방식들은 매우 다양하다. 그러나 그 가운데 전통적인 접근방식(기술적 접근방식, 선점적 접근방식), 협상적 접근방식, 보상적 접근방식 등이 주로 많이 활용되어 왔다.

따라서 이하에서는 이들 세 가지 접근방식들을 보다 구체적으로 고찰해 보고자 한다.

1. 전통적인 접근방식

비선호시설들을 입지시키는 전통적인 과정은 일반적으로 일곱 단계로 나누어 볼 수 있다. 이러한 각 단계를 간략하게 제시해 보면 다음과 같다.14)

* **1 단계** : 관계정부기관이 새로운 시설이나 또는 시설의 확장 등의 필요성을 검토한다. 이러한 노력은 일반적으로 상위정부(higher level of government)나 어떠한 비극적인 사건 또는 특정 쟁점사항에 대한 "조치"가 취해지길 희망하는 정치가의 요구 등에 의해서 촉발된다.

* **2 단계** : 쟁점사항이 공공의제로 충분히 대두되면 어떤 위원회나 또는 특별기구가 그 해결책을 모색하는 과업을 부여받게 된다. 여기서는 기술적인 전문가의 의견과 아이디어가 특별한 비중을 차지한다.

* **3 단계** : 본 단계에서는 두 가지 일 가운데 하나가 발생한다. 즉, 단일의 해결책이 제시(즉, "그러한" 시설은 "그" 장소에 건설되어야 한다 등)되거나 또는 어떤 유형의 과정이 시작된다. 이 때까지만 해도 단지 소수의 사람들만이 그 쟁점사항을 알고 있을 뿐이다.

* **4 단계** : 단일의 해결책이 발표될 경우, 잠재적으로 피해를 입게 될 사람들은 능동적으로 조직을 결정하여 방해행동을 취하게 된다. 이에 비해 일반대중들은 어떤 과정이 제안되면 상당기간 무관심으로 일관하게 된다.

* **5 단계** : 책임있는 규제 및 개발 기관이 전면에 나섬에 따라 공공교육 캠페인이 전개된다. 시설입지조치의 필요성의 시급함을 알리고 또한 제안된 특정 조치의 정당성을 확보하기 위하여 다양한 언론매체들이 활용된다.

* **6 단계** : 많은 경우 일반대중들이 참여할 기회가 주어지게 된다. 책임기관에 자문하기 위해 지역사회의 주목할 만한 "특별대책(blue ribbon)"

위원회가 구성되고, 지역주민들과 이익집단의 대표자들이 초청되어 발언하는 공청회가 개최된다. 마지막으로, 다양한 기술적인 문서(예컨대, 환경영향평가서)를 검토하고 논평하는 장이 마련된다. 그러나 이러한 과정의 참여자들은 이를 의사결정력의 공유로 해석하지는 않는다.

* 7 **단계** : 책임기관이 시설입지조치의 논리를 강력하게 옹호할 경우, 그 기관은 소송 등과 같은 주민반대에 직면하게 된다. 반대자들이 시설건설 저지에 성공할 경우, 전체 입지과정은 다시 시작되며, 동시에 책임기관의 조치를 촉발시켰던 그 필요성은 충족되지 못한 채 계속 남아있게 된다.

Dennis W. Ducsik은 이러한 비선호시설의 전통적인 입지과정을 '결정-발표-방어(Decide-Announce-Defend)'의 절차15)라고 지칭하였다. 한편, 이러한 전통적인 접근방식을 보다 구체적으로 조명해 보면, 크게 입지수단적인 측면과 법률적인 측면에서 고찰해 볼 수 있다. 이를 간략하게 살펴 보면 다음과 같다.

1) 기술적 접근방식: 입지수단적인 측면

비선호시설의 전통적인 입지과정을 입지수단적인 측면에서 고찰해 보면, 기술적인 접근방식에 해당된다. 시설 그 자체에 부정적인 외부성을 지니고 있는 비선호시설이 특정 지역에 입지제의 될 경우, 해당 입지지역주민들은 시설의 부정적인 영향의 정도를 실제 이상으로 과장 또는 왜곡되게 인식하는 경우가 많다.

이러한 현상은 대부분의 지역주민들이 시설입지 전문가들에게 요구되는 과학기술상의 전문지식을 갖추고 있지 못하다는 점에서 한 원인을 찾을 수 있다. 기술적인 접근방식은 바로 이러한 문제점의 극복차원에서 주로 모색된다.

기술적 접근방식(engineering approach)이란 해당 시설입지 지역의 주민들이나 환경단체 등과 같은 시설입지 이해당사자들에게 시설운영상의 사고발생 가능성, 시설이 인체 또는 주변환경에 미치는 부정적인 영향, 시설의 폭발가능성 등과 같은 비선호시설의 입지와 관련된 제반 문제점들의 발생가능성의 정도(주로 희소성)를 기술적으로 설명하거나 또는 과학적으로 입증함으로써 시설을 입지시키고자 하는 접근방식을 말한다. 즉, 비선호시설의 안전성을 기술적으로 설명·보장함으로써 시설을 입지시키고자 하는 접근방식을 말한다.[16]

비선호시설의 입지추진 과정에 있어서 시설의 안전성을 보장하는 기술적 접근방식은 적어도 다음과 같은 장점을 지니고 있다.[17]

첫째, 비선호시설의 입지가 환경영향평가나 기술적인 타당성조사 등과 같은 객관적이고도 엄격한 입지선정기준에 기반을 두고 있음을 제시함으로써 시설입지의 정당성을 확보할 수 있을 뿐만 아니라 시설입지에 따른 지역주민들의 불안감도 상당 부분 해소시킬 수 있다.

둘째, 비선호시설의 입지에 따른 제반 문제점들의 영향도를 계량적으로 명확하게 제시함으로 인해 해당 시설입지 지역주민들의 입지시설에 대한 과학적인 이해에 긍정적인 영향을 미칠 수 있다.

그러나 이러한 기술적인 접근방식은 단독으로 사용될 경우에 다음과 같은 단점들이 있는 것으로 지적되고 있다.

첫째, 비선호시설의 안전성, 즉 과학기술적인 제 측면들만을 강하게 부각시킴으로 인해서 해당 입지지역사회가 시설입지선정과 관련된 의사결정에 어떠한 영향력을 행사할 수 있는 기회를 갖지 못할 수도 있다.[18]

둘째, 최선의 노력을 기울일지라도, 전혀 위험이 없는 시설을 설계할 수 있는 방법은 없다. 잠재적인 사고나 설계실패(design failure)로 심각한 결과가 초래될 수 있기 때문에, 이러한 사건의 발생가능성이 거의 없다는 보장은 위험을 안고 있는 인근 지역주민들에게는 설득력이 없을 것이다.

셋째, 입지제의된 시설이 안전하다는 것을 입증하는 일은 사실상 불가능하다. 지역주민들은 시설입지 사업의 지지자라고 생각되는 사람들이 제시하는 그 어떠한 정보도 불신한다. 이러한 사업지지자 고유의 기술적인 분석은 확실히 자의적인 것(self serving)으로 비춰질 것이다.

지역의 여러 단체들은 일반적으로 사업지지자들의 분석을 비판할 수 있는 외부전문가들을 모색할 수 있다. 분석을 보다 구체화시킬수록 그러한 분석을 공격할 수 있는 기회는 더욱 많아진다. 실제로, 지역의 시설입지사업 반대자들은 제안된 시설이 엄청나게 비싼 대가를 치르게 될 것이라는 바램하에서 시설입지사업을 지연시키기 위해 이러한 수단을 자주 사용한다.

넷째, 시설과 관련된 위험을 감소시키고자 하는 선의의 의도를 지닌 전문가들은 자신들의 성실성과 명성이 똑같이 선의의 의도를 지닌 시설입지사업 반대자들이나 전문가들에 의해서 공격받음을 알게 된다. 양측의 과학적인 논쟁은 쉽게 과열될 수 있으며, 상대방이 불합리하다는 양측의 상호인식은 갈등만을 조장하고, 상호 효과적으로 의사소통할 수 있는 당사자들의 능력들을 더욱 감소시킨다.

다섯째, 새로운 비선호시설에 대한 지역의 반대는 비선호시설이 지닌 고유의 위험요소 이외에 여러 다른 관심사항들에도 기초를 두고 있다. 이러한 관심사항들 속에는 공공 서비스의 제공능력과 공공 서비스로 인한 있음직한 비용증가에 대한 관심은 물론 생활의 질에 관한 다양한 문제들이 포함되어 있다. 예컨대, 상업폐기물시설들은 보통 다량의 트럭 운행을 야기시킨다. 차량의 증가가 교통혼잡과 소음 등의 문제들을 야기시킬 정도면 인근 지역사회들은 영향을 받게 된다.

또한 위험폐기물의 수송은 안전에 대한 심각한 관심을 불러 일으키

며, 따라서 기존 도로의 보수나 새로운 도로의 건설을 필요로 할 것이
다. 지역은 새로운 시설로 말미암아 적절한 화재보호체제나 도로정비체
제를 구축하여 이를 제공할 수 있는 능력을 갖추어야 하며, 재산적 가
치에 대한 새로운 시설의 영향에 항상 관심을 기울여야 한다.[19]

여섯째, 정치적인 반대는 과학기술적인 측면에서 특정 지역이 여러
지역들 가운데 비선호시설의 입지문제를 해결할 수 있는 가장 최선의
지역으로 입증되었다는 주장으로 일축될 수도 있다.[20]

요컨대, 기술적 접근방식은 입지제의되는 비선호시설의 안전성 보장
에 주안점을 두고 있다. 그러나 이러한 접근방식은 비선호시설의 입지
가 불확실성의 영역내에 있기 때문에 100% 안전을 보장할 수 없으며,
지역주민들과 수평적인 관계가 아닌 수직적인 관계에서 입지선정 과정
이 전개되기 때문에 그들의 정당한 권리주장이 일축될 수 있다는 한계
점을 지니고 있다. 종국적으로, 기술적인 접근방식은 입지제의되는 비
선호시설의 안전성 홍보에 기반을 두고 있으나 하향적 접근이라는 점에
서 한계를 지닌다.

2) 선점적 접근방식: 법률적인 측면

비선호시설의 전통적인 입지과정을 법률적인 측면에서 조명해 보면,
선점적 접근방식에 해당된다. 선점적 접근방식은 연방정부, 주정부, 지
방정부의 행정체제를 구축하고 있는 미국과 같이 지방자치제를 실시하
고 있는 국가에서 주로 많이 활용되고 있다.

미국의 일부 주(states)에서는 시설입지에 필요로 되는 적절한 부지의
선정 등과 같은 비선호시설의 입지추진 과정에 주정부가 주도권을 행사
할 수 있는 권한을 법률로 정해 놓고 있는데, 이를 바로 선점(preemption)
이라고 한다.[21] 그리고 이러한 경우에 주가 본질적으로 입지선정 및 비
선호시설을 위한 부지이용의 권한부여에 전권을 행사할 수 있게 된다.

따라서, 선점적 접근방식이란 새로운 비선호시설의 입지추진 과정에 있어서 시설입지와 관련된 권한을 중앙정부가 지방정부에 우위를 점하여 주도적으로 행사함으로써 비선호시설을 입지시키고자 하는 접근방식을 말한다.

이러한 선점적 접근방식은 적어도 다음과 같은 장점들을 지니고 있다.[22]

첫째, 새로운 비선호시설들의 입지선정에 대한 공적인 통제는 입지선정 과정에 있어서 기술적인 요인들을 비롯한 사회적, 정치적, 경제적 요인들의 통합을 가져올 수 있다.

둘째, 일반대중들로 하여금 부지선정기준에 영향력을 행사할 수 있게 하는 여지를 마련해 준다. 추측컨대, 이러한 입지선정 과정의 초기단계, 즉 덜 쟁점화된 단계에서의 공공참여는 부지가 실제적으로 선정될 경우에 지역반대의 가능성을 감소시킬 수 있을 것이다.

그러나 이러한 선점적 접근방식은 몇몇 단점들을 지니고 있는 바, 이를 간략하게 제시해 보면 다음과 같다.[23]

첫째, 주정부들(states)이 모든 형태의 지역반대를 선점할 수는 없다. 반대자들이 원치 않는 시설의 건설을 저지하기 위하여 사용할 수 있는 모든 지방경찰력의 행사를 예견하기란 어려운 것이다. 대부분의 주 입지법률들은 필요한 지역지구제(zoning)나 여타 인허가 승인을 보류시킬 수 있는 지방정부들의 권한만을 선점한다. 그러나 원치않는 위험폐기물시설들에 대한 반대는 좀더 치밀한 전략에 기반을 둘 수 있다. 예컨대, 도시는 입지제의지역으로의 트럭접근을 제한하기 위하여 그 도시에서 운영하는 다리의 최대 차량통과 중량의 제한을 수정할 수 있다.

둘째, 선점법률(preemption statute)은 입지제의시설의 반대자들로 하여금 소송을 제기하도록 고무시킬 것이다. 선점법률 그 자체가 소송을 선호하는 시설반대자들의 표적(grist for the mill)이 될 수 있다. 시설반대자들은 또한 주와 연방의 건강, 안전, 및 환경상의 법률에 의한 인허가 결정에 대한 사법적인 심의를 추구할 것이다. 비록 이런 소송인들이 특정 쟁점 사안에 대한 개별적인 전투에서는 패배할 수도 있지만, 만약 지연비용(cost of delay)이 원치않는 시설들을 물리치기에 충분하다면 그들이 궁극적으로 전쟁에 승리할 수도 있다. 일반대중들의 참여절차도 유사한 지연기회(opportunities for delay)를 제공할 것이다.

셋째, 지방정부들은 선점법률의 시행을 차단하기 위해 주정부내에서의 자신들의 권력을 사용할 수도 있다. 예컨대, Massachusetts주에서는 지방의 권한을 선점하려는 법안이 주의회에 계류되어 있는 동안에 위험폐기물시설의 입지선정에 관한 주의 연구결과가 발표되었다. 연구에서 가장 유력한 세 입지후보지의 주 의회의원들은 자신들의 지역을 더 이상의 심사로부터 제외시키는 법안을 상정하였다. 그들은 자신들의 동료의원들에게 자기 자신들의 지역구에도 그런 시설들을 원하는지의 여부를 질문함으로써 그러한 법안에 대한 지지를 획득하였다. 뒤이어 주의회는 보상에 기반을 둔 법률을 집행하였다. 결국, 선점은 Massachusetts주에서는 정치적으로 수용될 수 없었다.

마지막으로, 법적·정치적 전술이 실패해도, 시설반대자들은 원치않는 개발을 저지하기 위해 시민 불복종(civil disobedience)에 의지할 수 있다. Michigan에서는 지역주민들이 주정부가 폴리브롬화 비페닐(polybrominated biphenyls)에 오염된 가축들을 폐기매립하는 것을 방지하기 위하여 고속도로에 못과 압정을 깔아놓기도 하였다. 다른 관할구역에서는 지역주민들이 현존하는 시설들을 다이나마이트로 폭파시키겠다는 위협을 가하기도 하였으며, 자신들의 관심사를 적절하게 반영하지 못한 정책결정과정에 대한 분노표출의 일환으로 공무원들을 인질로 잡아 가두기까지도 하였다. 만약 사람들이 자신들의 건강이나 안전이 위태롭게 되고 자신들의 주택에 대한 투자가 위협받는다고 느낄 경우, 그들은 위험폐기물시설들의 건설을 저지하기 위해 극단적인 수단에 의지할 것이다.

요컨대, 선점적 접근방식은 비선호시설의 입지과정 전반에 걸친 중앙정부의 주도권 행사에 주안점을 둔 시설입지 추진방식이다. 즉, 비선호시설의 입지추진 전 과정에 있어서 해당 입지지역주민들이나 지방정부에 비해 우위에 선 중앙정부기관이 시설입지를 직접적으로 관장하며, 시설입지 관련문제에 관한 의사결정에 전권을 행사한다.

따라서, 이러한 접근방식은 시설입지 과정의 초기단계에서 주민참여를 허용하여 주민의 영향력 행사를 일부 가능케 하나, 전반적으로 주민참여와 지방정부의 개입을 적극적으로 제한함으로써 시설입지 사업추진자 중심의 능률지상주의, 행정편의주의, 권위주의에 기반을 두고 있는 하향적인 접근방식(top-down approach)이라 할 수 있다.

그리고 이러한 접근방식은 해당 시설입지 지역주민들이 새로운 비선호시설의 입지로 야기되는 공포와 불안을 정당하게 표출할 수 있는 공식적인 통로를 상당 부분 법률로 차단함으로써 일면 주민반발의 여지를 제공한다고 볼 수 있다. 선점적 접근방식은 새로운 비선호시설의 입지로 인한 지역주민들의 역동적인 반응에 탄력적으로 대응하기 힘든 경직성을 그 자체에 내포하고 있는 것이다.

2. 협상적 접근방식[24]

새로운 비선호시설의 입지로 발생하는 해당 시설입지지역과 사업추진자간의 갈등과 마찰을 감소시킬 수 있는 여러 방안들 가운데 하나는 바로 협상이다. 협상은 서로 상충되는 쟁점사항들을 주제로 한 토론의 장을 마련하여 이해당사자들간의 의견차이를 좁혀나가는 데 주안점을 둔다. 그러므로 협상은 의견차이의 조정에 초점을 맞추어, 일어남직한 결과로서의 의견일치를 구축하는 주요 공공 참여전략을 말한다.[25]

따라서 여기에서 말하는 협상적 접근방식이란 바로 이러한 협상을

근간으로 하여 새로운 비선호시설의 입지를 추진하는 접근방식을 뜻한
다.

이러한 협상적 접근방식은 몇몇 장점을 지니고 있는 바, 이를 간략하
게 제시해 보면 다음과 같다.

첫째, 이견조절 과정(adjudicatory process)에서는 상상할 수도 없는 목적과
관심사항에 대한 솔직성을 조장한다. 재산적 가치에 관심을 갖고 있는
주민들은 공청회에서는 재산적 가치보다는 안전에 대해 보다 많은 관심
을 표명하겠지만, 협상에서는 재산적 가치에 대해 강변할 것이다.26)

둘째, 협상은 기술적인 쟁점사항에 대한 일반 대중들의 이해를 증진
시킬 수 있는데, 특히 위험수준의 실질적인 평가에 대한 일반대중들의
이해를 증진시킬 수 있다.

셋째, 협상은 모든 당사자들이 그 실상을 인식하게 하고, 또한 비선호
시설입지로 영향을 받는 여러 상이한 집단들과 지역이 비용과 편익을
인식할 수 있도록 할 수 있다. 다시 말해서, 협상과정을 통하여 지역주
민들은 비선호시설입지의 필요성을 명확하게 인식할 수 있으며, 시설입
지로 얻게 되는 편익과 감수해야 할 비용을 정확하게 알 수 있다.

넷째, 거리감이 있는 관료들에 대한 지역주민들의 공포와 의구심을
완화시킬 수 있다.27) 협상은 일반적으로 협상참여자들간에 수평적인 관
계에서 이루어지기 때문에 평소 관공소와 공무원에 대해 거리감을 가졌
던 지역주민들의 입장에서는 거리감을 솝힐 수 있는 기회를 갖게 된다.

다섯째, 시설입지결정에 대한 일반대중들의 신뢰(confidence)를 증진시
킬 수 있다.28) 해당 시설입지 지역주민들과 비선호시설의 입지업무를
관장하는 행정관료들이 비선호시설의 입지문제와 관련하여 서로의 입
장과 역할을 허심탄회하게 토로할 수 있는 대면접촉의 장이 마련됨으로
써 서로에 대한 잘못된 시각을 불식시킬 수 있고 보다 많은 이해를 높
일 수 있다.

그러나 협상적 접근방식도 그 나름대로의 한계점을 지니고 있다. 이러한 한계점은 Herbert Inhaber의 다음과 같은 주장을 통해 명료하게 확인해 볼 수 있다.[29]

> 대부분의 협상은 밀폐된 문 뒤에서 이루어 진다. 한 마을이나 군의 전체 인구가 동시에 협상하는 것은 상상할 수 없다.
>
> 비선호시설(LULU)를 입지시키기 위한 협상에 사용되는 묵시적인 모형(implicit model)은 노사간의 교섭(labor-management bargaining) 모형이다. 확실히 대부분의 노사대화는 협약에 서명을 한다는 면에서 성공으로 끝난다. 그러나 이런 대화는 비선호시설 입지를 위한 논의에는 없는 시한이라는 요소가 있다. 즉, 노사 모두가 어느 시점에서는 파업이나 직장폐쇄가 일어날 수 있다는 것을 알고 있다. 심지어는 시한이 연기된다 하더라도, 아직도 모든 협상 참가자들의 마음에 이것들은 남아 있다. 비선호시설 협상에서는 이런 것들이 전혀 없다. 모든 참가자들은 어떤 시한도 쉽게 무시된다는 것을 알고 있다.

이상의 Herbert Inhaber가 지적한 시설입지와 관련된 협상의 한계점은 다음과 같이 두 가지로 요약해 볼 수 있다.

첫째, 협상과정에 해당 시설입지지역의 모든 사람들이 직접 참여할 수가 없다. 다시 말해서, 한정된 인원만이 시설입지로 유발되는 각종 쟁점 사항들을 논제로 한 협상과정에 직접 참여하게 된다. 따라서, 이러한 협상과정을 통해 도출된 결과에 대해 모든 지역주민들이 일치된 수용태도를 견지할 수는 없다는 점이다.

둘째, 비선호시설입지와 관련된 협상 당사자들은 노사교섭 당사자들과는 달리 실제에 있어서 시간적 제한이라는 요소를 무시하기 쉽다는 점이다.[30] 즉, 이해관계를 달리하는 협상 참여자들이 서로 자신의 주장만이 옳다고 강변함으로써 의견차의 폭을 좁히지 못할 경우, 제한된 협상시한을 넘길 소지가 많다는 것이다.

요컨대, 협상적 접근방식은 새로운 비선호시설의 입지와 관련된 제반 문제점들에 대한 관련 이해당사자들간의 의견차이를 조정하여 시설입지에 대한 합의를 도출하고자 하는 방식이다. 그러나 이러한 접근방식은 협상과정상의 한정된 주민참여와 실제 협상과정에 있어서의 시한무시라는 한계점을 내포하고 있다. 협상적 접근방식의 성공은 비선호시설의 입지를 둘러싸고 야기되는 여러 문제점들에 대한 이해당사자들간의 상호이해와 협조의 정도에 달려있다.

3. 보상적 접근방식

새로운 비선호시설의 입지로 인해 편익은 해당 입지지역사회를 비롯하여 전체사회로 널리 분산되는 반면, 매연·소음·먼지·악취와 같은 공해물질의 배출, 교통혼잡, 재산적 가치의 하락, 지역적 오명 등과 같은 사회적 비용은 단기적으로 해당 입지지역사회에 집중되는 비용-편익의 불균형(imbalance of cost-benefit)이 발생한다. 보상은 비선호시설과 관련된 외재적 비용을 내재화시키는 수단으로서[31] 이러한 비용-편익의 불균형을 개선시킬 수 있는 효율적인 방안으로 널리 지적되어 오고 있다.

여기에서의 보상적 접근방식이란 새로운 비선호시설의 입지로 인한 현재의 물질적·정신적 피해나 앞으로 발생할 수 있는 가시적·비가시적 손실에 대해 금전, 리베이트(rebate), 지가보장 등과 같은 각종 유인들(incentives)[32]을 해당 입지지역 인근 지역주민들에게 제공하여 주민반발을 감소시킴으로써 비선호시설을 입지시키고지 하는 접근방식을 말한다.[33]

이러한 보상적 접근방식은 적어도 다음과 같은 이유에서 보다 원활한 비선호시설의 입지과정을 도출해 낼 수 있다.

첫째, 보상에 대한 기대가 해당 지역사회와 사업개발추진자들간의 입지논의를 고무시킬 것이다. 현재의 관행하에서는 해당 시설입지 지역사회가 입지제의시설에 대항할 상당한 이유를 가지고 있다. 고려중인 유일한 대안이 시설을 건설할 것인가 또는 건설하지 않을 것인가일 경우, 그리고 건설하는 것이 건설하지 않는 것보다 항상 해당 시설입지 지역

사회에 더 불리할 경우, 지역사회와 사업개발추진자들은 정면대결하게
될 것이다. 보상가능성이 존재할 때, 당사자들은 적어도 화제꺼리를 가
지게 된다. 즉, 어떤 조건하에서 지역사회가 그 시설을 수용할 것인가와
같은 논제를 같게 된다.

둘째, 보상은 사회적 편익이 사회적 비용을 초과할 때만 입지사업이
진행되도록 허용함으로써 능률성을 증대시킨다. 더욱이, 사업개발추진
자로 하여금 사회적 비용을 보상케 함으로써, 보상은 시설개발자가 이
러한 비용을 최소화할 수 있는 유인을 창출케 한다.[34]

셋째, 실제적인 측면에서, 손실을 보게 될 제안된 시설의 인근에 거주
하는 주민들에게 보상을 제공하는 것은 새로운 시설들을 성공적으로 입
지시키는 데 유일한 방안이 될 수도 있을 것이다. 비선호시설로 인한
비용집중과 편익분산은 시설에 대한 조직화된 지역반대 쪽으로 치우친
편견을 초래케 하는데, 보상은 지역주민들이 사업에 반대하는 유인을
감소시킨다.

넷째, 보상은 또한 비선호시설 입지문제에 대한 보다 공정한 해결책
을 도출해 낼 수 있을 것이다. 피해자들에 대한 보상이 없는 시설입지
는 다수를 위해 소수의 권리(rights of a minority)를 희생시킬 수 있다. 그러
나, 지역주민들이 보상을 받는다면, 다수는 새로운 시설로부터 편익을
얻을 수 있으며, 또한 지역주민들의 손실은 감소되거나 제거될 수 있
다.[35]

그러나 이러한 보상적 접근방식은 적어도 다음과 같은 이유에서 그
활용상의 한계점을 지니고 있다.

첫째, 소비자들은 경제학자들이 생각하는 합리적인 위험-편익분석
(risk-benefit analysis)을 항상 행하지는 않는다. 예컨대, 수많은 사람들은 덜
오염된 지역에 사는 것에 대한 비용을 명확하게 계산하지 않는다. 대신,
그들은 단순히 바람직한 지역을 선정한 후 그 지역내에서 자신들의 능

력에 부합하는 가장 좋은 주택을 찾는다.

둘째, 수많은 사람들은 건강이나 환경의 쾌적함(environmental amenities)에 가격을 매긴다는 개념에 반대한다. 이런 사람들은 환경 그 자체로서 가치가 있으며, 따라서 강이나 시냇물은 식수의 근원이기 때문이 아니라 자연계의 질서내에서의 그들의 위치 때문에 오염으로부터 보호되어야 한다고 생각한다. 이런 사람들은 환경 악화로 인한 사업개발추진자들의 보상제의에 전혀 감동을 받지 못하며, 오히려 기분이 상할 수도 있다.36)

셋째, 설령 사회적 비용이 개인적인 수준에서 보상이 가능하다 할지라도, 적절한 보상형태나 보상정도에 대한 지역사회의 합의도출이 가능하지 않을 수도 있다. 지역사회내의 상이한 구성원들은 공정한 보상에 대한 견해가 상이할 수 있고, 따라서 지역사회는 그 구성원들이 시설수용 조건에 서로 합의할 수 없음으로 인해 시설을 거부할 것이다.37)

넷째, 입지제의되는 비선호시설들의 안전성의 확보, 즉 해당 입지지역주민들의 잠재적 위험에 대한 공포심의 극소화라는 전제조건이 충족되지 않는 한, 성공적인 시설입지를 위해 해당 입지지역주민들에게 제공되는 여타의 금전적인 유인책들은 그 효과성이 매우 낮을 뿐만 아니라 시설수용거부 및 반발을 감소시킬 수 있는 가능성도 매우 낮다.38)

요컨대, 보상적 접근방식은 해당 시설입지지역의 인근 지역주민들에게 금전이나 세제혜택 등과 같은 유인들을 제공하여 새로운 시설입지로 인해 발생하는 비용-편익의 불균형을 개선함으로써 비선호시설을 입지시키고자 하는 방식이다. 그러나 이러한 접근방식은 지역주민들에게 제공되는 보상이 뇌물로 비춰질 수 있다는 점과 시설의 안전성 확보라는 전제조건이 충족되어야 한다는 점에서 커다란 한계점를 지니고 있다. 종국적으로 보상적 접근방식은 비선호시설의 입지로 유발되는 비용-편익 불균형의 개선에 주안점을 두고 있으며, 주민반발의 근본적인 해결에는 어느 정도 한계가 있다.

■ 주석

1) 유해운, "비선호시설입지에 대한 주민반발 요인에 관한 연구", 「광운대학교 행정학 박사학위논문」 1995, 114쪽.

2) Andrew Blowers 등은 폐기물처리시설이나 원자력시설이 이미 존재하거나 또는 일반적으로 환영받는 지역을 지칭하는 '원자력 오아시스(nuclear oasis)' 라고 불리우는 지역을 제외한 여타 모든 지역에서는 원자력시설들(특히, 방사성폐기물처리시설)이 대표적인 비선호시설이라고 주장하였다. Andrew Blowers, David Lowry, & Barry D. Solomon, *The International Politics of Nuclear Waste*, (London : Macmillan Academy and Professional Ltd., 1991), pp.19-20.

3) 이 보고서는 한국원자력문화재단의 주관하에 한국갤럽조사연구소가 현지조사 및 자료분석을 담당하였다. 다단계무작위추출법을 사용하여 일반국민 2,000명과 원전지역주민 800명을 표본으로 선정하였다. 그리고 이들을 대상으로 면접원이 가구별 방문을 통하여 1 : 1 개별면접을 실시하였다.

4) Frank J. Popper, "LULUs", *Resources*, 1983, pp. 2-4 ; Frank J. Popper, "LP/HC and LULUs : The Political Uses of Risk Analysis in Land-Use Planning", in Robert W. Lake(ed.), *Resolving Locational Conflict,* (New Jersey : Center For Urban Policy Research, 1987), pp. 275-278.

5) John J. Pitney, Jr., "Bile Barrel Politics : Siting Unwanted Facilities", *Journal of Policy Analysis and Management*, 1984, vol. 3, no. 3, pp. 446-448.

6) Barry G. Rabe & John Martin Gillroy, "Intrinsic Value and Public Choice : The Alberta Case", in John Martin Gillroy(ed.), *Environmental Risk, Environmental Values, and Political Choices : Beyond Efficiency Trade-offs in Public Policy Analysis*, (Boulder : Westview Press, 1993), p. 150.

7) William R. Freudenburg & Susan K. Pastor, "NIMBYs and LULUs : Stalking the Syndromes", *Journal of Social Issues*, 1992, vol. 48, no. 4, pp. 39-40.

8) R. Lidskog, "Whose Environment? Which Perspective? A Critical Approach to Hazardous Waste Management in Sweden", *Environment and Planning A.*, 1993, vol. 25, p. 577 ; Gerald Jacob, *Site Unseen : The Political of Siting a Nuclear Waste Repository,* (University of Pittsburgh Press, 1990), pp. 137-139.

9) 보다 구체적인 내용은 다음의 문헌을 참고하기 바람. IAEA, *Underground Disposal of Radioactive Wastes*, (Vienna : International Atomic Energy Agency, 1980).

10) Sidney Plotkin, *Keep Out : The Struggle for Land Use Control*, (California : University of California Press, 1987), pp. 8-9 ; Malcolm Getz & Benjamin Walter, "Environmental Policy and Competitive Structure : Implications of the Hazardous Waste Management Program", *Policy Studies Journal*, 1980, vol. 9, no. 3, p. 410 ; Baruch Fischhoff, "Acceptable Risk : The Case of Nuclear Power", *Journal of Policy Analysis and Management*, 1983, vol. 2, no. 4, p. 565 ; Barbara Weisberg, "One City's Approach ot NIMBY : How New York City Developed a Fair Share Siting Process", *Journal of the American Planning Association*, 1993, vol. 59, no. 1, p. 93.

11) Frank J. Popper, "The Environmentalist and the LULU", in Robert W. Lake(ed.), *Resolving Locational Conflict*, (New Jersey : Center For Urban Policy Research, 1987), pp. 1-3.

12) 유해운·오창택, "비선호시설 입지접근방식의 분석: 한국과 일본의 방사성 폐기물처리시설 입지반발사례를 중심으로", 한국지방자치학회, 「지방자치 연구」, 1996. 6, 204쪽.

13) 유해운·오창택, 「전게 논문」, 204-205쪽.

14) Lawrence E. Susskind, "The Siting Puzzle Balancing Economic and Environmental Gains and Loses", *Environmental Impact Assessment Review*, 1985, vol. 5, no. 2, p. 159.

15) Dennis W. Ducsik, *Electricity Planning and the Environment : Toward a New Role for Government in the Decision Process*, unpublished Ph.D. dissertation, Department of Civil Engineering, M. I. T., Cambridge, Massachusetts, January, 1978 ; Dennis W. Ducsik, "Citizen Participation in Power Plant Siting Aladdin's Lamp or Pandora's Box ?", in Dennis W. Ducsik(ed.), *Public Involvement in Energy Facility Planning : The Electric Utility Experience*, (Boulder : Westview Press, 1986), p. 28을 참고하기 바람.

16) 유해운·오창택, 「전게 논문」, 206쪽.

17) 유해운·오창택, 「상게 논문」, 206쪽.

18) Luther J. Carter, *Nuclear Imperative and Public Trust: Dealing with Radioactive Waste*, (Washington, D. C. : Resources for the Future, 1987), p. 5.

19) Gail Bingham & Daniel S. Miller, "Prospects for Resolving Hazardous Waste Siting Disputes Through Negotiation", *Natural Resources Lawyer*, 1984, vol. 17, no. 3, p. 476.

20) S. Openshaw, "Making Nuclear Power more Publicly Acceptable", *Nuclear*

Energy, 1988, vol. 27, no. 2, p. 135.

21) Richard N. L. Andrews, "Hazardous Waste Facility Siting : State Approaches", in Charles E. Davis & James P. Lester(eds.), *Dimensions of Hazardous Waste Politics and Policy*, (New York : Greenwood Press, 1988), p. 119.

22) Susan G. Hadden, Joan Veillette, & Thomas Brandt, "State Roles In Siting Hazardous Waste Disposal Facilities : From State Preemption to Local Veto", in James P. Lester & Ann O'M. Bowman, *The Politics of Hazardous Waste Management*, (Durham, N.C. : Duke University Press, 1983), p. 201.

23) Lawrence S. Bacow & James R. Milkey, "Overcoming Local Opposition to Hazardous Waste Facilities: The Massachusetts Approach", *Harvard Environmental Law Review*, 1982, vol. 6, no. 2, pp. 273-274.

24) 미국에서는 비선호시설의 입지를 위해 Massachusetts 주가 최초로 협상적 접근방식을 도입하였다.

25) S. A. Carnes, E. D. Copenhaver, J. H. Sorensen, E. J. Soderstrom, J. H. Reed, D. J. Bjornstad, & E. Peelle, "Incentives and Nuclear Waste Siting : Prospects and Constraints", in Robert W. Lake(ed.), *Resolving Locational Conflict*, (New Jersey : Center For Urban Policy Research, 1987), p. 357.

26) Peter M. Sandman, "Getting to Maybe : Some Communications Aspects of Siting Hazardous Waste Facilities", in Robert W. Lake(ed.), *Resolving Locational Conflict*, (New Jersey : Center For Urban Policy Research, 1987), p. 338.

27) Robert S. Friedman, "Using Consultation and Compensation in Siting Repositories for High-Level Nuclear Waste", *Journal of Policy Analysis and Management*, 1987, vol. 7, no. 1, p. 143.

28) Bacow & Milkey, *op. cit.*, p. 280.

29) Herbert Inhaber, "Of LULUs, NIMBYs, and NIMTOOs", *The Public Interest*, 1992, no. 107, pp. 57-58.

30) 이와 관련하여, Herbert Inhaber는 1980년도 저준위 방사성폐기물 정책법 (Low-Level Radioactive Waste Policy Act of 1980)에 명시되었던 시한과 고준위 방사성폐기물에 대한 에너지부(Department of Energy)의 시한명시가 협상 참여자들에 의해서 실제로 무시된 사례를 제시하고 있다. 보다 구체적인 내용은 *Ibid.*, p. 58을 참고하기 바람.

31) Leslie A. Nieves, Jeffery J. Himmelberger, Samuel J. Ratick, & Allen L. White, "Negotiated Compensation for Solid-Waste Disposal Facility Siting : An Analysis of the Wisconsin Experience", *Risk Analysis*, 1992, vol. 12, no. 4, p.

505.
32) 새로운 비선호시설의 입지와 관련하여 제공되는 보상(compensation or reward)의 형태로는 다음과 같은 것들이 포함된다.

* 지가보장(land value guarantees)
* 신탁자금(trust fund)
* 특별 지역 서비스(bonus community service)
* 국가 보조금(subsidies)
* 대출금(advance)
* 세제혜택(tax incentive)
* 직접적인 금전지불(direct monetary payments)
* 리베이트(rebate)
* 사회경제적인 영향의 완화(socioeconomic impact mitigation)
* 여타 위험시설들의 입지기피(avoidance of other hazardous facilities)
* 보험프로그램(insurance programs)
* 기초시설개발(infrastructure development)

Kent E. Portney, "The Potential of the Theory of Compensation for Mitigating Public Opposition to Hazardous Waste Treatment Facility Siting : Some Evidence from Five Massachusetts Communities", *Policy Studies Journal,* 1985, vol. 14, no. 1, pp. 84-85 ; Howard Kunreuther & Douglas Easterling, "Are Risk-Benefit Tradeoffs Possible in Siting Hazardous Facilities ?", *American Economic Review : Papers and Proceedings,* 1990, vol. 80, no. 2, pp. 252-256 ; Nieves, Himmelberger, Ratick, & White, *op. cit.,* p. 506 ; Carnes, Copenhaver, Sorensen, Soderstrom, Reed, Bjornstad, & Peelle, *op. cit.* pp. 358-362를 참고하기 바람.

33) Denis J. Brion, *Essential Industry and the NIMBY Phenomenon,* (New York : Quorum Books, 1991), pp. 5-7 ; Peter M. Meier, David Morell, & Philip F. Palmedo, "Political Implications of Clustered Nuclear Siting", *Energy Systems and Policy,* 1979, pp. 22-23 ; Michael O'Hare & Debra Sanderson, "Facility Siting and Compensation : Lessons from the Massachusetts Experience", *Journal of Policy Analysis and Management,* 1993, vol. 12, no. 2, pp. 365-367 ; Michael O'Hare, "'NOT ON MY BLOCK YOU DON'T' : Facility Siting and the Strategic Importance of Compensation", *Public Policy,* 1977, vol. 25, no. 4, pp. 407-456 ; Michael L. P. Elliott, "Improving Community Acceptance of Hazardous Waste Facilities Through Alternative Systems for Mitigationg and

Managing Risk", *Hazardous Waste*, 1984, vol. 1, no. 3, pp. 397-410 ; E. Brent Sigmon, "Achieving a Negotiated Compensation Agreement in Siting : The MRS Case", *Journal of Policy Analysis and Management*, 1987, vol. 6, no. 2, pp. 170-179 ; Charles Davis, "Public Involvement in Hazardous Waste Siting Decisions", *The Journal of the Northeastern Political Science Association*, 1986, vol. 19, no. 2, pp. 296-304 ; Susan G. Hadden, "Public Perception of Hazardous Waste", *Risk Analysis*, 1991, vol. 11, no. 1, pp. 47-57을 참고하기 바람.

34) Bacow & Milkey, *op. cit.*, pp. 275-276.

35) Bingham & Miller, *op. cit.*, pp. 478-479.

36) 그리고, 이러한 맥락에서 보상을 조명하는 사람들은 이를 뇌물로 간주하여 비도덕적인 것으로 생각하는 경향이 있다. 그러나 Herbert Inhaber는 보상과 뇌물의 차이점을 다음과 같이 구별하여 비선호시설의 입지지역 인근 주민들에게 제의되는 보상의 정당성을 강변하였다. 첫째, 뇌물은 불법적인 행동을 위해서만 사용된다. 그러나 비선호시설(LULU)의 입지를 모색하는 것은 합법적인 것일 뿐만 아니라 거의 모든 시민들은 자기 지역(backyard)안에서만 아니라면 이에 찬성한다. 둘째, 뇌물은 거의 항상 은밀하게 행해진다. 그러나 살아 남을 수 있는 유인체제(incentive system)는 밀폐된 문을 회피한다. 그리고 이는 보상지급 수준을 공개하고 널리 알린다. 셋째, 뇌물은 항상 겨냥하는 대상이 있다. 그러나 적절한 유인체제는 흔히 이미 존재하는 "객관적인" 절차에 의해 시행되기 때문에 어떠한 특정 군이나 마을 또는 다른 정치적 관할구역을 겨냥하지 않는다. 그 보다 이는 잠재적인 입지지역주민들로 하여금 스스로 유인책의 수준이 그들이 시설입지로부터 유발된다고 인식하는 피해수준(level of harm)과 일치하는지의 여부를 결정하게 한다. Sandman, *op. cit.*, p. 338 ; Carnes, Copenhaver, Sorensen, Soderstrom, Reed, Bjornstad, & Peelle, *op. cit.*, p. 362 ; Inhaber, *op. cit.*, pp. 56-57.

37) Bacow & Milkey, *op. cit.*, p. 277.

38) Richard H. Bryan, "The Politics and Promises of Nuclear Waste Disposal : The View from Nevada", *Environment*, October, 1987, vol. 29, pp. 14-17, pp. 32-38 ; Elizabeth Peele & R. Ellis, "Hazardous Waste Management Outlook : Are There Ways Out of the 'Not-In-My-Backyard Impasse ?'", *Forum for Applied Research and Public Policy*, September, 1987 ; Portney, *op. cit*, pp. 81-89 ; Kunreuther & Easterling, *op. cit*, pp. 252-257.

제 2 장 님비의 의의

제 1 절 님비의 개념

앞에서 논의한 바와 같이, 일반적으로 지역주민들은 위험시설이나 공해배출시설 또는 지역이미지실추시설 등과 같은 비선호시설들이 자신들의 거주지역 인근에 입지되는 것을 원치 않는다.[1] 특히, 이러한 비선호시설들 가운데에서도 지역주민들에 의해 가장 기피되고 있는 시설들 가운데 하나가 바로 원자력시설들이다. 이에 대한 지역주민들의 반대나 반발은 다른 그 어느 것들보다도 더욱 강력하다.[2]

연구자들은 이러한 주민반발현상을 흔히 님비(NIMBY: Not In My Back Yard)로 지칭하고 있다.[3] 그리고 이런 님비현상의 확산과 만연을 님비이즘(NIMBYism) 또는 님비증후군(NIMBY Syndrome)으로 명명하고 있다.[4]

그런데, 사실상 님비현상은 상당히 다원·다기한 성격을 반영하고 있기 때문에 한마디로 집약하여 명쾌하게 설명하기란 그리 쉬운 일이 아니다. 님비현상의 복잡성과 관련하여, William Glaberson은 님비를 다음과 같이 기술하였다.[5]

> 님비는 야단스럽다. 님비는 강력하다. 님비는 어느 곳에서나 찾아 볼 수 있다. 님비는 기업이나 정부의 사업현장 인근에서 발생하며 그리고 그러한 기업 및 정부의 사업들을 중단시키거나 지연시키거나 또는 축소시키는 등 사업추진을 상당히 방해한다. 님비는 지역주민들이 위협이 된다고 생각하는 개발업자들의 사업추진을 방해하기 위해서 지역주민들로 하여금 조직을 결성하게 하고, 시위를 벌이도록 하게 하며, 소송을 제기하도록 하게 하고, 청원서를 제출하도록 하게 한다.

그럼 이하에서는 여러 선행연구들을 토대로 님비개념에 대해 보다 구체적으로 고찰하고자 한다. 님비에 대한 연구자들의 개념정의는 연구의 대상과 범위, 그리고 각자가 견지하고 있는 관점의 차이로 말미암아 매우 다양하게 노정되고 있다. 그럼에도 불구하고 이들 개념정의는 그 강조점에 따라 크게 두 가지 범주로 나누어 볼 수 있다. 비선호시설의 입지에 대한 지역주민들의 반응을 강조한 개념정의와 지역주민들의 반대원인을 강조한 개념정의가 바로 그것이다.

1. 지역주민들의 반응을 강조한 개념정의

먼저 님비의 개념에는 비선호시설(LULUs: Locally Unwanted Land Uses)[6]의 입지에 대한 지역주민들의 반응을 강조하여 정의한 것들이 있다. 이러한 범주에 속에 포함되는 몇몇 대표적인 연구자들의 개념정의들을 살펴보면 다음과 같다.

Michael Dear는 일반적으로 님비란 "자신들의 지역(turf)을 보호하고자 하는 지역주민들의 동기유발(motivation of residents)"을 의미하며, 보다 공식적으로는 "자신들이 거주하는 인근 지역내의 달갑지 않은 개발에 직면한 해당 입지지역의 집단들이 취하는 지역보호주의자적 태도나 반대전술(protectionist attitudes of and oppositional tactics)"을 의미한다고 하였다. 그리고 그는 지역주민들이 비선호시설의 필요성을 인정하면서도 자신들의 지역에 입지되는 것만큼은 원치 않음으로 인하여 "내 뜰안에서는 안된다(not in my backyard)"란 용어가 생성되게 되었다고 주장하였다.[7] 또한 그는 지역주민들이 취할 수 있는 반대전술로 공청회 참여, 사업추진자나 지역정치인이나 언론매체 등에 청원서를 제출하는 주민들의 청원, 선출된 대표들에 대한 로비활동, 언론매체 관여, 데모, 공식적인 주민반대집단의 결성, 폭력 및 불법적인 수단 등을 제시하였다.[8]

Martin P. Sellers는 님비를 "자신들이 거주하는 지역이나 마을에 위치한 특정 시설, 즉 교도소, 정신장애자를 위한 갱생훈련시설(mental health half-way house), AIDS 환자들을 위한 공동생활시설, 위험폐기물 처리시설, 생의학폐기물 처리시설(biomedical incinerator) 등과 같은 시설들을 원치 않는 지역주민들의 태도"라고 정의하였다.[9]

Denis J. Brion은 일반적으로 님비란 "비선호시설에 대한 지역사회의 반발(community reaction)"[10]을 의미하며, 보다 구체적으로는 "비선호시설이 들어서려고 하는 지역의 인근에 사는 사람들의 전형적인 반발"[11]이라고 정의하였다.

Michael E. Kraft와 Bruce B. Clary는 님비란 "지역주민들이 생각하기에 역효과(adverse impacts)를 초래하게 될 것이라고 예상되는 입지제의에 대한 격렬하고, 때론 감정적이며, 완강한 지역적 반대"[12]라고 정의하였다. 그리고 그들이 발표한 보다 최근의 논문에서는 님비를 시설입지에 대한 "지역주민의 격렬한 그리고 때론 완강한 저항"[13]으로 보았다.

Kent E. Portney는 님비증후군을 "시설입지에 대한 일반대중들의 반대 확산으로 인한 사회적 병폐"[14]라고 정의하여 님비를 부정적으로 조명하였다.

이상의 정의들은 각종 비선호시설들의 입지에 대한 지역주민들의 반응을 강조하고 있다. 연구자들은 비선호시설의 입지에 대한 지역주민들의 지역보호주의자적 태도나 반대전술, 결렬하고 완강한 반대나 반발, 그리고 저항 등에 주안점을 두고서 님비를 이해하였다.

2. 지역주민들의 반대원인을 강조한 개념정의

다음 비선호시설의 입지에 대한 해당 입지지역주민들의 반대원인에 강조점을 둔 개념정의가 있다. 이러한 범주 속에 해당되는 몇몇 대표적인 연구자들의 개념정의를 살펴보면 다음과 같다.

Peter M. Sandman에 의하면 님비란 "시설입지에 대해서는 원칙적으로

찬성하지만 그 시설의 입지를 감내할 수 없다는 이유(insupportable reason)
로 말미암아 자신들의 인근지역내에 시설이 들어서는 것을 반대한다는
냉소적인 의미를 지닌다"고 하였다.15)

　　Albert R. Matheny와 Bruce A. Williams는 위험폐기물처리시설(HWDF :
Hazardous Waste Disposal Facility)로 인한 편익은 시설입지지역 이외의 사람
들에게도 널리 분산되는 반면에 위험과 비용은 소수의 사람들(주로 처리
시설지역 인근에 거주하는 주민들과 처리시설의 부지행정을 담당하는 지방정부)
에게 편중됨으로써 위험폐기물처리시설 부지의 선정은 위험폐기물처리
로 인한 위험, 비용, 편익의 재분배를 필요로 한다고 하였다.

　　그리고, 그들은 이러한 위험폐기물시설의 입지로 인한 편익과 비용
및 위험의 불균형은 위험을 감수해야 하는 사람들, 즉 일부 격렬한 사
람들(intense minority)에게는 위험폐기물처리시설의 입지에 저항하게끔 하
는 강력한 유인을 제공한다고 하였다. 반면에 시설입지지역 이외의 사
람들에게는 단기적으로 편익을 제공하여, 위험을 감수해야 하는 소수의
사람들에 대한 입지선정 결정을 강제할 수 있는 불가항력적인 반대유인
(counter-incentive)을 제공하지 않음으로 인해서 긴급히 해결해야 할 처리시
설의 입지문제는 감소하지 않고 계속 증가하게 된다고 하였다.

　　따라서, 이로 인해 장기적으로 지역사회 전체에 위험과 비용이 증가
하게 된다고 주장하면서 이러한 일련의 "정치적인 난국(political stalemate
)"16)을 님비증후군으로 정의하였다. 그리고 이러한 맥락에서, 님비를 편
익과 비용 및 위험의 불균형으로 인한 시설입지에 대한 지역주민들의
저항(resistance)으로 간주하였다.

　　이러한 범주에서 님비를 정의한 연구자들은 특정한 원인 즉, 시설입
지에 찬성하나 이를 감내하지 못함 또는 편익과 비용 및 위험의 불균형
등에 특히 초점을 맞추어 님비를 이해하였다.

제 2 절 님비의 특성

일반적으로 님비는 기동성(mobilization)이나 복잡성(complexity) 등의 측면에서 일반적인 반대운동과는 매우 상이하다.[17] 님비는 여권신장운동 등과 같은 일반적인 형평성운동과는 달리 지리적인 한정성과 극도의 부정적인 감정을 반영하기 때문에 주민반발의 기동성이 매우 높다. 그리고 기술·위험·환경·형평성·정치·경제 등과 같은 여러 문제들과 관련되어 있기 때문에 복잡성을 띤다. 님비는 과학·기술·정책·민주주의 등의 문제와 관련된 다차원적인 특성을 지니고 있는 것이다.[18] 그럼 이하에서는 님비의 특성에 대해 보다 구체적으로 논의해 보자.

1. 지역주민들의 양면적인 태도

지역주민들은 입지제의 시설들이 어느 곳엔가는 반드시 입지되어야 할 사회적 편의제공시설이라는 점에는 인식을 같이하여 시설입지 그 자체에 대해서는 원칙적으로 찬성한다. 해당 시설입지 인근 지역주민들은 정부 및 민간 사업추진자들과 마찬가지로 입지제의 시설들(예컨대, 원자력발전소, 방사성폐기물처리시설, 장애자수용시설, 교도소, 쓰레기 매립 및 처리시설, 정유공장, 공항, 무주택자를 위한 임시수용시설 등)이 사회전체에 이익을 제공하는 편의제공시설이라는 점에는 이의를 제기하지 않는다. 그리고 또한 어느 지역엔가에는 반드시 입지되어야 할 시설들이라는 점에는 의견을 같이하여 시설입지 그 자체에 대해서는 찬성한다.

그러나 그럼에도 불구하고 지역주민들은 자신들이 거주하는 지역에서 만큼은 그러한 시설들의 입지를 절대로 허용할 수 없다는 입장을 견지함으로써 양면적인 태도를 나타낸다.[19] 이러한 현상은 님비라는 용어 그 자체 즉, '시설입지에 대해서는 원칙적으로 찬성하나 내 뜰 안에서

만큼은 안된다'라고 하는 "OK, Not In My Back Yard"에 잘 반영되어 있다.

2. 비선호시설의 부정적인 외부성에 대한 반응

님비를 야기시키는 시설들은 대부분 비선호시설들이다.[20] 이러한 비선호시설들을 사회편익제공 및 공익실현에 이바지하는 공공시설[21]로 규정하든 아니면 공익시설이 아닌 자본만을 위한 시설 즉, 비공공시설[22]로 조명하든지간에, 여하튼 이들 시설들은 부정적인 외부성을 지니고 있다. 환경오염, 지역이미지 실추, 교통혼잡, 건강위협, 재산적 가치 하락, 공포감 조성 등과 같은 사회적 비용을 시설입지 지역사회에 집중시키는 특성을 지니고 있는 것이다. 해당 시설입지 지역주민들은 바로 이러한 비선호시설의 부정적인 외부성으로 말미암아 새로운 시설입지에 반발하게 된다.

3. 지리적인 근접성의 반영

님비는 지리적 근접성(geographical proximity)을 반영한다.[23] 개개의 지역주민들은 자신이 거주하는 지역의 인근에 새로운 입지제의 시설이 들어서게 됨으로 인해서 그러한 시설의 직접적인 영향권내에 놓이게 된다고 생각한다. 그러한 시설이 자신을 비롯한 일부 소수의 인근 지역주민들에게 심리적-물질적 피해를 줄 것이라고 생각하게 되는 것이다. 달리 표현하면, 지역주민들은 입지제의되는 비선호시설의 지리적인 근접성으로 말미암아 외부불경제(external diseconomy)가 발생하게 될 것이라고 믿게 된다. 님비는 바로 이러한 지리적 근접성 즉, 지리적 한정성이 반영됨으로써 발생한다. 또한 이로 말미암아 님비는 지역적 편협성(parochialism)이나 지역보호주의(local protectionism)의 성격을 띠게 되기도 한다.

4. 형평성에 대한 인식문제

님비는 형평성에 대한 지역주민들의 인식상의 문제이다.[24] 즉, 비선호시설입지에 대한 주민반발은 바로 시설입지에 따른 비용-편익의 불균형에 대한 인식에서 비롯된 문제인 것이다.

어떤 특정 사안을 결정해야 할 때, 일반적으로 사람들은 비용-편익 분석(cost-benefit analysis)을 하게 된다. 이때 사람들은 편익이 비용보다 클 경우에는 그러한 사안을 수용하며, 그 반대인 경우에는 거부하게 된다.[25]

이러한 맥락에서 지역주민들도 역시 새로운 비선호시설의 입지제의에 대해 비용-편익 분석을 하게 된다. 이 때, 해당 시설입지 인근 지역주민들은 새로운 시설이 입지됨으로 인해서 얻게 되는 혜택은 사회전체에 널리 분산되는 반면, 그 피해는 상대적으로 소수인 자신들에게만 집중된다는 인식을 갖게 된다. 유해한 것으로 비춰지는 특정 시설이 인근 거주지역에 입지제의 될 경우, 해당 시설입지 인근 지역주민들은 특정 기술에 대한 지각을 변경시키며, 그러한 기술의 위험과 편익에 대한 판단을 변화시키게 되기 때문이다.[26]

이러한 비용-편익의 불균형에 대한 인식으로 말미암아 지역주민들은 새로운 비선호시설의 입지에 부정적인 반응을 나타내게 된다. 지역주민들은 새로운 비선호시설을 자신들의 인근 거주지역에 기꺼이 수용하지 않으려 하는 것은 물론 강력히 반발하게 된다.[27]

이때 지역주민들의 비선호시설입지에 대한 부정적인 반응은 여러 형태로 현시되는 바, 공청회나 청원을 통한 반대의사표시 등과 같이 합법적이고 정당한 반응에서부터 데모나 폭력행사 등과 같이 감정이 개입된 강력한 불법적인 반응에 이른다. 종국적으로 님비는 위험 및 비용의 불공정에 대한 인식상의 문제로 귀결된다고 볼 수 있다.

5. 이익들간의 충돌과 마찰

님비현상은 관점에 따라서 달리 해석될 수 있다. 그런데, 이를 어떤 식으로 해석하던(즉, 특정 지역의 이익과 공익간의 충돌[28]로 평가하던 아니면 지역이익과 자본이익간의 마찰[29]로 조명하던)지 간에, 여하튼 비선호시설의 입지를 둘러싸고 발생하는 님비는 이익들간의 대립으로 야기되는 문제 이다.

비선호시설의 입지에 대한 주민반발 문제를 부정적인 결과(예컨대, 지가하락, 환경오염, 교통혼잡, 경관훼손 등)를 차단함으로써 지역이익을 보호하고자 하는 지역사회와 비선호시설입지를 통해 공익을 구현하고자 하는 중앙 정부간의 충돌로 파악하던 또는 비용의 집중에서 벗어나 자신들의 지역이익을 보호하고자 하는 지역사회와 시설입지전략을 채택하여 비용을 특정 입지지역에 집중시킴으로써 비용의 최소화와 이익의 극대화를 도모하고자 하는 자본간의 마찰로 조명하던지 간에, 님비는 제이익들간의 갈등으로 발생한다.

6. 과학기술과 관련된 고도로 합리적인 기획의 문제

님비는 고도로 합리적인 기획과 관련이 있다.[30] 비선호시설들의 입지선정은 인간의 건강 및 안전과 직결될 수 있는 매우 중요한 문제이기 때문에 높은 수준의 전문지식과 기술을 필요로 한다. 그러므로, 정부나 민간사업자 등과 같은 사업추진자들은 일반적으로 전문기획가들과 과학기술자들의 도움으로 가장 바람직한 최적의 시설입지지역을 탐색하고자 한다. 이러한 경우에 비선호시설의 입지지역으로서 가장 적절한 장소는 흔히 지리학, 지질학, 경제학, 인구통계학(예컨대, 인구밀도) 등의 관점에서 매우 심도 있게 고려된다.[31]

그런데 문제는 시설입지에 있어서 과학기술적인 제 측면들과 관련된 기획이 무엇보다도 우선적으로 고려됨으로 인해서 해당 입지지역 사회가 시설입지선정에 관한 의사결정에 어떠한 영향을 미칠 수 있는 기회를 갖지 못할 수도 있다는 점이다.[32] 그리고 또한 정치적인 반대는 특정 지역이 여러 지역들 가운데 비선호시설의 입지문제를 해결할 수 있는 가장 최선의 지역으로 입증되었다는 주장으로 일축될 수도 있다는 점이다.[33]

7. 불확실성의 영역

님비는 불확실성의 영역내에 있다.[34] 원자력발전소나 위험폐기물처리시설 등과 같은 비선호시설들의 입지에 대한 주민반발은 기술운동 (technology movement)으로서 형평성운동(equity movement)과는 구별된다.[35] 그리고 그것은 본질적으로 비가시적인 방사성 물질이나 유독성 화학물질, 또는 기타 건강과 안전에 위협을 주는 물질들의 영향에 대한 과학적인 논란과 관련이 있다.[36]

새로운 시설입지와 관련하여 '시설 그 자체는 얼마나 안전한가?' '그러한 시설들에서 배출되는 물질들은 인간의 건강과 안전에 과연 어느 정도로 유해한 영향을 미치는가?' 또한 '그러한 물질들은 환경오염에 얼마나 부정적인 영향을 미치는가?' 등의 문제는 비선호시설의 입지사업 추진자들과 해당 입지지역주민들 및 환경단체 사이에서 또는 전문기술자들이나 과학자들 사이에서 논쟁의 대상으로 자주 등장하고 있다.

이러한 논란은 비선호시설입지와 관련하여 위험이 전혀 없다고 단정할 수 없으며, 안전과 위험을 완벽하게 측정할 수 없기 때문에 발생하는 것이다. 이렇듯 불확실성 그 자체는 비선호시설의 입지지역 주민들을 불안케 하고 과학적인 논란을 야기시킨다.

8. 생산에서 비롯된 문제

님비는 근원적으로 생산과 관련이 있다.[37] 새롭게 입지제의되는 비선호시설들은 생산을 위해 필요로 되는 시설들이다. 따라서 그러한 시설들의 입지는 곧 지속적인 생산을 의미한다. 그리고 비선호시설들의 입지에 대한 주민반발은 생산형태를 실제로 한정하는 사회적인 관계로부터 도출된다. 다시 말해서, 비선호시설입지에 대한 주민반발은 재활용 (recycling), 생산의 감량화, 생산공정의 재편, 생산시설의 입지 등과 같은 여러 생산형태 가운데 생산시설의 입지라는 생산형태가 시설입지 지역사회의 의지와 상관없이 사회구조적인 관계에 의해서 결정됨으로써 야기되는 문제이다.

이상의 님비의 특성들을 면밀히 고찰해 볼 때, 본질적으로 님비에서의 주민반발은 비선호시설 그 자체에 의한 것이라기 보다는 비선호시설의 입지에 의한 것임을 알 수 있다.[38] 이를 토대로 하여, 이 책에서는 님비를 다음과 같이 정의하고자 한다. 님비란 그 필요성은 인정되나 유해하거나 또는 위험한 것으로 비춰지는 비선호시설들의 입지에 대한 해당 입지지역 주민들의 반발이다.

제 3 절 님비에 관한 제 견해

비선호시설의 입지에 대한 주민반발에 초점을 맞춘 다양한 선행연구들을 고찰해 볼 때, 일반적으로 님비현상에 관한 견해는 크게 세 가지 형태로 구별해 볼 수 있다. 즉, 님비현상에 관한 연구자들의 평가는 입지제의되는 비선호시설의 성격과 비선호시설입지와 관련하여 충돌하는 대립당사자들, 그리고 비선호시설입지에 반발하는 지역주민들 등을 어떻게 조명하느냐 따라서 세 가지 범주로 대별해 볼 수 있다.

먼저, 그 하나는 님비를 공익 또는 국익, 즉 전체사회의 이익을 저해하는 반사회적인 병리현상으로 간주하는 전통적인 견해이다. 다음은 님비를 입지제의 시설들의 부정적인 외부성으로 인한 해당 입지지역주민들을 포함한 전체 시민사회의 다양한 활동가들의 정당한 권리주장으로 평가하는 급진적인 견해이다. 그리고 마지막 하나는 님비를 자본의 이익과 지역사회의 이익간의 대립에 국가가 개입함으로써 발생하는 사회구조적인 문제로 해석하는 사회구조적인 견해이다. 이들 견해에 대해 좀더 구체적으로 논의해 보면 다음과 같다.

1. 전통적인 견해[39]

동일 현상을 각기 다른 관점에서 조명하는 연구자들의 다양한 견해들을 명확하게 이해하기 위해서는 각 견해들의 이면에 내재해 있는 기본적인 가정들을 먼저 검토할 필요가 있다. 따라서, 이하에서는 님비를 사회적인 병폐로 간주하는 전통적인 견해의 기본적인 가정과 이를 지지하는 연구자들의 논의, 그리고 연구자들의 구체적인 개별 주장들을 간략하게 제시하고자 한다.

1) 가정 Ⅰ과 논의

먼저 전통적인 견해의 중심을 이루는 첫번째 가정과 이러한 가정을 지지하는 연구자들의 논의를 제시해 보면 다음과 같다.

(1) 가정 Ⅰ

가정 Ⅰ

지역주민들이 자신들의 인근 거주지역내에 입지되기를 원치 않는 시설들은 본질적으로 사회에 편익을 제공하고 공익을 실현하는 데 필요불가결한 공공시설들이다. 그리고 시설의 입지난국은 해당 시설입지 지역사회의 이익과 전체사회 공익간의 양립할 수 없는 마찰과 갈등으로 발생한다.

지역주민들이 수용거부하는 입지제의 시설들은 비선호시설들로서 부정적인 외부성과 사회적 편익제공이라는 상반된 성질을 동시에 지니고 있다. 이로 인해, 시설입지 지역주민들은 그러한 시설들의 입지를 거부함으로써 자신들의 지역이익을 보호하고자 한다. 그리고 이에 반해, 전체사회나 국가는 그러한 시설들을 입지시킴으로써 공익을 실현하고자 한다. 바로 이러한 이익들간의 마찰과 충돌로 말미암아 시설입지문제는 난국으로 치닫게 된다.

비선호시설들이 사회적 편익을 제공하고 공익을 실현하는 데 반드시 필요로 된다는 주장 속에는 그러한 시설들의 입지거부는 곧 공익실현에 위배된다는 의미가 내포되어 있다. 그리고, 이는 해당 시설입지 지역의 이익과 공익간의 상충과 밀접한 관계가 있다. 따라서 이들 이익들간의 갈등은 시설입지 문제의 성공적인 해결에 장애물로 작용한다.

한편, 이러한 이익들간의 갈등은 비용과 편익의 불균형이라는 차원에서 설명될 수 있다. 특정 지역에 집중된 비용과 분산된 사회적 편익간의 지리적인 불일치는 시설입지 지역사회의 이익과 전체사회 공익간의 대립과 충돌로 현시된다. 그리고, 이는 바로 성공적인 시설입지에 단일 최대의 걸림돌로 작용한다.

(2) 논의

이상과 같은 가정은 대부분의 연구자들 의해서 거의 무비판적으로 수용되고 있다. David Morell은 "시설들은 절대절명적으로 필요로 되나, 그러한 시설들은 입지될 수 없다"[40]라고 하였다. Denis J. Brion은 "일반적으로 사회단위로서 또는 지역공동체로서의 우리는 유해한 부작용(harmful side effect)이 있을지라도 이러한 시설로부터 강력한 총체적인 이익을 도출한다는 사실에 의견을 같이한다는 것은 일반적이다"[41]라는 주장으로 남비현상에 대한 분석을 자신의 책 서문에서 기술하고 있다.

또한 Kent E. Portney도 "대부분의 사람들은 산업사회에 사는 결과로 그러한 시설들은 필요한 것이며 수용할 수 있다는 것에 의견을 같이 할 것이다"[42]라고 주장하였다. Daniel A. Mazmanian과 David Morell은 "사회는 지역사회의 경제적 생존능력을 잠식시키고, 종국에는 국가 경제를 약화시키는 지역의 거부권 행사(local vetoes)에 대해 높은 댓가를 지불해야 한다"[43]는 견해를 피력함으로써 시설이 지역사회 나아가 국가에 미치는 경제적인 영향을 강조하여 시설의 필요성을 강조하였다.

Barry G. Rabe와 John Martin Gillroy는 남비현상을 게임이론으로 분석하면서, "입지될 시설들은 공공재(collective good)로 고려될 수 있다는 것을 가정한다"[44]고 하였다. Michael Dear는 "남비증후군(not in my backyard syndrome)은 현재 기능상 필요한 핵심 시설들을 거의 건설하지 못하게 하거나 입지시키지 못하도록 하게 한다"[45]고 하여 입지제의 시설들을 공공시설로 파악하였다.

그리고, Sidney Plotkin은 "토지활용정책에 있어서 배타(exclusion)와 확장(expansion)은 지배적인 대안과 시급히 해결해야 할 이익으로 거의 항상 등장할 것이다. 개발상의 비용과 편익의 균형이 빈번하게 요청되고 있음에도 불구하고 그러한 균형은 결코 이루어지지 않고 있다"[46]라고 하여 시설입지문제의 난국을 지역사회와 전체사회의 이익추구들간의 충돌, 그리고 비용의 집중과 편익의 분산으로 인한 마찰로 설명하고 있다.

Denis J. Brion은 "정치문화와 사회문화를 지니고 있는 지역공동체를 완벽하게 보전하면서 동시에 기술적인 발전을 추구하는 사회가 어떻게 그러한 발전을 달성할 수 있겠는가, ……… 이러한 지역사회의 보호와 발전간의 갈등은 다양한 가치를 통해서 표명된다. 이는 사회가 제대로 작용하기 위해서 필요로 되는 안정성과 사회적 정체성(social stagnation)을 모면하기 위해서 필요로 되는 발전간의 갈등으로 나타난다. 이는 또한 위험과 안전간의 갈등으로 나타난다"[47]고 주장하였다. 즉, 그는 비선호시설입지에 대한 주민반발문제를 지역공동체의 보전과 기술적인 발전, 안정성과 발전, 그리고 위험과 안전으로 대비시켜 조명하였다.

또한 Malcolm Gets와 Benjamin Walter는 "위험폐기물 처리시설들은 편익을 수많은 사람들이 향유할 수 있도록 넓은 지역에 분산시킨다. 그러나, 이러한 시설들은 좁은 지역내에 비용을 집중시킨다."[48]고 보았다. Baruch Fischhoff는 "원자력은 위험을 감수하고 있는 사람들이 반드시 원자력으로부터 편익을 얻는 사람들은 아니기 때문에 논란이 되고 있다."[49]고 주장하였다.

그리고 Albert R. Matheny와 Bruce A. Williams는 "편익은 시설입지지역 이외의 사람들에게도 널리 분산되는 반면, 위험과 비용은 소수의 사람들(주로 처리시설지역 인근에 거주하는 주민들과 치리시설의 부지행정을 담당하는 지방정부)에게 집중"[50]됨으로써 위험폐기물 처리시설의 부지선정은 위험폐기물 처리로 인한 위험, 비용, 편익의 재분배를 필요로 한다고 주장하였다.

Daniel A. Mazmanian과 David Morell은 시설입지에 대한 지역주민들의 반발현상의 만연은 "특정 사업의 편익과 비용의 분배에 본래부터 내재해 있는 불균형에 대한 반응"[51]이라고 보았다. Michael E. Kraft와 Bruce B. Clary는 "인간의 건강이나 환경의 질이나 또는 재산적 가치에 대한 영향과 같이, 사업의 비용과 위험은 지리적으로 집중되지만 편익은 보다 넓은 지역의 보다 많은 사람들에게 분산된다."[52]라고 하여 입지문제의 난국을 비용과 편익의 불균형에서 그 원인을 찾고 있다.

2) 가정 Ⅱ와 논의

다음 전통적인 견해의 중심을 이루는 두번째 가정과 이러한 가정을 지지하는 연구자들의 논의를 제시해 보면 다음과 같다.

(1) 가정 Ⅱ

가정Ⅱ

자신들의 인근 거주지역내에 비선호시설들의 입지를 원치 않는 지역주민들은 비합리적이며 이기적인 존재이다.

정부나 민간산업체와 같은 시설입지 사업추진자들에 의해서 비선호시설들이 특정 지역의 주민들에게 입지제의될 경우, 그 해당 시설입지 지역주민들은 대개 비합리적인 반응으로 대응하는 경향이 있다.

시설입지제의에 대해 지역주민들은 정확한 정보나 과학적인 조사에 기반을 둔 객관적인 평가에 의존하여 논리적이고도 합리적인 반응을 나타내기보다는 주로 주관적인 판단이나 지각 또는 감정에 의존하여 격렬하게 반발하는 비합리적인 반응으로 일관하는 경향이 있다. 그리고, 지역주민들은 비선호시설들이 지닌 공익성을 인정하여 특정 지역내에서의 입지를 원칙적으로 찬성하면서도, 자신들의 인근 거주지역내에서 만큼은 결코 허용할 수 없다는 입장을 견지함으로써 이기적인 반응을 표출하는 경우가 많다.

(2) 논의

이상의 가정도 대부분의 연구자들에 의해서 거의 무비판적으로 수용되고 있다. 즉, Michael E. Kraft와 Bruce B. Clary에 의하면 전통적인 견해에서는 지역주민들을 "격렬하고, 때론 감정적이며, 완강한 지역적 반대"53)를 하는 존재로 파악한다고 주장하였다. 또한 같은 맥락에서 "일반대중들은 우매한 존재이며, 지역의 위험부담의 회피에 주로 관심을 표명하고, 위험평가나 시설의 입지제의에 대해 인지적(cognitive)이기보다는 감정적으로 반응하는 존재로 묘사된다"54)라고 기술하였다.

그리고 Michael Dear는 시설입지지역 주민들은 "유해시설이 필요하다는 것에는 일반적으로 동의하나 자신들의 지역 인근에 들어서는 것은 안된다"55)라는 입장을 취한다고 하였다. Peter M. Meier 등도 지역주민들이 "아마도 우리는 보다 많은 원자력발전소를 필요로 할 것이나 나의 뜰안에서는 안된다"56)라고 하는 입장을 취한다고 하였다.

또한 Kent E. Portney도 "일반대중들은 자신들이 거주하는 지역이 아닌 한 특정 시설을 어떤 지역에 입지시키는 것을 바람직한 것으로 생각한다"57)라고 하여 시설입지에 반발하는 지역주민들을 자기모순에 빠진 이기적인 존재로 파악하였다. 그리고 Alan Jakimo와 Irvin C. Bupp는 "그들이 자신들의 지역에 입지되는 것을 원치 않는데, 왜 우리가 그러한 시설을 우리지역내에 입지시켜야 하는가?"58)라는 주장으로 지역주민들이 방사성폐기물 처리시설의 입지에 대해 감정적으로 강하게 반발한다고 보아 그들을 이기적이며 비합리적인 존재로 인식하였다.

3) 연구자들의 개별적인 주장

이상에서는 전통적인 견해의 근간을 이루는 두 가지 기본적인 가정과 이러한 가정을 지지하는 연구자들의 논의들을 제시하였다. 그럼 이 하에서는 이러한 가정과 논의에 기반을 둔 연구자들의 구체적인 개별 주장들을 제시하고자 한다. 전통적인 견해에 의견을 같이하는 연구자들의 주장은 매우 다양하나 그 가운데 대표적인 몇몇을 제시해 보면 다음과 같다.

첫째, 국가나 사회전체를 위해서 없어서는 안될 필요불가결한 공익실현 및 사회적 편익제공시설들의 입지사업추진이 중단, 지연, 축소됨으로 인해서 사회전체에 위험과 비용이 증가하게 된다.[59] 사회가 고도로 산업화되고 다원화되어 감에 따라 다양한 산업부산물과 신종범죄 등이 증가일로에 있어 각종 사회문제가 빈번하게 발생하고 있다. 따라서 이러한 문제들로부터 일반대중들을 안전하게 보호하고, 이들에게 보다 나은 사회적 편의를 제공하기 위해 산업 및 공공시설들의 건립이 강력하게 요청되고 있는 것이 현실이다.

그러나 해당 시설입지 지역주민들의 반발로 말미암아 이러한 시설들의 입지사업추진이 제대로 수행되지 못함으로 인해서 일반대중들은 위험에 노출되고 또한 시설건립에 드는 비용보다 상대적으로 더 많은 사회적 비용과 불편을 감수해야 한다. 예컨대, 쓰레기처리장을 건설하지 못함으로 인해 야간 불법투기가 성행하여 환경오염 문제가 심화될 수 있고,[60] 방사성폐기물처리시설이나 원자력발전소를 건설하지 못함으로 인해 원활한 전력수급에 차질이 발생할 수 있다.[61] 정신장애자 수용소를 제때 건립하지 못함으로 말미암아 정신장애자가 거리를 배회하여 쾌적한 주변환경을 손상시키거나 어린이들의 교육환경에 부정적인 영향을 미칠 수 있으며,[62] 교도소를 건립하지 못함으로 인해 범죄자들을 대량으로 조기에 석방시킴으로써 범죄가 증가하는 등의 각종 사회문제들이 발생할 수 있다.[63] 따라서 이들 문제들은 전체사회에 위험과 비용을 증가시킬 가능성이 매우 높다.

둘째, 입지선정에 관한 의사결정의 질이 저하된다.[64] 방사성폐기물처리시설, 원자력발전소, 쓰레기처리장 등과 같은 시설들의 입지선정에 관한 의사결정은 순수하게 환경영향평가나 기술적인 타당성조사 등을 거쳐 객관적이고도 과학적인 엄격한 입지선정기준에 의거하여 이루어져야 한다.[65] 그러한 시설들은 폐기물수송의 용이성, 시설입지지역의 지질, 국가소유토지의 점유율, 인구밀도 등과 같은 지리적, 지질적, 경제적, 인구통계학적 측면들을 종합적으로 고려한 엄격한 입지선정기준에 입각하여 결정되어야 하는 것이다.

그러나 그럼에도 불구하고, 해당 시설입지 지역주민들의 저항과 환경운동단체들의 적극적인 반대운동으로 인해 정치적인 힘의 역학관계가 고려됨으로써 그 질이 떨어지게 된다. 공공시설의 입지선정에 관한 의사결정이 해당 시설입지 지역주민들과 환경운동단체들의 반발로 말미암아 정치적인 타협점이 우선적으로 고려됨으로 인해서 그 질이 낮아질수 있는 것이다.

셋째, 지역주민들은 성공적인 시설입지저지를 쟁취하기 위하여 불법적인 수단까지도 동원함으로써 사회적 불안과 공포감을 조성한다.[66] 남녀불평등을 개선하기 위한 여성인권 보호운동이나 인종차별 개선운동 등과 같은 형평성운동과는 달리 시설입지 반대운동은 신속한 기동성(rapid mobilization)을 지니고 있다.[67] 뿐만 아니라 시설입지 반대운동에서는 지역주민들이 취할 수 있는 반대전술도 매우 다양하다.

실제로 지역주민들은 사업추진자나 지역정치인 또는 언론매체 등에 시설입지의 시정 및 중단 요구서를 보내는 진정이나 청원 또는 탄원, 공청회 참석을 통한 반대의사표시, 입지문제를 담당하는 대표자들에 대한 로비활동, 소송제기 등과 같은 비물리적인 전술에서부터 주민반대집단의 결성과 동원, 폭력행사, 데모, 기타 불법적인 수단의 사용 등과 같은 물리적인 전술에 이르는 매우 다양한 반대전술을 사용하고 있다.[68]

이렇듯 시설입지 반대운동은 평화적이고 비물리적인 반대전술에 주로 의존하는 일반적인 반대운동과는 달리 불법적인 수단의 사용 등과 같은 물리적인 전술에도 크게 의존함으로써[69] 사회전체에 불안과 공포를 조성한다.

넷째, 사업추진자들에 대한 불신으로 지역주민들은 새로운 시설입지에 반발하며, 이러한 주민반발은 행정의 효율적인 집행을 저하시킴은

물론 지역경제의 생존능력을 잠식시킨다.[70] 지역주민들은 정부나 민간
사업자와 같은 시설입지 사업추진자들이 단지 자신들의 이익추구에만
관심을 표명할 뿐이며, 자신들의 사업목표를 달성하는 데 있어서 장애
물로 비춰지는 지역사회에 대한 부정적인 영향에 대해서는 전혀 관심을
나타내지 않는다고 인식하는 경향이 있다. 바로 이러한 사업추진자들에
대한 불신으로 인해 지역주민들은 새로운 시설입지에 대해 강력하게 반
발하게 된다.

그런데, 이러한 불신에 연원한 주민반발은 사회전반에 불신풍조를 만
연시켜 정부의 공신력과 권위를 실추시킨다. 그리고 그것은 시급히 해
결해야 할 새로운 시설입지사업을 지연, 중단, 축소시킴으로써 행정의
효율적인 집행을 저해한다.

그리고 사업추진자들에 대한 불신에 연원한 주민반발은 정체된 지역
경제를 타개하여 지역경제를 활성화시키고자 노력하는 지방공무원들과
민간사업자들의 의지를 좌절시킨다. 또한 그것은 지역경제의 발전을 위
해 필요로 되는 시설들을 지역에 입지시키지 못하게 함으로써 지역경제
의 생존능력을 잠식시킨다. 일반적으로 지역주민들에게 형성된 사업추
진자들에 대한 불신은 쉽게 해소되지 않고 계속 강화되는 경향이 있다.

2. 급진적인 견해[71]

다음은 님비를 입지제의 시설들의 부정적인 외부성으로 인한 해당
시설입지 지역주민들을 포함한 전체 시민사회의 다양한 활동가들의 정
당한 권리주장으로 평가하는 급진적인 견해의 기본적인 가정과 논의,
그리고 구체적인 개별 주장들을 제시해 보면 다음과 같다.

1) 가정 I과 논의

먼저 급진적인 견해의 중심을 이루는 첫번째 가정과 이러한 가정을 지지하는 연구자들의 논의를 제시해 보면 다음과 같다.

(1) 가정 I

가정 I

입지제의 시설은 사회에 편의를 제공하고 공익을 실현하는 데 필요한 공공시설이긴 하나 부정적인 외부성을 강하게 내포하고 있다. 그리고 이러한 시설들의 입지 난국은 해당 시설입지 지역사회를 포함한 전체 시민사회(다수의 지역사회)와 공익 실현을 주창하는 국가간의 대립과 마찰로 발생한다.

입지제의되는 시설들은 사회에 편의를 제공하는 공공시설이긴 하나 부정적인 외부성을 내포하고 있다. 그리고 그러한 시설들의 입지로 인한 부정적인 영향은 해당 시설입지 지역에만 한정적으로 미치는 것이 아니라 장기적으로 시민사회 전체로까지 파급된다. 따라서 시설입지 문제는 특정 시설입지 지역에만 국한된 문제가 아니라 시민사회 전체의 문제로서 지역의 이익을 도외시하는 국가의 강압적인 입지추진에 맞섬으로써 발생하는 것이다.

(2) 논의

이상의 가정은 시설입지문제를 급진적으로 해석하는 일부 연구자들에 의해서 수용되고 있다. 대표적인 연구자로는 Rolf Lidskog와 Ingemar Elander를 들 수 있다. 그들은 비선호시설의 입지를 둘러싼 갈등을 '국가 = 공공' 대 '지역 = 특정지역'의 차원에서의 갈등으로 해석하기보다는 오히려 시민사회의 다양한 활동가들(various actors)과 국가이익이나 공익의 실현을 주창하는 국가간의 갈등으로 해석하고 있다.[72]

2) 가정 Ⅱ와 논의

다음 급진적인 견해의 중심을 이루는 두번째 가정과 이러한 가정을 지지하는 연구자들의 논의를 제시해 보면 다음과 같다.

(1) 가정 Ⅱ

> **가정 Ⅱ**
>
> 자신들의 인근 거주지역내에 비선호시설들의 입지를 원치 않는 지역주민들은 이기적이고 비합리적인 존재가 아니라 논리적이고 이성적이며 합리적인 존재이다.

지역주민들이 수용거부함에도 불구하고, 정부나 산업체 등과 같은 시설입지 사업추진자들이 강력하게 입지시키려고 하는 시설들은 비선호시설들이다. 이러한 시설들은 매연, 소음, 악취, 위해물질의 누출, 교통혼잡, 재산적 가치의 하락 등의 발생 또는 발생가능성이라는 공통된 특성을 지니고 있다.[73]

새로운 시설입지로 인한 주민반발은 입지제의 시설들의 이러한 부정적인 영향으로부터 벗어나 삶의 질을 높이고 행복한 삶을 영위하고자 하는 인간의 이성적이고 합리적인 권리주장이다. 또한 그것은 외부의 위협으로부터 벗어나고자 하는 인간본연의 자연발생적인 속성[74]에 기인한 정당한 행동이라고도 볼 수 있다.

따라서 시설입지로 인한 주민반발은 결코 이기주의(selfishness)로 매도되어서는 안된다. 또한 어느 지역이든 그러한 비선호시설들의 입지를 제의받게 되면 반발하게 될 것이기 때문에 특정 지역의 이기적인 편협성(selfish parochialism)으로 매도되어서도 역시 안된다.

(2) 논의

이상의 가정은 전통적인 기존 시각과는 전혀 다른 새로운 관점에서 주민반발문제를 조명하는 연구자들에 의해 널리 수용되고 있다. 먼저

Dianne Gilbert는 "지역사회가 타당한 욕구와 관심을 가지고 있다는 사실"75)을 정부기관이 인정하지 않는다고 하여, 지역주민들과 지역사회가 이성적인 정당한 주장으로 시설입지에 반대하고 있음을 제시하였다. 그리고 R. Kemp는 "일반대중들의 관심 및 견해표명은 본질적으로 건전한 민주적인 과정"76)이라고 하여 시설입지에 대한 주민반발을 정당한 것으로 해석하였다.

Al Gore는 "………나의 견해로는 님비증후군은 건전한 경향(healthy trend)의 출발점인 것이다. 실제로 나는 지구환경을 보호하고자 하는 수단에 대한 정치적인 지지는 '뜰(backyard)'이라는 단어의 의미가 우리 모두가 숨쉬는 공기와 같이 각자의 몫으로 확대될 때, 어느 날 파도처럼 밀려올 것으로 확신한다."77)라고 하였다. 즉, 그는 시설입지에 대한 주민반발을 정당한 환경운동의 일환으로 파악하였다.

또한 Peter M. Sandman은 "전문가들의 위험평가에 대한 지역사회의 불신은 비합리적인 것이 아니다."78)라고 하였으며, "수많은 입지반대자들은 자신들 나름대로의 뛰어난 전문기술을 소유"79)하고 있다고 주장하였다. 또한 그는 지역사회가 "자신들의 입장을 지지하는 기술적인 논거(technical arguments)를 제시하기 위해서 증거를 엄밀히 조사"80)하고 있다고 주장하였다. 시설입지에 반발하는 지역주민들을 비합리적이고 이기적인 존재가 아닌 이성적이고 합리적인 존재로 파악하고 있는 것이다.

3) 연구자들의 개별적인 주장

이상에서는 급진적인 견해의 근간을 이루는 두 가지 기본적인 가정과 이러한 가정을 지지하는 연구자들의 논의들을 고찰하였다. 그럼 이하에서는 이러한 가정과 논의에 기반을 둔 연구자들의 구체적인 개별 주장들을 제시해 보면 다음과 같다.

급진적인 견해에 의견을 같이하는 연구자들의 주장은 매우 다양하게 제시되고 있다. 이들 주장들 가운데 몇몇 대표적인 것들을 간략하게 제시해 보면 다음과 같다.

첫째, 시설입지에 대한 지역주민들의 반발은 국가의 장기적인 책임행정의 구현에 크게 이바지 한다.[81] 예컨대, 위험폐기물의 생산은 필연적으로 부가적인 처리시설들을 수반한다. 방사성폐기물과 같은 다양한 위험폐기물들이 생산됨으로써 이러한 위험물질들을 안전하게 처리할 수 있는 새로운 위험처리시설들이 필요로 되는 것이다.

그런데, 그러한 시설들의 입지문제는 위험이 전혀 없는 100% 완벽한 안전성이 보장되지 않는 한 해결되지 않고 늘 논란의 대상이 된다. 다시 말해서, 안전성 문제가 해결되지 않는 한 지역주민들은 새로운 시설입지에 대해 항상 반발하게 되는 것이다. 이런 맥락에서, 국가는 주민반발을 극복하기 위해 비선호시설의 입지문제를 다시 고려하게 되고, 인체와 환경에 부정적인 영향을 주지 않는 새로운 에너지의 개발에 주력하게 된다.

그러므로, 지역주민들의 시설입지반발은 정부로 하여금 자연과 조화할 수 있는 새로운 대체 에너지의 개발에 진력하게 하고, 이는 다시 정부의 사회전체에 대한 책임행정 실현에 일조하게 된다.

둘째, 지역주민들의 시설입지반발은 애향심의 발로이며, 지역의 아름다운 경관과 전통 문화유산들을 온전하게 계승발전시키는 데 이바지 한다.[82] 특정 지역에 대해서 그 지역주민들만큼이나 많이 알고 있고, 또한 정확하게 평가할 수 있는 사람들은 거의 없다. 자신들의 거주지역에 관한 풍부한 지식과 정확한 평가는 현재 거주하고 있는 지역에 대한 보다 높은 관심이나 애착 또는 자부심을 반영하는 애향심으로 자연스럽게 승화된다. 지역주민들은 바로 이러한 애향심의 발로로 유해한 결과를 초래할 수 있는 새로운 시설입지에 반발하는 것이다.

그리고, 바로 이러한 애향심에 기반을 둔 지역주민들의 반발은 새로운 지역개발(즉, 새로운 비선호시설의 입지)로 인해 훼손되거나 파괴될 수 있는 지역의 아름다운 경관과 전통 문화유산을 그대로 보존하고 계승할 수 있게 하는 토대를 마련해 준다. 현재 지역주민들이 향유하고 있는 아름다운 지역경관과 수많은 역사적인 문화유산들은 과거 주민반발의 산물이며, 또한 현재의 주민반발은 이를 다시 후세에게 온전하게 전승해 줄 수 있는 밑거름이 되는 것이다.

셋째, 기술·환경·사회·경제에 관한 지역주민들의 관심과 견해피력은 본질적으로 건전한 민주적인 과정으로서 장기적인 측면에서 매우 중요한 양질의 환경 의사결정안을 도출할 수 있게 한다.[83] 오늘날 사회가 고도로 다원화되어 감에 따라 기술과 환경 그리고 사회·경제에 관한 지역주민들의 관심과 견해는 과거에 비해 매우 다양하게 제시되고 있다. 또한 그 견해피력의 빈도도 증가일로에 있다. 이는 산업화 과정 중에서 필연적으로 등장하는 자연스런 현상이다.

그런데, 이러한 현상은 본질적으로 건전한 자유민주주의의 실현에 이바지할 수 있음은 물론 장기적으로 수용가능한 환경에 관한 양질의 의사결정안을 도출할 수 있게 한다. 그리고 이로 인해 환경오염은 감소될 수 있고, 자연환경은 보호될 수 있다.

그러나 단기적으로 이러한 현상을 이기주의로 치부하여 반드시 근절해야만 할 사회적인 병폐로 간주할 경우에는 다양한 의견수렴 과정이 도외시되어 환경문제에 대한 바람직한 해결책을 강구하지 못하는 일이 발생할 수 있다.

넷째, 자신들의 거주지역의 환경에 대한 관심표명은 다른 지역의 환경문제에 대한 이해와 관심에 밑거름이 된다.[84] 전체사회의 대기 및 수질오염, 아마존유역의 삼림파괴, 극지방의 빙하감소에 대한 관심은 특정 지역의 수준에서부터 지구촌의 수준에 이르는 관심의 연속선

(continuum) 상에서 표출되는 것이다. 다시 말해서, 지구공동체의 환경문제에 대한 이해와 논의의 확산은 자신들이 거주하고 있는 지역의 환경문제에 대한 견해표명과 문제의식에서 연원하고 있는 것이다.

3. 사회구조적인 견해

님비(새로운 비선호시설의 입지에 대한 주민반발)를 자본의 이익과 지역사회의 이익간의 대립에 국가가 개입함으로써 발생하는 사회구조적인 문제로 해석하는 사회구조적인 견해는 극히 일부 소수의 연구자들에 의해서 주창되고 있다. 이러한 견해의 중심을 이루는 두 가지 기본적인 가정과 이러한 가정을 지지하는 연구자들의 논의들을 제시해 보면 다음과 같이 요약될 수 있다.

1) 가정 Ⅰ과 논의

먼저 사회구조적인 견해의 중심을 이루는 첫번째 가정과 이러한 가정을 지지하는 연구자들의 논의를 제시해 보면 다음과 같다.

(1) 가정 Ⅰ

> **가정 Ⅰ**
>
> 지역주민들이 자신들의 인근 거주지역내에 입지되기를 원치 않는 입지제의 시설들은 공익시설들이 아니며, 또한 시설의 입지난국은 해당 시설입지 지역사회와 자본간의 갈등에 국가가 개입함으로써 발생한다.

입지제의 시설들은 사회전체에 편익을 제공하고 공익을 실현하는 데 필요로 되는 공익시설들이 아니라 단지 자본에 의해서 또는 노사관계를 재창출하려는 국가에 의해서 필요로 되는 시설들인 것이다.

입지제의 시설들은 자본이 자원고갈이나 환경오염 등과 같은 사회전체와 관련된 쟁점사항들을 다각적으로 고려하여 불가피한 생산문제를 재활용(recycling), 생산량의 감량화, 생산공정의 재편 등의 전략들을 채택하여 스스로 그 생산비용을 전적으로 부담함으로써 해결하기보다는, 시설입지전략을 채택하여 그 생산비용을 지역사회에 집중시킴으로써 이를 해결하려는 과정 속에서 새롭게 필요로 되는 시설들인 것이다.

또한, 이러한 시설들은 자본의 위기는 곧 국가존립의 위기라는 차원에서 자본이 스스로 부담하는 비용을 최소화하고, 지역사회에 비용을 집중시킴으로써 자본이 경제적인 위기를 모면할 수 있도록 하게 하는 국가의 정치-행정적 대응과정 속에서 새롭게 필요로 되는 시설들인 것이다. 따라서, 새로운 비선호시설의 입지에 대한 주민반발은 자본의 이기적인 이익추구와 이러한 자본의 이익추구를 지지하는 쪽에서의 국가개입에 대한 반발인 것이다.

(2) 논의

이상과 같은 가정은 전통적인 견해나 급진적인 견해의 중심을 이루는 기본적인 가정들과는 달리 상대적으로 소수의 연구자들에 의해 지지되고 있다.

Michael Heiman은 "새로운 위험폐기물 관리시설들이 이른바 '공익성 (public interest)'을 지니고 있는 시설들이라는 것에 대해 상이한 견해를 가지고 있으며, 또한 새로운 공장들이 필요로 되는지에 대해서도 의문을 지니고 있다"[85]라고 제시하였다. 즉, 그는 입지제의되는 시설들은 공익시설이 아니며, 따라서 모든 지역에서 수용거부되는 시설들이라고 주장하였다.

Robert W. Lake는 "그러한 시설들은 사회에 의해서 필요로 되는 시설들이 아니라 자본과 노사관계를 재창출하려고 노력하는 국가에 의해서 필요로 되는 시설들"[86]이라고 주장하였다. 즉, 그는 입지제의 시설들이 사회전체에 편익을 제공하는 공익시설이 아니라고 조명하였다. 또한 그는 "님비로 특징지워지는 지역보호주의(local protectionism)는 사회목표의 장애물이 아니라 자본목표의 장애물"[87]이며, "비선호시설에 대한 지역 반대는 지역사회와 사회간의 갈등을 반영하기보다는 오히려 지역사회와 자본, 지역사회와 국가간의 갈등"[88]을 반영한다고 주장하였다. 다시 말해서, 그는 주민반발에 의한 시설입지난국이 지역사회와 자본(또는 지역사회와 국가)간의 양립할 수 없는 대립과 마찰에서 연유하고 있다고 보았다.

R. W. Lake와 L. Disch는 "위험폐기물시설들에 대한 지역반대의 원천은 시설입지로 인한 원치 않는 결과에 있는 것이 아니라, 오히려 정책목적으로서의 시설입지를 엄격하게 이끄는 규제적 접근방식(regulatory approach)에 있다."[89]라고 보았다. 자본의 이익을 옹호하는 국가의 개입에 의해 시설입지반발이 발생한다고 본 것이다.

2) 가정 Ⅱ와 논의

다음 사회구조적인 견해의 근간이 되는 두번째 가정과 이러한 가정을 지지하는 연구자들의 논의를 제시해 보면 다음과 같다.

(1) 가정 Ⅱ

┌─── **가정 Ⅱ** ─────────────────────────────
│ 새로운 시설입지에 반발하는 지역주민들은 이기적이며, 비합리적인 존재가 아니
│ 다.
└──

인근 거주지역내의 원치 않는 시설입지에 대한 지역주민들의 반발, 즉 님비를 비합리적이고 이기적이며 국가발전의 장애물이라고 일방적으로 매도하는 결정은 국가의 정치적인 계산에 의한 것이다.

국가는 적어도 다음과 같은 세 가지 사항들을 정치적으로 고려하고

있다.

첫째, 산업체는 정치적인 조직력을 소유하고 있으나, 지역사회는 그 렇지 못하다.

둘째, 국가는 항상 산업체의 활동, 즉 산업체의 성장 및 발전으로부터 얻게 되는 세입(revenues)에 크게 의존하고 있다.

셋째, 시설입지문제를 해결함에 있어서 근본적으로 정치·경제적 구 조를 개편하는 것보다는 시설입지에 대한 주민반발을 이기적인 것으로 매도하는 것이 보다 용이하다. 예컨대, 지역주민들이 그 입지를 원치 않 는 저소득층 주택문제를 정치·경제적 구조를 개편하여 실업률을 감소 시키거나 빈곤을 극소화시켜 원천적으로 해결하기보다는 시설입지에 대한 반발을 이기적인 것으로 비난하고 새로운 주택을 추가적으로 건설 하려는 산업체를 지지함으로써 해결하는 것이 보다 용이하다.

따라서, 님비를 극도로 부정적인 현상으로 비춰지게 하는 것은 국가 의 이상과 같은 정치적인 고려에 의한 것이기 때문에, 님비를 반사회적 인 현상으로 간주해서는 곤란하며, 또한 지역주민들을 이기적이고 비합 리적인 존재로 일방적으로 매도해서도 안된다.

(2) 논의

이상의 가정을 강력하게 주창하고 있는 연구자들 가운데 가장 대표적 인 연구자로는 Robert W. Lake를 들 수 있다. 그는 "님비를 비합리적이며, 잘못 이끌려진 것이고, 이기적이며, 또한 장애물인 것으로 혹평하는 결정 은 정치적인 결정(political decision)"[90]이라고 주장하였다. 시설입지에 반발 하는 지역주민들을 이기적이고 비합리적인 존재로 매도하여 비판하는 것은 정치적인 측면을 계산에 넣은 국가의 일방적인 결정에 의한 것이기 때문에 시설입지에 반발하는 지역주민들을 이기적이며 비합리적인 존재 로 단정해서는 곤란하다고 주장하였다.

4. 제 견해들에 대한 비교논의

이상에서 논의한 세 가지 견해들을 몇 가지 차원에서 비교·고찰해 보면 다음 <표 2-1>과 같이 정리될 수 있다.

<표 2-1> 님비에 관한 제 견해들의 비교

구 분	전통적인 견해	급진적인 견해	사회구조적인 견해
입 지 제 의 시 설	비선호시설: 반드시 입지되어야 할 시설	비선호시설: 입지되어서는 안될 시설	비공공시설: 자본을 위한 시설
시 설 입 지 지 역 주 민	비논리적·비합리적·비이성적 존재, 이기적인 존재	논리적·합리적·이성적 존재, 비이기적인 존재	적어도 이기적이며 비합리적인 존재는 아님
충 돌·대 립 당 사 자	해당 시설입지 지역사회와 국가: 특정 사회의 이익과 공익의 대립	다수의 지역사회와 국가: 여러 시민사회의 이익과 공익의 대립	해당 시설입지 지역사회와 자본: 지역사회의 이익과 자본의 이익
시 설 입 지 파국의 원인	입지제 시설들의 부정적인 외부성, 비용-편익의 불균형	입지제 시설들의 부정적인 외부성	자본의 시설입지전략의 채택과 이러한 전략에 대한 국가의 지지
시 설 입 지 문제의 해결 방 향	하향적 문제해결(교육, 보상, 사업규제, 지역지구제, 협상 등)	상향적 문제해결(지역사회의 권력인정, 위험지각의 역동성을 고려한 의사소통 전략채택 등)	자본중심의 사회구조 개편
강 조 점	공익: 공익우선주의, 국가발전 지향주의	여러 시민사회의 이익:지역사회이익의 우선주의, 민주성, 사회적 형평성	사회구조들간의 균형과 조화
대 표 적 인 연 구 자	D.Morell ; D.J.Brion ; K.E.Port-ney ; S.Plotkin ; M.Dear ; M.E.Kraft ; B.B.Clary ; M.O'Hare ; D.Sanderson ; A.R.Matheny ; L. S.Bacow ; B.A.Williams ; J.R. Milkey 등	R.Lidskog ; I.Elander ; D.Gil-bert ; A.Gore ; P.M.Sand-man ; R.Kemp ;M.Jefferson 등	M.Heiman ; R.W.Lake ; L. Disch 등

1) 입지제의 시설

전통적인 견해와 급진적인 견해에서는 입지제의 시설들을 비선호시설로 조명한다. 양 견해 모두, 입지제의 시설들이 다음과 같은 두 가지 특성을 지니고 있다고 본다.

첫째, 입지제의되는 시설들은 사회에 편익을 제공하고 공익을 실현하는 데 필요로 되는 시설들이다.

둘째, 잠재적인 시설입지 지역에 부정적인 결과(예컨대, 재산적 가치의 하락, 공포감 조성, 지역이미지의 실추, 건강의 위해 등)를 가져올 수 있는 부정적인 외부성을 지니고 있다.

바로 이상의 두 가지 특성이 입지제의 시설에 내포되어 있다고 보는 점이 양 견해에 있어서의 하나의 공통점인 것이다. 그러나 보다 정밀하게 고찰해 보면, 입지제의 시설관에 있어서 양 견해는 미묘한 차이점을 드러낸다. 전통적인 견해에서는 전자의 특성을 강조하여 입지제의 시설들을 반드시 특정 지역에 입지되어야 할 시설들로 파악한다. 이에 비해서, 급진적인 견해에서는 후자의 특성을 강조하여 입지제의 시설들을 그 어떠한 지역에서도 입지되어서는 안될 시설들로 조명한다. 바로 이 점이 양자의 입지제의 시설관에 있어서의 차이점이다.

사회구조적인 견해에서는 입지제의 시설들을 사회적 편익제공 및 공익실현과는 직접적인 관계가 없는 오로지 자본을 위한 시설들로 간주한다. 따라서 앞의 두 견해와는 근본적으로 상이한 입지제의 시설관을 나타내고 있다.

2) 시설입지 지역주민

전통적인 견해에서는 해당 시설입지 지역주민들을 다음과 같이 파악하고 있다.

첫째, 지역주민들은 새로운 시설입지제의에 대해 정확한 정보나 과학적인 조사에 기반으로 두고서 논리적·합리적·이성적으로 대응하기보다는 감정에 크게 의존하여 비논리적·비합리적·비이성적으로 대처한다.

둘째, 지역주민들은 시설입지에 대해 원칙적으로 찬성하면서도 자신들의 인근 거주지역내에서 만큼은 절대로 이를 허용할 수 없다는 입장을 견지하여 이기적인 태도를 나타낸다.

이해 비해, 급진적인 견해에서는 이상의 견해와는 다르게 시설입지 지역주민들을 다음과 같이 조명하고 있다.

첫째, 지역주민들은 새로운 시설입지제의에 대해 감정적으로만 대응하는 것이 아니라 나름대로의 뛰어난 전문기술과 과학적인 근거를 가지고 논리적·합리적·이성적으로 대처한다.

둘째, 지역주민들은 장기적으로 전체사회에까지 부정적인 결과를 가져다 줄 수 있는 입지제의 시설들의 부정적인 외부성으로부터 벗어나고자 한다. 이는 인간본연의 자연발생적인 반응으로 이기적인 편협성으로 매도되어서는 안된다.

사회구조적인 견해에서는 입지제의 시설들을 자본을 위한 시설들로 파악함으로서 이러한 시설들의 입지에 반발하는 지역주민들을 이기적이며 비합리적인 존재로 해석하지는 않는다.

요컨대, 전통적인 견해에서는 지역주민들을 X이론적인 관점(인간 = 부정적인 존재)에서 조명하고 있다. 이에 비해서, 급진적인 견해에서는 지역주민들을 Y이론적인 관점(인간 = 긍정적인 존재)에서 해석하고 있다. 그리고 사회구조적인 견해에서는 적어도 지역주민들을 비합리적이고 이기적인 존재로는 파악하지 않는다.

3) 충돌·대립 당사자

전통적인 견해에서는 시설입지문제와 관련하여 해당 시설입지 지역사회와 전체사회가 대립하는 것으로 보고 있다. 시설의 부정적인 외부성으로부터 지역의 이익을 보호하고자 하는 지역사회와 사회에 편의를 제공하는 시설들을 입지시킴으로써 공익을 실현하고자 하는 전체사회(국가)가 시설입지문제와 관련하여 서로 대립하는 것으로 보고 있다. 특정 지역의 이익과 공익간의 충돌과 마찰로 시설입지난국이 발생한다고 해석하고 있는 것이다.

급진적인 견해에서는 시설입지문제와 관련하여 지리적 한정성을 갖는 특정 시설입지 지역사회와 전체사회(국가)가 충돌하는 것이 아니라 해당 시설입지 지역사회를 포함한 여러 시민사회(다수의 지역사회)와 국가가 대립하는 것으로 보고 있다. 입지제의 시설들의 부정적인 외부성은 해당 시설입지 지역사회에만 한정적으로 영향을 미치는 것이 아니라 여러 시민사회로까지 파급되어 영향을 미치기 때문에 시설입지문제는 특정 입지지역만의 문제가 아니라고 본다. 따라서 이 견해는 해당 시설입지 지역사회를 포함한 여러 시민사회의 이익과 공익간의 충돌과 마찰로 시설입지난국이 발생한다고 해석하고 있다.

사회구조적인 견해에서는 시설입지문제와 관련하여 자본(또는 국가)과 해당 시설입지 지역사회가 대립하는 것으로 보고 있다. 시설입지전략을 채택하여 생산비용의 일부를 특정 지역에 전가시키려는 자본과 그러한 비용을 감수하지 않으려 하는 지역사회가 시설입지와 관련하여 서로 대립하는 것으로 조명하고 있다. 또한 고도의 정치적인 계산에 의해 국가가 자본의 시설입지전략을 지지함으로써 시설입지난국은 더욱 가중되는 것으로 해석하고 있다.

4) 시설입지 파국의 원인

전통적인 견해에서는 입지제의 시설의 부정적인 외부성 때문에 주민반발이 발생한다고 본다. 새로운 시설이 들어서게 되면, 매연, 소음, 악

취, 먼지, 교통혼잡, 재산적 가치의 하락, 지역적 오명 등과 같은 부정적
인 영향과 결과들이 발생할 것으로 지역주민들이 생각하기 때문에 시설
입지 파국이 발생한다고 보는 것이다. 또한 이 견해에서는 새로운 시설
입지로 비용-편익의 불균형이 발생할 것으로 생각하기 때문에 주민반발
이 야기된다고 본다. 시설입지로 인한 편익은 사회 전체로 널리 분산되
는 반면, 비용은 해당 입지지역에 집중되는 비용-편익의 불균형 때문에
해당 시설입지 지역주민들이 반발하게 되고, 이로 인해 시설입지문제는
파국으로 치닫게 된다고 보고 있다.

급진적인 견해에서는 전통적인 견해에서와 마찬가지로 입지제의 시
설의 부정적인 외부성 때문에 주민반발이 발생한다고 본다. 그런데 이
견해에서는 전통적인 견해와는 달리 부정적인 외부성이 해당 입지지역
에만 한정적으로 영향을 미치는 것이 아니라 다수의 시민사회에 까지
파급되어 영향을 미친다고 보아 시설입지 문제를 시민사회 전체의 문제
로 보았다.

사회구조적인 견해에서는 자본이 생산의 문제를 자원의 재활용, 생산
의 감량화, 생산공정의 재편, 연구개발 등의 전략으로 해결하지 않고 지
역주민들에게 비용을 집중시키는 시설입지전략으로 해결하려는 과정
속에서 국가가 자본의 이러한 전략을 지지하여 시설입지문제에 개입함
으로써 시설입지문제가 파국으로 치닫게 된다고 보고 있다.

5) 시설입지문제의 해결방향

전통적인 견해는 '최대다수의 최대행복(the greatest good for the greatest
number)'을 추구하는 Jeremy Bentham의 공리주의(utilitarianism)에 철학적 기
반을 두고 있다.[91] 그러므로, 이 견해에서는 특정 지역의 주민반발을
'최대다수의 최대행복'에 역행하는 현상으로 보고 있다. 또한 해당 시설
입지 지역주민들을 이기적이고 비합리적인 존재로 파악하여, 시설입지

에 대한 그들의 반발을 반사회적인 병리현상으로 규정하고 있다. 따라서 전통적인 견해에서는 이러한 사회적 병리현상을 해결하기 위해서는 지역주민들의 의사를 적극적으로 반영하는 상향적인 문제해결방식보다는 강력한 정부통제와 계도를 강조하는 하향적인 문제해결방식[92]에 보다 많은 비중을 두고 있다.

급진적인 견해는 "인간은 원초적인 입장에서 '무지의 베일(veil of ignorance)'에 가려져 있기 때문에 타인, 특히 최소 수혜자들을 평등하게 대우해야 한다."는 John Rawls의 공정으로서의 정의관(justice as fairness)[93]에 철학적 기반을 두고 있다. 그러므로, 이 견해에서는 시설입지로 인해 사회적 비용을 집중적으로 감수해야 하는 지역주민들의 이익도 평등하게 고려해야 한다는 형평성 차원에서 주민반발을 당연한 현상으로 보고 있다. 또한 해당 시설입지 지역주민들을 논리적이고 이성적이며 합리적인 존재로 파악하여, 시설입지에 대한 그들의 반발을 자유민주주의를 실현하고자 하는 정당한 권리주장, 즉 민중들의 건전한 사회운동으로 규정하고 있다. 따라서 급진적인 견해에서는 시설입지문제를 근본적으로 해결하기 위해서는 통제와 계도를 강조하는 하향적인 문제해결방식보다는 시설입지문제의 해결과정에 지역주민들의 의사를 적극적으로 반영하는 상향적인 문제해결방식[94]에 보다 많은 비중을 두고 있다.

사회구조적인 견해는 '갈등과 대립의 원인이 사회구조(전체적인 체제)에 있다.'라고 보는 Ralf Dahrendorf[95]나 Lewis A. Coser[96] 등의 갈등론적 접근방식에 기반을 두고 있다. 자본이 생산문제를 해결함에 있어서 해당 시설입지 지역주민들로 하여금 비용을 감수하지 않을 수 없게 하는 시설입지전략을 채택하고, 이러한 자본의 비용최소화전략을 정부가 고도의 정치적인 계산에 의해 지지하는 과정속에서 주민반발현상이 발생한다고 본다. 시설입지에 대한 주민반발의 원인을 세 실체들(지역주민, 자본, 국가)간의 관계, 즉 사회구조의 불균형적인 역학관계에 있는 것으로 분석하고 있다. 따라서 이 견해에서는 시설입지문제를 근본적으로 해결하기 위해서는 자본중심의 사회구조를 개선해야만 한다고 보고 있다.

6) 강조점

전통적인 견해에서는 새로운 시설입지에 따른 해당 지역사회의 사회적 비용감수는 사회전체를 위해 어쩔 수 없는 일이라고 봄으로써 사회전체의 이익, 즉 공익을 강조한다. 따라서 이 견해는 공익우선주의, 국가발전지상주의 등에 보다 높은 가치를 둔다.

이에 비해, 급진적인 견해에서는 시설입지로 인한 주민반발을 입지제의 시설의 부정적인 외부성에서 벗어나고자 하는 인간본연의 속성으로 봄으로써 해당 입지지역을 포함한 다수의 시민사회의 이익을 강조한다. 따라서 지역사회이익의 우선주의, 인간의 존엄성, 민주성, 사회적 형평성 등에 보다 높은 가치를 둔다.

그리고 사회구조적인 견해에서는 시설입지에 대한 주민반발이 해당 시설입지 지역사회, 자본, 국가간의 역학관계에서 연원한다고 봄으로써 사회구조들간의 불균형 해소를 강조한다. 따라서 이 견해는 사회구조들간의 균형과 조화에 높은 비중을 둔다.

■ 주석

1) 보다 구체적인 내용은 다음의 문헌들을 참고하기 바람. Steven I. Friedland, "The New Hazardous Waste Management System: Regulation of Waste or Wasted Regulation?", *Harvard Environmental Law Review*, 1981, vol. 5, pp. 89-129 ; Gerald Bulanowski, *The Impact of Science and Technology on the Decisionmaking Process in State Legislatures : The Issue of Solid and Hazardous Waste*, (Denver, Colo. : National Conference of State Legislatures, 1981) ; R. C.

Eckhardt, "The Unfinished Business of Hazardous Waste Control", *Baylor Law Review*, 1981, vol. 33, pp. 252-268.

2) Michael R. Edelstein, *Contaminated Communities : The Social and Psychological Impacts of Residential Toxic Exposure,* (Boulder : Westview, 1988) ; R. Gary Williams, "Perceived Knowledge and Perceived Risk", Presented at the Second Symposium on Social Science in Natural Resource Management, Urbana, IL, June, 1988 ; R. Gary Williams & Barbara A. Payne, "Emergence of Collective Action and Environmental Networking in Relation to Radioactive Waste Management", Presented at the Annual Meetings of the Rural Sociological Society, VA, August, 1985 ; Richard W. Stoffel, Michael Traugot, Carla Davidson, Florence V. Jensen, John Stone, Gail Coover, & Paula Drury, *Social Assessment of Siting a Low- Level Radioactive Waste Isolation Facility in Michigan : A Summary of Two Studies,* (Ann Arbor : Institute for Social Research, University of Michigan, 1989) ; Robert W. Lake(ed.), *Resolving Locational Conflict*, (New Jersey : Center For Urban Policy Research, 1987)을 참고하기 바람.

3) Riley E. Dunlap, Michael E. Kraft, & Eugene A. Rosa(eds.), *Public Reactions to Nuclear Waste Citizens' Views of Repository Siting*, (Durham & London : Duke University Press, 1993) ; Michael E. Kraft, "Evaluating Technology through Public Participation : The Nuclear Waste Disposal Controversy", in Michael E. Kraft & Norman J. Vig(eds.), *Technology and Politics*, (Durham & London : Duke University Press, 1988), pp. 253-277 ; R. E. Howell, M. E. Olsen, D. Olsen, & G. Yuan, "Citizen Participation in Nuclear Waste Repository Siting", in S. H. Murdock, F. L. Leistritz, & R. R. Hamm(eds.), *Nuclear Waste : Socioeconomic Dimensions of Long Term Storage*, (Boulder, CO : Westview Press, 1983), pp. 267-290.

4) 일부 연구자들은 님비(NIMBY)의 결과들(공공시설들의 부지확보곤란에서부터 환경문제의 악화에 이르는 각종 부정적인 결과)에 초점을 맞추어 NIMBY에 -ism 또는 증후군(syndrome)이라는 용어를 덧붙여 NIMBY를 사회적 병폐(social malady) 또는 사회적 병리현상(social pathological phenomenon)으로 파악하기도 하였다. 이와 관련해서는 다음의 문헌들을 참고하기 바람. The Futurist, "Substituting One Risk for Another : A Choice of Backyard Hazards May Ease NIMBY Syndrome", 1991, vol. 25, pp. 50-51 ; I. Weddle, "Soapbox", *Social Work Today*, 1991, vol. 22, p. 26 ; Sarith Guerra, "NIMBY, NIMTOF, & Solid Waste Facility Siting", *Public Management*, 1991, vol. 73, pp.

11-12 ; Peter Self, "The Political Answer to NIMBYism : Viewpoint 1", *Town & County Planning*, 1990, pp. 227-228.

5) William Glaberson, "Coping in the Age of 'Nimby'", *New York Times*, June 19, 1988, Section 3, p. 1.

6) 앞 장에서 논의한 바와 같이, 비선호시설 즉, 루루(LULUs)는 사회적 또는 국가적 수준에서는 필요로 되는 시설들이지만 개인적 또는 지역사회적 수준에서는 수용거부되는 시설들이다. 루루가 엄청난 부정적인 외부성(large negative externalities)을 지니고 있기 때문이다. 다시 말해서, 루루는 교통량의 현격한 증가, 산업부산물의 배출, 잘못된 관리 등으로 인해 매연, 소음, 악취, 먼지 등을 발생시켜 쾌적한 주변환경을 오염시키거나 인체에 치명적인 위해 물질, 방사능 등을 누출시켜 위험을 야기시키거나 또는 그럴 가능성이 높기 때문이다. 그리고 루루의 입지로 인해서 명백하고도 실질적인 재산적 가치의 하락, 특히 주택가치의 하락이 뒤따르기 때문이다. 또한 이러한 루루는 빈곤 지역, 소수민족의 거주지역, 인구밀도가 회소한 지역, 그리고 정치적으로 과소평가된 지역에 주로 입지됨으로 인해 공정성(fairness)의 문제를 야기시키는 경우가 많다. 이러한 비선호시설과 관련된 보다 구체적인 내용은 다음과 같은 문헌들을 참고하기 바람. Frank J. Popper, "LULUs", *Resources*, 1983, pp. 2-4 ; Frank J. Popper, "The Environmentalist and the LULU", in Robert W. Lake(ed.), *Resolving Locational Conflict*, (New Jersey : Center For Urban Policy Research, 1987(A)), pp. 1-3 ; Frank J. Popper, "LP/HC and LULUs : The Political Uses of Risk Analysis in Land-Use Planning", in Robert W. Lake(ed.), *Resolving Locational Conflict*, (New Jersey : Center For Urban Policy Research, 1987(B)), pp. 275-278 ; Andrew Blowers, David Lowry, & Barry D. Solomon, *The International Politics of Nuclear Waste*, (London : Macmillan Academy and Professional LTD, 1991), pp. 19-20 ; John J. Pitney, Jr., "Bile Barrel Politics : Siting Unwanted Facilities", *Journal of Policy Analysis and Management*, 1984, vol. 3, no. 3, pp. 446-448 ; Malcolm Gets & Benjamin Walter, "Environmental Policy and Competitive Structure : Implications of the Hazardous Waste Management Program", *Policy Studies Journal*, 1980, vol. 9, no. 3, p. 410.

7) Michael Dear, "Understanding and Overcoming the NIMBY Syndrome", *Journal of the American Planning Association*, 1992, vol. 58, no.3, p. 288.

8) *Ibid.*, pp. 290-291.

9) Martin P. Sellers, "NIMBY : A Case Study in Conflict Politics", *Public Administration Quarterly*, 1993, p. 460.

10) Denis J. Brion, *Essential Industry and the NIMBY Phenomenon*, (New York : Quorum Books, 1991), p. ix.

11) *Ibid.*, p. xi.

12) Michael E. Kraft & Bruce B. Clary, "Citizen Participation and the NIMBY Syndrome: Public Response to Radioactive Waste Disposal", *The Western Political Quarterly*, 1991, vol. 44, p. 300.

13) Michael E. Kraft & Bruce B. Clary, "Public Testimony in Nuclear Waste Repository Hearings : A Content Analysis", in Riley E. Dunlap, Michael E. Kraft, & Eugene A. Rosa(eds.), *Public Reactions to Nuclear Waste*, (Durham : Duke University Press, 1993), p. 96.

14) Kent E. Portney, "The Potential of the Theory of Compensation for Mitigating Public Opposition to Hazardous Waste Treatment Facility Siting : Some Evidence from Five Massachusetts Communities", *Policy Studies Journal*, 1985, vol. 14, no. 1, p. 81.

15) Peter M. Sandman, "Getting to Maybe : Some Communications Aspects of Siting Hazardous Waste Facilities", in Robert W. Lake(ed.), *Resolving Locational Conflict*, (New Jersey : Center For Urban Policy Research, 1987), pp. 3-27.

16) Albert R. Matheny & Bruce A. Williams, "Knowledge vs. NIMBY : Assessing Florida's Strategy for Siting Hazardous Waste Disposal Facilities", *Policy Studies Journal*, 1985, vol. 14, no. 1, p. 70 ; Albert R. Matheny & Bruce A. Williams, "Rethinking Participation: Assessing Florida's Strategy for Siting Hazardous Waste Disposal Facilities", in Charles E. Davis & James P. Lester(eds.), *Dimensions of Hazardous Waste Politics and Policy*, (New York : Greenwood Press, 1988), p. 37.

17) Audrey Armour(ed.), *The Not-In-My-Backyard Syndrome*, (Downsview, Ontario : York University, 1984) ; Michael R. Edelstein, Contaminated Communities : The Social and Psychological Impacts of Residential Toxic Exposure, (Boulder, CO : Westview Press, 1988), pp. 170-189 ; Portney, *op. cit.*, 1991, p. 11.

18) R. Lidskog, "Whose Environment ? Which Perspective ? A Critical Approach to Hazardous Waste Management in Sweden", *Environment and Planning A*, 1993, vol. 25, p. 572 ; D. Nelkin, "Science, Technology, and Political Conflict : Analyzing the Issues", in D. Nelkin(ed.), *Controversies : Politics of Technical Decisions*, (Beverly Hills, CA : Sage, 1979), pp. 9-24 ; S. F. Tierney, "The Nuclear Waste Disposal Controversy", in D. Nelkin(ed.), *Controversies : Politics of*

Technical Decisions, (Beverly Hills, CA : Sage, 1979), pp. 91-101.

19) Andrew Blowers 등에 따르면, 미국에서는 위험폐기물 정책이 일반적인 원칙 확립단계에서 구체적인 입지제의단계로 전환될 때, 방사능폐기물 처리시설 의 입지 및 관리에 대한 정치적인 반대(political opposition)가 급격히 확산된 다고 한다. 이러한 현상은 바로 주민들의 양면적인 태도를 반영한 님비의 전 형적인 한 사례라고 하겠다. Blower, Lowry, & Solomon, *op. cit*, p. 240을 참고 하기 바람.

20) Dear, *op. cit.*, p. 288 ; Sellers, *op. cit.*, p. 460 ; Kraft & Clary, *op. cit.*, 1991, p. 300 ; Kraft & Clary, *op. cit.*, 1993, p. 96 ; Portney, *op. cit.*, 1985, p. 81 ; Sandman, *op. cit.*, p. 327 ; Matheny & Williams, *op. cit.*, 1985, p. 70 ; Matheny & Williams, *op. cit.*, 1988, p. 37 ; Glaberson, *op. cit.*, p. 1.

21) Popper, *op. cit.*, 1983, pp. 2-4 ; Popper, *op. cit.*, 1987(A), pp. 1-3 ; Popper, *op. cit.*, 1987(B), pp. 275-278 ; Blowers, Lowry, & Solomon, *op. cit.*, pp. 19-20 ; Pitney, *op. cit.*, pp. 446-448.

22) Robert W. Lake, "Rethinking NIMBY", *Journal of the American Planning Association*, 1993, vol. 59, p. 87 ; Michael Heiman, "From 'Not in My Backyard!' to 'Not in Anybody's Backyard!'", *Journal of the American Planning Association*, 1990, vol. 56, no.3, p. 359.

23) 일반적으로 지리적 근접성은 님비(NIMBY)의 가장 근본적인 특성으로 제시 되고 있다. Dear, *op. cit.*, p. 291 ; Kraft & Clary, *op. cit.*, 1991, p. 303 ; C. J. Smith, "Residential Proximity and Community Acceptance of the Mentally Il l", *Journal of Operational Psychiatry*, 1981, vol. 1, pp. 2-12.

24) Gets & Walter, op. cit., p. 410 ; Matheny & Williams, op. cit., 1985, p. 70 ; Matheny & Williams, op. cit., 1988, p. 37 ; Kraft & Clary, op. cit., 1991, p. 300 ; Portney, op. cit., 1985, p. 82 ; Barbara Weisberg, "One City's Approach to NIMBY : How New York City Developed a Fair Share Siting Process", *Journal of the American Planning Association*, 1993, vol. 59, no. 1, p. 93 ; Robert Cameron Mitchell & Richard T. Carson, "Property Rights, Protest, and the Siting of Hazardous Waste Facilities", *American Economic Review*, 1986, vol. 76, p. 287 ; Dennis Coates, Victoria Heid, & Michael Munger, "Not Equitable, Not Efficient : U.S. Policy on Low-Level Radioactive Waste Disposal", *Journal of Policy Analysis and Management*, 1994, vol. 13, no.3, pp. 526-538.

25) 이러한 관점을 행태론적인 관점에서 비추어 본다면, 인간은 이해득실을 면 밀하게 고려하여 행동한다는 점에서 이는 A. Etzioni의 타산적 관여

(calculative involvement), Y. Wiener와 Y. Vardi의 타산적 조직몰입(calculative organizational commitment), 그리고 A. Kidron의 타산적 몰입과 동일 맥락에서 이해할 수 있다. 이와 관련해서는 다음과 같은 문헌들을 참고하기 바람. A. Etzioni, *A Comparative Analysis of Complex Organizations*, (New York : The Free Press, 1961), pp. 8-9 ; A. Etzioni, *The Active Society : A Theory of Social and Political Process*, (New York : The Free Press, 1968), pp. 357-359 ; Y. Wiener & Y. Vardi, "Relationships between Job, Organization, and Career Commitment and Work Outcomes : An Integrative Approach", *Organizational Behavior and Human Performance*, 1980, vol. 26, pp. 81-96 ; A. Kidron, "Work Values and Organizational Commitment", *Academy of Management Journal*, 1978, vol. 21, no. 2, pp. 239-247.

26) Gary Marks & Detlof von Winterfeldt, "'Not in My Back Yard' : Influence of Motivational Concerns on Judgments About a Risky Technology", *Journal of Applied Psychology*, 1984, vol. 69, no.3, pp. 408-414.

27) James Q. Wilson은 정책을 비용과 편익이라는 두 가지 차원을 조합하여 다음 그림과 같이 네 가지 형태로 유형화하였다.

Wilson의 정책유형

| | 지각된 비용 | |
	(분 배)	(집 중)
편 (분 배)	다수결형 정책 (Majoritarian Politics)	기업형 정책 (Entrepreneurial Politics)
익 (집 중)	고객형 정책 (Client Politics)	이익집단형 정책 (Interest Group Politics)

Robert J. Waste는 이상과 같은 Wilson의 정책유형을 토대로 지역주민들과 정책집행자들간에 발생하는 갈등의 정도, 즉 낮은 갈등에서 높은 갈등에 이르는 갈등의 연속선상에서 정책을 다섯 가지 유형(Autonomous, Pork Barrel, Growth, Redistributive, Intrusive)으로 분류하였는 바, 이중에서 강제정책(Intrusive Policy)은 집중된 비용과 분산된 편익의 형태로 지역주민들과 정책집행자들간에 가장 강도 높은 갈등을 유발시킨다고 주장하였다. 님비는 바로 이러한 강제정책 집행의 소산이며, 지역주민들의 부정적인 반응이라고 하겠다. 이와 관련된 구체적인 내용은 다음 문헌을 참고하기 바람. James Q. Wilson, *American Government : Institutions and Policies*(3rd.), (Lexington, MA : D. C. Heath, 1986) ; Robert J. Waste, *The Ecology of Policymaking*, (New York : Oxford

University Press, 1989), pp. 81-86.

28) Brion, op. cit., p. xv ; Dear, op. cit., p. 288 ; R. Kemp, T. O'Riordan, & M. Purdue, "Investigation as Legitimacy : the Maturing of the Big Public Inquiry", Geoforum, 1984, vol. 15, pp. 477-488 ; T. O'Riordan, R. Kemp, & M. Purdue, Sizewell B : An Anatomy of the Inquiry, (London : Macmillan, 1988), pp. 42-71 ; Lidskog, op. cit., p. 573.

29) Lake, op. cit., p. 88.

30) Lidskog, op. cit., p. 572.

31) Lidskog, op. cit., p. 577 ; S. Openshaw, "Making Nuclear Power more Publicly Acceptable", Nuclear Energy, 1988, vol. 27, no.2, pp. 131-135 ; Gerald Jacob, Site Unseen : The Political of Siting a Nuclear Waste Repository, (University of Pittsburgh Press, 1990), pp. 137-139 ; IAEA, Underground Disposal of Radioactive Wastes, (Vienna : International Atomic Energy Agency, 1980)을 참고하기 바람.

32) Luther J. Carter, Nuclear Imperative and Public Trust : Dealing with Radioactive Waste, (Washington, D. C. : Resources for the Future, 1987), p. 5.

33) Openshaw, op. cit., p. 135.

34) Pitney, op. cit., pp. 446-447 ; Sandman, op. cit., p. 328, p. 332 ; Tierney, op. cit., pp. 91-101 ; U. Beck, Risk Society : Towards a New Modernity, (London : Sage, 1992) ; Blowers, Lowry, & Solomon, op. cit., p. xii.

35) Edward Walsh, Democracy in the Shadows,(New York : Greenwood Press, 1988) ; Denton Morrison, "How and Why Environmental Consciousness has Trickles down", in Allan Schnaiberg & Nicholas Watts(eds.), Distributional Conflicts in Environmental Resource Policy, (Alsershot, England : Gower Publishing, 1986), pp. 187-220.

36) Edward Walsh, Rex Warland, & D. Clayton Smith, "Backyards, NIMBYs, and Incinerator Sitings : Implications for Social Movement Theory", Social Problems, 1993, vol. 40, no. 1, p. 25.

37) Lake, op. cit., pp. 87-93 ; N. Freudenberg & C. Steinsapir, "Not in Our Backyards: The Grassroots Environmental Movement", Society and Natural Resources, 1991, vol. 4, pp. 235-245 ; Lidskog, op. cit., pp. 571-588 ; Heiman, op. cit., pp. 359-362.

38) Martin P. Seller와 같이 님비(NIMBY)와 비선호시설(LULU)을 다같이 시설입지를 원치 않는 해당 시설입지 지역주민들의 태도로 해석하여 동일 개념으로 파악하는 연구자들도 일부 있지만, 양 개념은 확실하게 구별되는 차별성

을 지니고 있다. 즉 넘비는 시설입지에 대한 주민반발을 강조하고, 입지선정 (location)과 직접적으로 관련이 있는 반면, 비선호시설(루루 : LULU)은 시설 그 자체에 주안점을 두며, 기술(technology)과 직접적으로 관련이 있다. 이와 관련해서는 다음과 같은 문헌들을 참고하기 바람. Sellers, *op. cit.*, p. 460 ; William R. Freudenburg & Susan K. Pastor, "NIMBYs and LULUs : Stalking the Syndromes", *Journal of Social Issues,* 1992, vol. 48, no. 4, pp. 39-40.

39) 국내의 대다수 연구자들은 시설입지에 대한 주민반발현상을 전통적인 견해 에서 주로 조명하고 있다. 즉, 대부분의 연구자들은 시설입지문제에 있어서 해당 입지지역 주민들이 시설입지에 대해서는 원칙적으로 찬성하면서도 자 신들의 인근 거주지역 내에서 만큼은 절대로 허용할 수 없다는 이기적이며, 지역보호주의자적인 반응(self-interested, turf-protectionist response)을 나타낸 다고 분석함으로써 시설입지에 대한 주민반발을 지역이기주의와 동일시하 여 매우 부정적으로 평가하고 있다. 이와 관련해서는 다음과 같은 문헌들을 참고하기 바람. 김홍식, "지역이기주의의 극복", 김안제(편), 「한국의 지방자 치와 지역개발」, (서울 : 박문각, 1993), 467-503쪽 ; 김홍식, 「지역이기주의 극복을 위한 정책연구」, 한국지방행정연구원, 1993 ; 천병호, 「유해폐기물 처 리정책에 관한 연구-안면도와 화성사업소 사례를 중심으로」, 서울대학교대 학원 박사학위논문, 1992년 8월 ; 내무부 지방행정연수원,「지역이기주의 효 율적 극복방안」, 1991 ; 김영기, "폐기물처리시설과 넘비현상", 「환경보전」, 1993, 16-17쪽 ; 김종후, 전형원, 강동희, "공공시설 설치에 따른 지역/집단 이해갈등과 조정에 관한 연구", 한국지방자치학회, 「지방자치연구」, 1994, 59-86쪽 ; 전라남도연구단,「자치단체내 지역·집단 이해갈등의 조정방안」, 1991 ; 전형원, "지방자치단체내도시혐오시설 설치에 따른 지역·집단이기주 의에 관한 연구", 전북행정학회, 「전북행정학보 제5집」, 1992 ; 손희준, "지 역이기주의 극복을 위한 혐오시설의 효율적 관리방안", 지방행정연구소, 「자 치행정」, 1994, 6-16쪽 ; 정세욱, "지역이기주의가 지방재정에 미치는 영향", 대한지방행정공제회, 「지방재정」, 1991, 44-56쪽 ; 천병호, "유해폐기물 처리 장 선정을 위한 바람직한 방안 모색", 현대사회연구소, 「지방자치」, 1994, 122-127쪽 ; 김효영, "지역이기주의의 효과적 극복방안", 한국지방자치연구 소, 「지방자치」, 1992, 36-56쪽 ; 유평준, "지역개발과 환경보전의 조화", 현 대사회연구소, 「지방자치」, 1992, 12-16쪽 ; 김경동과 홍두승(편), 「원자력과 지역이해-사회과학적 접근-」, (서울 : 서울대학교출판부, 1992).

40) David Morell, "Siting and the Politics of Equity", in Robert W. Lake(ed.), *Resolving Locational Conflict,* (New Jersey : Center For Urban Policy Research,

1987), p. 117.

41) Brion, *op. cit.*, p. xii.

42) Kent E. Portney, *Siting Hazardous Waste Treatment Facilities : The Nimby Syndrome*, (New York : Auburn House, 1991), p. 11.

43) Daniel A. Mazmanian & David Morell, "The 'NIMBY' Syndrome : Facility Siting and the Failure of Democratic Discourse", in Norman J. Vig & Michael E. Kraft(eds.), *Environmental Policy in the 1990s*(2ed.), (Washington : Congressional Quarterly Inc., 1994), p. 234.

44) Barry G. Rabe & John Martin Gillroy, "Intrinsic Value and Public Choice : The Alberta Case", in John Martin Gillroy(ed.), *Environmental Risk, Environmental Values, and Political Choices : Beyond Efficiency Trade-offs in Public Policy Analysis*, (Boulder : Westview Press, 1993), p. 150.

45) Dear, *op. cit.*, p. 288.

46) Sidney Plotkin, *Keep Out : The Struggle for Land Use Control*, (California : University of California Press, 1987), p. 8.

47) Brion, *op. cit.*, p. xv.

48) Gets & Walter, *op. cit.*, p. 410.

49) Baruch Fischhoff, "Acceptable Risk : The Case of Nuclear Power", *Journal of Policy Analysis and Management*, 1983, vol. 2, no. 4, p. 565.

50) Matheny & Williams, *op. cit.*, 1985, p. 70 ; Matheny & Williams, *op. cit.*, 1988, p. 37.

51) Mazmanian & Morell, *op. cit.*, p. 234.

52) Kraft & Clary, *op. cit.*, 1991, p. 300.

53) *Ibid.*, p. 300.

54) Kraft & Clary, *op. cit.*, 1993, p. 96.

55) Dear, *op. cit.*, p. 288.

56) Peter M. Meier, David Morell, & Philip F. Palmedo, "Political Implications of Clustered Nuclear Siting", *Energy Systems and Policy*, 1979, p. 22.

57) Portney, *op. cit.*, 1991, p. 11.

58) Alan Jakimo & Irvin C. Bupp, "Nuclear Waste Disposal : Not In My Backyard", *Technology Review*, 1978, p. 66.

59) Matheny & Williams, *op. cit.*, 1985, p. 70 ; Matheny & Williams, *op. cit.*, 1988, p. 37 ; Mazmanian & Morell, *op. cit.*, p. 234 ; Glaberson, *op. cit.*, p. 1 ; Lawrence S. Bacow & James R. Milkey, "Overcoming Local Opposition to

Hazardous Waste Facilities : The Massachusetts Approach", *Harvard Environmental Law Review*, 1982, vol. 6, no. 2, pp. 266-267 ; Thomas N. Gladwin, "Patterns of Environmental Conflict over Industrial Facilities in the United States, 1970-1978", in Robert W. Lake(ed.), *Resolving Locational Conflict*, (New Jersey : Center For Urban Policy Research, 1987), p. 31.

60) Bacow & Milkey, *op. cit.*, p. 267.

61) Hae-Woon Yoo & Chang-Taeg Oh, "A Case Study on Local Residents' Reaction to Facility Siting: A Case of Radioactive Waste Disposal Facility Siting", Presented at the American Nuclear Society Winter Meeting, Washington, D. C., November, 1994, pp. 2-3.

62) Raymond F. Currie, Barry Trute, Bruce Tefft, & Alexander Segall, "Maybe on My Street : The Community Placement of the Mentally Disabled", *Urban Affairs Quarterly*, 1989, vol. 25, no. 2, p. 303 ; Dear, op. cit., p. 290.

63) Michael O'Hare & Debra Sanderson, "Facility Siting and Compensation : Lessons from the Massachusetts Experience", *Journal of Policy Analysis and Management*, 1993, vol. 12, no. 2, p. 364.

64) E. Brent Sigmon은 미국에서는 정치적인 이유(지역주민들의 반발 등)로 말미암아 원전연료처리문제가 불가피하게 실패로 귀결되었고, 이를 개선하기 위한 노력으로 1982년 원자력폐기물 정책법안(Nuclear Waste Policy Act)이 등장하게 되었다고 주장하였다. 또한 Barry R. Weingast는 미국에서의 원자력발전에 관한 의사결정은 환경운동단체와 같은 이해관계자들의 적극적인 반대활동에 의해서 크게 영향을 받았으며, 원자력정책은 이러한 반응들을 반영하여 커다란 변화가 있었다고 주장하였다. 이상과 맥락을 같이하여, 지역주민들의 반발이 시설입지에 관한 의사결정에 부정적인 영향을 미쳤던 사례는 우리나라의 안면도 방사성폐기물처리시설의 입지실패 사례에서도 찾아 볼 수 있다. 기술적, 지리적, 지질적, 경제적 검토를 통하여 최적지로 선정된 지역(안면도)이 해당 입지지역주민들의 반발로 인하여 시설입지에 관한 정책결정이 전면적으로 재검토되었다. E. Brent Sigmon, "Achieving a Negotiated Compensation Agreement in Siting : The MRS Case", *Journal of Policy Analysis and Management*, 1987, vol. 6, no. 2, p. 170 ; Barry R. Weingast, "Congress, Regulation, and The Decline of Nuclear Power", Public Policy, 1980, vol. 28, no. 2, pp. 231-255 ; Hae-Woon Yoo & Chang-Taeg Oh, op. cit., pp. 1-22를 참고하기 바람.

65) 앞에서 논의한 바와 같이 일반적으로 해당 입지지역 주민들이 수용거부하는

비선호시설들은 고도의 기술적인 문제와 관련되어 있기 때문에 매우 까다로운 입지선정 조건을 충족시켜야만 한다. 예컨대, 방사성폐기물처리시설은 그 처분방식이 매우 다양하며 지리적, 지질적, 경제적, 인구통계학적, 그리고 기술적 측면이 다각적으로 모두 고려되어야만 한다. 보다 구체적인 내용은 다음 문헌을 참고하기 바람. IAEA, *Underground Disposal of Radioactive Wastes*, (Vienna : International Atomic Energy Agency, 1980).

66) Herbert Inhaber, "Of LULUs, NIMBYs, and NIMTOOs", *The Public Interest*, 1992, no. 107, pp. 52-64.

67) Edward Walsh 등은 사회운동을 기술운동(technology movement : 예컨대, 시설입지에 대한 주민반발운동)과 형평성운동(equity movement : 예컨대, 성차별개선운동)으로 구별하여, 전자가 후자에 비해서 보다 빠른 기동성(mobilization)을 지니고 있다고 주장하였다. Walsh, Warland, & Smith, *op. cit.*, p. 25.

68) 비선호시설의 입지에 대해 지역주민들이 취할 수 있는 반대전술에 관한 구체적인 내용은 다음의 문헌들을 참고하기 바람. Sellers, *op. cit.*, p. 462 ; Dear, *op. cit.*, pp. 290-291 ; Glaberson, *op. cit.*, p. 1 ; Currie, Trute, Tefft, & Segall, *op. cit.*, p. 303 ; Gladwin, *op. cit.*, p. 27.

69) Michael E. Kraft와 Bruce B. Clary(1991, 1993) 그리고 Martin P. Sellers(1992)는 새로운 시설들의 입지(facilities siting)에 반대하는 지역주민들은 그러한 시설들이 자신들의 인근 거주지역에 입지됨으로써 자신들의 건강과 안전에 치명적인 결과가 초래될 수 있다고 인식하기 때문에 시설입지를 원천적으로 봉쇄하고자 필사적으로 노력하며, 이때 그들이 표출하는 반응양태는 감정에 의존함으로써 과격성과 격렬성을 띤다고 주장하였다. Kraft & Clary, *op. cit.*, 1991, p. 300 ; Kraft & Clary, *op. cit.*, 1993, p. 96 ; Sellers, *op. cit.*, p. 463.

70) Mazmanian & Morell, *op. cit.*, pp. 234-235 ; David A. Bella, Charles D. Mosher, & Steven N. Calvo, "Establishing Trust : Nuclear Waste Disposal", *Journal of Professional Issues in Engineering*, 1988, vol. 114, pp. 40-50 ; Matheny & Williams, *op. cit.*, 1985, pp. 70-80 ; Howard Kunreuther, Kevin Fitzgerald, & Thomas D. Aarts, "Siting Noxious Facilities : A Test of the Facility Siting Credo", *Risk Analysis*, 1993, vol. 13, no. 3, p. 303 ; Kraft & Clary, *op. cit.*, 1991, pp. 302-303 ; Hae-Woon Yoo & Chang-Taeg Oh, *op. cit.*, pp. 7-8 ; Douglas Easterling, "Fair Rules for Siting a High-Level Nuclear Waste Repository", *Journal of Policy Analysis and Management,* 1992, vol. 11, no. 3, p. 442.

71) 국내의 일부 소수의 연구자들은 시설입지에 대한 주민반발현상을 급진적인
견해에서 조명하고 있다. 다시 말해서, 일부 연구자들은 시설입지에 대한 주
민반발현상은 입지제의 시설들의 부정적인 외부성에 연원한 해당 입지지역
주민들의 자연발생적인 반응으로 정당하다고 평가하고 있다. 그리하여 그들
은 이러한 관점에서 시설입지에 대한 주민반발현상을 지역이기주의로 매도
하기보다는 정당한 지역주의로 파악하여 긍정적으로 평가해야 한다고 주장
하고 있다. 이와 관련해서는 다음과 같은 문헌들을 참고하기 바람. 원종익,
"혐오시설과 님비증후", 「국토정보」, 1991, 2쪽 ; 김선희, "NIMBYs", 「국토
정보」, 1991, 3-12쪽 ; 김선희, "NIMBYs의 경제학", 「국토정보」, 1993, 60-64
쪽 ; 이인용, "원전건설과정의 지역이기주의 해소방안", 「입법조사월보」,
1992, 20-35쪽 ; 하혜수, "님비현상, 지역이기주의만은 아니다", 현대사회연
구소, 「지방자치」, 1994, 122-127쪽 ; 양우성, "매립장 확보 둘러싼 지역이기
주의의 겉과 속", 현대사회연구소, 「지방자치」, 1992, 21-26쪽 ; 김동훈, "광
역행정과 지역이기주의", 「지방행정」, 92-101쪽 ; 김병준, 「한국지방자치론
」, (서울 : 법문사, 1994), 420-435쪽.

72) Rolf Lidskog & Ingemar Elander, "Reinterpreting Locational Conflicts : NIMBY
and Nuclear Waste Management in Sweden", *Policy and Politics*, 1992, vol. 20,
no. 4, p. 261.

73) Popper, *op. cit.*, 1983, pp. 2-4 ; Popper, *op. cit.*, 1987(A), pp. 1-3 ; Popper, *op.
cit.*, 1987(B), pp. 275-278 ; Blowers, Lowry, & Solomon, *op. cit.*, pp. 19-20 ;
Pitney, Jr., *op. cit.*, pp. 446-448 ; Gets & Walter, *op. cit.*, p. 410.

74) 외부의 위협으로부터 벗어나고자 하는 인간본연의 욕구를 Abraham Maslow
는 자신의 욕구계층이론에서 안전욕구(safety needs)로 규정하였으며, 또한
Clayton P. Alderfer는 존재욕구(existence needs)로 규정하였다. 이와 관련해서
는 다음과 같은 문헌들을 참고하기 바람. Abraham Maslow, *Motivation and
Personality*, (New York : Harper & Row, 1970) ; Abraham Maslow, *Religion, Values
and Peak-experiences*, (Ohio : Ohio State University Press, 1964) ; M. A. Wahba
& L. G. Bridwell, "Maslow Reconsidered : A Review of Research on the Need
Hierarchy Theory", *Organizational Behavior and Human Performance*, 1976, vol.
11, pp. 212-240 ; Clayton P. Alderfer, "An Empirical Test of a New Theory
of Human Needs", *Organizational Behavior and Human Performance*, 1969, vol. 4,
no. 2, pp. 142-175 ; 권기성 외 2인, 「행정학원론」, (서울 : 진성사, 1991), pp.
424-427.

75) Dianne Gilbert, "Not in My Backyard", *Social Work*, 1993, vol. 38, no. 1, p.

7.

76) R. Kemp, "Why not in My Backyard? A Radical Interpretation of Public Opposition to the Deep Disposal of Radioactive Waste in the United Kingdom", *Environment and Planning A*, 1990, vol. 22, p. 1240.

77) Al Gore, *Earth in the Balance : Ecology and the Human Spirit*, (New York : Plume Book, 1993), p. 291.

78) Sandman, *op. cit.*, p. 327.

79) *Ibid.*, p. 328.

80) *Ibid.*, p. 328.

81) Lidskog & Elander, *op. cit.*, pp. 261-262.

82) Michael Jefferson, "Are NIMBYs Really So Bad ?", *Town & County Planning*, 1990, September, Viewpoint 2, p. 229.

83) Kemp, *op. cit.*, p. 1240.

84) Jefferson, *op. cit.*, p. 229.

85) Heiman, *op. cit.*, p. 359.

86) Lake, *op. cit.*, p. 87.

87) *Ibid.*, p. 87.

88) *Ibid.*, p. 88.

89) R. W. Lake & L. Disch, "Structural Constraints and Pluralist Contradictions in Hazardous Waste Regulation", *Environment and Planning A*, 1992, vol. 24, p. 665.

90) Lake, *op. cit.*, p. 89.

91) 전통적인 견해가 "최대다수의 최대행복"을 추구하는 공리주의(utilitarianism)에 철학적 기반을 두고 있음과 관련해서는 다음의 문헌을 참고하기 바람. Fischhoff, *op. cit.*, p. 565.

92) 전통적인 견해에서는 시설입지문제의 해결방안으로 성부가 주도적으로 해당 입지지역주민들의 잘못된 인식(위험인식을 비롯한 비용-편익의 불균형에 대한 인식 등)과 태도를 변화시키고, 시설입지문제와 관련된 제반 사항들을 직접 통제해야만 한다는, 즉 정부의 직접적인 개입(intervention)을 강조하는 하향적 문제해결방식(top-down problem solving method)을 주로 제시하고 있다. 이러한 하향식 문제해결방식으로는 보상, 협상(negotiation), 정보제공, 사업규제, 교육, 지역지구제(zoning), 중재(mediation) 등이 있다.

   * 보상(O'Hare, 1977 ; Elliott, 1984 ; Sigmon, 1987 ; Friedman, 1987 ; Hadden, 1991 ; Dear, 1992)

* 협상(Dorius, 1993 ; Friedman, 1987)
* 정보제공(Hadden & Hazelton, 1980 ; Davis, 1986)
* 사업규제(Miller & Yandle, 1979 ; Hadden & Hazelton, 1980 ; Dear, 1992)
* 교육(Dear, 1992 ; Matheny & Williams, 1985 ; Inhaber, 1992)
* 지역지구제(Dear, 1992)
* 중재(Dear, 1992)

O'Hare, *op. cit.*, pp. 407-458 ; Michael L. P. Elliott, "Improving Community Acceptance of Hazardous Waste Facilities Through Alternative Systems for Mitigating and Managing Risk", *Hazardous Waste*, 1984, vol. 1, no. 3, pp. 397-410 ; Sigmon, *op. cit.*, pp. 170-179 ; Susan G. Hadden, "Public Perception of Hazardous Waste", *Risk Analysis*, 1991, vol. 11, no. 1, pp. 47-57 ; Dear, *op. cit.*, pp. 288-330 ; Noah Dorius, "Land Use Negotiation : Reducing Conflict and Creating Wanted Land Uses", *Journal of the American Planning Association*, 1993, vol. 59, no. 1, pp. 101-106 ; Robert S. Friedman, "Using Consultation and Compensation in Siting Repositories for High-Level Nuclear Waste", *Journal of Policy Analysis and Management*, 1987, vol. 7, no. 1, pp. 141-146 ; Susan G. Hadden & Jared Hazelton, "Public Policies toward Risk", *Policy Studies Journal*, 1980, vol. 9, no. 1, pp. 109-117 ; Charles Davis, "Public Involvement in Hazardous Waste Siting Decisions", *The Journal of the Northeastern Political Science Association*, 1986, vol. 19, no. 2, pp. 296-304 ; J. C. Miller & B. Yandle(eds.), *Benefit-Cost Analysis of Social Regulation : Case Studies from the Council on Wage and Price Stability*, (Washington, D.C. : American Enterprise Institute, 1979) ; Matheny & Williams, *op. cit.*, 1985, pp. 70-79 ; Inhaber, *op. cit.*, pp. 52-64.

93) John Rawls의 공정으로서의 정의관(justice as fairness)과 관련해서는 다음과 같은 문헌들을 참고하기 바람. John Rawls, *A Theory of Justice*, (Cambridge : Harvard Press, 1971) ; 안광일, "한국의 배분문제에 대한 정의관적 접근에 관한 소고- 공정으로서의 정의관을 중심으로 - ", 「광운대학교 논문집」, 1987, 제16권, 211-226쪽.

94) 상향적 문제해결방식과 관련하여 Peter M. Sandman은 다음과 같은 시설입지 문제 해결방식을 제안하고 있다. 첫번째, 시설입지과정을 지연시키거나 중단시키는 지역사회의 실질적인 권력을 인정하고, 두번째, 지역사회의 반대를 비합리적이거나 이기적인 것으로 간주하지 말 것이며, 세번째, 신뢰를 구하기에 앞서 지역사회가 자신들의 자원(own resources)에 의존하게끔 할 것이며, 네번째, 위험지각의 역동성(dynamics of risk perception)을 고려한 의사소통전

략을 채택하고, 다섯번째, 건강 및 안전, 위험 이외의 다른 문제들도 소홀히 다루지 말 것이며, 여섯번째, 모든 기획(planning)을 가결정하여, 지역사회와의 협상이 유효하게끔 하게 하고, 일곱번째, 지역사회의 관심사에 부합할 수 있게끔 지역사회를 직접적인 협상에 참여시키고, 여덟번째, 개방적인 정보정책을 확립하되, 독자적인 정보를 얻고자 하는 지역사회의 요구를 수용할 것이며, 아홉번째, 새로운 의사소통방법들의 개발을 고려하는 것이 바람직하다. 한편, Luther J. Carter는 토지이용 및 환경과 관련된 갈등들은 입지선정(locations)을 회피함으로써 극복될 수 있다고 제시하였으며, B. D. Solomon과 F. M. Shelley는 처리시설을 거주지역으로부터 멀리 떨어진 지역에 건설함으로써 시설입지 반발문제를 해결할 수 있다고 제시하였다. Sandman, *op. cit.*, pp. 325-343 ; Carter, *op. cit.*, p. 192 ; B. D. Solomon & F. M. Shelley, "*Siting Patterns of Nuclear Waste Repositories*", *Journal of Geography*, 1988, vol. 87, pp. 59-71.

95) Ralf Dahrendorf, *Class and Class Conflict in Industrial Society*, (London : Routledge and Kegan Paul, 1959).

96) Lewis A. Coser, *The Function of Social Conflict*, (New York : The Free Press, 1956).

제 3 장 환경운동의 발전과정과 님비에 관한 선행연구검토

제1절 환경운동의 발전과정

님비에서의 주민반발은 주로 환경운동의 차원에서 이해되어 왔다. 우리나라에서는 1962년부터 시작한 경제개발 5개년 계획을 추진하면서 산업화에 의한 공해문제가 제기되었고, 1960년대 후반부터 공해추방운동이 싹트기 시작하였다. 우리나라에서 일어난 최초의 환경운동은 1966년에 발생한 부산화력발전소 인근 지역주민들의 매연반대운동이었다.[1] 이어 1970년대에 들어서는 환경오염과 그에 따른 피해보상문제를 둘러싸고 환경갈등이 심화되었고, 환경오염의 심각성이 국민적 관심사로 크게 부각되었다. 그리하여 관주도로 범국민적 환경운동이 전개되었다.

1980년대에 들어서는 제 5 공화국 헌법에 '환경권'이 명문화되고, 환경청이 신설된 것을 계기로 환경권 보장의 중요성이 널리 인식되게 되었다. 그리고 이러한 인식을 토대로 반공해단체들이 결성되어 공해문제를 사회구조적인 입장에서 조명하는 질적인 발전을 이룩하게 되었다. 1980년대 후반 이후에는 민주화가 진전되고, 산업화에 따른 환경오염의 심각성이 전국민의 관심사로 제기되면서 스스로 환경을 보호하고 공해를 방지하기 위한 자발적인 민간단체들이 급속히 결성되기 시작하였다. 이러한 단체들은 1990년대에 들어 환경정책에 실질적인 영향력을 행사하기 위해 전국적인 규모로 조직화되기 시작하였다.[2]

이렇듯 환경운동의 발전과정은 공해문제의 심각성에 대한 일반대중들의 인식의 증대와 그 궤를 같이하고 있다. 민주적인 수단과 절차에 의존하여 전개되는 환경운동은 삶의 질을 개선시키려는 건전한 노력과 정당한 권리주장이라는 점에서 매우 바람직한 현상이라고 볼 수 있다.

그런데 문제는 최근에 들어 환경운동이 전개되는 과정속에서 이러한 민주적인 수단이나 절차에 의존하기보다는 폭력이나 불법시위 등과 같은 비민주적인 수단을 동원하여 환경문제를 해결하려는 사건이 빈번하게 발생하고 있다는 점이다. 특히, 비선호시설의 입지와 관련하여 전개되는 환경운동, 즉 님비는 지역보호주의(local protectionism)를 반영함으로써 심각한 사회문제로 대두되고 있다. 입지제의되는 비선호시설들이 어느 지역엔가에는 반드시 입지되어야 할 시설들이라는 점에는 동의하나 자신들이 거주하는 지역에서 만큼은 그러한 시설들의 입지를 절대로 허용할 수 없다는 양면적인 태도를 견지하는 지역주민들의 반발은 시급히 해결해야 할 사회문제로 급부상하고 있다.

제 2 절 님비에 관한 선행연구검토

이 절에서는 님비에 관한 연구동향들을 검토해 보고자 한다. 그리고 그 가운데에서도 특히, 님비의 영향요인들과 관련된 여러 선행연구들을 보다 면밀하게 고찰하고자 한다. 이는 그동안 수행된 여러 선행연구들의 결과를 토대로 하여 우리 실정에 맞는 님비의 주요 영향요인들을 추출해 보고자 하기 때문이다.

그동안 님비와 관련하여 다루어졌던 주요 연구논제들은 크게 비선호시설입지에 대한 주민반발에 관한 평가, 비선호시설의 입지접근방식, 비선호시설입지에 대한 주민반발의 원인 등으로 나누어 볼 수 있다.

먼저, 비선호시설입지에 대한 주민반발에 관한 평가적 연구는 전술한

바와 같이, 크게 세 가지 범주로 나눌 수 있다. 그 하나는 새로운 비선
호시설의 입지에 대한 주민반발을 공익을 저해하는 반사회적인 병리현
상으로 조명하는 연구이다. 이러한 범주속에 포함되는 대표적인 연구들
로는 Michael Dear(1992)[3]와 Kent E. Portney(1991)[4] 등의 연구가 있다.[5]

또다른 하나는 비선호시설입지에 대한 주민반발을 입지제의 시설들
의 부정적인 외부성으로 인한 해당 시설입지 지역주민들을 포함한 다수
시민사회의 정당한 권리주장으로 평가하는 연구이다. 이러한 범주속에
포함되는 대표적인 연구로는 Rolf Lidskog와 Ingemar Elander(1992)[6] 그리
고 Michael Jefferson(1990)[7]의 연구가 있다.[8]

그리고 나머지 하나는 비선호시설입지에 대한 주민반발을 자본의 이
익과 지역사회의 이익간의 대립에 국가가 개입함으로써 발생하는 사회
구조적인 문제로 해석하는 연구이다. 이러한 범주속에 해당되는 대표적
인 연구로는 Michael Heiman(1990),[9] Robert W. Lake(1993),[10] R. W. Lake와
L. Disch(1992)[11]의 연구 등이 있다.

비선호시설의 입지반발에 대한 평가와 관련하여, R. Lidskog는 스웨덴
에 있어서의 위험폐기물 중앙처리시설의 입지에 대한 의사결정과정을
종합적으로 분석한 후, 입지갈등(locational conflict)은 그 시설입지문제를 어
떻게 지각하고 정의하느냐와 관련된 투쟁이라는 결론을 도출하였다.[12]
이러한 맥락을 반영이라도 한듯이 비선호시설 입지반발에 관한 평가연
구들은 비선호시설 입지반발현상 그 자체의 어느 특정 국면에만 초점을
맞춤으로써 시설입지반발의 원인을 제각기 상이하게 진단하고 나아가
그 해결방안도 달리 제시하고 있다.

두번째로, 비선호시설 입지접근방식과 관련된 연구들이 있다. 그리고
그 가운데 대표적인 연구로 먼저 Charles Davis(1986)[13]의 연구를 들 수 있
다. 그는 위험폐기물 처리시설의 입지에 반대하거나 의견제시에 유보적
인 입장을 견지하는 지역주민들을 대상으로 보상과 비경제적인 유인(대

표자 참여, 정보제공)이 태도표명에 미치는 영향을 설문조사를 통해 비교
분석하였다. 그리고 보상이론이 성공적인 비선호시설입지에 어느 정도
의 잠재력을 지니고 있는지를 파악하고자 Massachusetts 주(州)내의 5개
지역사회로부터 추출한 여론자료를 분석한 Kent E. Portney(1985 ; 1988)[14]
의 연구가 있다. 이밖에 비선호시설 입지접근방식과 관련된 대표적인
연구로 Michael E. Kraft(1988),[15] T. K. Pierson(1983),[16] Keystone Center(1982
),[17] Susan B. Hansen(1984),[18] A. D. Tarlock(1984),[19] Michael O'Hareet et
al.(1983),[20] Noah Dorius(1993)[21]의 연구[22] 등이 있다.

이상의 범주속에 포함되는 연구들은 주로 사례분석을 통하여 상이한
입지접근방식들의 상대적인 장·단점들을 서로 비교하거나 또는 설문
조사나 이론적인 논의를 통하여 특정 접근방식의 필요성을 주창하고 있
다. 그리고 이런 유형의 연구들은 근원적으로 각 접근방식의 적용에 따
른 주민반발의 원인규명과 그러한 주민반발을 최소화시킬 수 있는 입지
전략의 탐색에 주안점을 두고 있다.

세번째로 비선호시설 입지에 대한 주민반발의 원인을 탐색한 연구들
즉, 님비의 유발요인들을 규명한 연구들이 있다. 이에 해당되는 대표적
인 연구로 먼저 Martin P. Sellers(1992)[23]의 연구를 들 수 있다. 그는 전화
설문과 사례분석을 통하여, North Carolina의 소도시인 Dunn에 생의학폐
기물 처리시설을 건설하려는 Thermetics 사의 사업추진에 찬성했던 지방
정부가 압력단체의 영향으로 그 입지계획에 반대하게 되는 과정을 분석
하였다. 또한 전화설문·초점집단과의 면접·사례분석 등을 통하여, 쓰
레기처리시설의 건설에 반대했던 Pennsylvania 주내의 두 지역을 대상으
로 사회운동의 관점에서 왜 한 지역(Philadelphia Navy Yard)은 시설입지에
실패했고, 또 다른 한 지역(Montgomery County)은 왜 성공했는지 그 원인을
규명한 Edward Walsh et al.(1993)[24]의 연구가 있다.

그리고 영국 남서부 4개 지역의 805명을 대상으로 한 우편설문을 통

하여, 영국 북서부 지역에 있는 Sellafield 원전연료재처리공장의 안전도에 관한 텔레비전 다큐멘터리가 지역주민들의 태도와 신념에 미치는 영향을 분석한 Joop Van der Pligtet et al.(1987)[25]의 연구가 있다.[26] 이외에 국내연구로 천병호(1992),[27] 김홍식(1993),[28] 이승철(1993),[29] 김선희(1991 ; 1993),[30] 원종익(1991),[31] 김형구(1994)[32] 등의 연구가 있다.

넘비유발요인 규명에 관한 여러 연구들 가운데 몇몇 대표적인 연구들을 중심으로 넘비유발요인들을 제시해 보면, 다음 <표 3-1>과 같이 정리될 수 있다. 그런데 이상의 연구들은 일부 몇몇을 제외하고는 대부분 사례분석이나 설문조사 등과 같은 경험적인 분석을 결여한 채, 이론적인 설명만으로 주민반발의 원인을 제시하고 있다.

일반적으로 비선호시설들의 입지에 대한 주민반발현상들은 주어진 상황에 따라서 제각기 상이한 특수성이나 개별성 또는 배후성을 지니고 있다. 또한 주민반발을 유발시키는 요인들은 상호밀접하게 연계되어 있다. 이러한 이유로 넘비에 영향을 미치는 요인들을 상호배타적으로 명쾌하게 유형화하기란 사실상 매우 어렵다.

그러나 이 책에서는 여러 선행연구들이 제시한 영향요인들의 성질을 단순화시켜, 이를 기반으로 넘비의 유발요인, 즉 비선호시설 입지에 대한 주민반발의 영향요인들을 추출하였다. 이를 구체적으로 제시해 보면 다음과 같다.

먼저, 여러 선행연구들 그 가운데에서도, 특히 Dennis W. Ducsik (1978 : 1986), Baruch Fischhoff(1983), Lawrence E. Susskind와 Stephen R. Cassella(1987), Michael E. Kraft와 Bruce B. Clary(1991 ; 1993), 김홍식(1993), Edward Walsh, Rex Warland, D. Clayton Smith(1993)의 연구들에서 공통요인으로 "사업추진자와 관련된 넘비유발요인"을 추출하였다.

이 요인은 비선호시설의 입지과정에 있어서 정부나 민간사업자 등과 같은 사업추진자들이 경주하는 일련의 입지노력과 관련이 있다. 앞의

비선호시설의 입지접근방식에서 고찰한 바와 같이, 사업추진자들이 비
선호시설들을 입지시키기 위해 구사하는 일련의 접근방식들은 주민반
발을 유발시킬 수 있는 높은 개연성을 지니고 있다. 특히, 사업추진자들

〈표 3-1〉 님비의 주요 유발요인

연구자	님비 유발 요인									
Bacow & Milkey				산업과 정부에 대한 불신	재산적 가치의 하락	지역적 불명예	위험 폐기물 관련 위험에 대한 우려	건강과 환경에 대한 잠재적 위험	과거 폐기물 처리의 실패	위험 물질 수송과 관련된 소음과 혼잡
Dear					재산적 가치의 하락		개인적 안전에 대한 우려	환경의 질의 잠재적 저하		
Easterling						지역적 오명	지각된 위험			
Hadden, Veillette, & Brandt		비호의 적 이미지								방송 매체의 관심
Kemp				일반 대중들의 불신	지역경제에 대한 부정적인 영향		지각된 위험과 안전에 대한 공포	건강과 환경에 대한 우려		
Kraft & Clary		감정적 지향	지방적 견해	입지 문제에 대한 제한된 정보	사업 추진자에 대한 불신		사업 위험에 대한 높은 수준의 관심			
Mazmanian & Morell	비용과 편익의 배분상의 불균형				민간 및 정부지도 자들에 대한 신뢰의 감소		위험 폐기물과 위험물질에 대한 공포감	과학과 기술이 환경을 악화시킬 수 있다는 인식의 변화		
Morell	비용과 편익의 불균형		비 형평성		불신	재산적 가치의 하락 가능성	지역 이미지의 손상	공포심	기타 방해 요소	
Sellers	불공정 한 부담				재산적 가치의 하락	지역 경제의 쇠퇴 가능성	지역적 오명 (stigma)	시설이 잘못 관리될 수 있음에 대한 근심	건강과 안전에 대한 위험으로 인한 공포	
Mitchell & Carson	* 위험폐기물시설에 의해 지역사회에 부과되는 높은 비용의 지각 * 저렴한 저항 비용 * 주민저항의 높은 성공가능성									

이 비선호시설들의 입지를 일방적으로 주도하는 결정-발표-방어(Decide
-Announce-Defend)의 절차나 보상적 접근방식에 입각하여 비선호시설들을
입지시키고자 할 때 더욱 그러하다. 따라서 이 책에서는 이러한 맥락에
있는 주민참여와 보상을 사업추진자와 관련된 님비유발요인으로 선정
하여 집중적으로 고찰하고자 한다.

두번째로, Lawrence S. Bacow와 James R. Milkey(1982), David Morell(1984),
Robert Cameron Mitchell과 Richard T. Carson(1986), R. Kemp(1990), Michael E.
Kraft와 Bruce B. Clary(1991;1993), Michael Dear(1992), Douglas Easterling(1992),
Martin P. Sellers (1992), Daniel A. Mazmanian과 David Morell(1994)의 연구들
을 토대로 "지역주민과 관련된 님비유발요인"을 추출하였다.

이 요인은 비선호시설들의 입지로 지역주민들이 부담해야 할 사회적
비용(social costs)과 관련이 있다. 새로운 비선호시설들의 입지는 비용-편익
의 불균형을 발생시킬 수 있다. 비선호시설들이 새롭게 입지됨으로 인
해서 얻게 되는 편익은 해당 입지지역을 포함하여 전체 지역사회로 널
리 분산되는 반면, 지역적 오명, 재산적 가치의 하락, 쾌적한 환경의 훼
손, 건강상의 유해성 등과 같은 사회적 비용은 단기적으로 해당 입지지
역에 집중되게 된다. 따라서 해당 시설입지지역의 동의없이 비선호시설
들의 입지를 강행하는 것은 불특정 다수의 이익을 위해 소수의 일방적
인 희생을 강제하는 것과 다름이 없다.

그러므로 이런 상황에서의 비선호시설들의 입지는 불신과 불만을 낳
고, 주민반발을 야기시킬 수 있다. 이 책에서는 바로 이러한 맥락을 고
려하여, 지역주민들이 부담해야 할 사회적 비용과 관련되어 있는 사업
추진자들에 대한 신뢰도, 재산적 가치의 하락, 지역적 오명, 잠재적 위
험에 대한 공포, 저항의 기동성과 연대성을 지역주민과 관련된 님비유
발요인으로 선정하여 중점적으로 고찰하고자 한다.

마지막으로, Barry R. Weingast(1980), Susan G. Hadden, Joan Veillette,

Thomas Brandt(1983), Robert Cameron Mitchell과 Richard T. Carson(1986), Kent E. Portney(1991), Martin P. Sellers(1992)의 연구들에서 공통요인으로 "외부환경과 관련된 님비유발요인"을 추출하였다.

이 요인은 주민반발의 직접적인 도화선으로 작용할 수 있는 비선호시설입지 지역주민들을 둘러싼 외부환경과 관련이 있다. 사회가 고도로 산업화되어감에 따라 여러 신종 유해물질들은 증대되고 있다. 그리고, 이로 말미암아 사람과 자연환경이 그러한 물질들의 위험에 노출될 수 있는 가능성도 더불어 증대되고 있다. 이러한 이유로 환경운동단체들의 비선호시설의 입지반대활동은 상당히 적극성을 띠고 있다. 즉, 환경운동단체들은 지역주민들이 비선호시설들의 입지에 반발하도록 적극적인 입지반대활동을 전개하고 있다.

또한 첨단 과학기술의 발달로 대중매체가 지역주민들에게 미치는 영향은 날로 증대되고 있다. 대중매체들은 환경에 대해 지대한 관심을 표명하고 있는데, 이는 비선호시설들의 입지에 대한 주민반발에 상당한 영향을 미칠 수 있다. 따라서 이 책에서는 바로 이러한 맥락들을 고려하여, 환경운동단체들의 활동과 대중매체의 영향을 외부환경과 관련된 님비유발요인으로 선정하여 중점적으로 고찰하고자 한다.

■ 주석

1) 김병완, 「한국의 환경정책과 녹색운동」, (서울 : 나남출판사, 1994), 214쪽.

2) 니시나 겐이치·노다교우미, 육혜영(역), 「한국공해리포트- 원전에서 산재까지」, (서울 : 개마고원, 1991), 59-83쪽 ; 환경과 공해연구회, 「공해문제와 공해대책」, (서울 : 한길사, 1992), 167-175쪽.

3) Michael Dear, "Understanding and Overcoming the NIMBY Syndrome", *Journal of the American Planning Association*, 1992, vol. 58, pp. 288-297.

4) Kent E. Portney, *Siting Hazardous Waste Treatment Facilities : The Nimby Syndrome*, (New York : Auburn House, 1991), p. 11.

5) 이러한 범주속에 포함되는 연구들로 다음과 같은 것들도 있다.

  * Alan Jakimo & Irvin C. Bupp(1978)

  * Peter M. Meier, David Morell, & Philip F. Palmedo(1979)

  * Malcolm Gets & Benjamin Walter(1980)

  * Baruch Fischhoff(1983)

  * David Morell(1984)

  * Albert R. Matheny & Bruce A. Williams(1985 ; 1988)

  * Kent E. Portney(1985 ; 1991)

  * Sidney Plotkin(1987)

  * Denis J. Brion(1991)

  * Herbert Inhaber(1992)

  * Barry G. Rabe & John Martin Gillroy(1993)

  * Daniel A. Mazmanian & David Morell(1994)

  이들 연구들의 출처는 앞에서 기술한 님비에 관한 견해에서 참고하기 바람.

6) Rolf Lidskog & Ingemar Elander, "Reinterpreting Locational Conflicts : NIMBY and Nuclear Waste Management in Sweden", *Policy and Politics*, 1992, vol. 20, no. 4, pp. 249-262.

7) Michael Jefferson, "Are NIMBYs Really So Bad ?", *Town & County Planning*, 1990, September, Viewpoint 2, pp. 229-230.

8) 이러한 범주 속에 포함되는 연구들로 다음과 같은 것들도 있다.

  * Peter M. Sandman(1986)

  * R. Kemp(1990)

  * Dianne Gilbert(1993)

* Al Gore(1993)
위의 연구들에 대한 구체적인 출처는 역시 앞에서 기술한 님비에 관한 견해의
다양성에서 참고하기 바람.

9) Michael Heiman, "From 'Not in My Backyard !' to 'Not in Anybody's
Backyard !'", *Journal of the American Planning Association*, 1990, vol. 56, no. 3,
pp. 359-361.

10) Robert W. Lake, "Rethinking NIMBY", *Journal of the American Planning
Association*, 1993, vol. 59, pp. 87-92.

11) R. W. Lake & L. Disch, "Structural Constraints and Pluralist Contradictions in
Hazardous Waste Regulation", *Environment and Planning A*, 1992, vol. 24, pp.
663-679.

12) R. Lidskog, "Whose Environment ? Which Perspective ? A Critical Approach
to Hazardous Waste Management in Sweden", *Environment and Planning* A,
1993, vol. 25, pp. 571-586.

13) Charles Davis, "Public Involvement in Hazardous Waste Siting Decisions", *The
Journal of the Northeastern Political Science Association*, 1986, vol. 19, no. 2, pp.
296-304.

14) Kent E. Portney, "The Role of Economic Factors in Lay Perceptions of Risk",
in Charles E. Davis & James P. Lester(eds.), *Dimensions of Hazardous Waste Politics
and Policy*, (New York : Greenwood Press, 1988), pp. 53-61 ; Kent E. Portney,
"The Potential of the Theory of Compensation for Mitigating Public Opposition
to Hazardous Waste Treatment Facility Siting : Some Evidence from Five
Massachusetts Communities", Policy Studies Journal, 1985, vol. 14, no. 1, pp.
81-88.

15) Michael E. Kraft, "Evaluating Technology through Public Participation : The
Nuclear Waste Disposal Controversy", in Michael E. Kraft & Norman J
Vig(eds.), *Technology and Politics*, (Durham and London : Duke University Press,
1988), pp. 253-277.

16) R. N. L. Andrews & T. K. Pierson, *Hazardous Waste Facility Siting : A
Comparison of State Approaches*, (Chapel Hill, NC : UNC Institute for
Environmental Studies, 1983).

17) Keystone Center, *Siting Hazardous Waste Facilities in the Galveston Bay Area : A
New Approach*, (Keystone, CO : Keystone Center, 1982).

18) Susan B. Hansen, "On the Making of Unpopular Decision : A Typology and

Some Evidence", *Policy Studies Journal*, 1984, vol. 13, no. 1, pp. 23-43.

19) A. D. Tarlock, "Siting New or Expanded Treatment, Storage or Disposal Facilities : The Pigs in the Parlors of the 1980s", *Natural Resources Lawyer*, 1984, vol. 17, pp. 429-461.

20) M. O'Hare, L. S. Bacow, & D. R. Sanderson, *Facility Siting and Public Opposition*, (New York : Van Nostrand Reinhold, 1983).

21) Noah Dorius, "Land Use Negotiation : Reducing Conflict and Creating Wanted Land Uses", *Journal of the American Planning Association*, 1993, vol. 59, no. 1, pp. 101-106.

22) 이러한 범주 속에 포함되는 연구들로 다음과 같은 것들도 있다.
* Michael O'Hare(1977)
* R. N. L. Andrews & Dennis W. Ducsik(1978 : 1986)
* Peter M. Meier, et.al.,(1979)
* Lawrence S. Bacow & James R. Milkey(1982)
* David Morell & Christopher Magorian(1982)
* Susan G. Hadden, et.al.,(1983)
* S. A. Carnes, et.al.,(1983)
* Gail Bingham & Daniel S. Miller(1984)
* Michael L. P. Elliott(1984)
* Lawrence E. Susskind(1985)
* Albert R. Matheny & Bruce A. Williams(1985 ; 1988)
* E. Brent Sigmon(1987)
* Robert S. Friedman(1987)
* Richard N. L. Andrews(1988)
* Howard Kunreuther & Douglas Easterling(1990)
* Herbert Inhaber(1992)
* Leslie A. Nieves, et.al.,(1992)
* Michael O'Hare & Debra Sanderson(1993)
이들 연구들에 대한 구체적인 출처는 전술한 비선호시설의 입지접근방식에서 참고하기 바람.

23) Martin P. Sellers, "NIMBY : A Case Study in Conflict Politics", *Public Administration Quarterly*, 1993, pp. 460-475.

24) Edward Walsh, Rex Warland, & D. Clayton Smith, "Backyards, NIMBYs, and Incinerator Sitings : Implications for Social Movement Theory", *Social Problems*,

1993, vol. 40, no. 1, pp. 25-37.

25) Joop Van der Pligt, J. Richard Eiser, & Russell Spears, "Nuclear Waste : Fact, Fears, and Attitudes", *Journal of Applied Social Psychology*, 1987, vol. 17, no. 5, pp. 453-469.

26) 이러한 범주 속에 포함되는 연구들로 다음과 같은 것들도 있다.
* Lawrence S. Bacow & James R. Milkey(1982)
* Susan G. Hadden, et.al.,(1983)
* David Morell(1984)
* Robert Cameron Mitchell & Richard T. Carson(1986)
* R. Kemp(1990)
* Michael E. Kraft & Bruce B. Clary(1991)
* Michael Dear(1992)
* Douglas Easterling(1992)
* Daniel A. Mazmanian & David Morell(1994)

이들 연구들에 대한 구체적인 출처는 본장의 참고문헌을 참조하기 바람.

27) 천병호, "유해폐기물 처리정책에 관한 연구 -안면도와 화성사업소 사례를 중심으로-", 「서울대학교대학원 박사학위논문」, 1992.

28) 김홍식, "지역이기주의의 극복", 김안제(편), 「한국의 지방자치와 지역개발」, (서울 : 박문각, 1993), 467-503쪽.

29) 이승철, "정책대상집단의 정책관여요인에 관한 연구", 「건국대학교대학원 박사학위논문」, 1993.

30) 김선희, "NIMBYs", 「국토정보」, 1991, 3-12쪽 ; 김선희, "NIMBYs의 경제학", 「국토정보」, 1993, 60-64쪽.

31) 원종익, "혐오시설과 님비증후", 「국토정보」, 1991, 2쪽.

32) 김형구, "도시 비선호시설 정책집행의 영향요인 -주민저항을 중심으로-", 「부산대학교대학원 박사학위논문」, 1994.

제4장 사업추진자와 관련된 님비 유발요인

제1절 주민 참여

사회가 고도로 정보화되어가고 민주화되어감에 따라 행정과정에 있어서의 주민참여는 가일층 증가일로에 있다. 그러나 이에 대한 평가에 있어서는 상당한 논란이 일고 있는 것이 사실이다.

먼저, 몇몇 연구자들은 다음과 같은 이유를 들어 행정과정에 있어서의 주민참여에 회의적인 반응을 나타내고 있다.[1]

첫째, 일반대중들은 전문지식을 결여하고 있으며, 주민참여에 의한 의사결정은 비능률과 복잡성을 초래한다.

둘째, 주민참여자들이 일반 대중들로부터 확고한 지지를 받고 있는지 즉, 참여자들의 대표성 문제가 자주 논란의 대상이 된다.

셋째, 주민참여자들이 행정 의사결정 과정에 있어서 책임있는 행동을 하겠는가하는 책임성 문제에 의문이 제기된다.

이에 반해서, 몇몇 연구자들은 다음과 같은 이유를 들어 행정과정에 있어서의 주민참여에 긍정적인 반응을 나타내고 있다.[2]

첫째, 행정상의 의사결정 사항들에 대한 정당성을 제공한다.

둘째, 갈등해결을 촉진을 시킨다.

셋째, 정부의 의사결정 사항들에 대한 수용성을 제고시킨다.

넷째, 일반대중들의 관심사에 대한 관료적 대응성을 고양시킨다.

다섯째, 성공적인 정책집행의 가능성을 증대시킨다.

여섯째, 외부의 관점, 비일상적인 전문지식, 대부분의 선출된 공무원들보다 먼 장기적인 전망 등을 제공한다.

이상과 같은 상반된 논의는 종국적으로 행정의 능률성을 강조하느냐 아니면 행정의 민주성을 강조하느냐의 행정가치상의 문제와 직접적인 관련이 있다. 또한 참여하는 주민들을 X이론적 관점에서 조명하느냐 아니면 Y이론적 관점에서 조명하느냐의 주민참여자들에 대한 인간관의 문제와 관계가 있다.

그러나 이러한 논란이 존재하고 있음에도 불구하고, 대부분의 연구자들은 비선호시설의 입지과정에 있어서 만큼은 주민참여가 매우 필요로 된다고 주창하고 있다.[3]

그 이유를 구체적으로 제시해 보면 다음과 같다.

첫째, 엄청난 위험과 관련된 활동이나 다른 사람들에게 위험을 부과하는 결정은 윤리적이거나 규범적인 문제로서 반드시 정당성을 필요로 하기 때문이다.[4]

둘째, 비선호시설의 입지활동은 단일 의사결정자에 의해서 이루어지는 것이 아니라 일련의 상이한 목적과 관심을 지닌 다양한 이해관계 당사자들간의 갈등해결의 산물이기 때문이다.[5]

셋째, 무엇보다도 비선호시설의 부정적인 영향권내에 있는 지역주민들의 수용없이는 결코 시설입지에 성공할 수 없기 때문이다.[6]

이와 같이, 비선호시설의 입지과정에 있어서는 주민참여가 매우 중요하다. 그런데 주민참여에는 여러 통로가 있다. 예컨대, 공청회, 특별조사단(task force), 특별위원회, 자문위원회(advisory committee), 사업추진자들과의 직접적인 대화 등과 같은 통로가 있다. 비선호시설의 입지과정에 있어서는 그 가운데 특히, 공청회가 가장 널리 활용되고 있다.

님비와 관련하여, 주민참여과정에서 매우 빈번하게 문제가 되는 것은 주민참여의 질적인 수준과 정보의 공개정도에 있다. 이는 이들 요인들이 주민반발의 직접적인 원인으로 작용할 수 있기 때문이다.[7] 따라서, 이하에서는 주민참여의 질적인 수준과 정보의 공개에 관해서 논의하고자 한다.

1. 주민참여의 질적인 수준

일반적으로 주민참여의 질적인 수준이 낮을 경우, 지역주민들은 새로운 비선호시설의 입지에 반발하는 경향이 있다.

지역주민들은 비선호시설 입지계획의 초기단계에 참여가 이루어지지 않고 또한 참여 전과정에 걸쳐서 주민참여 그 자체가 형식적인 수준에 머물 경우, 좌절을 경험하게 되고, 주민참여 그 자체를 매우 무의미한 것으로 인식하게 된다.

이는 지역주민들이 주민참여 과정속에서 다음과 같은 생각을 하기 때문이다,

첫째, 중요한 시설입지계획이 사전에 이미 결정되어 있는 상태에서 자신들은 반대무마책의 일환으로 한낱 사소한 사항에 대해서만 수정이 가능하고 중요한 결정사항에 대해서는 유의미한 영향력을 행사할 수 없다고 생각한다.[8]

둘째, 주민참여의 기회제공을 단지 법적인 명령만을 수행하고 기정사실을 합법화하는 데에만 있다고 생각한다.[9]

따라서, 주민참여의 질적인 수준이 낮을 경우, 지역주민들은 정부나 민간산업체와 같은 시설입지 사업추진자들에 대한 불신과 분노를 고조시키게 되며, 시설입지에 반발하게 된다.[10] 종국적으로 질적인 수준이 낮은 주민참여는 비선호시설의 해당 입지지역주민들에게 기만행위로 비춰져 사업추진주체들에 대한 분노와 불신을 촉발시키고, 나아가 주민반발의 도화선으로 작용할 가능성이 매우 높다.

2. 정보 공개

지역주민들은 새로운 시설의 입지로 부정적인 영향을 받을 수 있다. 따라서 지역주민들은 공청회, 특별조사단, 자문위원회 등을 통하여 효과적인 참여에 필요로 되는 자원들을 부여받아야 한다. 그리고 시설입지 찬성자들이 제시하는 사항들을 검토할 수 있는 기회를 가져야만 한다.[11] 우리 지역에 어떠한 시설들이 들어서게 되고, 그 규모는 어느 정도인가? 생산 또는 폐기되는 물질이 인체나 자연환경에 미치는 영향은 어느 정도인가? 시설입지가 지역경제에 어느 정도의 영향을 미치는가? 입지되는 시설은 과연 어느 정도 안전하게 운영될 수 있는가? 등과 같은 질문과 관련된 제반 정보들을 지역주민들이 검토할 수 있어야만 한다.

그런데 이러한 다수의 정보검토 권리주장들이 하나의 힘으로 결집됨으로써 발생하는 긴장은 비선호시설의 입지에 있어서 특히 강하게 표출된다. 그리고 그러한 긴장은 전문가들을 기반으로 하여 주민참여를 제한하려는 정치적 의사결정자들의 무능력이나 비자발성에 의해서 심화된다.[12]

이렇듯 지역주민들은 새로운 비선호시설의 입지와 관련된 제반정보에 대해 상당한 관심을 표명하며, 또한 그것들을 상세히 검토할 수 있는 기회가 주어지기를 강력히 요구한다. 그러나 사업추진자들은 그러한 정보들을 가급적 공개하려고 하지 않는다. 그것은 일반적으로 사업추진자들이 주민참여를 부정적으로 보는 경향이 있다는 점에서 한 원인을 찾을 수 있다.

이와 관련하여, Dennis W. Ducsik의 연구결과는 그 시사하는 바가 매우 크다. 그는 면접조사를 통하여 전력회사의 시설입지 사업추진자들이 시설입지 기획과정에 참여하는 일반대중들과 환경론자, 그리고 그들의 참여 그 자체에 대해서 다음과 같이 파악하고 있다고 제시하였다.[13]

첫째, 잠재적 부지의 초기 발표는 일반대중들을 불필요하게 선동하고, 무책임하며 부정확한 주장들에 대해 적절하게 방어할 수 있는 충분한 준비시간을 가질 수 없게 한다. 그리고 참여는 궁극적으로 모두가 선호하는 부지구매를 방해하기 위해 시설건립 허가권의 취득과정을 복잡하게 만드는 데 이용될 수 있다.

둘째, 일반대중들과 환경론자들은 유연성이 없고, 무책임하며, 이기적인 특성을 지니고 있다. 또한 그들은 고도로 감정적인 반응을 나타내는 경향이 있다. 그리고 그들은 공개적인 기획과정을 잠식시킬 수 있는 과잉반발을 나타낸다. 특히, 환경론자들은 공개기획 토론장을 일반대중들의 주의를 이끌어 내는 수단으로 이용할 것이며, 대중매체로의 정보유출을 선택적으로 통제할 수 있는 능력이 감소될 것이라고 생각할 경우에는 참여조차 하지 않을 것이다.

셋째, 일반인들은 전문가들에게 요구되는 기술과 자격을 갖추고 있지 않음으로 인해서 복잡한 기획과정에 효과적으로 참여할 수 없을 것이다.

넷째, 시설부지기획은 제약과 불완전성이 뒤따르는 과정이다. 또한 시설이 입지될 수 있는 잠재적인 시설부지의 범위는 시설입지에 관심을 갖고 있는 시민들을 충족시킬 수 있을 정도로 넓지 않을 것이다. 그리고 일반적으로 시행되는 법·제도적인 틀은 적절한 대안들을 개발하는 기획가들의 활동범위를 제약할 것이다. 참여자들은 질적이거나 분산되어 있거나 불완전하거나 또는 파악할 수 없는 환경에 관한 정보를 접해서는 반발할 것이다.

다섯째, 환경집단들은 오늘날의 전력수요나 원자력기술의 미래와 같은 크고 포괄적인 문제에 관심을 가지고 있으나, 구체적인 입지갈등의 해결을 지향하는 공개기획 토론장에서는 그러한 문제를 논의할 가능성이 거의 없다. 따라서 협력과정은 실패할 것이다.

마지막으로, 공개기획과정에서 조정에 도달할 가망성은 거의 없으며, 혼돈이 창출되고 갈등이 격렬해질 가능성이 실제로 존재할 경우에 협력적 관계를 구축하려고 노력하는 것은 비합리적이다.

또한 사업추진자들의 정보제한과 관련하여, Baruch Fischhoff도 다음과 같이 주장하고 있다.

> 원자력 산업의 전문가들은 이해관계를 지닌 주요 당사자들 가운데 한 당사자로서 반드시 고려되어야만 하는 일반대중들과 의사소통할 수 있는 기회가 거의 없다. 다른 복잡한 전문기술-집약적 산업들(expert-intensive industries)과 같이 원자력은 지리적 또는 사회적으로 특정의 사람들에게 집중되어 있다. 일반대중들은 주로 반대자들이라고 하는 맥락에서 검토되며, 또한 대중매체라는 여과기를 통해서만 원자력을 접할 수 있을 뿐이다.[14]

이상과 같이, 사업추진자들은 지역주민들을 비선호시설의 입지추진에 있어 장애물로 간주하여 정보를 제한하려는 경향이 있다. 이는 비선호시설의 입지와 관련된 제반정보들을 알고자 하는 지역주민들의 의지를 원천적으로 좌절시키는 것으로 주민반발의 원인으로 작용할 가능성이 매우 높다.

제 2 절 보 상

비선호시설들[15]은 그 자체에 부정적인 외부성을 지니고 있다. 소음·악취·매연발생, 교통혼잡, 공포심유발, 건강손상, 자연환경훼손 등과 같은 사회적 비용을 유발시킨다. 따라서 이러한 시설들의 입지는 특정 입지지역에 비용-편익의 불균형을 낳는다.[16] 비선호시설들의 입지로 얻게 되는 편익은 보다 넓은 지역사회로 분산되는 반면, 비용은 해당 입지지역에 집중된다.

따라서 비선호시설입지 지역주민들에게 적정한 보상이 주어져야 한다. 적절한 보상은 주민반발을 완화시키거나 예방할 수 있는데, 이는 보상이 다음과 같은 순기능을 하기 때문이다.[17]

첫째, 지역사회와 사업추진자간의 비선호시설 입지논의를 고무시킬 수 있다.

둘째, 비선호시설의 입지과정에 있어서 능률성을 증대시킬 수 있다.

셋째, 지역주민들의 비선호시설 입지 반대유인을 감소시킬 수 있다.

넷째, 지역주민들의 손실을 경감시키거나 제거할 수도 있다.

보상이 비선호시설의 입지과정에 있어서 순기능을 담당한다는 사실은 Edward Walsh 등의 연구결과를 통해 명확하게 확인해 볼 수 있다.[18] 그들은 폐기물처리시설의 입지반대운동의 성패를 결정하는 요인을 도출하기 위해 Philadelphia Navy Yard(시설입지에 실패한 지역)와 Montgomery County(종국적으로 시설입지에 성공한 지역)를 대상으로 전화설문·초점집단과의 면접·그리고 신문기사 및 관련자료분석을 병행하였다. 분석결과 Montgomery County는 보상패키지가 제공된 반면, Philadelphia Navy Yard는 보상패키지가 제공되지 않았다는 점이 시설입지 반대운동의 성패를 좌우하는 주요 요인들 가운데 하나로 도출되었다. 이 밖에도 여러 연구자들에 의해서 보상이 주민반발을 완화 및 예방시킬 수 있는 것으로 제시되고 있다.[19]

그러나 적정한 보상을 제공하지 않은 상태에서 비선호시설의 입지를 강행할 경우, 주민반발이 촉발될 가능성은 매우 높다.

비용-편익의 불균형을 개선시킬 수 있는 보상책이 전무하거나 보상수준이 너무 낮거나 또는 보상지역의 범위가 지나치게 한정적인 상태에서의 비선호시설 입지강행은 시설의 부정적인 영향권내에 있는 지역주민들에게 지나친 희생과 부담을 일방적으로 강요하는 것이라고 볼 수 있다. 적절한 보상제공이 전제되지 않은 상태에서의 비선호시설들의 입지

강행은 다수를 위해 소수의 희생을 강제하는 것이라고 할 수 있다.

　입지제의되는 비선호시설이 아무리 절대적으로 필요한 시설이라고 할지라도, 이상과 같은 상황에서의 입지강행은 강력한 주민반발을 야기시킬 소지가 매우 높다.

　종국적으로, 적절한 보상제공이 전제되지 않은 상태에서의 비선호시설 입지강행은 특정 지역에 지나친 희생과 부담을 강제하는 것이기 때문에 지역주민들의 분노와 불만을 촉발시킬 수 있다. 그리고, 이는 다시 주민반발로 연계될 가능성이 매우 높다.

■ 주석

1) Joel D. Aberbach & Bert A. Rockman, "Administrators' Beliefs about the Role of the Public : The Case of American Federal Executives", *Western Political Quarterly*, 1978, vol. 31, pp. 502-522 ; D.Steven Cupps, "Emerging Problems of Citizen Participation" *Public Administration Review*, 1977, vol. 37, pp. 478-487 ; Dennis W. Ducsik, "Citizen Participation in Power Plant Siting : Aladdin's Lamp or Pandora's Box ?", in Robert W. Lake(ed.), *Resolving Locational Conflict*, (New Jersey : Center For Urban Policy Research, 1987), pp. 96-100.

2) Stuart Langton(ed.), *Citizen Participation in America,* (Lexington, MA : Lexington Books, 1978) ; Advisory Commission on Intergovernmental Relations, *Citizen Participation in the American Federal System,* (Washington, DC: ACIR), pp. A-73 ; Walter A. Rosenbaum, "The Paradoxes of Public Participation", *Administration and Society*, 1976, vol. 8, no. 3, pp. 355-383 ; Nancy E. Abrams & Joel R. Primack, "Helping the Public Decide: The Case of Radioactive Waste Management", in Robert W. Lake(ed.), *Resolving Locational Conflict*, (New Jersey : Center For Urban Policy Research, 1987), p. 75 ; S. M. Macgill & D, J. Snowball, "What Use Risk Assessment ?", in Robert W. Lake(ed.), *Resolving Locational Conflict*, (New Jersey : Center For Urban Policy Research, 1987), p. 236.

3) Douglas Easterling, "Fair Rules for Siting a High-Level Nuclear Waste Repository", *Journal of Policy Analysis and Management*, 1992, vol. 11, no. 3, pp. 447-448 ; E. William Colglazier(ed.), *The Politics of Nuclear Waste,* (Elmsford, New York : Pergamon Press, 1982), p. x ; Albert Borgmann, "Technology and Democracy", *Philosophy and Technology,* 1984, vol. 4, pp. 211-228 ; Kristin Shrader-Frechette, *Risk and Rationality : Philosophical Foundations for Populist Reforms*, (Berkeley : University of California Press, 1991) ; Daniel J. Fiorino, "Technical and Democratic Values in Risk Analysis", *Risk Analysis*, 1989, vol. 9, pp. 293-299 ; Stuart Hill, *Democratic Values and Technological Choices*, (Palo Alto : Stanford University Press, 1992) ; Kraft & Clary, *op. cit.*, pp. 299-328.

4) Douglas Maclean, "Risk and Consent : Philosophical Issues for Centralized Decisions", in Robert W. Lake(ed.), *Resolving Locational Conflict*, (New Jersey : Center For Urban Policy Research, 1987), p. 45 ; Susan G. Hadden, "Public

Policies toward Risk", *Policy Studies Journal*, 1980, vol. 9, no. 1, p. 113.

5) Howard Kunreuther, Joanne Linnerooth, & James W. Vaupel, "A Decision-Process Perspective on Risk and Policy Analysis", in Robert W. Lake (ed.), *Resolving Locational Conflict*, (New Jersey : Center For Urban Policy Research, 1987), p. 260.

6) S. A. Carnes, E. D. Copenhaver, J. H. Sorensen, E. J. Soderstrom, J. H. Reed, D. J. Bjornstad, & E. Peelle, "Incentives and Nuclear Waste Siting : Projects and Constraints", in Robert W. Lake(ed.), *Resolving Locational Conflict,* (New Jersey : Center For Urban Policy Research, 1987), p. 356.

7) Kraft & Clary, *op. cit.*, 1991, pp. 302-303 ; John H. Gervers, "The NIMBY Syndrome : Is It Inevitable ?", *Environmental 29*, 1989, pp. 18-39 ; Susan G. Hadden, "Public Perception of Hazardous Waste", *Risk Analysis*, 1991, vol. 11, no. 1, pp. 47-57.

8) Ducsik, *op. cit.*, p. 95 ; Peter M. Sandman, "Getting to Maybe : Some Communications Aspects of Siting Hazardous Waste Facilities", in Robert W. Lake(ed.), *Resolving Locational Conflict*, (New Jersey : Center For Urban Policy Research, 1987), p. 335. 이러한 참여를 일명 거짓참여(pseudo participation)라 고 한다.

9) Heiman, *op. cit.,* p. 361.

10) Ducsik, *op. cit.*, p. 93, p. 95 ; Gail Bingham & Daniel S. Miller, "Prospects for Resolving Hazardous Waste Siting Disputes Through Negotiation", *Natural Resources Lawyer*, 1984, vol. 17, no. 3, pp. 477-478.

11) Howard Kunreuther, Kevin Fitzgerald, & Thomas D. Aarts, "Siting Noxious Facility Siting Credo", *Risk Analysis*, 1993, vol. 13, no. 3, p. 304.

12) Charles Davis, "Substance and Procedure in Hazardous Waste Facility Siting", *Journal of Environmental Systems,* 1985, vol. 14, pp. 51-62 ; Charles Davis, "Public Involvement in Hazardous Waste Siting Decisions", *The Journal of the Northeastern Political Science Association*, 1986, vol. 19, no. 2, p. 296 ; Dianne Gilbert, "Not in My Backyard", *Social Work,* 1993, vol. 38, no. 1, pp. 7-8.

13) Ducsik, *op. cit.*, pp. 97-100.

14) Baruch Fischhoff, "'Acceptable Risk' : The Case of Nuclear Power", *Journal of Policy Analysis and Management*, 1983, vol. 2, no. 4, p. 566.

15) LULUs(Locally Unwanted Land Uses)라는 용어는 Frank J. Popper가 최초로 사 용하였으며, 지역주민들이 혐오스럽게 생각하거나 또는 수용거부하는 비선

호시설들을 총칭한다. Frank J. Popper, "LULUs", *Resources,* 1983, pp. 2-4 ; Frank J. Popper, "The Environmentalist and the LULU", in Robert W. Lake(ed.), *Resolving Locational Conflict,* (New Jersey : Center For Urban Policy Research, 1987(A)), pp. 1-3 ; Frank J. Popper, "LP/HC and LULUs : The Political Uses of Risk Analysis in Land-Use Planning", in Robert W. Lake(ed.), *Resolving Locational Conflict,* (New Jersey : Center For Urban Policy Research, 1987(B)), pp. 275-278.

16) Sidney Plotkin, *Keep Out : The Struggle for Land Use Control,* (California : University of California Press, 1987), pp. 8-9 ; Malcolm Getz & Benjamin Walter, "Environmental Policy and Competitive Structure : Implications of the Hazardous Waste Management Program", *Policy Studies Journal,* 1980, vol. 9, no. 3, p. 410 ; Fischhoff, *op. cit.,* p. 565 ; Barbara Weisberg, "One City's Approach to NIMBY : How New York City Developed a Fair Share Siting Process", *Journal of the American Planning Association,* 1993, vol. 59, no. 1, p. 93.

17) Lawrence S. Bacow & James R. Milkey, "Overcoming Local Opposition to Hazardous Waste Facilities : The Massachusetts Approach", *Harvard Environmental Law Review,* 1982, vol. 6, no. 2, p. 268 ; Bingham & Miller, *op. cit.,* pp. 478-479.

18) Edward Walsh, Rex Warland, & D. Clayton Smith, "Backyards, NIMBYs, and Incinerator Sitings : Implications for Social Movement Theory", *Social Problems,* 1993, vol. 40, no. 1, pp. 25-38.

19) Michael O'Hare, "'NOT ON MY BLOCK YOU DON'T' : Facility Siting and the Strategic Importance of Compensation", *Public Policy,* 1977, vol. 25, no. 4, pp. 407-458 ; Leslie A. Nieves, Jeffery J. Himmelberger, Samuel J. Ratick, & Allen L. White, "Negotiated Compensation for Solid-Waste Disposal Facility Siting : An Analysis of the Wisconsin Experience", *Risk Analysis,* 1992, vol. 12, no. 4, pp. 505-511 ; Robin Gregory, Howard Kunreuther, Douglas Easterling, & Ken Richards, "Incentives Policies to Site Hazardous Waste Facilities", *Risk Analysis,* 1991, vol. 11, no. 4, pp. 667-675를 참고하기 바람.

제 5 장 지역주민과 관련된 님비 유발요인

제 1 절 사업추진자들에 대한 신뢰도

사람들은 흔히 타인들로부터 신뢰받기를 원한다. 자신의 활동에 대한 정확성과 타당성을 인정받는 것이기 때문이다. 비선호시설의 입지과정에 있어서도 예외없이 신뢰는 중요 변수로 지적되고 있다. 신뢰관계의 구축정도가 비선호시설 입지반발의 발생에 주요 영향요인으로 지적되고 있는 것이다.[1]

그렇다면 과연 신뢰란 무엇을 뜻하는가? 신뢰란 '자신이 생각하는 바대로 상대방이 유익한 방향으로 행동하리라는 어떤 사람의 기대'라 할 수 있다.[2] 신뢰의 개념속에는 적어도 다음과 같은 세 가지 중요 속성이 내포되어 있다.[3]

첫째, 타인들에 대한 기대와 미래지향성(expectations about others and orientation toward the future) - 신뢰는 사람들로 하여금 타인에 대한 충분한 지식의 결여상태나 또는 미래가 불확실한 상태에서도 상호작용이나 협력을 가능케 한다.

둘째, 가능성이나 위험감수의 의지(a notion of chance or risk taking) - 신뢰는 설령 확실치는 않을지라도 다른 사람이 유익한 방향으로 자발적인 행동을 할 것이라고 확신하는 것을 의미한다.

셋째, 타인들과 상황에 대한 주관적인 지각(subjective perceptions about others and situations) - 이것은 타인들의 의도와 속성(몰입도, 능력, 일관성, 성실성, 정직성 등), 그들의 동기, 상황의 질(정보의 활용가능성과 정확도 등), 위험, 불확실성 등에 대한 지각을 포함한다. 위험의사소통 프로그램하에서, 신뢰할 수 있음은 메시지의 질, 메시지의 원천, 기관의 구조와 성과 등에 관한 판단에 의해 좌우될 수 있다.

바로 이러한 세 가지 속성으로 인해, 신뢰의 구축정도는 특히, 비선호시설의 입지과정에 있어서 매우 중요한 역할을 담당한다고 하겠다. 이와 관련하여, 몇몇 연구자들의 주장을 제시해 보면 다음과 같다.

Paul Slovic은 자신의 연구에서 비선호시설의 수용에 있어 시설관리자들에 대한 신뢰의 중요성을 강조하였다.4) 그에 의하면, 일반적으로 사람들은 방사능(X-ray 등)이나 화학물질(의사의 처방전이 필요한 약 등)의 이용에 기초한 의료기술은 매우 유익하고 위험수준이 낮다고 보아 수용가능한 것으로 생각하는 경향이 있다고 한다. 반면에, 방사능(원자력 등)과 화학물질(살충제, 산업화학물질 등)에 기반을 둔 산업기술은 위험수준이 매우 높고 편익이 낮다고 보아 수용불가능한 것으로 생각하는 경향이 있다고 한다.

그는 이러한 결과가 도출된 원인을 바로 위험물질 관리자들에 대한 사람들의 신뢰에서 찾고 있다. X-ray와 의약품이 매우 의미심장한 위험을 내포하고 있을지라도 그러한 장치를 관리하는 의사에 대한 비교적 높은 정도의 신뢰가 그러한 물질들을 수용가능하게끔 하였으며, 원자력과 산업화학물질 관리자들에 대한 신뢰의 결여가 그러한 물질들을 수용불가능하게끔 하였다고 주장하였다.

그리고 Paul Slovic은 자신의 또 다른 연구에서 방사성폐기물처분계획에 대한 일반대중들의 공포심과 반대는 원자력기술을 다루는 과학자, 정부공무원, 산업관리자에 대한 신뢰의 붕괴인 "확신의 위기(crisis in confidence)"로 보여질 수 있다고 주장하였다.5)

Michael E. Kraft와 Bruce B. Clary는 방사성폐기물처리시설에 대한 주민반발의 한 원인으로 사업추진자들에 대한 불신을 제시하였다. 그들에 의하면, 지역주민들은 사업추진자들이 오로지 자신들의 이익에만 집착할 뿐이며, 사업목표를 달성하는 데 방해요인으로 비춰지는 해당 입지 지역에 대한 부정적인 결과에 대해서는 거의 관심을 나타내지 않는 것으로 생각한다고 주장하였다.[6]

Roger E. Kasperson은 비선호시설입지 사업추진자들에 대한 지역사회의 불신은 지역사회가 그들이 제시하는 위험에 관한 정보를 도외시하게 하고, 시설이 안전하다는 주장을 수용하지 않게 하는 원인이 된다고 주장하였다.[7]

이상의 주장들을 토대로 추론해 볼 때, 확실히 사업추진자들에 대한 신뢰의 정도는 비선호시설의 입지반발 여부에 매우 중대한 영향을 미친다고 하겠다.

그런데, 여러 의식조사에 의하면, 일반적으로 원자력과 비의료화학물질의 관리를 감독하는 정부 및 산업체 직원들과 같은 비선호시설 관계자들은 일반대중들에게 매우 신뢰받지 못하는 것으로 지적되고 있다.[8] 성공적인 비선호시설입지의 난맥은 바로 여기에 있다고 하겠다.

비선호시설입지 사업추진자들에 대한 신뢰는 창조되기보다는 파괴되기 쉽고, 일단 한번 파괴되면 다시 회복하기가 매우 어렵다. 또한 뚜렷한 신뢰회복책이 제시되지 않을 경우, 시간이 경과할수록 불신의 강도는 점점 높아질 수 있다.

이러한 현상은 Paul Slovic이 "불균형의 원리(the asymmetry principle)"라고 지칭하는 인간심리의 근본적인 기제(fundamental mechanism)로 설명해 볼 수 있다. 그는 신뢰 및 불신과 관련된 인간의 심리기제는 다음과 같은 특성들을 지니고 있다고 주창하였다.[9]

첫째, 부정적인(신뢰를 파괴하는) 사건들은 긍적적인(신뢰를 구축하는) 사건들에 비해 보다 많은 이목을 끈다. 부정적인 사건들은 뜻밖의 사건,

거짓말, 실수의 발견, 잘못된 관리와 같은 구체적이고 명확한 형태를 취한다. 반면에 긍정적인 사건은 거의 주목받지 못하며 명확하게 부각되지 않는 경우가 많다.

둘째, 사건들이 이목을 끌게 될 때, 부정적인(신뢰를 파괴하는) 사건들은 긍정적인 사건들에 비해 훨씬 큰 비중을 차지한다.[10]

셋째, 불균형이라는 불에 기름을 붓는 것은 이미 인간심리의 기이한 성질(idiosyncrasy of human psychology)이다. 즉, 인간은 나쁜(신뢰를 파괴하는) 소식의 원천을 좋은 소식의 원천에 비해 보다 믿을 만한 것으로 생각하는 경향이 있다. 예컨대, 화학물질이 인간의 건강에 미치는 영향을 알아보기 위해 동물실험을 할 경우, 일반적으로 사람들은 동물실험에 대한 타당성에 대해 그리 신뢰가 높지 않다. 그러나 그러한 연구에서 어떤 화학물질이 동물에게 발암성이 높은 것으로 나타났을 경우, 사람들은 인간의 건강에 미치는 영향을 예측하기 위한 이러한 연구에 상당한 믿음을 나타낸다.

넷째, 또다른 중요 심리적인 경향은 일단 불신이 시작되면 지속적으로 강화되는 경향이 있다. 이는 두 가지 형태로 발생한다. 첫번째, 불신은 불신을 극복하는 데 필요한 다양한 개인적인 접촉이나 경험을 차단시키는 경향이 있다. 다른 동인이나 조치(motive or action)를 회피함으로써 우리는 불신하게 되며, 따라서 우리는 그 사람이 능력이 있는지, 마음씨가 좋은지, 신뢰할만한지의 여부를 결코 알지 못한다. 두번째, 초기의 신뢰나 불신은 사건에 대한 해석에 영향을 미치고, 따라서 초기의 신념을 강화시킨다. 예컨대, 원자력 산업을 신뢰하는 사람들은 Three Mile Island(TMI) 사건을 "심층방어(defense in depth)"[11]의 견고성을 입증한 것으로 보는 경향이 있다. 이에 반해서, 사고 이전에 원자력을 불신했던 사람들은 책임자들이 무엇이 잘못되어 있고, 어떻게 수리해야 하는지를 이해하고 있지 못하는 것으로, 그리고 그러한 재난을 오직 운으로 돌리는 경향이 있다. 신뢰의 정도에 따라 동일 사건에 대해 전반적으로 상이한 메시지를 갖게 된다.

이렇듯 인간의 심리적인 속성상 높은 수준의 신뢰관계를 구축하기란 결코 쉽지 않으나, 여하튼 사업추진자들에 대한 지역주민들의 신뢰의 정도는 비선호시설의 입지반발 여부에 매우 중대한 영향을 미칠 수 있다. 다시 말해서, 비선호시설입지 사업추진자들에 대한 지역주민들의 불신은 님비의 중요 유발요인으로 작용할 수 있으며, 또한 그 반발강도를 더욱 강화시킬 수 있다.[12]

제 2 절 재산적 가치의 하락에 대한 우려

Frank J. Popper,[13] Malcolm Getz와 Benjamin Walter,[14] Andrew Blowers 등[15]을 비롯한 여러 연구자들이 지적한 바와 같이, 비선호시설들은 부정적인 외부성을 지니고 있다. 그러므로 지역주민들은 이러한 비선호시설들이 자신들의 인근 거주지역에 입지제의될 때면, 거의 언제나 재산적 가치의 하락 가능성에 관심을 나타낸다.[16] 특히, 그 가운데 부동산가치와 생산물가치의 하락가능성에 대해 깊은 우려를 나타낸다. 이를 좀 더 구체적으로 고찰해 보면 다음과 같다.

1. 부동산가치 하락에 대한 우려

부정적인 외부성을 지닌 비선호시설들이 특정 지역에 새롭게 들어서게 되면, 해당 지역의 경제가 침체될 가능성이 매우 높다.[17] 먼저, 입지시설의 부정적인 외부성으로 인해, 관광산업이 타격을 받을 수가 있다. 지역 외부사람들의 투자가 감소될 가능성도 있다. 그리고, 해당 입지지역내의 주민들이나 기업들이 다른 지역으로 옮겨갈 가능성도 매우 높다.

따라서, 이러한 지역경제의 침체 가능성은 해당 시설입지 지역주민들로 하여금 자신들의 부동산가치 하락가능성에 대해 상당한 관심과 깊은 우려를 갖게 한다. 그리고, 이는 다시 지역주민들로 하여금 비선호시설의 입지에 반발하게 하는 원인으로 작용할 가능성이 매우 높다.

이와 관련하여, Lawrence S. Bacow와 James R. Milkey는 다음과 같이 주장하였다.[18]

> 위험폐기물시설과 관련된 사회적 비용은 대부분 시설의 인근에 거주하는 지역주민들에게 집중적으로 발생한다. 이러한 사회적 비용에는 시설물의 사고와 부적절한 운영으로 인한 건강과 환경에 대한 잠재적인 위험, 위험물질의 수송과 관련된 소음과 혼잡, '지역이 쓰레기장'으로 알려지는 오명(stigma) 등이 포함된다. 이러한 비용들이 부동산 시장에 의해 흡수되기 때문에 부동산 가치가 떨어지고, 그 지역사회의 세금원이 줄어들며, 주민들이 자신의 집을 종전의 시장가격으로 팔 수 없게 된다"

새로운 비선호시설의 입지로 인해, 사회적 비용이 해당 시설입지 지역사회에 집중되고, 이는 다시 그 지역의 부동산가치의 하락을 초래한다는 것이다. 이러한 현상은 현실에 그대로 반영되어 나타나기도 하였다. 예컨대, Joop Van der Pligt 등[19]은 영국의 Sellafield 원전연료채처리시설 인근의 주택이 추정가로 65,000파운드였는데, 1984년 10월 당시 35,000파운드에 경매로 팔려 시장가격보다 약 30,000파운드나 낮은 가격으로 거래되었다고 제시하였다.

종국적으로, 지역주민들은 새로운 비선호시설의 입지로 말미암아 자신들의 부동산가치의 하락을 크게 우려하게 되고, 이는 다시 시설입지 반발로 연계될 가능성이 매우 높다.

2. 생산물가치 하락에 대한 우려

해당 입지지역은 비선호시설의 부정적인 외부성으로 말미암아 지역적 오명을 얻게 된다.[20] 비선호시설이 새롭게 들어서게 되면, 해당 입지지역은 거의 모든 사람들에게 인간다운 생활을 영위하기에는 부적합한 지역으로 비춰지는 경향이 있다고 하겠다. 예컨대, 원자력발전소의 입지로 고리나 영광은 원자력 발전지역, 방사성폐기물처리시설의 입지로 Nevada의 Yucca Mountain과 영국의 Sellafield는 방사성폐기물처리지역으로 각인된다. 그리고 위험폐기물처리시설의 입지로 South Carolina에 있는 Barnsville은 위험폐기물 처리지역으로 자리매김된다. 이들 지역은 대부분의 사람들에게 방사능오염 가능성이 매우 높은 지역으로 비춰지게 되는 것이다.

그런데, 문제는 이러한 지역적 오명이 그 지역에서 생산되는 농산물이나 수산물 등과 같은 각종 생산물의 가격에 부정적인 영향을 미칠 수 있다는 데 있다. 즉, 대부분의 사람들은 오염된 지역에서 산출되는 농산물은 역시 오염되어 있을 것이라고 생각하는 경향이 있다. 또한 그러한 지역의 인근 해역에서 잡은 물고기를 비롯하여 각종 수산물들도 역시 오염되어 있을 것이라고 생각하는 경향이 있다.

이로 인해, 사람들은 비선호시설이 위치한 지역에서 산출된 각종 생산물의 구매를 꺼려하게 되며, 이는 다시 생산물 가격시장에 부정적인 영향을 미치는 경우가 많다.[21]

이와 관련하여, R. Kemp도 자신의 연구에서, 방사성폐기물처리시설의 입지에 따른 해양 및 농지의 오염가능성으로 인해 각종 농수산물의 가치가 하락한다는 지역주민들의 주장을 제시하였다.[22] 또한 Michael Dear도 비선호시설의 입지로 해당 시설입지 지역주민들이 자신들의 재산적 가치의 하락에 깊은 우려를 나타낸다고 주장하였다.[23]

그런데, 이와는 반대로 비선호시설들이 입지함으로 인해서 실제로 재산적 가치가 하락된 경우는 거의 없으며, 오히려 경우에 따라서는 재산적 가치가 상승하였다는 연구결과도 있다.[24] 이는 시설의 관리 및 보수가 잘 이루어지고, 시설입지로 새로운 직업의 창출 등과 같은 인근 지역주민들에게 유익한 영향을 주었기 때문에 기인된 결과라고 할 수도 있다.[25]

그러나, 보다 근본적인 이유는 Frank J. Popper[26]가 지적한 바와 같이, 대부분의 비선호시설들이 빈곤지역, 소수민족의 거주지역, 인구밀도가 희소한 지역, 그리고 정치적으로 과소평가된 지역에 주로 입지된다는 점에서 찾을 수 있다. 다시 말해서, 이는 비선호시설들이 더 이상의 재산적 가치의 하락이 발생하기 어려운 경제적으로 열악한 지역에 주로 입지됨으로 인해서 기인된 결과라 할 수도 있다.

그러나, 비선호시설들의 입지로 인해 실재로 재산적 가치가 하락하든 그렇지 않든지간에, 새로운 비선호시설들의 입지는 '재산적 가치가 하락할 가능성이 높다'라고 하는 지역주민들의 인식에는 상당한 영향을 미칠 수 있다. 이는 여러 선행연구 결과에 의해서도 입증되고 있다.[27]

여하튼, 비선호시설이 들어서게 되면, 지역적 오명을 얻게 될 가능성이 높고, 이는 다시 생산물가치의 하락가능성에 대한 지역주민들의 우려에 영향을 미쳐서, 주민반발로 연계될 가능성이 매우 높다고 하겠다.[28]

제 3 절   지역적 오명에 대한 우려

오명(stigma)이란 용어는 고대 그리스인들이 악명(infamy)이나 불명예(disgrace)를 나타내기 위해, 예컨대, 하인은 노예나 죄수였다는 것을 나타내기 위해 새긴 문신이나 낙인을 지칭하기 위해 사용되었다. 오늘날 이러한 용어는 관찰자의 관점에서 어떤 사람이 일탈한, 결함이 있는, 한정된, 부패한, 또는 일반적으로 바람직하지 못한 사람으로 "지목되는 (marked)"것을 의미한다. 오명을 얻게될 경우, 그 사람은 모욕감을 느끼게 되며 타인들을 회피하게 된다. 오명의 주요 대상은 하류집단의 사람들, 노인들, 동성연애자, 마약중독자, 알콜중독자, 신체적인 불구나 정신적인 장애로 고통을 받는 사람들이다.[29]

오명은 사회학이나 심리학에서 주로 대인적인 차원에서 다루어지고 있지만, 이러한 개념은 대인간의 관계에서부터 지역이나 환경 등에 이르기까지 매우 폭넓게 적용될 수 있다.[30]

여러 선행연구에 의하면, 지역사회는 환경적 위험의 근접성이나 환경적 위험과의 연루결과로 오명을 얻을 수 있는 것으로 지적하고 있다.[31] 그 한 예로, Love Canal 사건은 환경적 위험으로 지역적 오명이 야기된 대표적인 사건이었다.[32]

이와 관련하여, L. M. Gibbs은 다음과 같이 Love Canal 지역의 오명을 구체적으로 지적하였다.

> 일부 학부모들은 Love Canal의 아이들이 접촉성 질환을 전염시킬까봐 두려워했기 때문에 자신들의 아이들을 Love Canal 지역의 아이들과 놀지 못하게 하였다. 그리고 그들은 가구에 묻어있는 화학물질이 자신들의 아이들에게 해를 입힐 것이라고 생각했기 때문에 자신들의 아이들로 하여금 Love Canal 지역의 가구는 만지지도 못하게 하였다.[33]

이상에서 보듯이, 비선호시설은 지역사회의 이미지를 훼손시킬 수 있다.[34] 그리고 이러한 지역적 오명은 해당 시설입지 지역주민들에게 사회·심리적인 영향을 미칠 수 있으며, 또한 잠재적인 이주자, 투자자 및 기업인, 관광객들은 이로 인해 부정적인 반응을 나타낼 수 있다.[35]

종국적으로, 새로운 비선호시설의 입지는 지역주민들로 하여금 자신들의 지역이 오명을 얻게될 것이라는 인식을 갖게 하고, 이는 다시 주

민반발을 촉발시키는 원인으로 작용할 수 있다.[36]

제 4 절 잠재적 위험에 대한 공포

위험이란 위해와 질병을 발생시키는 위협의 확률[37]이나 또는 재난의 발생확률[38]을 의미한다.[39] 위험의 개념속에는 불확실성과 지리적 근접성에 대한 생각이 내포되어 있다.

일반적으로 지역주민들은 자신들의 거주지역 인근에 새로운 비선호시설들이 들어서는 것을 원치 않을 뿐만 아니라 또한 그러한 시설들의 인근으로 이주하는 것도 싫어한다. 지역주민들은 비선호시설과의 근접위치(proximity)를 부정적으로 본다고 하겠다. 이는 몇몇 연구들에 의해 실증적으로 검증되고 있다. 이를 간략하게 제시해 보면 다음과 같다.

Gary Marks와 Detlof von Winterfeldt는 비선호시설의 입지로 지역주민들의 위험과 편익에 대한 지각이 달라지는가를 경험적으로 규명하고자 하였다.[40] 그들이 도출한 연구결과에 따르면, 지역주민들은 자신들의 인근 거주지역에 해양오일 시추시설(offshore oil drilling)이 입지하게 될 것이라는 근심(정서)으로 위험의 정도를 과대평가하고, 기술발달의 부정적인 국면을 과장시키는 것으로 나타났다. 즉, 해양오일 시추시설이 입지하게 될 Santa Monica 지역주민들은 Ontario 지역주민들에 비해 그러한 시설을 더욱 위험한 것으로 지각하였으며, 또한 시설입지로 인한 편익은 실제보다 더 적을 것으로 생각하였다.

그리고 환경의 질에 관한 협의회 및 여러 연방기관 등(Council on Environmental Quality, Department of Agriculture, Department of Energy, & Environmental Protection Agency)은 1980년에 위험과 관련하여 여론조사를 실시하였다.[41] 여기에서, 원자력발전소나 위험폐기물 처리시설로부터 1마

일 이내에 살 수 있다고 하는 거주 자발성을 표명한 사람은 응답자의 약 10-12%에 불과한 것으로 나타났다. 그리고 화력발전소나 대규모 공장으로부터 1마일 이내에서 살 수 있다는 의지를 표명한 사람들은 약 25%이며, 10층 건물로부터 1마일 이내에 떨어져서 살 수 있다고 반응한 사람은 대략 60%인 것으로 나타났다.

특히, 원자력발전소와 위험폐기물 처리시설의 경우, 응답자들에게 그러한 시설들이 정부의 환경규정과 안전규정에 따라 건립·운영되므로 관리가 안전하게 이루어지며, 그곳에서 발생가능한 문제들에 대해서는 정기적으로 조사가 이루어진다는 것을 설문속에서 보장하였다. 그럼에도 불구하고, 응답자들의 51%만이 그런 시설로부터 100마일 이상 떨어져 있을 경우에만 거주할 수 있다고 응답하였다. 더욱이 응답자의 각기 5%와 10%의 사람들은 원자력발전소와 위험폐기물 처리시설로부터 떨어져 있는 거리와 상관없이 자발적으로 거주하고 싶지 않다고 응답하였다.

또한 V. Kerry Smith와 William H. Desvousges의 연구에서도 이상의 연구와 매우 유사한 결과가 도출되었다.[42] 즉, 위험폐기물 처리시설은 약 10마일 정도, 원자력발전소는 약 22마일 정도 떨어져 있을 경우에, 응답자의 과반수 이상이 그러한 시설들을 수용할 수 있다고 반응하였다.

이상과 같이, 지역주민들이 비선호시설들과의 근접위치를 부정적으로 보는 것은 그것이 '객관적인 위험'과 관련이 있든 아니면 '지각된 위험'[43]과 관련이 있든지간에 사실상 위험의 집중을 의미하기 때문이다.[44]

그런데, 대부분의 사람들은 이러한 위험집중에 대해 극도의 공포심을 갖게 된다. 이러한 현상은 '일반적으로 사람들은 위험의 전무상태(zero risk), 즉 100%의 안전보장을 원한다'라는 R. L. Keeney와 D. von Winterfeldt의 주장[45]에서 한 원인을 찾을 수 있다. 심리학자인 Robert L.

DuPont가 대부분의 사람들은 원자력을 비이성적으로 두려워하는 "핵공포증(nuclear phobia)"을 가지고 있다[46]라고 주장한 것도 바로 이러한 맥락에서 이해될 수 있을 것이다.

이상의 위험의 전무상태에 대한 바램은 인간심리의 독특한 지각기제(perception mechanism)가 반영된 결과라 할 수 있다. 예컨대, 사람들은 일반적으로 새로운 위험, 비자발적인 위험(involuntary risk),[47] 잘 알려지지 않은 위험, 그리고 그 결과가 늦게 나타나는 위험 등을 기존에 존재하는 위험, 자발적인 위험, 잘 알려진 위험, 결과가 빨리 나타나는 위험 등에 비해 보다 더 위험한 것으로 지각한다.[48] 또한 사람들은 통제할 수 없는 위험을 통제할 수 있는 위험에 비해 보다 더 위험한 것으로 생각한다.[49]

그리고 이러한 지각기제는 사람들로 하여금 특히 최근에 일어난 사건이나 생생하게 기억하고 있는 사건 또는 감정을 유발시켰던 사건들의 발생확률을 과장되게 인식하게끔 하는 원인이 될 수 있다.[50] 이는 통계적으로 유의미한 사망의 원인들(당뇨병이나 뇌졸증 등)이 과소평가될 가능성이 있으며, 반면에 폭풍(tornadoes)이나 살인 등과 같은 보다 특별한 위험들이나 원자력발전소의 방사능유출이나 유독성폐기물의 누출 등과 같은 기술적인 사고들이 실제 위험보다 더욱 위험한 것으로 기억될 수 있다는 것을 의미한다.[51]

여러 선행 연구자들의 주장에 의하면, 일반적으로 지역사회에 새롭게 입지제의되는 비선호시설들은 실제보다 더욱 위험한 시설들로 비춰진다고 지적하고 있다. Timothy L. McDaniels는 일반적으로 새롭게 입지제의되는 원자력발전소나 방사성폐기물처리시설 등과 같은 비선호시설들은 해당 입지지역주민들에게 있어 통제할 수 없는 위험, 잘 알려지지 않은 위험, 비자발적인 위험 등을 내포한 시설들로 비춰진다고 주장하였다.[52]

이와 동일맥락에서, Robert Cameron Mitchell과 Richard T. Carson도 새롭게 입지되는 비선호시설들은 다음과 같은 위험을 내포하고 있다고 지적하고 있다.[53]

첫째, 합의없이 지역사회에 부과됨으로 비자발적인 위험

둘째, 치명적인 위험

셋째, 방송소재로 삼을만 하기 때문에 주목할 만한 위험

넷째, 개인적인 통제로 수용불가능한 위험

다섯째, 미래세대에게 영향을 미칠 수 있는 잠재성을 지니고 있으므로 영속적인 위험

여섯째, 지리적으로 위험하에 있는 지역을 초월하여 훨씬 먼 곳에 살고 있는 사람들에게 대부분의 편익이 돌아가기 때문에 불공정한 위험

원자력발전소나 방사성폐기물처리시설 등과 같은 비선호시설들의 입지에 있어서 그러한 시설들이 내포한 위험이 해당 입지지역의 주민들에게 낮게 지각되지 않는 한, 그들에게 제공되는 보상 등과 같은 여러 유인들은 시설입지에 긍정적인 영향을 미칠 가능성이 거의 없는 것으로 지적되고 있다. 또한 이러한 상태에서는 여러 유인들이 입지반발의 감소에 영향을 미칠 수 있는 잠재력도 매우 낮은 것으로 제시되고 있다.[54]

다시 말해서, 이러한 지적은 입지제의되는 비선호시설들의 안전성의 확보, 즉 해당 시설입지 지역주민들의 잠재적 위험에 대한 공포심의 극소화라는 전제조건이 충족되지 않는 한, 성공저인 시설입지를 위해 해당 지역주민들에게 제공되는 여타의 금전적인 유인책들은 그 효과성이 매우 낮으며, 또한 시설수용거부 및 반발을 감소시킬 수 있는 가능성도 거의 없다는 것을 의미한다.

비선호시설의 입지에 대한 주민반발은 입지제의되는 시설에 대한 지역주민들의 잠재적 위험에 대한 공포심으로 인해 유발될 수 있다. 그리고 이러한 공포심의 강도가 증폭될수록 시설입지에 대한 주민반발도 더

욱 격렬해질 것이다.[55]

그런데, 새로운 비선호시설들의 입지로 지역주민들이 갖게 되는 잠재적인 위험에 대한 공포심은 크게 두 가지 요인으로부터 직접 기인된 결과라 할 수 있다. 건강과 안전에 대한 위협 그리고 환경오염이 바로 그것이다. 이들 요인에 대해 보다 구체적으로 고찰해 보면 다음과 같다.

1. 건강과 안전에 대한 위협

방사성폐기물처리시설, 원자력발전소, 정유공장, 쓰레기매립시설, 병원, 각종 화학제품 생산시설 등과 같은 비선호시설들은 방사능물질, 폴리브롬화비페닐(Polybrominated Biphenyls), 폴리염화비페닐(Polychlorinated Biphenyls), DDT나 DDVT와 같은 살충제, AIDS균과 같은 인체에 치명적인 물질들이나 병균들을 배출 및 처리하게 된다. 이들 물질들은 경미한 발진이나 피부병에서부터 치사율이 높은 백혈병이나 암 그리고 AIDS 등에 이르기까지 각종 질병의 직접적인 유발요인으로 작용한다.[56] 그리고 이들 유해물질들은 당대에만 영향을 미치는 것이 아니라 다음 세대로까지 이어져 그 피해를 확산시키는 경우가 적지 않다.

이와 관련하여, John J. Pitney, Jr는 "일부 오염인자들은 발진과 신경장애의 원인이 되고, 또다른 오염인자들은 암의 원인이 될 수도 있지만, 과학자들은 아직까지도 위험을 측정할 수 없다. 이러한 불확실성 그 자체는 매립지 지역주민들을 분노하게 한다."라고 지적하고 있다.[57] Mary P. Harmon과 Kathryn Coe의 연구결과에 의하면, 위험폐기물 처리시설의 인근에 거주하는 사람들은 호흡기 및 소화기 계통의 암의 발생률이 높은 것으로 제시하고 있다.[58]

그리고 비선호시설들은 관리상에 있어서도 항시 위험을 내포하고 있다. 아무리 시설의 안전성을 보장한다 할지라도, 결국 그러한 시설들은 불완전한 존재인 사람들에 의해서 운영된다. 따라서, 입지제의되는 비선호시설들은 항시 잘못 관리될 수 있는 개연성을 지니고 있다. 그리고, 이로 인해 비선호시설들은 지역주민들의 생명과 건강에 치명적인 영향을 미칠 수 있는 가능성을 항상 내포하고 있다. 실제로 이러한 가능성이 현실화된 사건들 가운데 대표적인 사건으로 구 소련의 Chernobyl 원자력발전소의 사고[59]와 미국의 Three Mile Island 원자력발전소의 사고[60]를 들 수 있다.

종국적으로, 비선호시설들은 건강과 안전에 대한 위협을 내포하고 있기 때문에, 님비를 야기시킬 가능성이 매우 높다고 하겠다.

2. 환경오염에 대한 우려

비선호시설들을 잘못 관리하면, 환경오염을 발생시킬 가능성이 매우 높다. 방사능물질이나 폴리염화비페닐 등과 같이 비선호시설들에서 유출될 수 있는 물질들은 인체에 치명적인 영향을 미칠 수 있을 뿐만 아니라 토양, 지하수, 대기, 해양 등을 오염시킬 수도 있다.

또한 이들 물질들의 부정적인 영향은 국지적으로만 한정되어 미치는 것이 아니라 오존층을 파괴하고 온실효과(greenhouse effect)를 초래하는 등의 범국가적인 환경오염으로까지 확대될 수도 있다.

그리고 이러한 환경오염은 홍수나 가뭄 등과 같은 불가항력적인 자연재해, 동·식물 생태계의 파괴, 수려한 자연경관의 훼손 등의 직접적인 원인이 될 수도 있다.[61] 따라서, 비선호시설들의 입지는 환경오염을 야기시킬 가능이 있고, 이는 다시 님비로 연계될 가능성이 매우 높다.

제 5 절 저항의 기동성과 연대감

지역주민들의 저항이 얼마나 기민하게 또한 얼마나 결속력있게 이루어질 수 있느냐의 여부도 님비의 중요 영향요인이다. 성공적인 저항은 일반적으로 반대자들 사이에 형성되어 있는 연결망의 구축정도, 지역주민들 사이의 불만의 정도, 지역사회가 활용할 수 있는 물질적인 자원의 수준에 의해서 결정된다.[62) 저항의 기동성은 저항의 사회적인 비용에 의해서 결정되는 것이다. 물론 이상의 세 가지 요건이 반드시 모두 강도 높게 충족되어야만 그것이 강력하게 활성화되는 것은 아니다.

그런데, 일반적으로 비선호시설들의 입지에 대한 지역주민들의 반발의 경우, 해당 시설입지 지역사회가 활용할 수 있는 저항의 사회적인 비용이 매우 저렴하기 때문에 그것은 빠르게 활성화될 수 있으며, 끈끈한 결속력을 지닐 수 있다. 그럼 비선호시설의 입지와 관련하여 저항의 사회적인 비용 가운데 지역주민들의 연결망구축과 지역주민들의 불만에 대해 좀더 구체적으로 고찰해 보면 다음과 같다.

1. 지역주민의 연결망구축

비선호시설이 입지제의되는 지역은 지리적인 한정성을 갖는다. 따라서, 그 지역사회는 기존의 조직적이고 긴밀한 연결망을 신속하게 활용할 수 있다. 예컨대, 평소 다져진 유대감을 십분발휘하여 기존의 사회적인 연결망과 기관들(종교단체나 지역봉사단체를 비롯한 각종 주민조직 등)을 신속하게 활용할 수 있다. 또한 지역의 여러 지도자들과 지역구성원들을 용이하게 소집할 수 있다.

그리고, 비선호시설이 입지제의되는 지역사회는 기존 연결망을 통해 다져진 유대감을 기반으로 하여 잠재적인 저항자들을 쉽게 확인할 수 있다. 또한 그것을 기반으로 하여, 비선호시설의 입지반대를 위해 필요로 되는 새로운 조직들을 보다 쉽게 결성할 수 있다.

이상과 같이, 특정 시설입지 지역사회는 지리적인 한정성을 갖기 때문에 조직결성상의 비용을 감소시킬 수 있다. 뿐만 아니라, 참여에 대한 압력형태로의 비공식적인 사회적 통제를 가하여 무임승차(free riding)를 보다 쉽게 관리할 수 있다.[63]

2. 지역주민의 불만

일반적으로 비선호시설의 입지에 대한 지역주민들의 불만은 매우 강도가 높다. 전술한 바와 같이, 비선호시설의 입지로 말미암아, 비용은 단기적으로 비선호시설 입지지역주민들에게 집중되고, 편익은 해당 입지지역을 포함하여 보다 넓은 지역으로 분산되는 비용-편익의 불균형(imbalance of costs-benefits)이 발생하게 되기 때문이다.[64] 비선호시설의 입지로 건강과 환경에 대한 잠재적인 위험, 소음, 교통혼잡, 재산적 가치의 하락, 지역적 오명 등과 같은 사회적 비용은 해당 입지지역주민들에게 집중되고, 그러한 시설들로부터 도출되는 편익은 보다 넓은 지역으로 확산되는 현상이 발생하게 되기 때문이다.

따라서, 지역주민들은 '다른 지역들도 많은데 왜 하필이면 우리지역에 그러한 시설이 입지되어야 하는가?'와 같은 지역적 형평성에 강한 의구심을 제기함으로써 불만을 나타낸다.[65] 특히, 폐기물처리시설의 입지지역의 경우, 지역주민들은 타지역의 폐기물까지 처리해야 한다는 부담으로 상당한 불만을 나타낸나.[66]

종국적으로, 비선호시설의 해당 입지지역주민들은 그러한 시설입지로 초래되는 비용-편익의 불균형과 시설입지의 지역적 비형평성으로 말미암아 강한 불만을 나타낸다. 그리고 이로 인해, 님비가 유발될 가능성이 매우 높다.

■ 주석

1) David A. Bella, "Engineering and Erosion of Trust", *Journal of Professional Issues in Engineering*, 1987, vol. 13, pp. 117-129 ; David A. Bella, Charles D. Mosher, & Steven N. Calvo, "Establishing Trust : Nuclear Waste Disposal", *Journal of Professional Issues in Engineering*, 1988, vol. 114, pp. 40-50 ; David A. Bella, Charles D. Mosher, & Steven N. Calvo, "Technocracy and Trust : Nuclear Waste Controversy", *Journal of Professional Issues in Engineering*, 1988, vol. 114, pp. 27-39 ; J. Flynn & P. Slovic, "Nuclear Wastes and Public Trust", *Forum for Applied Research and Public Policy*, 1993, vol. 8, pp. 92-100 ; Roger Kasperson, Dominic Golding, & Seth Tuler, "Social Distrust as a Factor in Siting Hazardous Facilities and Communicating Risks", *Journal of Social Issues*, 1992, vol. 48, no. 4, pp. 161-187 ; S. Rayner & R. Cantor, "How Fair is Safe Enough ? The Cultural Approach to Societal Technology Choice", *Risk Analysis*, 1987, vol. 7, pp. 3-9을 참고하기 바람.

2) 몇몇 대표적인 학자들을 중심으로 신뢰의 개념정의를 살펴보면 다음과 같다.
 * J. Rempel과 J. Holmes - "신뢰란 관계에 관해 생각해 볼 때, 느끼는 확신의 정도(degree of confidence)이다."
 * O. Renn과 D. Levine - "신뢰란 수신된 메시지가 사실이거나 또는 믿을 만하고, 발신자가 정확하고 객관적이며 완벽한 정보를 전달함으로써 능력과 정직성을 입증할 것이라고 하는 일반화된 기대이다."
 * J. B. Rotter - "신뢰란 다른 사람이나 집단의 말, 약속, 구두 및 문서화된 진술(oral or written statement)이 그대로 될 것이라고 믿는 일반화된 기대(generalized expectancy)이다."
 * L. Zucker - "신뢰란 교환과 관련하여 공유하게 되는 일련의 기대(a set of expectations)이다."
 * M. Koller - "신뢰란 상호작용하는 상대방(interaction partner)이 어떤 사람에게 부정적인 결과를 가져 올 수 있는 여러 대안적인 행동들 가운데 어떠한 행동을 자유롭게 선택할 때 조차 상호작용하는 상대방이 자신의 편에 서서 자신을 고무시키는 행동을 할 수 있고, 또한 기꺼이 그러한 행동을 할 것이라고 생각하는 어떤 사람의 기대(a person's expectation)이다."
 J. Rempel & J. Holmes, "How do I Trust Thee ?", *Psychology Today,* 1986, p. 28 ; O. Renn & D. Levine, "Credibility and Trust in Risk Communication",

in R. E. Kasperson & P. M. Stallen(eds.), *Communicating Risks to the Public : International Perspectives,* (Dordrecht, Holland : Kluwer, 1 991), p. 181 ; J. B. Rotter, "Interpersonal Trust, Trustworthiness, and Gullibility", *American Psychologist,* 1980, vol. 35, p. 1 ; L. Zucker, "Production of Trust : Institutional Sources of Economic Structure, 1840-1920", *Research in Organizational Behavior,* 1986, vol. 8, p. 54 ; M. Koller, "Risk as a Determinant of Trust", *Basic and Applied Social Psychology,* 1988, vol. 9, pp. 265 -276 ; Kasperson, Golding, & Tuler, *op. cit.,* p. 166.

3) Kasperson, Golding, & Tuler, *op. cit.,* p. 166.

4) Paul Slovic, "Perception of Risk from Radiation", in W. K. Sinclair(ed.), *Proceedings of the Twenty-Fifth Annual Meeting of the National Council on Radiation Protection and Measurements,* vol. 11 : Radiation Protection Today : The NCRP at Sixty Years(vol. 11), (Bethesda, Maryland : NCRP, 1990), pp. 73-97.

5) Paul Slovic, "Perceived Risk, Trust, and Democracy", *Risk Analysis,* 1993, vol. 13, no. 6, p. 676.

6) Kraft & Clary, *op. cit.,* p. 303.

7) Roger E. Kasperson, "Six Propositions on Public Participation and Their Relevance for Risk Communication", Risk Analysis, 1986, vol. 6, pp. 275-281 ; Roger E. Kasperson, "Hazardous Waste Facility Siting: Community, Firm, and Governmental Perspectives", in National Academy of Engineers, Hazards : Technology and Fairness, (Washington, DC : National Academy Press, 1986)을 참고하기 바람.

8) K. D. Pijawka & A. H. Mushkatel, "Public Opposition to the Siting of the High-Level Nuclear Waste Repository : The Importance of Trust", *Policy Studies Review,* 1992, vol. 10, pp. 180-194 ; J. Flynn, W. Burns, C. K. Mertz, & P. Slovic, "Trust as a Determinant of Opposition to a High-Level Radioactive Waste Repository : Analysis of a Structural Model", *Risk Analysis,* 1992, vol. 12, pp. 417-430 ; P. Slovic, J. Flynn, & M. Layman, "Perceived Risk, Trust, and the Politics of Nuclear Waste", *Science,* 1991, vol. 25 4, pp. 1603-1607을 참고하기 바람.

9) Slovic, op. cit., 1993, pp. 677-679.

10) 이러한 주장에 대한 근거로 Paul Slovic은 자신의 연구결과를 제시하고 있다. 그는 103명의 대학생들에게 자신들의 지역사회 내에 있는 대규모 원자력발전소의 관리와 관련된 45 가지 가상의 새로운 사건들의 신뢰성에 대한 영향

을 평가한 결과, 부정적인 사건이 긍정적인 사건에 비해 보다 훨씬 큰 비중을
차지한다는 결과를 도출하였다. 이와 관련해서는 다음 문헌을 참고하기 바
람. Paul Slovic, J. Flynn, S. Johnson, & C. K. Mertz, "The Dynamics of Trust
in Situations of Risk", *Report no. 93-2*, (Eugene, Oregon : Decision Research,
1993).

11) 심층방어(defense in depth)란 방어시설이 여러 겹으로 된 복잡한 저항선(抵抗
線)을 말한다.

12) Gilbert, *op. cit.*, p. 7 ; Kraft & Clary, *op. cit.*, 1991, pp. 302-303 ; Daniel A.
Mazmanian & David Morell, "The 'NIMBY' Syndrome : Facility Siting and
the Failure of Democratic Discourse", in Norman J. Vig & Michael E.
Kraft(eds.), *Environmental Policy in the 1990s(2 ed.)*, (Washington : Congressional
Quarterly Inc., 1994), p. 235 ; David Morell, "Siting and the Politics of Equit
y", in Robert W. Lake(ed.), *Resolving Locational Conflict*, (New Jersey : Center
For Urban Policy Research, 1987), p. 121 ; Bella, Mosher, & Calvo, *op. cit.*,
1988, pp. 40-50 ; Bella, Mosher, & Calvo, 1988, pp. 27-39 ; Flynn & Slovic,
op. cit., pp. 92-100 ; Kasperson, Golding, & Tuler, *op. cit.*, pp. 161-187 ; Frank
N. Laird, "The Decline of Deference : The Political Context of Risk
Communication", *Risk Analysis*, 1989, vol. 9, pp. 543-550 ; Kunreuther,
Fitzgerald, & Aarts, *op. cit.*, p. 303.

13) Popper, *op. cit.*, 1983, pp. 2-4 ; Popper, *op. cit.*, 1987(A), pp. 1-3 ; Popper, *op.
cit.*, 1987(B), pp. 275-278.

14) Getz & Walter, *op. cit.*, p. 410.

15) Andrew Blowers, David Lowry, & Barry D. Solomon, The International Politics
of Nuclear Waste, (London : Macmillan Academy and Professional LTD, 1991),
pp. 19-20.

16) Morell, *op. cit.*, p. 122.

17) Sellers, *op. cit.,* p. 461 ; R. Kemp, "Why not in My Backyard ? A Radical
Interpretation of Public Opposition to the Deep Disposal of Radioactive Waste
in the United Kingdom", *Environment and Planning A,* 1990, vol. 22, pp. 1254-
1255.

18) Bacow & Milkey, *op. cit.*, p. 268.

19) Van der Pligt, Eiser, & Spears, op. cit., p. 468.

20) David Morell & Christopher Magorian, *Siting Hazardous Waste Facilities : Local
Opposition and the Myth of Preemption*, (Massachusetts : Ballinger Publishing

Company, 1982), p. 22 ; Andrew Szasz, *EcoPopulism : Toxic Waste and the Movement for Environmental Justice,* (Minneapolis : University of Minnesota Press, 1994), p. 86.

21) 위험(오염) 가능성이 생산물 가격에 부정적인 영향을 미친다는 점은 콜레라의 확산으로 발생한 수산물의 반입중단 및 가격의 폭락에서 쉽게 찾아 볼 수 있다. 조선일보, 1995. 9. 12일자 참고.

22) Kemp, *op. cit.,* pp. 1254-1255.

23) Michael Dear는 과거 10년 동안에 걸쳐서 시설입지반대자들의 주요 관심사는 자신들의 인근거주지역에 재산적 가치하락이 발생할 것이라는 데 있었으며, 인간서비스시설들(human service facilities)의 인근의 부동산 거래에 관한 연구가 전혀 없다는 것은 그러한 시설들과 명확하게 연계될 수 있는 재산적 가치의 하락을 입증하는 것이라고 주장하였다. 또한 재산적 가치의 변화는 이자율의 변화나 새로운 쇼핑상가와 같이 인근의 대규모 재산의 개발(property developments)의 출현 등과 같은 광의의 시장변동과 관련되어 있는 경향이 있다고 주장하였다. Dear, *op. cit.,* p. 290.

24) 임선희, 「전게논문」, pp. 60-64 ; Dear, *op. cit.,* p. 290을 참고하기 바람.

25) Dear, *op. cit.,* p. 290.

26) Popper, *op. cit.,* 1983, pp. 2-4 ; Popper, *op. cit.,* 1987(A), pp. 1-3 ; Popper, *op. cit.,* 1987(B), pp. 275-278.

27) Julia G. Brody & Judy K. Fleishman, "Source of Public Concern About Nuclear Waste Disposal in Texas Agricultural Communities", in Riley E. Dunlap, Michael E. Kraft, & Eugene A. Rosa(eds.), *Public Reactions to Nuclear Waste : Citizens' Views of Repository Siting,* (Durham and London : Duke University Press, 1993), pp. 115-135 ; Riley E. Dunlap, Eugene A. Rosa, Rodney K. Baxter, & Robert Cameron Mitchell, "Local Attitudes Toward Siting a High-Level Nuclear Waste Repository at Hanford, Washington", in Riley E. Dunlap, Michael E. Kraft, & Eugene A. Rosa(eds.), *Public Reactions to Nuclear Waste : Citizens' Views of Repository Siting,* (Durham and London : Duke University Press, 1993), pp. 136-172 ; Kent E. Portney, *Siting Hazardous Waste Treatment Facilities : The NIMBY Syndrome,* (New York : Auburn House, 1991), pp. 88-94.

28) Davis, *op. cit.,* 1986, p. 297 ; Sandman, *op. cit.,* p. 333 ; Robert Cameron Mitchell & Richard T. Carson, "Property Rights, Protest, and the Siting of Hazardous Waste Facilities", *American Economic Review,* 1986, vol. 76, p. 287 ; Sellers, *op. cit.,* p. 460 ; T.W. Burgess, "A Historical Address on Our Canadian Institutions for the Insane", *Transactions of the Royal Society of Canada Section IV,*

p. 86 ; Michael Dear, *Gaining Community Acceptance*, (Princeton, NJ : Robert Wood Johnson Foundation, 1990) ; M. Dear & S. M. Taylor, *Not on Our Street : Community Attitudes Toward Mental Health Care*, (London : Pion, 1982) ; Dear, *op. cit.*, p. 290을 참고하기 바람.

29) Paul Slovic, Mark Layman, Nancy Kraus, James Flynn, James Chalmenrs, & Gail Gesell, "Perceived Risk, Stigma, and Potential Economic Impacts of a High-Level Nuclear Waste Repository in Nevada", *Risk Analysis,* 1991, vol. 11, no. 4, p. 686.

30) M. R. Edelstein, *Contaminated Communities : The Social and Psychological Impacts of Residential Toxic Exposure,* (Colorado : Westview, 1988) ; Gilbert W. Bassett, Jr. & Ross C. Hemphill, "Comments on 'Perceived Risk, Stigma, and Potential Economic Impacts of a High-Level Nuclear Was- te Repository in Nevada'", *Risk Analysis*, 1991, vol. 11, no. 4, pp. 697-700을 참고하기 바람.

31) Michael R. Edelstein, *Contaminated Communities : The Social and Psychological Impact of Residential Toxic Exposure,* (Boulder : Westview, 1988) ; Adeline G. Levine, *Love Canal : Science, Politics, and People,* (Lexington, MA : Lexington Books, 1982)를 참고하기 바람.

32) Love Canal 사건은 1892년 William T. Love라는 사업가가 운하를 건설하던 중 경제불황으로 커다란 웅덩이만 남긴 채 사업을 중단하게 되자, 그후 Hooker Chemical이란 회사가 이를 인수하여 화학물질을 이 웅덩이에 폐기매립한 후, 이를 다시 교육위원회에 기증함으로써 학교부지로 사용하게 되었는데, 이로 인해 학생들이 각종 질병에 시달리게 된 사건을 말한다.

33) L. M. Gibbs, *Love Canal : My Story,* (Albany : State University of New York Press, 1982), p. 52.

34) William K. Hallman & Abraham Wandersman," Attribution of Responsibility and Individual and Collective Coping with Environmental Threats", *Journal of Social Issues,* 1992, vol. 48, no. 4, p. 106 ; Morell, *op. cit.*, p. 121.

35) Flynn, Burns, Mertz, & Slovic, *op. cit.*, p. 418.

36) Sandman, *op. cit.*, pp. 333-334 ; Morell, *op. cit.*, pp. 121-122 ; Sellers, *op. cit.*, p. 461 ; Morell & Magorian, *op. cit.*, p. 22 ; Szasz, *op. cit.*, p. 86.

37) British Medical Association, *Hazardous Waste & Human Health*, (Oxford : Oxford University Press, 1991), p. 234.

38) Macgill & Snowball, *op. cit.*, p. 239.

39) N. Luhmann은 위험(risk)과 위협(danger)을 구별하였다. 즉, 그는 자신의 행위

가 위험의 결과에 영향을 미칠 수 있을 경우에는 위험(risk)이고, 그 결과에
영향을 미칠 수 없을 경우에는 위협(danger)이라고 구분하였다. 한편, S. M.
Macgill & D. J. Snowball은 위험(risk)은 재난의 발생확률을 지칭하고, 위협
(hazard)은 재난의 결과를 지칭할 때 사용한다고 하여 양자를 구별하였다. N.
Luhmann, "Familiarity Confidence, Trust : Problems and Alternative", in D.
Gambetta, Trust : Making and Breaking Cooperative Relations, (Oxford : Basil
Blackwell, 1988), pp. 94-107 ; Lidskog, op. cit., p. 573에서 재인용 ; Macgill
& Snowball, op. cit., p. 239.

40) Gary Marks & Detlof von Winterfeldt, "'Not in My Back Yard' : Influence of
Motivational Concerns on Judgements about a Risky Technology", *Journal of
Applied Psychology*, 1984, vol. 69, no. 3, pp. 408-415.

41) Council on Environmental Quality, Department of Agriculture, Department of
Energy, & Environmental Protection Agency, *Public Opinion on Environmental
Issues : Results of a National Public Opinion Survey*, (Washington : Government
Printing Office, 1980), pp. 29-32 ; Frank J. Popper, "The Environmentalist and
the LULU", in Robert W. Lake(ed.), *Resolving Locational Conflict*, (New Jersey :
Center For Urban Policy Research, 1987(A)), p. 5 ; Frank J. Popper, "LP/HC
and LULUs : The Political Uses of Risk Analysis in Land-Use Planning", in
Robert W. Lake(ed.), *Resolving Locational Conflict*, (New Jersey : Center For
Urban Policy Research, 1987(B)), pp. 276-277.

42) V. Kerry Smith & William H. Desvousges, "The Value of Avoiding a LULU :
Hazardous Waste Disposal Sites", *The Review of Economics and Statistics*, 1986,
vol. 68, pp. 295-296.

43) 객관적인 위험(objective risk)과 지각된 위험(perceived risk)에 대해서는 다음의
문헌을 참고하기 바람. C. Starr, "Social Benefits versus Technological Risk",
Science, 1969, vol. 165, pp. 1232-1238 ; G. Sundqvist, *Science and The
Environment : A Study in the Sociology of Expertise*, (Gethenburg : University of
Gethenburg, 1991), pp. 94-101.

44) Lidskog, *op. cit.*, p. 573.

45) R. L. Keeney & D. von Winterfeldt, "Improving Communication", *Risk Analysis*,
1986, vol. 6, pp. 417-424.

46) Robert L. DuPont, "Nuclear Phobia", *Business Week*, 1981, pp. 14-15.

47) 사람들이 자의적으로 위험한 상황이나 행동들을 선택하거나 또는 타의적으
로 위험에 노출된다는 점에서 위험을 자발적 위험(voluntary risk)과 비자발적

위험(involuntary risk)으로 구분할 수 있다.

48) B. Fischhoff, C. Hohenemser, R. Kasperson, & R. W. Kates, "Handling Hazards", *Environment*, 1978, vol. 20, no. 7, pp. 16-20, pp. 32-37.

49) Paul Slovic, "Judgment, Choice, and Societal Risk-Taking", in K. R. Hammond(ed.), *Judgnnt and Decision-Making in Public Policy Formation*, (Washington : American Association for the Advancement of Science, 1978), pp. 98-111.

50) P. Slovic, B. Fischhoff, & S. Lichtenstein, "Perception and Acceptability of Risk From Energy Systems", in W. R. Freudenburg & E. A. Rosa(eds.), *Public Reaction to Nuclear Power : Are There Critical Masses ?*, (Boulder, Co : American Association for the Advancement of Science / Westview, 1984), p. 117.

51) Freudenburg & Susan K. Pastor, *op. cit.*, p. 45.

52) Timothy L. McDaniels, "Chernobyl's Effects on the Perceived Risks of Nuclear Power : A Small-Sample Test", *Risk Analysis*, 1988, vol. 8, no. 3, p. 457.

53) Mitchell & Carson, *op. cit.*, p. 287.

54) Richard H. Bryan, "The Politics and Promises of Nuclear Disposal : The View from Nevada", *Environment*, October, 1987, vol. 29, pp. 14-17, pp. 32-38 ; Howard Kunreuther & Douglas Easterling, "Are Risk-Benefit Trade-offs Possible in Siting Hazardous Facilities ?", *American Economic Review*, 1990, vol. 80, no. 2, pp. 252-257 ; Elizabeth Peele & R. Ellis, "Hazardous Waste Management Outlook : Are There Ways Out of the 'Not-In-My-Backyard Impasse ?'", *Forum for Applied Research and Public Policy*, September, 1987 ; Portney, *op. cit.*, 1985, pp. 81-89를 참고하기 바람.

55) Kraft & Clary, op. cit., 1991, pp. 302-303 ; Mazmanian & Morell, op. cit., p. 235 ; Herbert Inhaber, "Of LULUs, NIMBYs, and NIMTOOs", Public Interest, 1992, no. 107, pp. 54-56 ; Sellers, op. cit., p. 460.

56) Stan Openshaw, *Nuclear Power : Siting and Safety*, (Boston : Routledge & Kegan Paul, 1986), pp. 20-22, p. 140, pp. 273-273 ; Donald J. Rebovich, *Dangerous Ground : The World of Hazardous Waste Crime*, (New Brunwick : Transaction Publishers, 1992), p. 114 ; Blowers, Lowry, & Solomon, *op. cit.*, pp. 13-17 ; Gerald Jacob, *Site Unseen : The Politics of Siting a Nuclear Waste Repository*, (Pittsburgh : University of Pittsburgh Press, 1990), pp. 175-177 ; Morell & Magorian, *op. cit.*, p. 26, p. 72, pp. 93-96, p. 175, p. 217 ; Thomas Najarian, "The Controversy Over the Health Effects of Radiation", *Technology Review*, 1978, pp. 74-82를 참고하기 바람.

57) John J. Pitney, Jr., "Bile Barrel Politics : Siting Unwanted Facilities", *Journal of Policy Analysis and Management*, 1984, vol. 3, no. 3, pp. 446-447.

58) Mary P. Harmon & Kathryn Coe, "Cancer Mortality in U.S. Counties with Hazardous Waste Sites", *Population and Environment : A Journal of Interdisciplinary Studies*, 1993, vol. 14, no. 5, pp. 463-480.

59) 1986년 4월 26일 새벽 1시, 구 소련에서 발생한 Chernobyl 원자력발전소의 사고는 가동중지 터빈을 시험하던 근무자가 안전수칙을 지키지 않은 것이 그 원인이었다. 이 사고로 인한 초기 사망자는 31명으로 밝혀졌고, 사고발생 4년 후에는 300명 정도로 늘어난 것으로 구 소련당국은 발표하였으나 방사능사고의 특성상 장기간에 걸친 추적관찰(follow-up)이 완료된 후에야 정확한 피해규모를 규명할 수 있다. 이와 관련된 보다 구체적인 내용은 다음 문헌들을 참고하기 바람. Richard Wolfson, *Nuclear Choices : A Citizen's Guide to Nuclear Technology*, (Massachusetts : The MIT Press, 1993), pp. 201-210 ; Christoph Hohenemser, Robert L. Goble, & Paul Slovic, "Nuclear Power", in Jack M. Hollander(ed.), *The Energy-Environment Connection*, (Washington : Island Press, 1992), pp. 143-147.

60) 1979년 3월 28일 새벽 4시, 미국에서 발생한 Three Mile Island 원자력발전소의 사고는 원자로에 공급되던 냉각수의 급수계통의 고장이 그 원인이었다. 이 사고로 인한 방사능 피해를 우려하여 사고지점 반경 80km 내에 거주하던 200만명의 주민들을 대상으로 방사능물질에의 노출여부를 조사하였으나, 조사결과 방사능에 의한 인명 및 주변환경의 피해가 없는 것으로 밝혀졌다. 이와 관련된 보다 구체적인 내용은 다음 문헌들을 참고하기 바람. Wolfson, *op. cit.*, pp. 192-201 ; Hohenemser, Goble, & Slovic, *op. cit.*, pp. 143-147.

61) Openshaw, *op. cit.*, pp. 64-65, p. 118 ; Blowers, Lowry, & Solomon, *op. cit.*, p. 14, p. 16, pp. 326-327 ; Jacob, *op. cit.*, pp. 175-177 ; Morell & Magorian, *op. cit.*, p. 6, p. 32, pp. 56-57, p. 150, p. 165 ; Michael R Greenberg & Richard F. Anderson, *Hazardous Waste Sites : The Credibility Gap*, (New Jersey : The State University of New Jersey, 1984), p. 86, p. 92, pp. 206-208, pp. 228-229 ; Michael E. Kraft & Ruth Kraut, "Citizen Participation and Hazardous Waste Policy Implementation", in Charles E. Davis & James P. Lester(eds.), *Dimensions of Hazardous Waste Politics and Policy*, (New York : Greenwood Press, 1988), p. 65 ; Robert C. Harriss, Christoph Hohenemser, & Robert W. Kates, "Our Hazardous Environment", *Environment*, 1 978, vol. 20, no. 7, pp. 6-15, pp. 38-41 ; Report of The Nuclear Energy Policy Study Group, *Nuclear Power Issues*

and Choices, (Massachusetts : Ballinger Publishing Company, 1977), pp. 197-211.

62) John McCarthy & Mayer Zald, "Resource Mobilization and Social Movements : A Partial Theory", *American Journal of Sociology,* 1977, vol. 82, pp. 1212-1241 ; Charles Tilly, *From Mobilization to Revolution,* (Reading, Massachusetts : Addison-Wesley, 1978) ; Bert Useem, "Solidarity Model, Breakdown Model, and the Boston Anti-Busing Movement", *American Sociological Review,* 1980, vol. 45, pp. 357-369 ; Walsh, Warland, & Smith, *op. cit.,* pp. 25-38.

63) Mitchell & Carson, *op. cit.,* p. 287.

64) Plotkin, op. cit., pp. 8-9 ; Getz & Walter, op. cit., p. 410 ; Fischhoff, op. cit., p. 565 ; Weisberg, op. cit., p. 93.

65) Kemp, *op. cit.,* p. 1255.

66) Sellers, *op. cit.,* pp. 462-465 ; Walsh, Warland, & Smith, *op. cit.,* p . 26.

第 6 章 외부환경과 관련된 넘비 유발요인

제 1 절 환경운동단체의 활동

사회가 고도로 다원화되어감에 따라 과학과 기술이 단지 인간의 생활 조건을 개선시킨다는 일차원적인 인식에서 생활조건의 개선과 더불어 인간의 건강과 환경을 파괴시킬 수 있다는 다차원적인 인식으로의 의식 변화가 널리 확산되어 가고 있다.[1] 이러한 의식변화는 환경운동단체의 환경정책에 대한 유의미한 영향력의 행사와 비선호시설들의 입지반대활동에 지지기반으로 작용하여 그들의 입지를 강화시켜 줌은 물론, 나아가 그들의 활동을 더욱 활성화시켜 주고 있다.

이러한 현상은 Barry R. Weingast의 연구에 의해서도 지적되고 있다.[2] 그의 연구결과에 의하면, 일반대중들의 지지에 힘입은 환경운동단체들의 원자력산업에 대한 적극적인 반대활동으로 의회의 원자력산업에 대한 개입양태가 달라졌다고 한다. 또한 원자력시설의 입지가 중단되거나 지연되는 등의 원자력관련시설의 입지사업이 커다란 타격을 입게 되었다고 한다. 다시 말해서, 환경운동단체들이 일반대중들과 정치체제의 지지를 기반으로 하여 의회에 영향력을 행사함으로써, 의회는 원자력의 규제영역을 철도나 공익사업의 규제영역과는 구별하여 별도로 다루게 되었으며, 예산이나 규제법률에 환경론자들이 실질적으로 유의미한 영향력을 행사할 수 있게끔 허용하였다는 것이다.

이렇듯 환경운동단체들의 활동은 일반대중들의 보다 폭넓은 지지를 기반으로 하여, 과거에 비해 더욱더 강화되어가는 추세에 있다. 특히,

비선호시설들의 입지문제는 전술한 바와 같이 인간의 건강과 안전 그리고 환경오염과 직접적으로 관련되어 있기 때문에, 이러한 시설들의 입지반대활동은 환경운동단체들의 주된 사업으로 등장하고 있다.

이는 Green Peace[3])나 Friends of the Earth[4]) 또는 Sierra Club[5]) 등과 같은 여러 환경운동단체들의 활동영역에서 쉽게 찾아볼 수 있다.

비선호시설들의 입지문제와 관련하여 전개되는 환경운동단체들의 반대활동들은 시설입지 수용거부를 위한 직접적인 시위활동에서부터 공해문제의 올바른 인식을 위한 교육 및 홍보활동 등에 이르기까지 실로 매우 다양하다.[6]) 그런데 이러한 반대활동들은 해당 시설입지 지역주민들과의 대면적인 접촉의 정도를 기준으로 크게 두 가지 차원으로 나누어 볼 수 있다. 직접적인 가담활동과 간접적인 지원활동이 바로 그것이다.

1. 직접적인 가담활동

직접적인 가담활동이란 비선호시설의 건립사업을 중단·지연·축소시키기 위해 해당 시설입지 지역주민들이 전개하는 투쟁활동에 환경운동단체들이 직접적으로 개입하여 반대활동을 하는 것을 말한다.

이러한 가담활동에는 다음과 같은 것들이 포함된다.

① 현장농성투쟁
② 가두시위
③ 가두서명
④ 건설반대결의서 및 탄원서제출
⑤ 입지사업 추진업체 및 행정관청에 항의방문
⑥ 각 정당에 입지거부 지원요청
⑦ 공문서발송
⑧ 소송제기

⑨ 민간사업자나 정부와 같은 사업추진자들과 국회의원들에 대한 로비활동

⑩ 다른 지역의 비선호시설 입지로 인한 오염실태를 알리는 각종 사진·비디오·슬라이드 등의 전시 및 상영

⑪ 환경문제의 심각성을 알리는 유인물이나 책자배포

⑫ 입지제의되는 비선호시설의 위험성에 관한 정보를 제공하는 토론회 개최

⑬ 입지지역주민들의 가택방문을 통한 입지시설의 위험성 홍보

⑭ 입지지역의 환경영향평가

지역주민들에게 있어 새로운 비선호시설들의 입지는 외부로부터의 위협으로 비춰지기 때문에, 그들은 하나의 단일체로 보다 긴밀하게 결속하게 되며, 단결심(espirit de corps)을 더욱 강화시키게 된다.[7] 따라서 해당 시설입지 지역주민들은 지역의 지도자 등과 같은 일부 특정 중심 인물들을 주축으로 하여 시설입지 거부투쟁을 위한 조직들을 자체적으로 결성하게 된다.

그러나, 투쟁초기에는 비선호시설의 입지로 인해 발생할 수 있는 피해가 대부분의 지역주민들에게 널리 알려지지 않기 때문에, 흔히 이러한 조직들은 시설입지 거부투쟁을 체계적으로 전개하지 못하는 경향이 있다. 투쟁초기단계에서는 입지지역의 반대투쟁조직들이 시설거부전략의 수립이나 주민 및 자원동원 등과 같은 활동에서 대부분 체계적인 준비의 미약성을 노출시키게 된다. 이는 과거 투쟁경험이 없는 지역에서는 더욱 그러하다.

이러한 경우, 환경운동단체의 직접적인 가담활동은 입지지역의 반대투쟁조직들의 활동에 상당한 영향을 미칠 수 있다. 그들은 반대투쟁조직들과 함께 시설입지 사업추진자들을 공동의 적으로 간주하여 적극적인 시설입지반대 투쟁활동을 전개하게 된다. 또한 그들은 시설입지 반

대투쟁에 유보적인 입장을 취하고 있는 지역주민들에게 시설입지반대의 필요성을 강력하게 주지시키는 활동도 적극적으로 추진하게 된다.

이러한 사실은 Martin P. Sellers의 연구결과에 의해 일부 입증되기도 하였다.[8] 즉, 그의 연구결과에 의하면, North Carolina의 소도시인 Dunn에 생의학폐기물 처리시설을 건설하려던 계획은 부실 폐기물처리장의 문제점을 지적하는 비디오상영 등과 같은 환경운동단체의 적극적인 반대활동으로 인해 무산된 것으로 나타났다.

종국적으로 환경운동단체들의 직접적인 가담활동은 님비를 유발시키고 강화킬 수 있다.

2. 간접적인 지원활동

간접적인 지원활동이란 해당 시설입지 지역주민들의 성공적인 시설수용 거부투쟁에 일조하기 위하여 환경운동단체들이 비선호시설 입지지역 이외의 사람들에게 지역주민들의 시설수용 거부투쟁에 대해 지지와 지원을 호소하는 활동을 말한다.

이러한 간접적인 지원활동에는 다음과 같은 것들이 포함된다.

① 시설수용 거부지역에 제공하기 위한 투쟁자금의 모금활동

② 비선호시설의 입지에 대한 시민여론조사 실시

③ 입지반대투쟁의 지지를 호소하는 가두서명

④ 투쟁지지 성명서발표

⑤ 사업추진자들의 시설입지 강행성명에 대한 반대기자회견

⑥ 컴퓨터통신망을 통한 범시민지지 호소활동

⑦ 비선호시설의 입지로 인한 피해사례에 관한 연구보고서 배포

⑧ 언론매체를 통한 비선호시설입지의 부당성호소

⑨ 국제환경단체와의 연대투쟁

⑩ 각종 환경관련 전문위원회나 자문위원회의 참여를 통한 비선호시

설입지에 대한 주민반발의 정당성강변

　⑪ 환경전문가를 통한 비선호시설의 문제점에 대한 자문

　⑫ 환경관련 법안 개발 및 정책반영사업

　이러한 간접적인 지원활동은 해당 입지지역 이외의 사람들로부터 지원과 지지를 도출해 낼 수 있기 때문에 해당 입지지역주민들의 반발활동을 상당히 고무시킬 수 있다. 해당 시설입지 지역주민들은 환경운동단체들의 간접적인 지원활동으로 인해 자신들의 입지반대활동에 정당성을 부여받게 되고, 자신들의 그러한 반발활동을 더욱 강화시키게 된다.

　일반적으로 비선호시설의 입지반대활동을 전개하는 환경운동단체들은 그러한 시설들을 수용거부하는 해당 시설입지 지역주민들과 강력하게 연대하며, 또한 그들에게 자신들의 반대활동에 상응하는 어떤 대가를 기대하지 않는다.

　이는 다음과 같은 이유 때문이다.[9)]

　첫째, 비선호시설 입지문제는 특정 지역에 사회적인 비용(social costs)을 집중시키는 사업추진자들의 도덕성문제와 관련되어 있기 때문이다.

　둘째, 환경운동단체들이 사업추진자들을 공동의 적(same enemy)으로 간주하기 때문이다.

　요컨대, 환경운동단체들의 간접적인 지원활동은 해당 비선호시설 입지지역 주민반발의 강도와 시설수용거부 운동의 성공여부에 지대한 영향을 미칠 수 있다.

제 2 절 대중매체의 영향

　첨단 과학기술을 기반으로 한 대중매체의 눈부신 발전으로 일반대중들은 세계 도처에서 발생하는 크고 작은 사건들을 보다 쉽게 접할 수

있게 되었다. 전 세계의 '지구촌화'가 도래하게 된 것이다. 이는 곧 대
중매체의 일반대중들에 대한 영향력의 증대를 의미한다.

일반적으로 사람들이 부정적인 사건에 대해 보다 큰 비중과 관심을
나타내는 것과 마찬가지로 대중매체들도 역시 그러하다.[10] 대중매체들
은 기술적인 정보, 불확실성을 수반하는 정보, 시민들과 리포터들이 한
문장이나 한 단어로 표현할 수 있을 정도로 단순하게 취급할런지 모르
지만 전문가들은 단순하게 취급해서는 안된다고 생각하는 정보들을 흔
히 제대로 보도하지 못하는 경향이 있다.[11] 뿐만 아니라 보도하는 내
용들도 대부분 부정적인 내용들로 점철되어 있다.[12]

G. Koren과 N. Klein[13]에 의하면, 1991년 3월 20일에 발행된 미국의학
회지(the Journal of the American Medical Association)에 게재된 두 편의 논문, 즉
하나는 좋은 뉴스를 전하고 또다른 하나는 나쁜 뉴스를 전하는 연구논
문(방사능노출과 암과의 관계에 관한 연구논문)에 대한 신문보도율을 비교분
석하였다. 나쁜 뉴스를 전하는 연구논문은 Oak Ridge 국립연구소에 근
무하는 백인들에게 백혈병의 발병위험이 증가하였다는 연구결과를 제
시하였다. 그리고 좋은 뉴스를 전하는 연구논문은 원자력시설 인근 주
민들의 암발생율의 증가를 입증할 수 없다는 결과를 제시하였다. G.
Koren과 N. Klein은 이러한 두 편의 연구논문 가운데 나쁜 뉴스를 전하
는 논문이 신문에 더 크게 부각되었으며, 또한 더욱 더 많이 보도되었
음을 지적하였다.

그런데 문제는 이러한 부정적인 보도가 사람들의 인식과 태도에 커
다란 영향을 미친다는 데 있다. Timothy L. McDaniels의 연구결과에 의하
면, TV와 각종 인쇄매체를 통해 Chernobyl 사건을 접한 사람들은 원자력
에 대한 위험지각을 단기적으로 변화시키는 것으로 나타났다.[14] 다시
말해서, 그러한 매체를 통해 Chernobyl 사건을 접한 사람들은 그 사건이
보도되기 이전에 비해 훨씬 더 원자력을 위험한 기술로 지각한다는 것

이다.

Joop Van der Pligt 등도 이와 유사한 연구결과를 도출하였다.[15] 그들은 영국 남서부 4개 지역의 805명을 대상으로 영국 북서부지역에 있는 Sellafield 원전연료재처리시설의 안전도에 관한 TV 다큐멘터리가 지역주민들의 태도와 신념에 미치는 영향을 분석하였다. Sellafield 원전연료재처리시설에 관한 다큐멘터리가 방영되기 이전과 이후의 태도를 비교분석한 결과, 지역주민들은 보다 반핵으로 기우는 유의미한 태도변화를 보였다. Sellafield 원전연료재처리시설의 사고에 대해 보았거나 들었던 응답자들은 TV 다큐멘터리가 방영된 이후 더욱 반핵의 태도를 견지하는 반응을 보이는 것으로 나타났다.

Allan Mazur는 대중매체가 비선호시설들의 입지에 대해 부정적인 입장을 취하든 아니면 긍정적인 입장을 취하든 상관없이 비선호시설들에 대한 다량의 보도는 지역주민들의 태도에 부정적으로 영향을 미친다고 주장하였다.[16] 즉, 그는 "폐기물처리시설에 관한 다량의 뉴스보도는 일반대중들의 관심을 증대시킬 뿐만 아니라, 인근 지역사회에 공포심을 불러일으키고, 일반적으로 폐기물처리시설들의 입지에 부정적으로 작용하여 그러한 시설의 입지에 반대하도록 하게 한다"[17]고 지적하였다.

Kent E. Portney도 대중매체는 비선호시설들의 입지에 대한 주민들의 태도에 영향을 미친다고 지적하였다.[18] 그의 연구결과에 의하면, 일주일에 단지 몇번만 신문을 읽는 사람들을 제외하고는, 내부분의 사람들이 비선호시설들의 입지에 반대하는 정도가 높은 것으로 나타났다. 또한 매일 신문을 읽는 사람들은 그렇지 않은 사람들(일주일에 단지 몇번 읽는 사람들, 일주일에 한번 읽는 사람들, 일주일에 한번 이하로 읽는 사람들)에 비해 시설입지에 반대하는 정도가 높은 것으로 나타났다. 그리고 매일 TV를 시청하는 사람들은 그렇지 않은 사람들에 비해 시설입지에 반대하는 정도가 높은 것으로 나타났다.

Robert Cameron Mitchell과 Richard T. Carson은 대중매체들이 과거 비선호시설들에 대한 적절한 관리의 실패와 일반대중들에게 부과되는 위험에 관한 과학적인 불확실성을 부각시켰다고 갈파하였다. 또한 이러한 대중매체가 주민저항을 촉발시키는 한 요인이라고 지적하였다.[19] Susan G. Hadden 등도 대중매체가 비선호시설들의 입지에 대한 주민반발의 강도에 상당한 영향을 미친다고 주장하였다.[20]

■ 주석

1) Mazmanian & Morell, op. cit., p. 234.
2) Barry R. Weingast, "Congress, Regulation, and the Decline of Nuclear Power", Public Policy, 1980, vol. 28, no. 2, pp. 231-255.
3) Green Peace의 활동에 관해서는 다음의 문헌들을 참고하기 바람. FoE, Green Peace & CORE, Radioactive Waste Management : The Environmntal Approach Friends of the Earth, Greenpeace, Cumbrians Opposed to a Radioactive Environment,(London : Friends of the Earth, 1987) ; John Evan Seery, Political Returns : Irony in Politics and Theory from Plato to the Antinuclear Movement, (Boulder : Westview Press, 1990) ;한국원자력문화재단, "그린피스(Green Peace) 내한에 따른 검토자료", 1994. 3.
4) Friends of the Earth의 활동에 관해서는 다음의 문헌을 참고하기 바람. R. Chudleigh & W. Cannell, Radioactive Waste : The Gravedigger's Dilemma, (London : Friends of the Earth, 1985).
5) Sierra Club의 활동에 관해서는 다음의 문헌들을 참고하기 바람. Jerome Price, The Anti-nuclear Movement, (Boston : Twayne Publishers, 1990) ; Barbara Epstein, Political Protest and Cultural Revolution : Nonviolent Direct Action in the 1970s and 1980s, (Berkeley : University of California Press, 1991).
6) 경실련환경개발센터 · 조선일보사, 「환경을 지키는 한국의 민간단체」, (서울 : 세민사, 1993) ; 환경단체간담회준비위원회, "각지역환경단체 활동현황과 방향", 1992. 1 ; Morell & Magorian, op. cit., pp. 32-33 ; Allan Schnaiberg &

Kenneth Alan Gould, *Environment and Society : The Enduring Conflict*, (New York : St. Martin's Press, 1994), pp. 138-140, p. 149 ; Nicholas Freudenberg, *Not in Our Backyards ! : Community Action for Health and the Environment*, (New York : Monthly Review Press, 1984), p. 249 ; Szasz, *op. cit.*, p. 75를 참고하기 바람.

7) 일반적으로 경쟁이나 갈등이나 또는 외부로부터의 위협은 집단구성원들을 하나의 단일체로 보다 긴밀하게 결속시키며, 집단구성원들간의 단결심을 더욱 강화시킨다. 이와 관련된 보다 구체적인 내용들은 다음의 문헌들을 참고하기 바람. W. G. Scott & T. R. Mitchell, *Organization Theory: A Structural and Behavioral Analysis*, (Illinois : Richard D. Irwin, Inc., & The Dorsey Press, 1972), p. 193 ; A. R. Cohen, S. L. Fink, H. Gadon, & R. D. Willits, *Effective Behavior in Organization: Case, Concecpts, and Student Experiences(4 ed.)*, (Homewood, IL : Irwin, 1992), pp. 109-110.

8) Sellers, *op. cit.*, pp. 460-477.

9) Freudenberg, *op. cit.*, p. 236.

10) Slovic, *op. cit.*, 1993, p. 679 ; Susan G. Hadden, *A Citizen's Right to Know : Risk Communication and Public Policy*, (Boulder : Westview Press, 198 9), p. 129.

11) Hadden, *op. cit.*, 1989, p. 129.

12) J. Lichtenberg & D. MacLean, "Is Good News No News ?", *The Geneva Papers on Risk and Insurance*, 1992, vol. 17, pp. 362-365를 참고하기 바람.

13) G. Koren & N. Klein, "Bias Against Negative Studies in Newspaper Reports of Medical Research", *Journal of the American Medical Association*, 1991, vol. 266, pp. 1824-1826.

14) McDaniels, *op. cit.*, pp. 457-461.

15) Van der Pligt, Eiser, & Spears, *op. cit.*, pp. 453-470.

16) Allan Mazur, "Communicating Risk in the Mass Media", in D. Peck(ed.), Psychological Effects of Hazardous Toxic Waste Disposal on Communities, (Springfield, IL : Charles C. Thomas, 1989), pp. 119-137.

17) *Ibid*, p. 119.

18) Portney, *op. cit.*, 1991, pp. 85-88.

19) Mitchell & Carson, *op. cit.*, p. 287.

20) Susan G. Hadden, Joan Veillette, & Thomas Brandt, "State Roles In Siting Hazardous Waste Disposal Facilities : From State Preemption to Local Veto", in James P. Lester & Ann O'M. Bowman, *The Politics of Hazardous Waste Management*, (Durham, N.C. : Duke University Press, 1983), p. 196.

제7장 님비 사례분석 : 굴업도 방사성폐기물관리시설의 입지반발사례

제1절 님비 분석틀의 설정

이상에서 새로운 비선호시설들의 입지로 인한 해당 시설입지 지역주민들의 반발에 직접적으로 영향을 미칠 수 있는 요인들에 대해서 구체적으로 고찰하였다. 여러 선행연구들[1]에 의해서 지적되고 있는 바와 같이, 주민반발은 비선호시설들의 입지에 있어서 단일 최대의 장애물(the single greatest hurdle)로 작용한다. 따라서 비선호시설들의 입지문제를 성공적으로 해결하기 위해서는 해당 시설입지 지역주민들의 수용이 반드시 전제되어야 한다.

이 책에서는 바로 이러한 문제점에 대한 인식으로부터 출발하여 님비에 영향을 미치는 요인들을 고찰하였다. 님비에 영향을 미치는 요인들을 여러 선행연구 결과들을 토대로 하여 크게 세 가지 차원으로 나누어 조명하였다. 사업추진자와 관련된 님비 유발요인, 지역주민과 관련된 님비 유발요인, 외부환경과 관련된 님비 유발요인이 바로 그것이다. 사업추진자들과 관련된 님비 유발요인은 주민참여와 보상으로 나뉘어 진다. 다음 지역주민과 관련된 요인은 사업추진자들에 대한 신뢰도, 재산적 가치의 하락에 대한 우려, 지역적 오명에 대한 우려, 잠재적 위험에 대한 공포, 저항의 기동성과 연대성으로 구분된다. 마지막으로 외부환경과 관련된 님비 유발요인은 환경운동집단의 활동과 대중매체의 영향으로 구성된다. 또한, 우리나라는 정치적인 요인에 의해 비선호시설의 입지선정이 크게 좌우되는 경향이 있기 때문에 정치적인 요인을 외부환경과 관련된 님비 유발요인에 포함시켜, 그것이 님비, 즉 비선호시설의 입지에 대한 주민반발에 영향을 미치는 정도를 추가적으로 분석하고자 한다.

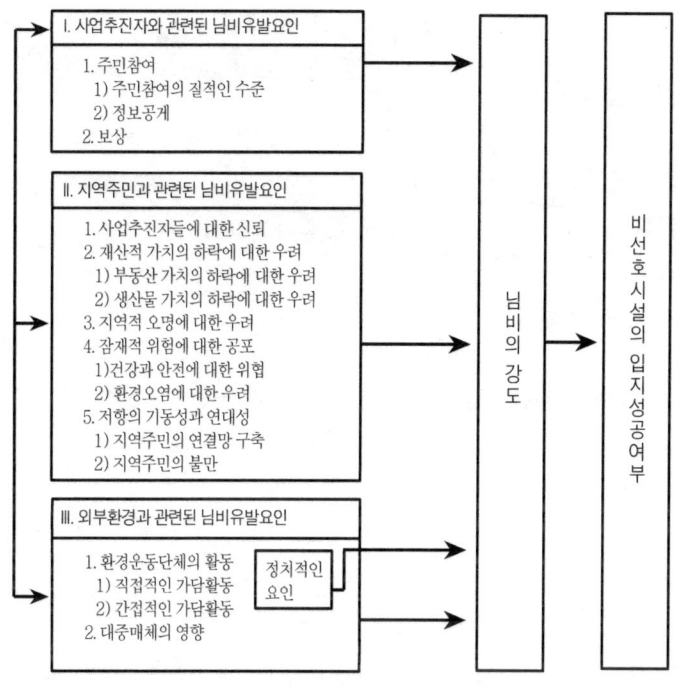

〈그림 7-1〉 님비에 영향을 미치는 요인들간의 관계

David Morell과 Christopher Magorian[2]이 지적한 바와 같이, 이상의 제요 인들은 상호밀접한 관계에 있다. 예컨대, 주민참여를 배제함으로써 사 업추진자들에 대한 불신은 증대될 수 있으며, 지역주민들의 잠재적 위 험에 대한 공포심으로 인해 사업추진자들은 주민참여를 가급적 배제하 고자 한다. 또한 잠재적 위험에 대한 공포심으로 인해 환경운동은 촉진 될 수 있으며, 환경운동집단의 활동으로 인해 저항의 기동성은 활성화될 수 있다. 이와 같은 님비에 영향을 미치는 주요 요인들간의 관계는 <그림 7-1>과 같이 도시화될 수 있다.

제2절 우리나라의 원자력 산업

여기에서는 방사성폐기물 관리시설의 입지에 대한 굴업도 주민반발 사례를 구체적으로 논의하기에 앞서, 원자력 발전과 방사성폐기물 관리 시설이 과연 얼마나 필요로 되는지를 알아보고자 한다.

1. 원자력 현황

우리나라는 1978년 4월 29일, 발전설비용량 58.7만kW의 고리원전 1호 기를 상업운전한 이래, 1995년 3월말 현재 10기(발전설비용량 861.6만kW)가 운전중이고, 6기(발전설비용량 510만kW)가 건설중이며, 2기(발전설비용량 200 만kW)가 건설준비중에 있다. 그리고 현재 운전중인 원전을 기준으로 할 때는 스웨덴에 이어 세계 10위이나, 건설중인 것까지 합하면 스웨덴을 제치고 세계 9위의 원전보유국이 된다.[3]

향후 정부의 원자력정책 방향은 전력수요 증가추세 및 경제여건 변 동 등이 반영된 다음 <표 7-1>의 장기 전력수급계획(1993년도 수립)에 따른 전원별 구성비를 토대로 하여, 어느 정도 추론해 볼 수 있겠다.

동 계획에 의하면, 원자력이 1994년에는 총 발전설비 용량의 26.5%와 총 발전량의 35.5%를 점유하는 것을 목표로 하며, 2006년에는 그것을 각각 34.0%와 44.4% 점유하도록 하는 것을 궁극적인 목표로 삼아 원자 력의 비중을 점차 높여나가는 것으로 되어 있다.[4]

그런데, 이러한 계획이 수립된지 불과 몇년이 지나지 않아, 계획수립 후 당초 예상치를 초과하는 경제성장과 이상고온 등의 영향으로 전력수

요가 급증함에 따라, 이러한 여건변화를 감안한 새로운 장기 전력수급
계획이 필요로 되고 있다.[5]

<표 7-1> 장기전력수급계획에 따른 전원별 구성비(%)

	1994년		1996년		2000년		2006년	
	설비용량 (만kW)	발전량 (억kWh)	설비용량 (만kW)	발전량 (억kWh)	설비용량 (만kW)	발전량 (억kWh)	설비용량 (만kW)	발전량 (억kWh)
원자력	761.6 (26.5)	586.51 (35.5)	961.6 (27.5)	672.24 (34.8)	1,371.6 (27.7)	964.62 (38.0)	2,041.6 (34.0)	1,451.8 (44.4)
수 력	249.3 (8.7)	40.98 (2.5)	310.9 (8.9)	50.46 (2.6)	405.8 (8.2)	65.61 (2.6)	565.8 (9.4)	68.58 (2.1)
석 유	686.0 (23.8)	403.63 (24.5)	619.4 (17.7)	377.56 (19.9)	591.9 (12.0)	291.42 (11.4)	278.9 (4.6)	137.63 (4.2)
석 탄, LNG 등	1,178.1 (41.0)	618.81 (37.5)	1,607.0 (45.9)	830.87 (43.0)	2,576.0 (52.1)	1,219.04 (51.4)	3,122.3 (52.0)	1,609.27 (49.3)
합계	2,785.0 (100)	1,649.93 (100)	3,498.9 (100)	1,931.13 (100)	4,945.3 (100)	2,540.69 (100)	6,008.6 (100)	3,267.16 (100)

출처 : Korea Electric Power Corporation, KEPCO '95, 1995, 24쪽의 표를 재구성하였음.

2. 방사성폐기물 현황

방사성폐기물이란 방사성물질 또는 그에 의해서 오염된 물질로서 폐
기의 대상이 되는 물질(사용후 원전연료 포함)을 말한다.[6] 그리고 일반적
으로 방사성폐기물은 폐기물에 함유되어 있는 방사능의 세기에 따라 저
준위, 중준위, 그리고 고준위 방사성폐기물로 분류되고 있다.

우리나라의 경우, 중·저준위폐기물은 원자력발전소와 방사선동위원
소 이용기관인 산업체, 의료기관 및 연구·교육기관에서 주로 발생되고
있다.

방사성폐기물은 국민보건과 국토환경에 치명적인 영향을 줄 수 있는

대단히 위험한 물질이기 때문에 국가적 차원에서 종합적으로 안전하게
관리해야만 한다. 따라서, 정부는 폐기물발생기관 외부에 방사성폐기물
종합 관리시설을 건설한다는 방침하에 방사성폐기물 관리사업계획을
확정하여 시설부지 확보에 부단히 노력하고 있다. 그러나 입지예정 지
역주민들의 강력한 반발로 인해, 아직까지 시설입지사업은 난항을 거듭
하고 있다.

이에 따라, 각 원자력발전소에서 발생되는 폐기물은 임시로 발전소
부지내의 임시저장고에 보관하고 있다. 그리고 800여 방사성동위원소
이용기관에서 발생되는 방사성폐기물은 한국원자력연구소내의 임시저
장고에 보관중이다.

〈표 7-2〉 방사성폐기물 저장현황(1994년말 기준)

발전소	중·저준위 폐기물			고준위 폐기물(사용후 원전연료)		
	저장용량(드럼)	저장량(드럼)	포화년도	저장용량(톤)	저장량(톤)	포화년도
고 리	50,200	29,851	2014	1,423	750	1999
영 광	9,000	2,145	2018	632	312	1998
울 진	23,000	6,960	2014	578	226	2000
월 성	17,400	5,846	2010	1,440	1,093	1997
계	99,900	44,802(44.8%)		4,073	2,381(58.4%)	

출처 : 통상산업부·한국전력공사, 「95원자력발전백서」, 1995, 124~126쪽.

이상의 <표 7-2>에서 보는 바와 같이, 원자력발전소내의 임시저장
능력은 1994년말 현재 중·저준위의 경우, 약 45%의 저장실적을 기록하
고 있으며, 고준위의 경우에는 약 58%의 저장실적을 기록하고 있다. 따
라서, 임시저장시설을 확장하지 않는 한, 중·저준위는 2010년에서 2018
년 사이에, 그리고 고준위는 1997년에서 2000년 사이에 각각 저장능력

이 포화상태에 이를 것으로 전망되고 있다.[7]

제 3 절 사례의 개요

1. 굴업도의 사회 · 경제 · 지리적 배경[8]

굴업도는 행정구역상 경기도 옹진군 덕적면 서포 3리에 속한다.[9] 서울에서 서쪽으로 103㎞, 인천에서 65㎞, 그리고 모섬인 덕적도로부터 8㎞지점에 위치하고 있다. 교통수단으로는 덕적도로부터 격일제로 운항되는 행정선밖에 없으며, 운항시간은 약 40분 정도 소요된다.

이 지역의 행정적 연혁을 간략하게 제시해 보면 다음과 같다. 1973년 3월 12일 법률 제2597호에 의거, 부천군에서 옹진군으로 편입되었고, 1995년 3월 1일 옹진군 전체가 경기도에서 인천광역시로 편입되었다.

현재의 굴업도란 명칭은 다음과 같은 배경을 가지고 있다. 1486년에 편찬된 「동국여지승람」에서는 구을압도(仇乙鴨島)라고 기록되었다. 이는 '물새들이 짝을 지어 노는 곳'이란 뜻을 지니고 있다. 1861년에 편찬된 「대동여지도」를 비롯, 「청구도」, 「대동지도」 등에서는 구을(仇乙)이 굴(屈)로 압축되어 굴압도(屈鴨島)로 표시되었다. 그러던 것이 정조 14년 (1789년), 인구조사서인 「호구총서」에서는 굴업도(屈業島)라 기록되었다. 그것이 현재의 이름인 굴업도(掘業島)로 바뀐 것은 1900년대 초인 것으로 알려지고 있다.

동경 126도와 북위 36도 10분에 위치한 굴업도의 총면적은 1.7㎢로, 덕적면 총면적 36㎢의 4.7% 정도를 차지하고 있다. 전체 면적중 임야가 97.9%를 차지하고 있고, 전 1.8%, 대지 0.1%, 기타 0.2%로 구성되어 있다. 토지소유주는 모두 42명인데, 대부분이 외지인이며, 굴업도 주민소유는 전체 면적의 1%도 안된다. 이 섬은 크게 두 부분의 독립섬이 남북으로 구분되어 모래톱에 의해 연결되어 있으며, 최대 표고는 123m로서 섬 남단에 위치하고 있다.

완만한 야산과 폭 50m 정도의 은빛 백사장이 1㎞ 정도 뻗어 있고, 지질은 응결응회암 및 응회암 등 화산암류로 구성되어 있으며, 남쪽 해안의 지질구조는 단층구조로 되어 있다.

인구는 한때 70여가구에 200여명이 거주한 적도 있었으나, 현재는 6가구에 9명이 거주하고 있어, 덕적면 전체 가구수 594호의 1%, 주민 1,409명의 0.6%를 점유하고 있다. 인구밀도는 덕적면 전체가 39명/㎢이고 굴업도는 5명/㎢이다.

주민들은 반농·반어의 생활을 하고 있으나, 주 수입원은 관광수입이다. 교통이 불편한 편인데도, 매년 3천여명의 관광객들이 몰려 민박 등으로 가구당 연간 4천만원 정도의 소득을 올리고 있다. 그러므로, 경제적으로는 대부분 여유가 있는 편이다. 더욱이 인근의 덕적도 서포리 해수욕장이 국민관광지로 지정되어 있으며, 또한 60㎞ 정도 떨어져 있는 영종도에 국제공항이 들어서고 있어, 굴업도가 관광휴양지로 더욱 각광을 받고 있다. 이로 인해, 지역주민들의 관광수입은 점차 증가일로에 있다.

그러나 초등학교 1개교(분교)마저 1994년 현재로 폐교되어 장기적으로 거주하기가 곤란하고, 지역주민들이 보유한 토지가 1%도 안된다.

2. 굴업도 방사성폐기물관리시설 입지결정

정부는 방사성폐기물관리시설의 입지추진을 한국원자력연구소에 위임하여 여러 차례 추진하였다. 먼저, 제 1 차는 1986년이래 동해안 3개 후보부지에 대한 입지추진이었다. 다음, 제 2 차추진은 1990년에 안면도 원자력 제 2 연구소 입지추진이었다. 그리고 공개적·객관적 방법에 의한 제 3 차추진으로서 지역지원을 통한 지역사회와의 융화방안에 대한 연구를 토대로 6개 임해 후보지역을 도출한 바 있다.

1993년 이후까지도 정부는 해당 지역주민들의 자발적인 유치신청 방법에 의한 추진 등 4차례에 걸쳐 접근방법을 달리하면서 입지사업을 추진해 왔으나, 반핵단체가 지역사회의 반대분위기를 애향심의 발로로 유도·확산시킴으로써 실패의 쓰라린 경험만을 누적하게 되었다.

그동안의 방사성폐기물 관리시설의 입지추진이 실패로 귀결될 수 밖에 없었던 이유들 가운데 대표적인 몇몇을 제시해 보면 다음과 같다.

첫째, 원자력산업 종사자들의 원자력에 대한 국민홍보가 부족하여, 개개의 지역주민들의 의식속에 원자력에 대한 전반적인 이해가 긍정적으로 자리매김되지 못하는 경우가 많았다.

둘째, 애향심으로 위장한 반핵단체의 반정부활동에 정부가 탄력적으로 대응하지 못하는 경우가 많았다.

셋째, 정치권 및 정부부처간의 협조체제가 미흡했던 경우가 적지 않았다.

넷째, 시설입지 과정상의 중요 시기마다 미묘한 정치일정이 중첩되어 정부의 사업수행의지가 좌절되는 경우가 많았다.

이상의 이유 등으로 말미암아, 정부는 사회일각에서 제기해 온 도서지역에서의 시설입지를 신중히 고려하지 않을 수 없게 되었다. 이에 따라, 1989년이래로 전국 292개 임해지역, 290개 도서지역 및 90개 폐광지역 등을 고려하여 최종 592개 지역을 대상으로 기술적인 기준(지형, 지질 등)과 인문사회적인 기준(인구밀도, 주변지역과의 연계성 등)을 기반으로 하여, 1차로 53개 지역을 입지후보지로 선정하였다. 그리고 2차로 이러한 53개 지역을 대상으로 전문기관의 지역개발 효율성 등의 검토를 거쳐, 다시 시설입지 후보지를 10개 지역으로 압축시켰다.

그리고 또다시 이들 10개 지역을 대상으로 국민의 정서, 지역개발효과, 인구밀집 지역으로부터의 거리, 지역의회의견 등을 고려하여 도서지역 중에서 선정하기로 하고, 그 중에서 입지조건이 가장 우수하다고 평가된 굴업도를 방사성폐기물관리사업 추진위원회(위원장 : 국무총리) 및

원자력위원회의 의결을 거쳐 최종 부지로 선정·발표하였다.[10]

좀더 구체적으로 제시하면, 1994년 12월 23일부터 1995년 1월 25일까지 시설지구개발계획안에 대해 주민열람을 실시하였다. 열람마감일인 1월 25일에 공청회를 인천광역시에서 개최하였고, 2월 3일에 지역협의회를 거쳤다. 그리고 2월 15일에 원자력위원회의 심의와 2월 16일의 방사성폐기물 관리사업 추진위원회의 심의를 거쳐 굴업도를 시설지구로 확정하였다. 굴업도 방사성폐기물 관리시설의 시설계획은 이상의 <표 7-3>와 같다. 그리고 굴업도 방사성폐기물관리시설의 투자계획은 다음 <표 7-4>와 같다.

〈표 7-3〉 굴업도 방사성폐기물 관리시설계획

구 분	시설물	규 모						비 고
		부지면적		건축면적		건축연면적		
		m²	평	m²	평	m²	평	
종합관리시설	중·저준위방사성폐기물영구처분시설	-	-	-	-	-	-	500×1,000m 동굴처분장 및 지하터널(100만 드럼용량)
	인수검사시설	33,036	9,994	3,305	1,000	3,305	1,000	지상시설:
	사용후원전연료 중간저장시설	231,404	70,000	231,404	70,000	231,404	70,000	PWR : 40,000평 CANDU: 30,000평
	소 계	264,440	79,994	234,709	71,000	234,709	71,000	
공통지원시설	항만시설,전력시설,용수시설,관리동 등	129,721	39,240	9,421	2,850	10,082	3,050	
복지시설	사택,체육시설,환경방사능관리시설 등	154,175	46,637	4,727	1,430	8,402	2,560	
기타	해수욕장,도로,녹지 등	1,314,837	397,739	-	-	-	-	
총계		1,863,173	563,610	-	-	-	-	

출처 : 원자력환경관리센터, 「굴업도의 입지타당성검토」, 1994. 12, 45쪽 표를 재구성하였음.

〈표 7-4〉 굴업도 방사성폐기물관리시설의 투자계획(단위: 백만원)

구 분	계	1단계 ('94~'95)	2단계 ('96~'97)	3단계 ('98~'99)	4단계 ('00~'01)
계	131,140	29,320	35,280	33,000	33,560
설계 및 감리비	11,530	2,300	3,000	3,000	3,230
보 상 비	4,280	2,000	2,280	-	-
공 사 비	115,330	25,000	30,000	30,000	30,330
관리 및 지원시설,	57,330	10,000	15,000	15,000	17,330
항만시설	58,000	15,000	15,000	15,000	13,000

출처 : 원자력환경관리센터, 「방사성폐기물관리시설지구 개발계획(안)」, 1994, 80쪽.

3. 반발 개요

굴업도 방사성폐기물 관리시설의 입지문제가 구체적으로 거론되기 시작한 것은 1994년 12월 2일 인천시의회에서 방사성폐기물관리시설의 굴업도입지 소문에 대한 사실여부를 시의원이 질의하면서부터 이다.[11] 이어 12월 22일에 정부에서 굴업도를 최종후보지로 공식발표하기 이전에 이미 수 차례에 걸쳐 언론에서 굴업도가 가장 유력한 후보지이며, 옹진군청 및 덕적면사무소에서 정부관계자들이 주민설명회를 개최하였다는 기사를 다루었다.[12]

굴업도 방사성폐기물 관리시설입지에 대한 주민반발은 사실상 정부의 공식적인 입장발표 3일전인 12월 19일에 시작되었다. 12월 19일, 덕적면 주민 1백여명은 「굴업도핵폐기장결사반대투쟁위원회」를 구성하였다. 그리고, 그들은 정부가 지역주민들의 의견수렴없이 핵폐기장을 건설키로 예정한 것은 주민을 우롱한 처사이며, 핵폐기장이 건설되면 황금어장이 황폐해지는 등 큰 피해가 발생할 것이라고 주장하면서, 핵폐기물처리장건설 반대서명운동을 전개하였다. 한편, 같은날 인천환경운동연합을 비롯한 인천지역 환경단체들도 모임을 갖고 「굴업도 핵폐기물처분장건설반대 범시민대책위원회」를 구성해 반대활동을 전개하기로

합의하였다.13)

　이러한 분위기 속에서, 방사성폐기물 관리시설입지계획에 대한 덕적도주민들과 굴업도주민들의 반응은 상이하게 표출되었다. 굴업도의 모섬인 덕적도의 주민들은 시설이 들어서게 되면 피서객들이 감소하게 되고 덕적도 김의 판매에 문제가 발생하게 되며, 그럴 경우 정부의 그 어떠한 지원도 소용없다고 주장하면서 강력히 반대하는 입장을 나타내었다. 이에 비해, 굴업도주민들은 정부가 충분한 보상을 약속했고 안전하다고 주장하니 믿는다면서 매우 담담한 반응을 나타냈다.14)

　12월 22일, 김시중 과기처장관은 '굴업도가 방사성물질의 흡착력이 뛰어난 응회암으로 이루어져 있고, 수심이 깊어 항만건설이 용이하기 때문에 후보지로 선정됐다'며 시설입지계획을 공식 발표하였다.

　같은날 아침 경찰은 입지선정발표시 덕적도주민들의 반발에 대비하여 경찰 300여명을 덕적도로 급파하였으나, 부두에 모인 주민들의 육탄저지에 밀려 부두에서 3㎞정도 떨어진 밭지름해수욕장을 통해 진입하였다. 경찰의 강제진입에 대해 덕적도주민들은 정부가 주민의사를 무시한 채 입지선정을 발표하고는 주민들을 경찰력으로 강압하려 한다며 강하게 항의하였다. 한편, 핵폐기장건설반대 덕적면투쟁위원회를 중심으로 한 주민 3백여명은 오전 9시 덕적도 진리선착장에 모여 주민동의 없는 핵폐기장건설을 반대하는 집회를 개최하였다. 그리고 그 가운데 1백여명의 주민들은 면사무소 2층회의실을 점거, 주민들의 생계대책과 지역발전을 위한 구체적인 계획을 먼저 제시해야 한다고 주장하면서 철야농성을 벌였다.15)

　12월 23일, 하루전 굴업도 시설입지계획을 발표한 김시중 과기처장관이 내각개편으로 물러나고, 4년전 안면도사태의 책임을 지고 물러났던 정근모 장관이 재기용되었다. 이날 인천시민회관 앞에서 덕적도주민 등 3백여명이 참가한 가운데 인천비상대책위원회 주최로 시설입지반대집회를 열고 가두행진을 하였다.

12월 24일, 덕적도주민과 전국반핵운동본부가 인천연안부두에서 핵폐기장반대 결의대회를 갖고 옹진군청으로 향하던 중 경찰에 의해 차단되었다. 이 과정에서 주민과 환경운동연합 소속 20여명이 연행되었다. 그리고 12월 26일, 덕적도주민 3백여명은 굴업도핵폐기장 부지선정백지화를 옹진군청에 요구하고 철야농성을 벌였다.

12월 29일, 정부는 인천에서 「방사성폐기물 관리시설 안전성에 관한 전문가 토론회」를 개최하였다. 토론에 앞서 주최측은 회의장이 좁다는 이유로 토론장 입구를 봉쇄하고 주민들의 방청을 막은 채 진행하려고 하였다. 그러나 토론참가자들은 지역주민들의 방청허용없이는 토론에 참가할 수 없다며 주민들의 방청을 요구해 토론장 밖에서 모여있던 주민전원에게 방청이 허용되었다. 방청을 하던 주민 250여명은 토론회가 정부의 일방적인 홍보장으로 전락한데 대해 항의하며, 정부측 참가자들에게 계란과 밀가루를 던지고 '굴업도핵폐기장 백지화' 등의 구호를 외치는 등의 항의한 뒤 모두 퇴장하였다. 한편, 토론자로 참석한 강승훈 인천시의원은 정부가 굴업도를 핵폐기장으로 결정하면서 피해권에 있는 덕적도주민은 물론 인천시민의 의사를 배제한 것은 잘못된 것이기 때문에 무효라고 주장하였다. 그리고 그는 핵폐기장 후보지결정을 위한 시민공청회를 열 것을 제안하였다.16)

1995년에 들어와서도 주민들의 반대운동은 계속되었다. 1월 4일, 덕적도주민들은 403명에게 핵폐기장건설 반대서명을 받아 옹진군청 등에 전달하려 했으나 거부되자 법적효력을 발휘할 수 있도록 인감증명서를 첨부하기로 하였다. 또한, 입지선정절차에 문제가 있다며 정부를 상대로 핵폐기장설치 취소소송을 제기하기로 결의하고 법률자문을 의뢰하는 등 법적대응을 모색해 나갔다.17)

1월 9일, 법조·종교·학계·의료·노동·사회 및 환경단체 등 인천지역각계인사 419명은 인천종합문화예술회관에서 「인천앞바다 핵폐기장대책 범시민협의회 준비위월회」(위원장 : 김병상 신부)를 결성하고, 핵폐기장 백지화를 위한 1백만명 서명운동에 들어가기로 하였다. 준비위는 이날 기자회견을 통해 굴업도를 핵폐기장으로 건설하기 위해 경찰 1천 5백명으로 경비단을 창설하는 등 비민주적인 방법으로 230만 인천시민의 자존심을 자극했다고 주장하였다. 그리고 그들은 정부의 결정을 전면유보하고 지정고시 등 모든 절차를 즉각 중지하라고 촉구하는 한편, 시민공청회개최와 시설입지에 대한 정치인들의 분명한 입장표명을 요구하였다.[18]

1월 10일, 전핵반대운동본부 굴업도특별위원회는 기자간담회에서 지난 7-8일 배달환경연구소의 이인현 박사 등 3명의 지질전문조사단이 실시한 현지지질조사 결과를 토대로 지질에 대한 재조사를 요청하였다. 즉, 시설입지에 부적합한 많은 단층과 절리가 응회암구조에서 발견되었음을 지적하고 보다 정밀한 조사를 촉구하였다.

이에 앞서 정부는 1월 5일, 시설입지에 필요한 지질조건 중 가장 중요한 것은 화산작용 등이 급격한 지표변화가 없이 안정되어야 하고, 암체가 큰 단일 암종, 지하수 유동이 느리고 터널공사가 유리한 암반, 지상시설의 구조물기초에 적합한 지반 등이라고 주장하였었다. 그리고 이러한 면에서 굴업도가 매우 적합하다는 자료를 제시하였었다. 또한 1991년에 한국자원연구소가 수행한 연구에서 굴업도가 부적격지로 판명된 것은 지질학적 조건이 나빠서가 아니라, 면적이 작아 연구시설이 함께 들어설 수 없었기 때문이었다고 밝혔었다.[19]

1월 12일, 정부는 이홍구 국무총리 주재로 방사성폐기물 관리사업관련 고위당국자간담회를 열어 2월초에 방사성폐기물 관리시설 입지지역으로 굴업도를 고시하는 것과 함께 연구시설을 서해상의 덕적도, 영흥도, 대부도 중 한 곳을 선정하여 발표하기로 하였다.[20]

1월 13일, 정부는 방사성폐기물 관리시설 지구개발계획을 발표, 굴업도를 입지지역으로 확정고시할 경우, 굴업도를 전부 매입하고 생활근거를 상실하는 주민들에 대해서는 이주정착금을 지급키로 했다. 매수방법은 공공용지의 취득 및 손실보상에 관한 특례법에 따라 협의매수를 원칙으로 하되, 협의가 어려울 경우 토지수용법에 따른 강제매수도 고려할 수 있다고 하였다. 또한 토지매수는 지방지치단체에 위탁하여 시행하되 주민들이 참여하는 보상심의위원회를 구성하고 감정평가기관선임도 주민에게 위임하는 등 주민의견을 최대한 수용할 방침이라는 것을 밝혔다.[21]

같은 날, 덕적도주민 3백여명은 정부 제1종합청사 앞에 모여 핵폐기장 철회를 요구하며 격렬한 시위를 벌였다. 시위가 끝난 후 인천으로 이동한 주민들은 '덕적면민의 70%가 핵폐기장 입지에 찬성한다'는 아침 TV뉴스보도에 대한 옹진군청측의 입장을 확인하기 위해 밤 9시까지 군청앞에서 항의농성을 하고 해산하였다. 그런데, 시위에 가담한 주민들 가운데 김계월씨가 귀가도중 숨지는 사고가 발생하였다.[22]

1월 19일, 핵폐기장입지에 대한 반발이 거세지는 가운데 덕적면 주민 120여명은 덕적면사무소에서 「덕적면발전추진위원회」(위원장 : 차두회)를 결성하고, 마을별로 주민 3-4명으로 짜여진 대책협의회를 구성해 지역발전문제를 협의키로 하였다. 그리고 국내외 핵폐기장시설견학, 1개월내 구체적인 발전계획발표, 덕적도에 연구단지유치 등을 정부에 건의하였다. 이날 발전추진위원회가 열리는 동안 면사무소앞에서는 핵폐기장 입지를 반대하는 주민 150여명이 규탄시위를 벌였다.[23]

1월 25일, 정부는 거센 주민반발이 있는 가운데 방사성폐기물 관리시설 지구개발계획과 관련한 공청회를 인천시 중구 민방위교육장에서 강행하였다. 여기에 참석한 김세중 과기처 원자력실장과 신재인 원자력연구소장 등 정부측 관계자들은 굴업도가 지질적으로 안전하고, 시설입지로 생태계가 파괴되는 일은 없을 것이며, 그리고 시설입지가 주변 지역발전에도 많은 도움을 줄 수 있는 만큼 시설입지에 주민들이 협조해 줄 것을 요청하였다. 이에 비해, 송은호 건설반대투쟁위원회 공동위원장과 이장원 투쟁위원회 고문 등은 굴업도에 대한 지질 재조사와 주민공청회

개최를 요구하며 건설계획의 철회 내지 연기를 주장하였다. 지정토론자로는 4명(이의호, 김승평, 정진관, 박헌휘)이 참석하여 각자의 의견을 개진하였다. 방청한 덕적도주민 2백여명은 '굴업도핵폐기장건설 결사반대', '공청회 무효' 등의 구호를 외치고, 노래를 부르는 등 공청회 진행을 방해하였다.[24)]

1월 26일, YMCA 전국연맹과 경실련 등의 주최로 종로구 경실련강당에서 '굴업도핵폐기물처분장 터 선정에 관한 공개토론회'가 개최되었다. 여기에서 주제발표자인 유재현 경실련 사무부총장은 굴업도에 단지 9명의 주민밖에 살지 않는다는 사회적인 이유 외에는 입지에 대한 설득력이 없으므로 백지화하는 대신, 기존의 원전부지를 이용하는 것이 합리적이라고 제안하였다. 토론자로 나온 김명자 교수(숙명여대)는 굴업도가 육지로부터 멀리 떨어져 있어 운송사고나 안전관리체계에 심각한 문제점이 있고, 중간저장시설인만큼 최종 재처리시설건설후 대책 등과 연계한 장기대책이 시급하다고 주장하였다. 현이섭 부장(한겨레신문)은 국민적 합의결여와 지역주민들의 반발을 지역이기주의로 매도하는 것은 다수의 횡포라며, 정부측의 책임이 크다는 점을 지적하였다. 또한 그는 원전의존에서 벗어나 다양한 대체에너지 개발을 촉구하였다. 이에 대해 정부측 토론자인 김영준 과장(통상산업부)은 굴업도가 최적의 대안이라고 전제한 뒤, 굴업도가 기술조건상 부적합하다는 주장은 일부 의견이며, 정부는 가장 안전한 폐기물처리장을 건설하기 위해 면밀한 검토와 기술적인 연구를 진행중이라고 밝혔다.[25)]

2월 27일, 정부는 지난 해 12월 22일 방사성폐기물 관리시설지구로 선정된 굴업도 56만3천6백10평(육지부 52만1천70평, 매립부 4만2천5백40평)과 덕적도 일부를 방사성폐기물 관리시설지구로 지정고시하였다.[26)]

3월 2일, 경실련 등 11개 시민단체의 회원들과 인천시민, 덕적도주민 등 2백여명이 정부 제1종합청사 후문에서 굴업도핵폐기장지정·고시철회촉구결의대회를 가진 뒤 가두행진을 하였다.

이날 결의대회에서는 그간 여러차례의 지질조사와 토론을 통해 굴업도가 부적지라는 것이 확인되었고, 또한 그곳이 원자력법에 근거한 부지선정기준에서 볼 때에도 미흡한 국면이 많은 데도 불구하고, 정부가 이러한 문제제기를 무시하고 굴업도를 핵폐기장으로 최종지정고시한 것은 반민주적이며, 시민의 권리를 짓밟는 행위이기 때문에 절대로 이를 받아들일 수 없다는 성명서를 발표하였다.

성명서 내용들을 구체적으로 제시해 보면 다음과 같다.27)

첫째, 굴업도핵폐기장 지정고시를 전면 철회해야 한다.

둘째, 사용후 핵연료의 문제를 핵폐기물처리장의 논의에서 완전 제외해야 한다.

셋째, 핵에너지문제에 대한 TV 공개토론회를 개최하고, 핵에너지 위주의 전력정책을 전면적으로 재검토해야 한다.

3월 10일, 굴업도가 속해 있는 옹진군의 행정구역이 3월 1일부로 경기도에서 인천광역시로 편입됨에 따라 핵폐기장건설에 대한 인천시민들의 정서는 더욱 나빠졌다. 그런 가운데 인천시 연수구의회는 굴업도핵폐기장 건설계획 취소건의문을 만장일치로 채택하여 국회, 과기처, 내무부, 환경부 등에 제출하였다. 인천지역의 11개 기초 의회들 가운데 연수구의회가 가장 먼저 정부의 굴업도핵폐기장 건설계획에 대해 공식적인 반대의사를 표출한 것이다.28)

3월 25일, 인천 앞바다 핵폐기장대책 범시민협의회는 인천시민회관앞에서 인천지역시민단체, 학생, 시민 등 2천2백여명이 참석한 가운데 '인천 앞바다 핵폐기장철회를 위한 시민궐기대회'를 갖고 정부의 핵폐기장 건설계획 철회를 촉구하였다.

이날 참석한 시민들은 세계 곳곳에서 대규모 핵 안전사고로 재앙이 계속되고 있고, 굴업도가 핵폐기장으로 적지가 아니라는 지적이 계속되고 있는데도 불구하고, 정부가 안전성을 주장하며 강행하려는 의도는 인명을 경시하는 처사라며 정권퇴진운동으로까지 연계시키겠다고 밝혔다. 또한, 시민들의 생존권이 위협받고 있는 상황에서 의원들이 침묵으로 일관하는 것은 도저히 용납할 수 없는 일이기 때문에 의원들의 낙선운동도 전개하겠다고 하면서 정치인들을 강도 높게 비난하였다.

주최측은 이날 성명을 통해 다음과 같은 주장을 하였다.

첫째, 인천 앞바다 핵폐기장 건설을 철회해야 한다.

둘째, 인천 시장은 덕적도 핵연구단지 승인을 유보해야 한다.

셋째, 구속주민들을 석방하고 주민수배를 해제해야 한다.

이어 대회참가자들은 인천시청까지 7㎞ 구간을 가두행진한 뒤, 오후 6시 30분경 시청앞 광장에 모여 체르노빌원전 사고일인 4월 26일을 전후하여 2차궐기대회를 갖기로 하고 자진해산하였다.29)

4월 12일, 하루 전날 굴업도 핵폐기물시설 경비를 전담할 경찰경비단의 창설이 국무회의에서 의결되었고, 대통령의 인천시 연두순시에서 굴업도핵폐기장에 대한 언급이 전혀없자, 핵폐기장 건설반대 운동을 펴온 인천지역 종교계와 시민단체들은 인천시민의 고통을 무시한 처사라고 반발하며 반대운동을 확산해 나가기로 결의하였다.

경실련 인천지부도 성명을 내었다. 그들은 대통령의 인천 연두순시에서 '대통령은 영종도공항건설, 인천항개발, 경인고속도로확장 등에 대한 대폭적인 지원은 재론하면서도, 인천지역 최대 현안이며 대다수 시민들이 반대하는 굴업도 핵폐기장 문제와 관련해서는 어떤 의견도 내놓지 않았다'고 주장하면서 '대통령의 잘못된 처사가 시정될 때까지 덕적도 주민들은 인천시민들과 함께 노력하겠다'고 밝혔다.30)

5월 3일, 방사성폐기물 관리사업자인 한국원자력연구소(소장 : 신재인)와 옹진군청(군수 : 이정일)간에 방사성폐기물 관리시설지구로 지정·고시된 굴업도의 용지매수 및 보상업무에 관한 위탁협약이 체결되어 용지매수가 본격화되는 등 정부의 방사성폐기물 관리사업이 본궤도에 올랐다.

이런 가운데, 5월 16일, 인천지역 대학생들이 인천시장실에 난입하여

쇠파이프로 집기를 부수는 등 난동을 부린 뒤 옥상에서 1시간 40분 동안 농성을 벌이는 사건이 발생하였다. 이로 인해, 11명이 구속되었다. 학생들은 '죽음의 핵폐기장결사반대' 등의 내용이 적힌 현수막을 청사 밖에 내걸고, 배포한 유인물을 통해 '현정권이 인천시민의 의사를 무시한 채 시민의 생명을 담보로 핵폐기장건설을 강행하고 있다', '인천시는 반대하는 인천시민들을 경찰을 동원하여 탄압하고 있어 점거농성을 벌인다'라고 주장하였다.[31]

5월 20일, 덕적도주민을 비롯하여 학생, 노동자 등 인천시민 1천5백여 명은 동인천역 광장에서 '핵폐기장철회를 위한 제3차 시민궐기대회'를 갖고 굴업도핵폐기장 건설철회를 촉구하였다. 대회후 참가자들은 도로를 점거하고 시위를 벌이다 경찰에 의해 강제해산되었으며, 시위현장에서 대학생 40여명이 경찰에 연행되었다.[32]

5월 23일, 시민과 학생들의 반대시위가 더욱 격렬해져 가는 가운데 지역주민의 육영사업과 소득증대 지원사업 등을 지원할 특별지원금 5백억원을 관리할 '덕적발전복지재단'이 과기처로부터 설립인가를 받았다. 이 재단은 덕적면 소재지에 사무소를 두고, 지역주민을 중심으로 구성되는 대의원회와 이 대의원회에서 선출되는 이사, 그리고 과기처·원자력연구소·옹진군청의 관계자들로 이사회를 구성하여 운영하기로 하였다. 특별지원금 5백억원은 소득증대사업에 지원금의 50%인 2백50억원, 그리고 육영사업에 50억원을 각각 사용하고, 2백억원은 금융기관에 예치하여 운영하기로 하였다.[33]

굴업도 방사성폐기물관리시설의 입지는 6월 27일의 4대 선거를 앞두고 선거전이 본격적으로 전개되면서 출마자들에게 가장 중요한 문제로 대두되었다. 인천광역시장으로 출마한 후보 3명(민자당·민주당·자민련)의 시설입지에 대한 견해를 살펴보면, 출마 초기 여당후보는 유보적인 입장이었고, 야당후보들은 반대하는 입장을 취하였다. 그러던 것이 선거전이 점점 가열되면서부터 후보 모두 핵폐기장건설에 반대하는 의사를 강력하게 표출하였다. 모두 자신이 당선되면 핵폐기장 건설을 철회하겠다는 공약을 제시하였다.

그러나 그들의 이러한 공약제시는 선거에 임박한 상황에서 핵폐기장과 관련하여 시민들의 감정을 자극하는 것은 득표에 이롭지 못하다는 판단에서 나온 것이라고 할지라도 무책임한 것으로 비춰졌다. 심지어 시설입지에 반대하는 시민들 사이에서도 그러한 행동은 자신이 어디에 소속되어 있고 또한 자신의 책임과 권한이 무엇인지도 모르는 공인으로서 취할 바람직한 자세가 아니라는 비판이 제기되었다.[34]

이런 와중에, 일련의 사건들이 연이어 발생하였다. 먼저 6월 중순의 고리 원자력발전소 방사능 누출사고 은폐사건이 7월 하순에 언론에 보도되었다. 다음 유조선의 침몰로 남해안 일대가 오염되는 사고가 발생하였다. 그리고 7월 24일 백령도 인근에서 리히터규모 4.0의 지진이 발생하였다. 이러한 사건 등으로 핵폐기장의 안전성문제가 심각하게 대두되었다. 또한 정부의 시설안전보장에 대한 주민불신이 팽배해지게 되었다. 그리고 이러한 것들은 다시 토지매수 등 행정적인 추진으로 다소 위축되었던 시설입지 반대운동의 불길에 기름을 붓는 계기가 되었다.[35]

한편, 선거후 인천시는 최기선 시장이 선거공약으로 제시한 굴업도의 안전성 재검토 약속을 이행하라는 시민단체의 요구를 받아들여 9월중에 대학교수 등 전문가 10명, 시의원 3명, 시민단체대표 5명, 덕적도주민 3명, 시관계자 2명 등 총 23명으로 '굴업도 방사성폐기물처분장 공동조사단'을 구성키로 하였다. 그리고 조사단은 안전성문제를 객관적으로 조사하고, 그 결과 안전성이 보장되지 않는 것으로 드러날 경우, 인천시는 굴업도 방사성폐기물 관리시설 입지계획의 백지화를 정부에 건의키로 하였다.[36]

9월에 들어와 인천시는 굴업도의 안전성문제를 조사하기 위해 민·관합동조사단을 구성하였다. 그런 가운데 덕적도 발전복지재단에 특별지원자금으로 출연한 5백억원에 대한 사용유보 및 정부의 환수설이 나

도는 등 악성 유언비어가 난무하여 덕적도주민들의 갈등이 심화되기 시작하였다.[37]

10월 7일, 구본영 과기처차관은 기자회견을 통해 '한국자원연구소가 9월 23일 굴업도 주변, 반경 3㎞ 해저에서 길이 1.5㎞ 정도의 2개 활성단층대징후를 발견함에 따라 정밀조사를 거쳐 단층으로 최종확인될 경우, 정부의 안전성 최우선 방침에 따라 이 시설지구에 대해 재검토하게 될 것'이라고 시설입지 재검토의사를 시사하였다. 사건의 발단은 한국자원연구소가 9월 12일부터 굴업도 인근 해저지질조사를 시작하여, 9월 23일에 활성단층의 징후를 발견하였고, 자원연구소는 그같은 조사결과를 바탕으로 관계 전문가회의를 개최하여 활성단층의 존재를 최종확인하고, 그 결과를 10월 4일 한국원자력연구소에 통보하였다. 한국원자력연구소는 자원연구소로부터 통보받은 조사결과를 10월 6일 과학기술처에 보고하였다. 그리고 과학기술처는 이러한 보고내용에 당혹감을 감추지 못하면서도 최종 결과가 나올 때까지 은폐하고 있는 것은 국민의 의혹을 증폭시킬 우려가 있다는 판단아래, 국가적으로 매우 중요한 사안임에도 예외적으로 보고를 받은 다음날 즉시 기자회견을 통해 이를 발표하게 되었다.[38]

정부는 굴업도에 활성단층의 징후가 있다는 발표를 하면서 다음과 같은 단서를 덧붙였다. 즉, 활성단층의 존재가능성에 대한 전면 분석작업은 현재 자원연구소가 하고 있고, 분석결과가 11월경에 나올 것임으로, 그 최종결과에 따라 굴업도에 대한 방사성폐기물 관리시설지구로서의 적합성 여부를 재검토한다는 것이다.

시설의 안전성문제로 정부가 지역주민 및 환경단체와 첨예하게 대립하고 있는 상황에서 정부의 이러한 발표는 다음과 같이 해석되었다.

첫째, 굴업도가 안전성측면에서 방사성폐기물 관리시설지구로 부적합하다는 것을 정부가 스스로 인정한 것이다.

둘째, 정부가 최종결과 발표에 앞서 신속하게 중간발표를 한 것은 시설입지에 대한 국민들의 충격을 완화시키려는 것이다.

셋째, 정부가 시설의 안전성을 최우선의 가치로 두고 있음을 국민들에게 알리려고 하는 것이다.

넷째, 정부가 시설입지와 관련된 정보를 은닉하고 있지 않다는 것을 국민들에게 인식시키려고 하는 것이다.

다섯째, 지질조사도 제대로 하지 않은 채 시설입지를 추진한 것에 대한 국민들의 비난을 약화시키려는 것이다.

11월 30일, 활성단층이 존재한다는 연구결과를 토대로 정부는 굴업도에서의 방사성폐기물 관리시설 건설을 취소한다는 성명서를 발표하였다.

제 4 절 사례의 분석

1. 사업추진자와 관련된 님비 유발요인

1) 주민참여

주민참여의 참된 실현은 의사결정과정에 있어 주민참여의 질적인 수준이 높고 정보가 공개될 경우에 달성될 수 있다. 따라서 여기에서는 이러한 양자가 님비에 어느 정도 영향을 미쳤는가를 분석하고자 한다.

(1) 주민참여의 질적인 수준

굴업도를 방사성폐기물 관리시설지구로 선정한다는 1994년 12월 22일 정부의 공식적인 발표 이전에 굴업도가 입지후보지로 가장 유력하며, 정부관계자들이 옹진군청과 덕적면사무소에서 주민설명회를 이미 끝마쳤다는 것이 기사화되었다. 이로 인해, 대다수의 지역주민들은 자신들의 참여없이 시설입지과정이 일방적으로 진행되고 있다는 생각을 갖게 되었으며 또한 몹시 분개하였다. 그리하여 그들은 공식발표 3일전인 12월 19일에 굴업도핵폐기장 결사반대 투쟁위원회를 구성하여 시설입지에 반발하기 시작하였다.

그리고 시설입지가 정부에 의해 실제로 공식발표되자 주민들은 발표당일 즉시 주민동의없는 시설입지결정에 반대한다며 면사무소 회의실 점거농성을 벌였다. 여기에서 주민들은 이미 옹진군청과 덕적면사무소에서 개최하였다는 주민설명회는 사업추진자와 관련된 관계자들만 참석한 설명회이기 때문에 원천적으로 무효라고 주장하였다. 또한 향후 주민과의 토론회를 갖겠다는 정부의 계획에 대해서도 정부가 일방적으로 결정한 후에 토론회를 갖는 것은 무의미하다며 강하게 반발하였다.

덕적도주민들은 굴업도에 방사성폐기물 관리시설이 들어서게 되면 9명의 굴업도주민들은 모두 다른 지역으로 이주할 것이고, 모든 피해는 자신들에게 돌아 올 것이기 때문에 당연히 정부와의 직접적인 협상대상자들은 자신들이 되어야만 한다고 생각하였다. 그렇기 때문에 그들은 정부가 굴업도주민들의 동의만으로 입지를 선정한다는 것은 원천적으로 무효라고 주장하며 정부의 일방적인 입지선정에 반발하였다.

이상과 같이 주민참여와 관련된 정부의 몇몇 행위는 님비의 발생 및 그 강도에 직접적인 영향을 미쳤다. 이를 간략하게 재정리해 보면 다음과 같다.

첫째, 정부는 굴업도를 방사성폐기물 관리시설지구로 선정하는 과정속에 주민참여의 기회를 전혀 제공하지 않았다.

둘째, 정부는 주민설명회의 개최를 사전에 널리 공지하지 않았다. 뿐만 아니라 주민전체의 대표자들이라고 할 수 없는 일부 시설입지 관계자들만을 그곳에 참석시켰다.

셋째, 정부는 초기에 시설입지로 직접적인 피해를 볼 수 있는 덕적도 주민들의 의사를 고려하지 않고 굴업도주민들의 동의만으로 시설입지사업을 추진하였다.

정부의 이러한 일련의 조치들은 대다수 지역주민들에게 진정한 주민
참여의 기회제공이라기 보다는 주민참여의 원천적 배제 또는 시설입지
를 위한 절차상의 형식적 요건의 충족행위로만 비쳤졌다. 이로 말미암
아 님비가 야기되었고, 또한 더욱 심화되었다.

(2) 정보공개

정부는 굴업도에 방사성폐기물 관리시설의 입지를 추진하면서 웅진
군청의 관계자들과 굴업도주민들을 협상의 직접적인 대상자로 보아 그
들에게만 시설입지 관련 정보를 제공하고 또한 그들의 의견만을 어느
정도 수렴하였다. 이는 다음에서 그 원인을 찾을 수 있다.

첫째, 시설입지로 사회적 비용이 집중될 굴업도에는 지역주민들의 수
가 매우 적었다. 따라서 정부입장에서는 그들을 설득하는 것이 덕적도
주민들을 상대하는 것보다 상대적으로 수월하다고 판단했을 가능성이
매우 높다.

둘째, 정부는 굴업도주민들의 수가 적기 때문에 현시가보다 높은 보
상만 제공한다면 모두 그 지역을 떠날 것으로 예상했을 것이다.

셋째, 정부는 굴업도주민들이 직접적인 협상의 대상자들이기 때문에
그들과의 협상만 잘 타결된다면 시설입지의 정당성을 충분히 확보할 수
있으리라 생각했을 가능성이 매우 높다.

여하튼 정부는 시설입지 관련 정보를 극도로 제한적으로만 공개하였
다. 이로 말미암아 시설의 입지될 경우 그것의 직접적인 영향권내에 놓
이게 될 덕적도주민들은 크게 반발하게 되었다. 정부가 시설입지로 가
장 큰 피해(어업권제한과 관광수입격감 등)를 입게 될 덕적도주민들에게 시
설입지 관련 정보를 철저히 차단하였기 때문에 그들은 굴업도가 방사성
폐기물 관리시설지구로 선정될 것이라는 것을 전혀 예상하지 못하였다.
그러던 중 갑자기 시설입지 소식을 접한 덕적도주민들은 직접적인 피해
당사자인 자신들을 제외시킨 데 대해 자신들을 무시하고 우롱한 처사라

며 몹시 흥분하였다. 그리고 그것이 주민반발을 유발·확산시키는 데 결정적인 역할을 담당하게 되었다.

2) 보상

방사성폐기물 관리시설의 굴업도 입지추진 과정에서 정부는 굴업도주민들에게 충분한 보상제공을 약속하였다. 따라서 굴업도주민들은 정부가 보상을 약속한 만큼 보상금을 받아 이주할 생각을 가지고 있었다. 이런 이유로 굴업도주민들은 시설입지에 거의 반발하지 않았다.

이에 비해, 그 시설이 들어서게 될 경우, 어업권제한과 관광수입격감 등이 예상되는 덕적도주민들과 소래 등지의 어업종사주민들에 대한 정부의 보상대책은 거의 없었다.

이러한 보상의 부재로 말미암아 시설의 부정적인 영향권내에 있는 덕적도주민들은 굴업도주민들과는 달리 시설입지에 크게 반발하였다. 그들은 시설이 입지되면 국민관광지인 덕적도의 관광수입이 감소하게 되고 덕적도 김의 판매에 애로가 발생하게 되기 때문에 정부의 어떠한 계획도 소용이 없다며 적극 반대하였다.[39]

그리고 소래지역의 어민들도 시설입지에 크게 반발하였다. 소래포구가 비록 굴업도와는 65㎞ 정도 떨어져 있지만, 소래지역 어민들의 조업량 중 90% 이상이 굴업도 근처에서 이루어지고 있었기 때문에 그들도 역시 시설입지의 직접적인 피해당사자가 될 수 있었던 것이다. 그림에도 불구하고, 정부가 시설입지와 관련하여 굴업도주민들에게만 보상제공을 약속하고 덕적도주민들의 반발무마에만 노력을 기울이자, 그들은 자신들의 지역에 대해서는 정부가 무관심하다며 시설입지에 크게 반발하였다.[40]

1994년 12월 29일, 인천시 소래어촌계 회의실에서 어민설명회가 있었다. 이날 강사로 나선 방사성폐기물 관리사업기획단 부지사업 부장인

박헌휘 박사는 어민들이 우려하는 문제점들을 하나하나 설명해 나갔지만, 어민들은 이를 쉽게 납득하지 못하였다. 어민들은 한결같이 자신들의 조업량의 90% 이상을 차지하는 주 조업지가 굴업도 인근인데, 그곳에 시설이 입지될 경우 생계에 막대한 타격을 입게 될 것이라고 우려하였다. 그리고 정부측이 현지 덕적도주민들의 불만을 무마하는 데에만 급급하고 직접적인 피해를 입게 되는 자신들에게는 아무런 대책을 제시하지 않는 것은 자신들을 무시하는 처사라며 노골적인 불만을 표시하였다.

이에 대해 박헌휘 박사는 시설의 안전성과 조업에는 지장이 없다는 사실을 강조하고, 만약 불이익이 발생한다면 정부가 언제든지 주민들의 합리적인 요구를 수용할 자세가 되어 있다고 설명하였다. 이와 같은 설명에 주민들은 어느 정도 수긍하는 모습을 보였으나 '시설인근에서 잡은 고기를 누가 먹겠냐', '시설이 입지되면 인근지역에 대한 규제강화로 조업에 타격을 입는다'는 이유를 들어 정부의 대책을 촉구하였다.[41] 더욱이 '94년 12월 29일 소래어민들을 대상으로 한 설명회에서 정부측 관계자가 어민들에게 불이익이 발생할 경우 적극 수용하겠다고 밝혔으면서도 보상계획에 전혀 반영되어 있지 않다며 강하게 반발하였다.

요컨대, 시설입지와 관련된 보상계획의 미흡 및 부재는 주민반발의 주요 유발요인으로 작용하였다.

2. 지역주민과 관련된 님비 유발요인

1) 사업추진자들에 대한 신뢰도

사업추진자들에 대한 지역주민들의 신뢰도는 1994년 12월 27일, 공보처주최로 서울프레스센터에서 개최된 원자력폐기물 관리시설 건설에 관한 공개토론회를 통해 명확하게 확인해 볼 수 있다. 덕적도주민 3백여명과 환경관련단체가 이 토론회에 참석하여 굴업도 핵폐기장 선정의

부당성을 지적하고 반대의사를 분명히 하는 등 정부측과 열띤 토론을 벌였다.[42]

입지반대자들은 굴업도에 단층선 3개가 있다고 조사된 한국자원연구소의 1991년도 조사자료를 공개하며, '굴업도는 단층이 발달해 있는 등 지질구조가 취약해 입지지역으로 부적합하다'고 주장하였다. 또한, 다음과 같은 구체적인 주장을 펴며 시설입지에 반대하였다.

첫째, 정부가 정치일정에 쫓겨 법적 절차들 가운데 하나인 도지사와의 협의를 생략하였다.

둘째, 강력하고 수명이 긴 방사능을 띤 사용후 핵연료를 해상수송하는 것보다는 발전소부지안에 임시보관하는 편이 훨씬 덜 위험하다.

셋째, 원자력의 혜택을 가장 적게 입은 사람들이 폐기물처분의 피해자가 되고, 후손들에게까지 위험한 방사능을 넘겨준다.

넷째, 첨단기술을 이용해 에너지효율을 높이고 대체에너지개발에 힘을 쏟아 원전을 대신해야 한다.

다섯째, 핵발전소를 더이상 짓지 않겠다는 에너지정책이 수립된다면 핵폐기물처분을 전향적으로 검토하겠다.

이에 대해, 정부측은 '굴업도에 시추공을 통한 세부 지질조사는 아직 한 적이 없으며, 지질이 취약하더라도 공학적인 방법을 이용해 안전한 시설을 지을 수 있다'고 설명하였다. 그리고 원자력발전은 불가피한 선택이라고 전제한 뒤, 다음과 같은 주장으로 시설입지 추진의지를 강력하게 표명하였다.

첫째, 현재의 기술수준으로 굴업도 처분장을 안전하게 관리할 수 있다.

둘째, 사용후 원전연료는 특수 용기에 담겨져 특수 선박으로 운반되기 때문에 사고가 나도 염려할 것이 없다.

셋째, 대체에너지는 아직 경제성이 없다.

이상과 같이, 정부가 시설의 안전건립을 보장하고 있음에도 불구하고, 지역주민들과 환경관련단체들은 정부의 사업추진능력에 회의감을 표명하면서, 시설안전건립에 관한 정부의 주장을 신뢰하지 않았다.

그리고, 1995년 6월의 고리원전 방사능유출 은폐사건과 7월의 대형 유조선 좌초로 인한 기름유출사건이 발생하였다. 이에 충격을 받은 주민들은 '사업추진자들의 방사능안전관리 능력부족과 방사능물질의 해상운송도중 사고발생가능성'을 내세우는 등 정부의 안전건립능력에 깊은 회의감을 나타내었다. 주민들은 '미국의 경우도 시설의 안전성에 대한 자신이 없어 시설을 추진하지 못하고 있고, 특히 도서지역에의 시설입지는 선진국에서도 유례가 없는데, 우리나라의 기술수준으로 이를 완벽하게 건립할 수 있겠느냐고 반문'하면서 사업추진자를 불신하는 태도를 보였다.

또한 지역주민들은 정부가 시설건립상의 안전성을 제대로 조사하지도 않은 채, 정치적 일정에 쫓겨 거주인구가 적다는 이유만으로 굴업도를 입지지구로 선정하였다고 생각하였다. '위험한 시설의 건립을 정밀조사도 없이 추진한다는 것은 국민을 무시하는 처사이므로 정권퇴진운동을 벌여서라도 시설입지에 반대하겠다'고 결의하는 등 지역주민들은 사업추진자에 대한 불신을 강하게 표출하였다. 이러한 불신은 주민반발에 있어서의 폭력화를 가져왔다.

이렇게 정부에 대한 불신의 정도가 높아져 가는 가운데 한국자원연구소의 조사로 활성단층[43]의 존재가능성이 제시되자, 정부는 '안전성을 최우선으로 한다는 방침에 의거하여 시설입지를 재검토하겠다'고 발표하였다. 사실상 시설입지 철회의사를 공표한 것이었다. 이로 말미암아 정부의 공신력은 더 이상 하락할 여지가 없을 정도로 실추되었다.

사회의 각 계층은 이러한 정부의 발표에 대해 다양한 반응을 나타내었다. 먼저, 시설입지에 반대해 온 인천시민과 환경단체들은 다음과 같은 구체적인 반응을 나타내었다.

첫째, 그간 안전성문제에 있어서 그렇게 자신감을 표시해 오던 정부가 이제와서 안전성을 이유로 시설입지를 철회한다는 것은 매우 어처구니 없는 일이다.

둘째, 정부의 기술수준은 도저히 믿을 수 없다.

셋째, 이번 사건은 그간 누차에 걸쳐 안전성에 문제가 있다고 주장해 온 시설입지 반대자측은 물론 일반 국민들까지도 무시한 대표적인 사례로 기록될 것이다.

넷째, 중요한 시설입지에 있어 필수요건인 지질조사도 제대로 하지 않고 주민이 적다는 이유만으로 굴업도를 시설지구로 선정한 것이 확연히 증명되었다.

다섯째, 이번 사건은 정부의 밀어붙이기식 행정집행의 결과이다.

여섯째, 진상규명과 함께 책임을 물어야 한다.

이상과 같이 그들은 정부의 졸속행정을 비난하면서도 늦게나마 지질조사결과 부적합하다는 것이 판명되어 계획이 사실상 철회된 데 대해 안도감을 나타내었다. 또한 그 발표로 정부에 대한 신뢰는 완전히 무너져 버렸다는 반응을 나타내었다.[44]

다음, 덕적도주민들은 정부발표를 당연한 것으로 받아들이면서도, 한편으론 정부의 무계획한 졸속행정을 강력하게 비난하였다. 그들은 '시설입지 추진과정에서 주민들간의 불신과 반목을 조장해 놓고선 이제와서 그 계획을 철회한다면 그러한 불신과 갈등은 누가 치유해 줄 것이냐'며 정부를 원망하였다. 더욱이 '5백억원의 복지기금으로 여러가지 사업을 추진해 온 것은 어떻게 되며, 그간 입은 피해는 누가 보상해 줄 것이냐' 하는 문제 등으로 덕적도 전체가 매우 어수선한 분위기에 휩싸였다.[45]

다음, 굴업도주민들은 매우 망연자실한 반응을 나타내었다. 허탈한 모습 그 자체였다고 해도 과언이 아니었다. 그간 6가구 9명의 주민들은 정부가 안전성을 책임진다고 해서 그대로 믿었다. 또한 정부정책을 위해 소수가 희생을 감수해야 한다는 생각으로 입지반대자들로부터 '섬을

팔아먹은 역적'이라는 소리까지 들어가면서도 시설입지에 찬성하였다. 때로는 시설입지찬성으로 신변의 위협마저도 느꼈다. 그리고 이주대책까지 마련한 상태에서 정부의 보상금이 나오기만을 기다리고 있었다. 그러던 중 사실상의 철회발표가 있게 되자, '이제와서 철회하면 이주도 못하고 어떻게 살아가겠느냐'며 정부를 원망하였다. 그리고 '시설입지문제로 덕적도 등 인근 지역주민들과 원수처럼 되어버렸는데 이제 어떻게 하면 좋겠느냐'고 반문하는 분위기였다.

다음, 일반국민들은 안전성에 문제가 있어 계획을 철회하는 것은 지극히 당연하다는 반응을 나타내었다. 그러면서도, 한편으론 '중요한 시설입지를 결정하면서 지질조사도 제대로 실시하지 않았다는 것은 국민의 건강과 안전을 경시한 것임과 동시에 정부의 무능력을 명백히 드러낸 것'이라며 정부를 비난하였다. 또다른 한편으로는 '안면도사태에 이어 굴업도마저 이렇게 실패로 끝나면 어떻게 새로운 시설입지를 추진할 수 있겠는가' 하는 우려를 나타내었다. 또한 '정부의 공신력이 회복되기 힘들 정도로 크게 실추되었기 때문에 앞으로 기술적인 검토를 완벽하게 한다 할 지라도 부지선정문제가 언제 마무리될런지 막막하다'는 반응을 보였다.[46]

다음, 지금까지 시설입지 후보지로 거론되었던 지역의 주민들은 정부의 철회방침에 매우 긴장하는 모습을 보였다. 그들은 굴업도가 입지지구로 선정된 이후, 시설입지에 대한 우려가 사라져가는 상황에서, '정부의 굴업도입지계획의 철회가능성 시사와 새로운 후보지로 충남 태안 등 9개 지역 재검토 및 지방자치단체를 대상으로 한 공모검토'라는 소식을 접하게 되었다. 그리하여 그들은 또다시 '방사성폐기물 관리시설입지와 관련하여 악몽에 시달리게 되었다'고 걱정하였다. 특히, 경북 울진지역에서는 '정부의 졸속행정으로 또다시 울진이 유력후보지로 떠오를 가능성이 높아졌다'고 우려하면서 대책을 강구하기 시작하였다. 경북 영일의 청하지역과 안면도 및 보령군 삽시도 주민들도 불안감을 감추지 못

하였다.47)

끝으로, 정치권에서는 여·야 모두 정부의 졸속행정을 강력히 비난하는 한편, 철저한 향후 대책마련을 촉구하였다. 먼저, 인천시의회는 '뒤늦게나마 정부가 실책을 인정하고 재검토하겠다는 것은 긍정적으로 평가한다'는 전제하에, '시설지구지정고시의 조속한 철회, 구속자 석방 및 피해보상 등을 요구'하는 등 주민무마에 상당한 노력을 기우렸다. 그리고 국회는 '피해주민 보상과 관계자 인책'을 촉구하는 등 행정부의 실책이 정치권에 부정적인 영향을 미치지 않게 하기 위해 정부를 강하게 비판하면서도 '뒤늦게나마 정부가 잘못을 시인하고 대안모색에 나선 것은 다행'이라는 반응을 보였다.48)

이상에서 보듯이 정부에 대한 주민불신은 대단했으며, 이는 님비를 촉발·강화시키는 원인으로 작용하였다.

2) 재산적 가치의 하락에 대한 우려

여기에서의 재산적 가치는 부동산가치와 생산물가치로 나누어 볼 수 있다. 따라서 이하에서는 부동산가치의 하락에 대한 우려와 생산물가치의 하락에 대한 우려가 각기 님비에 어느 정도 영향을 미쳤는지를 분석하고자 한다.

(1) 부동산가치의 하락에 대한 우려

부동산가치의 하락에 대한 주민우려는 도서지역인 관계로 큰 문제가 되지 않았다. 굴업도의 경우, 정부가 섬전체를 매입하려고 하였기 때문에 부동산가치하락에 대한 주민우려는 거의 없었다. 그 원인은 굴업도의 토지보유자 현황에서 찾아 볼 수 있다. 굴업도주민은 9명인데 비해 굴업도 토지소유자는 42명이었다. 그리고 토지소유자 가운데 대부분이 서울, 인천 등지의 외지인이며 굴업도주민의 토지보유비율은 1%도 안

되었다. 이렇게 섬주민의 토지비율이 낮았던 것은 이미 1980년대에 서
해안개발과 도서지방에 대한 부동산투기바람이 지나갔기 때문에 섬주
민과 토지소유자가 다른 데 기인한다고 볼 수 있다.

　이러한 거주민과 토지소유자가 상이한 현상은 비록 정도의 차이는
있으나 덕적도의 경우도 비슷하였기 때문에 덕적도주민들도 부동산가
치하락에 대한 우려가 크지 않았다. 그들은 시설이 입지될 경우 국민관
광지인 서포리해수욕장의 피서객 감소에 따른 관광수입의 저하는 걱정
하였으나, 부동산가치의 하락에 대하여는 거의 우려하지 않았다.

　이상과 같이 시설입지와 관련하여 부동산가치 하락에 대한 지역주민
들의 우려는 거의 없었다. 그리고 그것이 주민반발에 미친 영향 또한
무시해도 좋을 정도로 거의 없었다.

　(2) 생산물가치의 하락에 대한 우려

　부동산가치 하락에 대한 주민우려는 거의 없었으나, 생산물가치 하락
에 대한 주민우려는 도서지역의 특성 때문에 강하게 나타났다. 어업 및
관광수입에 주로 의존하는 덕적도주민들은 '방사성폐기물 관리시설이
들어서게 될 경우, 굴업도 인근에서 수확하는 수산물(특히, 전국적으로 유
명한 덕적도 김)의 판매에 많은 문제가 발생할 것'이라고 생각하였다. 또
한 그들은 '그러한 문제가 실제로 발생하게 된다면 정부의 어떠한 지원
책도 소용 없을 것'이라고 생각하였다. 바로 이러한 생각들은 시설입지
에 대한 주민반발의 강도에 커다란 영향을 주었다.

　그리고 이러한 우려는 굴업도에서 가까운 덕적도의 주민들뿐만 아니
라 굴업도에서 지리적으로 65㎞ 이상 떨어져 있는 소래지역의 주민들에
게도 있었다. 소래포구 어획량의 90% 이상을 굴업도 인근에서 획득하는
소래지역의 주민들은 '핵폐기시설 인근에서 잡은 고기를 누가 먹겠느
냐'며 생산물가치의 하락에 대해 매우 높은 우려를 나타내었다.

이상의 덕적도와 소래지역의 주민우려는 생존권차원에서 나온 것이기 때문에 주민반발의 강도에 매우 커다란 영향을 미쳤다.

3) 지역적 오명에 대한 우려

지역적 오명의 발생가능성은 님비에 지대한 영향을 미쳤다. 지역적 오명은 앞의 재산적 가치하락에 대한 주민우려와 매우 밀접한 관계가 있는 것으로 나타났다.

주민들은 시설이 입지될 경우, 실제적인 방사능오염 여부와 관계없이 자신들의 지역이 방사능 오염지역으로 비춰질 가능성이 매우 높다고 생각하였다. 그리고 이로 인해 피서객이 줄고 생산물가격이 하락할 것이라고 생각하였다. 더욱이 영종도 국제공항건설과 서해안개발로 덕적도 전체가 국민관광지로 발전하리라는 기대속에 있던 주민들은 아름다운 덕적도가 굴업도의 시설입지로 죽음의 핵폐기장으로 인식될 것이라고 우려하였다.49) 이처럼 지역적 오명에 대한 주민들의 관심은 매우 컸다. 그리고 이는 다시 주민반발의 한 원인으로 작용하였다.

한편, 1995년 1월 24일, 인천 앞바다 핵폐기장대책 범시민협의회는 핵폐기장 건설의 부당성을 일반대중들에게 알리기 위해 굴업도의 아름다움을 한눈에 볼 수 있는 전경사진과 함께 '굴업도는 인천 앞바다에 떠 있는 보석같은 섬입니다'라는 문구가 들어간 엽서 10만장을 인쇄하여, '엽서보내기 운동'을 전개하였다. 이 운동은 교수, 목사, 신부, 사회단체, 일반시민 등 여러 계층과 단체로부터 좋은 호응을 얻었다.50) 이러한 운동은 지역적 오명을 뒤집어 쓰고 쉽지 않다는 지역주민들의 가시적인 의지표현으로 해석해 볼 수 있다.

4) 잠재적 위험에 대한 공포

여기에서의 잠재적 위험에 대한 공포는 건강과 안전에 대한 위협과 환경오염에 대한 우려로 나누어 볼 수 있다. 따라서 이하에서는 이것들이 각기 님비의 강도에 어느 정도 영향을 미쳤는지를 분석하고자 한다.

(1) 건강과 안전에 대한 위협

방사성폐기물 관리시설의 굴업도 입지추진으로 인해 자신들의 건강과 안전에 대한 지역주민들의 관심과 우려는 상당히 컸다. 이는 1995년 2월 25일의 공개토론회에서 제시되었던 주민들의 주장에 매우 잘 나타나 있다. 이날 토론회에서 시설입지 반대자들은 주로 다음과 같은 주장을 개진하였다.[51]

첫째, 굴업도라는 최악의 후보지에 핵폐기물처리장을 건설해 후손들에게 위험성을 물려주기보다는 신뢰할 수 있는 기술이 확보될 때까지 지금의 원자력발전소 내의 임시저장고에 핵폐기물을 저장하고 안전장치를 보강하는 것이 바람직하다.

둘째, 정부는 사용후 핵연료의 안전성이 확보되지 않은 상황에서 시설입지를 추진해서는 안된다.

셋째, 굴업도는 이미 1991년 조사시 면적협소와 단층 및 접안시설 등을 고려할 때 핵폐기장 후보지로 부적합하다는 결론이 났었다.

넷째, 굴업도는 단층구조로 되어 지진발생 가능성이 높다.

다섯째, 섬지방에서의 원자력시설건설은 안전성문제로 세계에서 그 유례를 찾아 볼 수 없는데, 우리나라가 어떻게 그것의 안전성에 자신을 가질 수 있는지 의문스럽다.

여섯째, 단기적으로 시설이 안전하다고 해도 방사능의 특성상 수천년 이상 보존해야 하는데, 그렇게 장기간 보존할 수 있는 기술은 아직 어느 나라에도 없다.

반대자들은 이상의 주장 등으로 굴업도핵폐기장의 위험성과 부적절성을 지적하면서 시설입지에 강하게 반발하였다. 이러한 반발은 1995년 6월에 발생한 원자력발전소 방사능누출 사고가 7월에 알려지면서 더욱 심화되었다. 주민들은 '원전내부에서의 이동 중에도 방사능이 유출되는데, 해상수송이 가능하겠는가'라며 정부의 안전성 보장에 회의감을 표출하였고, 또한 '정부가 안전성에 자신하고 있는 것은 국민의 생명을 담보로 도박을 하는 것과 같다'라고 주장하면서 정부의 시설입지추진을 맹렬히 비난하였다.

이상과 같이 정부의 시설입지추진으로 인해 주민들은 자신들의 건강과 안전에 깊은 우려감를 나타내었고, 이는 다시 주민반발의 기폭제로 작용하였다.

(2) 환경오염에 대한 우려

환경오염에 대한 주민들의 관심과 우려도 님비에 매우 강한 영향을 미쳤다. '굴업도에 사용후 원전연료까지 저장하게 되는데, 단층활동이나 지진 등으로 인해 방사능이 유출될 경우, 환경오염이 발생하고, 그 피해는 상상조차 하기 어려울 정도'라는 것이 주민들의 주장이었다. 일본의 원폭 피해상황이나 구소련의 체르노빌원전사고 피해상황을 구전 및 각종 언론매체를 통해 접했을 주민들의 입장에서는 자신들의 이러한 주장이 지극히 정당하다고 생각했을 가능성이 매우 높다.

그리고 주민들은 '굴업도 인근 해역은 안개가 심하고 해류의 이동속도가 빨라 사고가 자주 발생하고, 또 사고가 발생하면 빠른 해류의 영향으로 피해지역이 급속히 확산된다'고 주상하면서 시설입지에 반발하였다.

이렇게 환경오염에 대한 주민우려가 큰 가운데 1995년 6월에 발생하여 은폐되다가 7월에 알려진 고리 원자력발전소 방사능누출사건과 동년 7월의 대형유조선인 시프린스호의 기름유출사고는 주민들의 환경오염에 대한 우려를 극도로 강화시켰다. 그리고 이러한 우려는 자연스럽게 님비의 촉발과 강화로 연계되어졌다. 환경오염에 대한 우려는 건강과 안전에 대한 위협 못지않게 주민반발의 강도에 매우 큰 영향을 미쳤다.

3) 저항의 기동성과 연대성

저항의 기동성과 연대성은 지역주민들 사이의 연결망구축정도와 그들의 불만정도에 의해 결정된다. 따라서 이하에서는 그것들이 각기 님비의 강도에 어느 정도 영향을 미쳤는지를 분석하고자 한다.

(1) 지역주민의 연결망구축

굴업도가 시설입지지역으로 선정될 것이 거의 확실하다는 정보를 입수한 덕적도주민들은 정부에 의한 공식적인 발표가 있기 3일전에 이미 굴업도핵폐기장 결사반대투쟁위원회를 구성하여 반대운동을 전개하기 시작하였다. 그리고 그들은 약 10개월에 걸친 반대투쟁기간 동안에도 각자 생업에 종사하면서 인천 등지에서 있었던 토론회나 시위 등에 거의 2-3백명씩 참가하였다.

이렇듯 덕적도주민들이 적극적인 반대운동을 전개할 수 있었던 것은 주민연결망을 신속하게 구축하였기 때문이다. 그리고 이러한 주민연결망의 신속한 구축은 다음과 같은 몇몇 요인들로 인해 가능했다.

첫째, 덕적도는 지리적인 한정성을 갖는 섬이며, 전체 인구가 약 1천 4백명 정도에 불과하였다. 이로 인해 타지역에 비해 이곳은 평소 주민들간의 상호작용 빈도가 상대적으로 높았다.

둘째, 섬지역 특유의 연대감이 있었다. 즉, 지역주민들은 지연, 혈연, 학연 등으로 복잡하게 연결되어 있었다.

셋째, 방사성폐기물 관리시설의 입지는 주민들 사이에서 외부로부터의 위협(재산적 가치의 하락가능성, 건강과 안전의 잠재적인 위협, 환경오염가능성 등)으로 인식되었다. 이로 인해, 지역주민들은 이러한 위협에 공동대처하고자 하는 의식을 공유하게 되었다.

덕적도주민들 이외의 시설입지에 반대했던 주민들은 이상의 요인들 가운데 세번째 요인에 의해 신속한 주민연결망을 구축할 수 있었다.

(2) 지역주민의 불만

시설입지 추진과정에서 정부의 적극적인 홍보가 있기 전까지는 주민 불만이 매우 높았다. 그 이유를 제시해 보면 다음과 같은 몇몇을 들 수 있다.

첫째, 주민들은 비용-편익의 불균형이 발생한다고 생각하였다. 방사 성폐기물 관리시설의 입지로 발생하는 편익(원활한 전력이용이나 질병치료 등)은 널리 분산되는 반면, 비용(환경오염, 생산물가치의 하락, 자연경관의 훼 손 등) 등은 자신들이 집중적으로 감수해야만 한다고 생각하였다.

둘째, 주민들은 정부의 시설입지 추진사업이 사회적 불평등을 야기시킨 다고 생각하였다. 방사성폐기물 관리시설의 위험성 때문에 정부는 거주인 구가 적은 자신들의 지역에 그 시설을 입지시키려 한다고 생각하였다.

셋째, 주민들은 시설입지 추진과정에서 정부가 자신들을 무시하고 있 다고 생각하였다. 굴업도 전체주민 9명에게만 시설입지 동의를 받고서 지역주민 대부분이 시설유치를 희망한다고 주장함으로써 정부가 이해 관계의 직접적인 당사자들인 자신들을 매우 소홀히 대우한다고 생각하 였다.

이상의 이유 등으로 시설입지 추진과정에 있어서 대주민 토론회 등 이 있기 전까지는 주민불만이 매우 높았다. 그러나 정부가 누차에 걸친 토론회 등을 통해 시설입지의 필요성에 대해 적극적으로 설명하자, 그 들의 불만은 상당히 감소되었다. 즉, 정부는 에너지원으로서 원자력 선 택의 불가피성을 주민들에게 논리적으로 자세히 설명하였다. 그리고 방 사성폐기물 관리시설이 원자력발전소에 비해 훨씬 덜 위험하다는 사실 도 그들에게 상세하게 설명하였다. 이러한 설명들로 인하여 주민들은 원자력발전소를 더이상 건설하지 않는 방향으로 정책을 전환한다면 시설입지를 전향적으로 검토해 보겠다는 반응을 나타내기도 하였다.

이상의 사실들을 고려해 볼 때, 시설입지 전과정에 있어서의 주민불만의 정도는 시간의 흐름에 따라 많은 변화가 있었다. 매우 강하게 표출되었다가 점차 감소되는 경향을 보였다. 따라서, 주민불만이 님비의 강도에 미친 영향은 매우 크다고 볼 수 없다.

3. 외부환경과 관련된 님비 유발요인

1) 환경운동단체의 활동

환경운동 단체의 활동은 직접적인 가담활동과 간접적인 지원활동으로 나누어 볼 수 있는 바, 이들이 님비의 강도에 미친 영향을 각기 분석해 보면 다음과 같다.

(1) 직접적인 가담활동

덕적도주민들이 굴업도핵폐기장 결사반대 투쟁위원회를 구성하여 자체적으로 반대운동을 전개하기도 하였지만, 인천환경운동연합과 경실련 등의 단체들도 굴업도핵폐기장 건설반대 범시민대책위원회를 구성하여 적극적인 반대운동을 펼쳤다.

주민집회와 시위는 주로 서울과 인천 등지에서 이루어졌는데, 대부분 환경운동연합이나 경실련 및 배달녹색연합 등과 같은 환경운동단체들이 그것을 주도하였다. 더욱이 토론회 등에서는 환경운동전문가들이 참석하여 주민들을 대변해 주었고, 굴업도에 대한 지질조사도 환경운동단체가 자체적으로 실시하여 문제를 제기하는 등 앞장서서 반대운동을 이끌어 나갔다.

육지와 멀리 떨어져 있어 교통이 불편할 뿐만 아니라 인구가 적은 덕적도의 특성상 외부환경단체가 직접 가담하여 함께 활동하지 않았다면 반대운동이 지속적이고도 조직적으로 전개되기 어려웠을 것이다. 이처럼 외부환경운동단체의 직접적인 가담활동은 님비의 강도에 매우 커다란 영향을 미쳤다.

(2) 간접적인 지원활동

굴업도 사례의 경우, 주민반발의 대부분이 인천이나 서울 등 환경운동단체들의 직접적인 활동반경 안에서 이루어졌기 때문에 그들은 대부분 직접적으로 가담하여 활동하였고, 간접적인 지원활동은 거의 하지 않았다. 환경운동단체들의 주요 활동무대가 수도권이었기 때문에 그들은 지리적으로 먼 곳에서 발생하는 반발사건의 경우에는 지지성명 등을 통해 간접적인 지원활동을 펼치는 경우가 많았다. 그러나 굴업도 반발사례와 같이 수도권에서 일어나는 환경사건인 경우에는 직접적인 참가에 의해 활동을 전개하는 것이 대부분이었다.

이상과 같이 굴업도 사례에서는 환경운동단체의 간접적인 지원활동은 거의 없었다. 그리고 그것이 님비에 미친 영향도 무시해도 좋을 정도로 매우 미약했다.

2) 대중매체의 영향

굴업도 시설입지 반발은 수도권에서 가까운 지역에서 발생한 문제이고, 또한 반발시위의 대부분이 서울이나 인천에서 일어났기 때문에 소규모 시위까지 대중매체의 보도대상이 되었다.

그러나 이러한 보도가 님비의 강도에 크게 영향을 미쳤다고는 볼 수 없다. 대중매체에서 자주 보도하기는 하였으나 주로 단순 사실보도에 국한되었기 때문에 사건보도 그 자체가 님비에 별다른 영향을 주지는 못했다. 더욱이 '공보처가 기사보도와 관련해 언론사에 축소 내지 삭제를 요청하였다' 그리고 '방송사는 방사성폐기물시설의 사고를 주제로 한 외화의 방영시간을 시청률이 낮은 시간대로 옮기고, 제목도 내용과 별 관계가 없는 것으로 바꾸어 방영하였다'는 반대측의 항의가 있을 정도로 정부는 굴업도사건 관련보도에 많은 관심을 기울였다.[52] 즉, 보도 빈도는 높은 편이었으나 단순한 사실보도에 지나지 않았고 또한 정부가 사건보도를 어느 정도 통제하였기 때문에 대중매체의 보도 그 자체가 님비에 미친 영향은 것의 없었다.

3) 정치적 요인

1995년부터 지방자치제가 전면적으로 다시 실시되면 시설입지선정이 어려워질 것이라는 판단아래 1994년 말 정부는 지질조사도 제대로 하지 못한 상태에서 굴업도를 방사성폐기물 관리시설의 입지지역으로 결정하였다. 이렇듯 정치적인 일정에 쫓겨 무리하게 추진된 굴업도 시설입지사업의 문제는 그 입지결정 직후부터 시작된 4대 선거의 최대 관심사이자 태풍의 눈으로 부각되었다. 그런데 여·야후보 모두 선거운동과정에서 주민들의 표를 의식하여 시설입지에 부정적으로 대처함에 따라, 그것이 님비의 강도에 지대한 영향을 주었다.

그리고 정부는 안면도사건 때의 입지추진절차와는 달리 굴업도 시설입지과정에 있어서는 방사성폐기물 관리사업 촉진 및 시설주변지역 지정·고시의 이전단계에서 지방자치 단체장과 협의하는 절차를 밟아야만 했다. 그러나 정부는 정치적인 일정을 고려하였기 때문에 이를 제대로 이행하지 못하였다. 그리고 그로 인해 님비는 더욱 강화되었다.

이렇듯 굴업도 방사성폐기물 입지과정에 있어서 정치적인 요인은 님비에 직·간접적으로 많은 영향을 미쳤다.

제5절 논 의

굴업도에 있어서의 방사성폐기물 관리시설의 입지는 정부가 자진철회 의사를 발표함으로써 사실상 실패로 귀결되었다. 굴업도 지질의 시설입지상의 부적합성(활성단층의 존재)이 입지실패의 직접적인 요인으로 작용하였다. 그러나 한편, 님비(비선호시설의 입지에 대한 주민반발)도 그러한 실패에 간과할 수 없을 정도로 매우 심대한 영향을 주었다.

〈표 7-5〉 님비 유발요인들이 님비에 미친 상대적인 영향력의 강도

님 비 유 발 요 인		님비에 미친 영향력의 강도

사업추진자와 관련된 님비 유발요인	I. 주민참여
	  1. 주민참여의 질적인 수준
	  2. 정보공개
		
		매 우 강 함
		강 함

	II. 보상	매 우 강 함
지역주민과 관련된 님비 유발요인	I. 사업추진자들에 대한 신뢰도	매 우 강 함

	II. 재산적 가치의 하락에 대한 우려
	  1. 부동산 가치의 하락에 대한 우려
	  2. 생산물 가치의 하락에 대한 우려
		
		매 우 약 함
		매 우 강 함

	III. 지역적 오명에 대한 우려	매 우 강 함

	IV. 잠재적 위험에 대한 공포
	  1. 건강과 안전에 대한 위협
	  2. 환경오염에 대한 우려
		
		매 우 강 함
		매 우 강 함

	V. 저항의 기동성과 연대성
	  1. 지역주민의 연결망구축
	  2. 지역주민의 불만
		
		강 함
		강 함

외부환경과 관련된 님비 유발요인	I. 환경운동단체의 활동
	  1. 직접적인 가담활동
	  2. 간접적인 지원활동
		
		매 우 강 함
		매 우 약 함

	II. 대중매체의 영향	매 우 약 함
	III. 정치적인 요인	강 함

이상의 사례분석 결과를 토대로 님비 유발요인들이 님비에 미친 상대적인 영향력의 강도를 간략하게 요약해 보면 <표 7-5>와 같다. 이 표에서 보듯이, 여러 요인들이 님비에 강한 영향을 미쳤다. 즉, 미흡한 주민참여, 보상, 사업추진자들에 대한 불신, 재산적 가치의 하에서 보듯이, 여러 요인들이 님비에 강한 영향을 미쳤다. 즉, 미흡한 주민참여, 보상, 사업추진자들에 대한 불신, 재산적 가치의 하락에 대한 우려, 지역적 오명에 대한 우려, 잠재적 위험에 대한 공포심, 저항의 기동성과 연대성, 환경운동단체의 직접적인 가담활동 등이 님비에 강하게 영향을 미쳤다. 그리고 님비는 다시 시설입지의 실패에 상당한 영향을 미쳤다.

따라서 원자력시설 등과 같은 비선호시설들을 성공적으로 입지시키기 위한 님비극복 전략을 제시해 보면 다음과 같다.

첫째, 시설입지선정 및 시설입지추진 과정에서 지역주민들을 실질적으로 참여시켜야 한다. 원자력시설을 입지시키는데 있어서 주민참여는 다음과 같은 중요 역할을 담당하기 때문이다. 첫번째, 사업추진자들은 시설입지선정 및 시설입지추진 과정에 있어서 정당성을 확보할 수 있다. 두번째, 해당 입지지역 주민들의 이해를 구할 수 있어, 주민들과의 시설입지 합의에 쉽게 도달할 수 있다. 세번째, 주민들을 참여시킴으로 인해서 사업추진자들과 지역주민들 사이에 충분한 의사소통이 이루어지고, 이를 통해 보다 나은 의사결정안을 도출해 낼 수 있다. 네번째, 시설이 입지 된 이후에도 시설의 운영이나 안전관리에 대한 감시에 주민들을 참여시킴으로써 시설의 운영 및 안전관리에 대한 주민들의 의혹을 불식시킬 수 있을 뿐만 아니라, 소홀해질 수 있는 안전성을 확보할 수 있다.

이상의 이유 등으로 비선호시설 입지사업의 추진과정에 있어서 주민참여를 적극적으로 활용하는 것이 바람직하다. 그러나 기술적인 쟁점사항들과 많이 관련되어 있는 의사결정의 부문에까지 주민들이 참여한다

는 것은 현실적으로 불가능하다. 따라서 R. E. Abrams J. R. Primack가 주
장하는 바53)와 같이, 정부가 먼저 시안을 명확하게 제시하고, 그런 다음
정부의 시안작성에 참여하지 않은 외부의 관계전문가들에게 이를 비판
적으로 검토하게 한 후, 이들로 하여금 주민참여가 요구되는 쟁점들이
무엇인지를 도출하게 하여, 이러한 쟁점들에 관하여 주민들의 평가를
받도록 하는 것이 바람직하다 할 것이다.

둘째, 정보를 공개해야 한다. 지금까지 정부는 대부분 주민들의 의사
와는 관계없이 어떻게 해서든지 필요한 시설을 적합한 장소에 입지시키
려고만 하였다. 대부분 밀실행정에 의해 정부 독단으로 사업을 은밀하
게 추진하였다고 해도 과언이 아니다. 그러나 주민으로서는 정부가 추
진하고자 하는 정책이 무엇이고, 그것이 주민자신과 거주지역에 어떠한
영향을 미칠 것인가에 대해 알 권리가 있다. 또한 그것이 자신들에게
불리하거나 지역사회에 바람직하지 못하다고 판단되면 정책에 참여하
여 이에 대한 시정을 요구할 권리도 있다.

이러한 주민의 '알 권리'를 충족시키고 '참여의 권리'를 보장하기 위
해서는 시설입지 정책에 대한 각종 정보가 충분히 공개되어야만 한다.
각종의 비선호시설 입지결정과 건설추진과정에 있어서 주민들에 대한
정보공개의 원칙은 반드시 준수되어야만 한다. 정부를 비롯한 사업추진
자들에 의한 배타적 통제하에서 정책이 결정되고 집행될 경우, 주민들
의 거센 반발에 부딪히게 될 것이 분명하기 때문이다.

셋째, 보다 적극적인 대주민 홍보와 교육을 실시해야 한다. 원자력관
련시설 등과 같은 위험시설들은 해당 입지지역 주민들에게 잠재적인 위
험성을 제공하며, 인지 메커니즘(cognitive mechanism)에 의해 실제보다 더
욱 위험한 것으로 지각될 수 있다. 따라서 이러한 부분은 적극적인 홍
보와 교육을 통해 시설의 안전도와 위험도를 주민들에게 객관적으로 정
확하게 알려줌으로써 상당히 해소될 수 있다.

그러나 모든 사람들을 대상으로 홍보와 교육을 실시한다는 것은 현실적으로 불가능하며 또한 의미도 거의 없다. 따라서 대상집단(target group)을 선별하여 홍보와 교육을 집중적으로 실시하는 것이 보다 효과적이다. 예를 들면, 원자력시설인 경우 기형아 출산의 공포심을 가지고 있는 여성들을 대상으로 집중적으로 홍보 및 교육을 실시하는 것이 효과적일 수 있다.

그리고 홍보와 교육이 효과적으로 추진되기 위해서는 원자력을 직접 접할 수 있는 기회를 제공해야 한다. 원자력이 워낙 어려운 분야라 기술적으로 아무리 안전성을 설명해도 원자력에 대한 전문교육을 받지 않은 일반국민들이 기술적인 사항까지 모두 이해한다는 것은 거의 불가능하다. 따라서 수시로 원자력을 접할 수 있도록 하여 원자력에 대한 거리감을 없애는 것이 시급하다. 이를 위해서는 우선 대도시에 원자력문화관을 설립하여 일반국민들이 수시로 이용할 수 있도록 해야 한다. 또한, 현재 원자력시설이 입지해 있는 지역보다는 입지예정지역에 대한 주민홍보를 더욱 강화해야 한다.

넷째, 사업추진자들은 대주민 신뢰감을 제고시켜야 한다. 시설입지와 관련된 사업추진자들은 상호 공조체제(cooperation system)와 의사소통 통로(communication path)를 개발하고 유지함으로써 정책을 일관성 있게 결정하고 집행하여야 한다. 또한 사업추진자들은 밀실행정을 지양하고 공개행정과 책임행정을 구현함으로써 대주민 신뢰감을 제고시켜야 한다. 그리고 사업추진자들과 지역주민들의 유대강화도 필요하다. 기존의 원자력시설 입지지역의 경우에 입지시설 근무자와 인근지역 주민들과의 유대관계가 매유 약하다. 입지시설 근무자들은 잦은 순환근무제와 자녀교육문제 등으로 대부분 가족과 떨어져 입지시설에 근무하고 있고, 입지시설에서의 지역주민 고용혜택은 단순노무 수준에 그쳐 사업추진자와 지역주민이 동화될 수 있는 계기가 많지 않다. 사업추진자측은 인사제도 개선과 지역주민 고용제도 개선을 통해 입지시설 근무자가 지역주민들과 함께 생활할 수 있도록 제반 여건을 조성해 주어야 한다. 또한 그들은 지역주민들로 하여금 시설운영에 중요한 역할을 담당하도록 하게 하여 사업추진자들인 자신들과 지역주민들이 일체감을 느낄 수 있는 분위기를 조성해야 한다.

다섯째, 입지지역의 주민들에게 적절한 보상을 제공해 주어야 한다. 먼저 사업추진자들은 실제적으로 존재하는 공포감과 그로 인한 사회경제적 피해부담을 인정해야 한다. 그리고 사업추진자들은 정신적 피해 등으로 인해 위험부담 그 자체를 균등하게 배분할 수는 없지만, 해당 입지지역 주민들이 감수해야 될 직접적인 위험과 제반 사회·경제적 피해에 대해 충분히 보상해 줌으로써 적어도 경제적 책임은 평등하게 나누어 맡겠다는 의지를 표명해야만 한다. 그리고 직접적인 이해당사자인 입지지역 주민들과 사업추진자간에 경제적 보상수준과 방법에 의견을 달리할 수 있는데, 이는 양자간의 조화로운 타협과 협조로 극복해야만 한다. 사업추진자측은 시설입지가 지역경제의 발전에 도움이 된다고 주장하며, 지역주민들은 그렇지 않다고 주장하는 경향이 있다. 이렇듯 상호의견이 첨예하게 배치되므로 보상의 수준과 방법에 대한 결정에는 지역주민의 의사를 최대한 반영하는 것을 기본원칙으로 삼고 접근해야 한다. 또한 시설입지로 인한 보상과 혜택을 분명히 제시하고 혜택은 주민들이 피부로 느낄 수 있는 실질적인 것이어야 한다.

발전소 주변지역 지원법에 의한 지원대상 지역만을 보더라도 우리나라는 시설이 입지한 지역으로부터 반경 5㎞ 이내 지역으로 한정하고 있는데 비해, 일본의 경우는 전원 3법에 의해 발전소입지지역 및 인접 행정구역(市·町·村)까지 포함하고 있다. 따라서 우리나라의 경우 발전소가 입지한 행정구역내에서도 지원을 받지 못하는 곳이 있는 실정이므로 보상과 관련하여 수시로 문제가 발생하고 있는 것이다. 이러한 점도 고려해서 지원대상지역 범위를 재조정하는 등의 개선이 필요하다고 생각된다.

여섯째, 시설입지 접근방식을 개선해야 한다. 입지지역주민과의 시설입지 합의를 도출하기 위해서는 무엇보다도 주민의 심리적 불안을 제거해야 하는데, 이러한 심리적 불안은 시설의 안전성이나 기술수준에 대한 자신감을 강조하는 기술적인 접근방식만으로는 제거할 수 없다. 더욱이 환경단체들이 주장하는 반핵논리가 기술적인 면에 기초를 두고 있다기 보다는 사회과학적인 면에 근거를 두고 있기 때문에 시설입지 접근방식도 사회과학적인 방향으로 전환되어야 한다.

일곱째, 환경운동 단체들과의 대화를 적극 추진해야 한다. 원자력에너지가 잠재적인 위험을 가지고 있는 이상 환경운동 단체들과의 대화를 기피해서는 입지문제의 해결이 어렵다. 원자력 이용의 찬성자들은 원자력이 환경에 기여한다고 주장하고 있다. 이에 비해 환경운동 단체를 비롯한 원자력 이용의 반대자들은 원자력이 환경을 파괴한다고 주장하고 있다. 이렇듯 양측 모두 원자력 이용의 찬·반을 환경과 결부시키고 있는 만큼 시설입지문제를 해결하기 위해서는 토론회나 세미나 등의 공동개최를 비롯하여 양측이 수시로 만나 의견을 교환할 수 있는 기회를 적극적으로 마련하는 것이 바람직할 것으로 생각된다.

여덟째, 시설입지 수용결정권을 지방자치단체에 이관할 필요가 있다. 지방자치제를 전면적으로 실시하고 있는 현실에서 전원개발에 관한 업무가 아무리 국가고유사무라고 하더라도 그것이 입지지역 주민들의 생활환경에 미치는 영향은 매우 크다. 따라서 입지지역주민과 지방자치단체의 실질적 동의없이는 성공적인 입지사업 추진이 거의 불가능하다. 이를 고려해 볼 때, 지방자치단체 스스로가 지역의 여론을 결집하여 시설입지 수용여부를 결정할 수 있도록 시설입지수용에 대한 결정권을 지방자치단체에 이양해 주는 것이 사업추진에 보다 효과적일 것으로 생각된다.

■ 주석

1) R. Anderson & M. Greenberg, "Hazardous Waste Facility Siting : A Role for Planners", *Journal of the American Planning Association*, 1982, vol. 48, pp. 204-218 ; Lake & Disch, *op. cit.,* pp. 663-681 ; Robert W. Lake(ed.), *Resolving Locational Conflict*, (New Jersey : Center For Urban Policy Research, 1987) ; Lidskog, *op. cit.*, pp. 571-588.

2) Morell & Magorian, *op. cit.*, p. 22, pp. 56-57.

3) 한국원자력산업회의, 「세계원자력발전의 개발과 운영」, 1995, 27쪽.

4) 정부는 전기사업법 제3조에 의거 1993년 11월 13일에 장기전력수급계획 (1993-2006)을 수립하였는데, 동 계획기간중 건설할 발전소는 총 76기로 그 중 원자력이 16기, 석탄화력이 27기, 석유 및 LNG화력이 16기, 그리고 양수 발전을 포함한 수력이 19기이다. 통상산업부·한국전력공사, 「1995년 원자력 발전백서」, 1995, 36-45쪽 ; Korea Electric Power Corporation, *KEPCO '95*, 1995, 23-24쪽.

5) 통상산업부 · 한국전력공사, 「전게서」, 32-45쪽.

6) 원자력법 제 2 조.

7) 통상산업부·한국전력공사, 「전게서」, 120-126쪽 ; 과학기술처, 「'93 과학 기술연감」, 1994, 150-166쪽 ; 원자력환경관리센터, 「21세기를 향한 에너지-원자력」, 1993. 12, 98-101쪽을 참고하기 바람.

8) 옹진군, 「옹진군통계연보」, 1993 ; 한국행정구역총람편찬회, 「전게서」 ; 원자 력환경관리센터, 「굴업도지질검토」, 1995. 1 ; 방사성폐기물관리사업기획단, 「방사성폐기물관리사업참고자료집」, 1995. 2 ; 원자력환경관리센터, 「굴업도 의 입지타낭싱김도」, 1994. 12 ; 인천일보, 1995. 3. 14.

9) 1995년 3월 1일부로 옹진군 전체가 인천광역시로 편입됨에 따라 현재의 행 정구역은 인천광역시 옹진군 덕적면 서포 3리이다.

10) 과학기술처, 「방사성폐기물관리사업추진현황 및 계획」, 1995. 2, 2-3쪽 ; 국 민일보, 1994. 12. 22 ; 매일경제신문, 1994. 12. 22 ; 서울신문, 1994. 12. 23 ; 동아일보, 1994. 12. 23 ; 조선일보, 1994. 12. 23 ; 한겨레신문, 1994. 12. 23.

11) 동아일보, 1994. 12. 13.

12) 중앙일보, 1994. 12. 16 ; 조선일보, 1994. 12. 17 ; 한겨레신문, 1994. 12. 17, 12. 20 ; 국민일보, 1994. 12. 21 ; 경향신문, 1994. 12. 20.

13) 한겨레신문, 1994. 12. 20 ; 경향신문, 1994. 12. 20.

14) 국민일보, 1994. 12. 22 ; 세계일보, 1994. 12. 23.

15) 동아일보, 1994. 12. 23 ; 무등일보, 1994. 12. 23.

16) 한겨레신문, 1994. 12. 30 ; 서울신문, 1994. 12. 30.

17) 한겨레신문, 1995. 1. 5.

18) 한겨레신문, 1995. 1. 10.

19) 서울신문, 1995. 1. 11 ; 국민일보, 1995. 1. 6.

20) 한겨레신문, 1995. 1. 13 ; 한국경제신문, 1995. 1. 13.

21) 서울경제신문, 1995. 1. 14 ; 한겨레신문, 1995. 1. 14.

22) 한겨레신문, 1995. 1. 14, 1. 15 ; 김소희, "굴업의 술렁임에서 덕적의 분노까
지", 환경운동연합, [환경운동], 통권 제20호, 1995. 2, 46쪽.

23) 한겨레신문, 1995. 1. 20.

24) 한겨레신문, 1995. 1. 26 ; 서울 컴퓨터속기사 합동사무소, 원자력폐기물관련
공청회 속기록, 1995. 1. 25, 1-69쪽.

25) 한겨레신문, 1995. 1. 27.

26) 내외경제신문, 1995. 2. 27 ; 국민일보, 1995. 2. 27 ; 중앙일보, 1995. 2. 27.

27) 국민일보, 1995. 3. 3 ; 경제정의실천시민연합 외 10개 시민단체, 굴업도핵폐
기장고시철회를 요구하는 주민·시민단체 공동성명서, 1995. 3. 2.

28) 한겨레신문, 1995. 3. 11.

29) 인천일보, 1995. 3. 27 ; 경인일보, 1995. 3. 27.

30) 문화일보, 1995. 4. 11 ; 한겨레신문, 1995. 4. 13.

31) 문화일보, 1995. 5. 17 ; 세계일보, 1995. 5. 9 ; 기호일보, 1995. 5. 17.

32) 중앙일보, 1995. 5. 22 ; 한겨레신문, 1995. 5. 21 ; 인천일보, 1995. 5. 22 ;
기호일보, 1995. 5. 23.

33) 중앙일보, 1995. 5. 24 ; 한겨레신문, 1995. 5. 24 ; 내외경제, 1995. 7. 1 ; 매일
경제신문, 1995. 7. 5.

34) 동아일보, 1995. 5. 30 ; 한국일보, 1995. 5. 30 ; 서울신문, 1995. 5. 10 ; 중앙
일보, 1995. 5. 31 ; 기호일보, 1995. 5. 17 ; 경향신문, 1995. 6. 16 ; 서울신문,
1995. 6. 20 ; 세계일보, 1995. 6. 21 ; 한겨레신문, 1995. 6. 22 ; 문화일보,
1995. 6. 22 ; 조선일보, 1995. 6. 16.

35) 기호일보, 1995. 7. 23, 7. 28 ; 인천일보, 1995. 7. 26 ; 영남일보, 1995. 8.
8.

36) 한겨레신문, 1995. 9. 7 ; 동아일보, 1995. 9. 12.

37) 기호일보, 1995. 9. 17.

38) 세계일보, 1995. 10. 8 ; 기호일보, 1995. 10. 8 ; 인천일보, 1995. 10. 7 ; 무등일보, 1995. 10. 8 ; 동아일보, 1995. 10. 8 ; 경향신문, 1995. 10. 8 ; 중앙일보, 1995. 10. 8 ; 조선일보, 1995. 10. 8 ; 매일경제, 1995. 10. 8 ; 서울신문, 1995. 10. 9 ; 한국경제신문, 1995. 10. 8 ; 한겨레신문, 1995. 10. 8.

39) 국민일보, 1994. 12. 22.

40) 서울신문, 1994. 12. 30.

41) 서울신문, 1994. 12. 30.

42) 한겨레신문, 1994. 12. 28, 12. 31.

43) 활성단층은 50만년 내에 두번, 3만 5천년 내에 한번 정도 지질변동이 일어났거나 현재 활동하고 있는 것으로 보이는 단층구조를 뜻한다. 관계전문가들에 의하면 굴업도는 지금으로부터 1만년 이내에 지층변화를 일으켰던 것으로 보이나 현재 활동여부 등 자세한 것은 정밀조사분석결과가 나와야만 알 수 있다고 밝혔다. 지금까지 우리나라에는 활성단층이 없는 것으로 알려져 왔고, 활성단층에 의한 지진은 발생빈도는 적으나 발생시 대참사를 가져오기 때문에 새로운 지질조사와 함께 내진설계도입 등 대책이 시급히 요구된다. 우리나라는 방사성폐기물 관리시설입지기준에 대한 과학기술처고시에서 '방사성폐기물처분장은 지진의 발생에 의해 방사성핵종의 이동을 증가시킬 가능성이 있는 활성단층지역이나 그와 같은 지역에 입지해서는 안된다' 고 규정하였다. 이와 관련해서는 다음자료를 참고하기 바람. 문화일보, 1995. 10. 9 ; 동아일보, 1995. 10. 8 ; 경향신문, 1995. 10. 8 ; 중앙일보, 1995. 10. 8 ; 학원사 편집부편 「과학대사전」, (서울 : 거북출판사, 1989), 171쪽.

44) 기호일보, 1995. 10. 8 ; 문화일보, 1995. 10. 9 내외경제신문, 1995. 10. 9 ; 한겨레신문, 1995. 10. 9, 10. 13 ; 세계일보, 1995. 10. 9, 10. 11 ; 광주일보, 1995. 10. 10 ; 서울경제신문, 1995. 10. 11.

45) 기호일보, 1995. 10. 12 ; 동아일보, 1995. 10. 8 ; 서울신문, 1995. 10. 9.

46) 문화일보, 1995. 10. 9 ; 내외경제신문, 1995. 10. 9 ; 국민일보, 1995. 10. 9 ; 서울신문, 1995. 10. 9 ; 한겨레신문, 1995. 10. 9 ; 세계일보, 1995. 10. 12.

47) 한겨레신문, 1995. 10. 9 ; 영남일보, 1995. 10. 10.

48) 한국일보, 1995. 10. 15 ; 동아일보, 1995. 10. 15 ; 조선일보, 1995. 10. 15 ; 인천일보, 1995. 10. 11 ; 서울신문, 1995. 10. 15.

49) 문화일보, 1995. 5. 17 ; 기호일보, 1995. 5. 17.

50) 한겨레신문, 1995. 1. 25.

51) 동아일보, 1995. 2. 26 ; 인천일보, 1995. 2. 27 ; 기호일보, 1995. 3. 1.

52) 한겨레신문, 1995. 1. 12 ; 영남일보, 1995. 3. 7.

53) R. E. Abrams & J. R. Primack, "Helping the Public Decision", *Environment*, 1980, vol. 22, no. 3, p. 20.

환경 관련 용어

가청음(Audible sound) 정상인이 청각에 의해 들을 수 있는 음을 말한다. 음의
크기는 음파의 음압에 의해, 높낮이는 주파수로 정해진다. 사람은 음압 2
x 10-5~20N／㎡, 음압레벨 10~130dB, 주파수 20~2,000Hz의 범위를 음
으로 느낄 수가 있다.

검댕(Soot) 연소시 발생하는 유리탄소가 타아르(Tar)에 젖어 탄소입자가 뭉쳐지
므로 응결한 입자는 지름이 1㎛ 이상의 액체.

경도(Hardness) 물의 세기를 나타내는 것으로 물에 용해되어 있는 2가 양이온금
속(Ca++, Mg++등)의 함량을 이에 대응하는 $CaCo_3$로 환산한 값으로 일
시경도와 영구경도로 구분하여 측정된다.

계면활성제(Surface active agent) 비누와 합성세제의 주성분이 되는 탄화수소계
화합물로써 표면과 접촉면에 농축되어 용해되어 있는 액체의 표면장력을
낮춰서 그 정화성분이 표면에서 바람직하게 흡착되도록 함으로써 표면에
있는 때를 대체하는 능력과 안정된 유제나 부유물로서 때가 빠지도록 하
게 하는 것이다. 물에 잘 녹는 성질과, 기름에 잘 녹는 성질을 동시에 포함
하고 있어 기름때와 물때를 동시에 제거하는 역할을 한다.

고온열분해(Pyrolysis) 소각처리가 어려운 난연성물질이나 소각시 다량의 대기
오염물질을 방출하는 폐기물을 고온 처리하는 방법으로 여기에서 생성되
는 고형탄화물, 회수유용가스를 연료로 사용할 수 있다.

공기청정기(Air Cleaner) 실내 공기를 맑게 하기 위하여 전기집진기를 중심으로
활성탄 필터, 음이온 발생기, 송풍기 등으로 구성되어 있다. 기계내부에 빨
아들인 공기를 정화하기 위해서는 스틸 울(Steel Wool), 여과지, 글라스면
또는 폴리우레탄홈 등이 사용된다.

공동부담의 원칙 국가 또는 공공단체가 환경오염의 방지, 감소 및 제거를 위한
비용을 부담하는 것을 말하는데 이는 결국 납세자인 국민이 공동으로 비
용을 부담하는 것이 된다.

공연비 공기와 연료의 사용비율을 말한다. 연료의 완전연소는 유해배출가스를 줄이므로 공해문제에서 공연비는 중요한 의미를 갖는다.

공유재(Commons) 사적인 재산자원(소유자만이 접근할 수 있는)이나 사회화된 자원(선출되었거나 지명된 관리자에 의하여 접근이 관리되고 있는)과 비교할 때 누구나 자유롭게 그리고 관리를 받지 않고 접근할 수 있는 자원이다.

공유재의 비극(Tragedy of the commons) 개인들은 그들 자신의 단기적 복지를 증진하려는 방향으로 행동하며, 흔히 현재와 장래 세대의 장기적인 환경이익과 직접적으로 충돌된다.

과징금제도 행정적으로 부과하는 일종의 부담금으로서 위반업체를 행정처분시 무관한 주민들에게 피해를 주는 경우를 대비하여 이를 방지하는 제도이다.

광합성(Photosynthesis) 식물이 태양광선 에너지를 사용하여 무기 이산화탄소와 물을 유기 식량분자로 전환시키는 작용을 말한다.

그린GNP(Green GNP) 녹색 GNP라고도 한다. 국민 총생산 규모에서 부정적인 환경오염 규모를 줄인 순 GNP의 개념이다.

그린벨트(Green belt) 녹색띠 내지는 개발제한구역을 의미한다. 도시 주변의 녹지공간을 보존하여 개발을 제한함으로써 자연환경을 보전하자는 취지로 1950년대의 영국에서 시작된 제도이다. 우리나라는 1971년 이 제도를 도입하였으며 현재, 전국토의 5.5%에 달하는 5,397㎢, 28개 시, 36개 군이 대상이 되었으며 이 지역 상주인구는 120만명에 달하고 있다.

그린피스(Green Peace) 1971년부터 활동하기 시작한 민간주도의 반공해 국제단체의 대표적인 집단이다. 국제적인 조직을 갖고 있으며 핵문제, 유해물질 사용, 해양생태계 보전, 대기보전 등의 분야를 중심으로 체계적인 환경보전운동을 전개하고 있다.

기후변화협약 이산화탄소, 메탄, 질소산화물 등의 온실가스가 대기중에 누적되어 지구 복사열의 우주로의 방출을 차단함으로써 생기는 지구온난화, 기상이변, 해수면상승, 사막화 등을 예방하기 위한 협약.

녹색혁명(Green Revolution) 1920년대 이래 미국에 있어서의 주요 농업혁명을 말한다.

다운워싱(Down washing) 굴뚝에서의 배출가스의 배출 속도가 극히 저속이고, 가스의 온도가 주위의 대기 온도와 큰 차이가 없을 경우, 가스는 상승력이 없으므로 굴뚝의 윗면에 생기는 압력 때문에 지표를 향해 하강하게 된다. 이러한 현상을 다운 워싱이라 하며 이로인해 오염물질의 확산 및 희석을 방해하게 되므로 환경적으로 위험한 사태가 발생할 수도 있다.

다이옥신(Dioxin) 염소를 포함하고 있는 벤젠계 유기화합물로써 벤젠링 2개에 염소원소가 여러개 결합되어 존재한다. 발암물질로 알려져 있으며, 플라스틱, 비닐계통, PCB, PVC 등의 소각시 2차 오염물질로써 발생된다.

대기(Atmosphere) 지구를 둘러싸고 있는 기체를 말하며, 온도와 성분에 따라 여러개의 기층을 형성하고 있다. 지면에서 8㎞ 정도까지를 대류권, 50㎞ 정도까지를 성층권, 80㎞정도까지를 중간권, 80㎞ 이상을 열권이라고 하고 있다. 지표에 가까운 대류권은 대기권 질량의 75% 이상을 차지하고, 공기는 이 부분에서 지구의 인력으로 존재한다. 고도가 높아짐에 따라 대기밀도는 급격하게 감소하고, 9㎞ 상공에서는 호흡이 곤란해진다. 또 대류권에서는 지면에서 100m마다 약 0.65℃씩 낮아지고, 대류현상이 일어나기도 한다.

대기오염(세계보건기구 정의) 옥외의 대기중에 인위적으로 반입된 오염물질의 농도와 그 특정시간이 주민들 중 비교적 많은 사람들에게 불쾌감을 주거나 광범위한 지역의 공중위생상 위해나 인간, 동.식물의 생활을 방해하고 있는 상태.

대기오염물질(Air pollutants) 입자상 물질과 가스상 물질로 대별되며 입자상 물질로는 분진, 매연, 검댕 등의 고정입자가 있고, 가스상 물질로는 황산화물, 질소산화물, 일산화탄소 등이 있다.

대런던계획 1994년에 런던외 무질서한 외연적 팽창을 막고 주변 농촌의 환경을 지킬 목적으로 폭 10-16km에 이르는 그린벨트를 도시 주변부에 설정한 계획.

덕트(Duct) 공기 또는 가스의 이송배관을 의미한다. 기체의 유속에 따라 저속덕트(풍속 15m/s 이하)와 고속 덕트가 있고, 형상도 사각덕트와 원형덕트가 있다. 일반적으로 아연철판이 많이 이용되고 있으며 플라스틱, 알루미늄, 스텐레스강판 등 목적에 따라 여러 재질이 사용되며 일반적으로 외면은 보온체로 단열한다.

데시벨(dB, Decibel) 소음의 단위로 사용되고 있다. 표준적인 기준량과 대비하여 소음수준이 측정되며 1dB이하의 음의 강도 변화는 인간의 청력으로는 감별하기 어렵다.

동질권(Homosphere) 약 80km의 고도에 이르는 지표면 근처의 대기권의 부분을 말하는데, 구성기체들이 대단히 잘 혼합되어 있으며 주요 성분의 비례가 해표면에서 발견되는 것과 크게 차이가 나지 않는다.

라돈(Radon) 여러 가지 방사선 물질 중에서 생활 환경과 가장 밀접한 연관성이 있으며 인체에 가장 흡입되기 쉬운 방사선 물질이다.

람사르협약(국제 중요습지대 협약) 1971년 철새 서식지인 습지대 보호의 국제적 중요성을 인식하고 탄생한 구제조약이다.

매연(Smoke) 차량이나 굴뚝 등에서 방출되는 검댕이나 분진을 함유한 연소 배출가스를 가리킨다. 발생원으로는 연료, 기타 물질의 연소에 의해 발생하는 검댕이, 분진과 연료, 기타 물질의 연소에 의해 발생하는 오염물질 또는 전기를 열원으로 사용하는 전기로 등에서 발생하는 오염물질 등이 있다.

먼지(Dust) 기체중에 포함되어 있는 보통 1μm 이하의 고체 입자를 의미한다.

멸종위기에 처한 야생동식물에 관한 협약(CITES) 워싱턴협약이라고도 불리며, 1973년 워싱턴에서 체결되었고, 야생동식물의 수출입을 다자간 협약을 통한 인·허가제도에 의해 규제하는 것이다.

몬트리올 의정서 1987년 탄생한 것으로 오존층 파괴물질의 제조와 사용을 규제하고 대체물질의 개발과 이용을 촉진하는 것이다.

무과실 책임 과실이 없었다 하더라도 기업활동에 의해 지역주민의 인체 또는 건강상의 환경피해가 있는 경우 사업주의 책임을 인정하는 경우가 많으며, 이를 무과실 책임이라고 한다.

무임승차(Free rider) 소비자들이 재화에 대하여 값을 지불하건 지불하지 않건 간에 소비혜택에서 배제되지 않는다며 그들은 결코 자발적으로 그 재화의 가격을 지불하려고 하지 않는다. 즉, 소비자는 자신이 비록 재화에 대한 가격을 지불하지 않아도 남들과 동일한 혜택을 받게 되므로 자발적인 지불이 이루어지지 않고 타인들의 재정부담에 의해 확보된 공공재를 획득하려는 현상을 말한다.

미립자(Particulte matter-PM) 대기중에 부유하는 고체 또는 액체에어졸로 구성된다.

바도즈수(Vadose water) 식물의 뿌리가 도달할 수 있는 그 이상의 추가적인 물을 말한다.

바젤협약 유기인화합물, 유기시안화합물 등 유해폐기물의 국가간 이동통제 및 그 처리에 관한 협약으로서 1989년 3월 채택되었다.

배연탈황(Exhaust gas desulfurization) 중유, 석탄, 석유, 코오크스 등이 연소하면 아황산가스, 무수황산 등의 황산화물이 연소 가스로 배출된다. 배연중에서 이를 제거하는 것을 배연탈황이라고 하며, 습식과 건식의 두 가지 방법이 있다. 전자는 알칼리액 등으로 배연을 세정하는 방법으로 소형화력 발전소, 화학공장, 금속정련소 등에 적합하고, 후자는 활성탄, 산화망간 등에 배연을 통과시켜 황산화물을 이들로 하여금 흡착시키는 방법으로 대형 화력발전소 등에 적합하다.

배출기준(Emission standard) 환경기준이 목표기준인데 반하여 배출기준은 일종의 규제기준이다. 수질, 대기 등 오염물질을 개별 배출시설에서 배출할 수 있는 허용한계기준을 말한다. 보통 농도로서 규제함으로 농도기준이라 하기도 한다.

배출부과금(Pollution charge) 해당 사업자가 소유한 시설에서 배출허용기준치를 초과하여 오염물질을 배출하는데에 대하여 일종의 부담금을 부과하는 제도이다. 오염물질을 배출기준치 이상으로 초과하여 배출하는 경우 사업주에게 금전적으로 일정한 부담금을 부과하는데 이를 배출부과금이라고 한다. 배출부과금은 배출총량, 초과농도, 배출지역 등에 따라 차등 부과된다.

부영양화(Eutrophication) 질소, 인 등 영양물질이 패쇄성 수역에 다량으로 유입하게 되면 녹조류가 과다하게 번식하고 녹조류로 인하여 호소 또는 해역이 부패하여 썩어가는 현상을 말한다. 해역에서는 특히 석소 프랑크톤이 많이 발생하여 적색을 띠는데 이를 적조현상이라고 한다.

부패(Decomposition) 부패균에 의해서 단백질이나 그 밖의 유기물이 분해되어 악취 등이 발생되는 현상을 말한다.

분리제(Sequesterants) 식품 첨가물중 하나로 식품이 산화, 부패를 방지하고 색깔, 향료 및 모양을 유지해 주는 것이다.

불쾌지수(Discomfort index) 기온이나 습도, 풍속, 일사량 등이 인체에 주는 불쾌의 정도를 수량화한 지수로써, 주로 기온과 습도만으로 계산하는 방법이

보급되어 있다. 지수 70대는 상쾌함을 느끼고, 80이상이면 불쾌감, 85이상
이면 참기 어려운 불쾌감을 느끼게 된다.

비소(As, Arsenic) 비소 및 비산, 아비산, 비화수소 등의 화합물은 모두 맹독성이
다. 비소 화합물은 피부, 소화기, 호흡기를 통하여 흡수되며, 뼈나 내장에
쌓여 배출이 어려우며 만성중독을 일으킨다. 중독 증상은 구토, 피부의 갈
흑색화, 적혈구의 감소, 식욕감퇴, 비장비대, 건조성 발진 등이다. 급성중
독의 경우는 심한 구토, 설사, 복통, 두통 등이 일어나며 심장쇠약, 전신경
련을 일으켜 사망하는 경우도 있다.

비정부기관(NGO:Non-Governmental Organization) 정부의 공식 대표가 아닌 민
간단체 등을 중심으로 한 비정부 대표를 통칭한다. NGO그룹이 환경관련
국제회의에서 차츰 그 역할이 증가되고 있다. 국제적으로는 그린피스 등이
대표적인 NGO 그룹이다.

사회생태론(Social ecology) 자본주의적 질서를 근본적으로 비판하는 것으로 생
태적 합리성의 실현은 자본주의체제에 있어서는 불가능하며, 환경. 자원문
제를 자본주의체제에 내재하고 있는 성장추진력의 결과로 인식한다.

산(Acid) 알칼리성과 상대되는 용어로써 수용액속에서 전리해 수소이온(H+)을
방출하고 알칼리성 물질과 중화하여 염을 발생시키는 물질을 말한다. 수용
액은 산성을 나타내며 염산, 질산, 황산 등이 대표적인 산이다. 그리고 산
도(Acidity)란 물속에 포함되어 있는 탄산, 유기산 등의 산 성분의 중화에
이용하는 알칼리성분을 이것에 상당하는 탄산칼슘($CaCO_3$) 양으로 나타낸
값으로 ppm으로 나타낸 것이다. 1ppm을 1도로 한다.

산성비(Acid rain) 대기중의 CO_2 는 건조공기중 0.033% 존재하고 있어 오염되
지 않는 빗물중에는 CO_2로 포화되어 있으며, 탄산은 빗물속에 녹아서 pH
는 상온에서 5.6정도 된다. 일반적으로 빗물의 pH가 5.6보다 낮을 때 산성
비라고 하고, 한편 대기오염물질에 포함된 유황, 질소의 산화물이나 염소
의 화합물이 원인이다.

산성폐수(Acid wastewater) pH가 낮은 폐수를 말한다. 하수관과 각종 하수처리
용 금속 기기류를 부식시키고 오·폐수처리에서는 미생물의 활동을 저해
하기도 한다. 하수속에 시안이 함유되어 있으면 시안가스를 발생시킬 우려
가 있어 모두 위험하다. 강산인 경우는 알칼리제로 중화침전처리를 하고,

유기산인 경우는 중화처리후 생물학적 처리를하여 방류한다.

산업재 조직이나 사업적 목적으로 구매되는 제품/서비스의 총칭

산업폐기물(Industrial solid waste) 사업활동에 수반하여 발생하는 폐기물중 재, 오니, 폐유, 폐산, 폐알칼리, 폐플라스틱 등을 의미한다. 가정에서 발생되는 생활폐기물과 상대적 개념으로 사용되기도 하는데 산업폐기물에는 가정쓰레기와 성상이 유사한 일반폐기물과 중금속 등 유해물질을 함유한 특정 폐기물이 있다.

산화방지제(Anti-oxidants) 식품첨가물의 일종으로 산소를 제거하여 지방의 부패를 지연시키거나 지방의 화학적인 파괴비율을 둔화시키는 것을 말한다.

삼원촉매장치(Threeway catalytic converter) 자동차 배출가스 감소장치의 하나이다. 일산화탄소를 이산화탄소로 산화시키며 대기오염 감소에 도움을 주게 된다.

생물다양성협약 경제개발에 기인한 생물자원의 멸종을 예방하고 생물종의 다양성을 보존하기 위한 것으로 1992년 리우회의에서 채택되었다.

생물학적 지표(Biological index) 수질오염의 정도를 생물을 대상으로 하여 수량적으로 표시하는 지표의 하나로써, 수질판정의 기준으로 사용된다. 일반적으로 조류(유색생물)는 청정수역에 많고 단세포의 원색동물(무색생물)은 오염수역에 많이 살고 있다는 일반적인 현상을 토대로 전 생물에 대한 무생물의 비율에 의해 오염의 정도를 측정한다.

생물학적처리(Biological treatment) 미생물을 이용하여 오·폐수를 처리하는 것을 말한다. 호기성분해에 의한 것과 혐기성분해에 의한 것이 있다. 전자는 호기성균에 의해 유기물을 산화·분해하는 방법으로 500ppm 이하의 낮은 BOD 처리에 적당하고, 회전원판접촉법(RBC), 상수여상, 활성오니법 등이 있다. 후자는 혐기성균에 의해 유기물을 환원 분해하는 방법으로써 혐기성 소화법, 혐기성 가군법 등의 방법이 있다.

생물화학적 산소요구량(BOD:Biochemical oxygen demand) 수중에 포함되어 있는 유기물이 미생물에 의해서 호기성 분해될 때 필요로 하는 산소량을 mg/ℓ 또는 ppm단위로 나타낸 것으로써, 수중의 산소요구량에 의해서 유기물의 양을 간접적으로 나타내는 척도가 되고, 하천이나 하수·공장 폐수 등의 오염농도를 나타내는 지표가 되고 있다. 분해과정은 주로 유기물의 산

화가 끝날 때까지 소비되는 산소량을 나타내는 제 1단계의 탄소계 산소요
구량과 질소화합물의 산화가 끝날때까지 소비되는 산소량을 나타내는 제
2단계의 질소계 산소요구량으로 구분된다. 일반적으로 20℃에서 5일간에
소비되는 산소량이 사용되며, BOD5로 표시된다.

생애재고평가(LCI:Life Cycle Inventory) 제품의 수명주기 기간을 통하여 제품과
관련해서 사용되는 에너지, 자원 등의 양을 총괄적으로 나타내는 평가표를
의미하며, 원재료의 확보, 제조, 생산, 포장, 분배, 사용상의 특징, 사용 후
와 처분 등의 환경적 영향의 총체적 목록표이다.

생태계(Eco-system) 일정한 공간에 생육하는 식물과 동물을 포함하는 생물군집
과 그들의 생육하는 무생물간의 유기적인 연관성을 갖는 물질계를 말한다.
생태계가 유지되기 위해서는 생산자, 소비자, 분해자의 원활한 순환이 필
요하고 생태계의 일부가 인위적으로 변경 또는 파괴되면 생태계 전체의
물질 대사에 커다란 영향을 미친다.

생태중심주의(Ecocentrism) 생태중심의 윤리를 기초로하며, 무생물을 포괄하는
전체 환경의 본원적 가치를 인정하고 생태과학의 정신으로부터 윤리적 가
정을 도출하는 것을 말한다.

생태페미니즘(Ecofeminism) 생태적 가치의 실현을 위한 새로운 사회운동의 이
론이며 철학으로서 환경.자원윤리연구의 새로운 방향을 제시해 준다. 이는
성억압에 대항하는 운동으로서 여성의 계속적이고 체계적인 복종에 기여
하는 요소를 제거할 것을 주창한다.

석면(Asbestos) 공업적으로 이용되는 것은 사문암계의 크리스타일이라고 불리는
천연의 석면으로 유연성이 있고 내열성이 풍부하며 열전도율이 적기 때문
에 보온재나 전기 절연제로 이용되고 있다. 한편 석면은 발암물질로도 알
려져 있다.

세계환경개발위원회(WCED) 1983년 유엔총회에서 탄생하였으며 지구환경의
미래에 대비한 전략의 수립을 목적으로 한다.

수소염화불소성탄소(HCFC) 오존층파괴 원인물질로 알려진 염화불로성탄소
(CFC)에 수소원소를 치환시킨 화합물이다. 기존의 염화불로성탄소에 비하
여 오존파괴지수가 매우 낮아서 염화불소성탄소 대체품으로 각광을 받은
적이 있으나 오존파괴성이 전류하고 있음이 확인이 되어 최근들어 국제적

으로 규제되고 있다.

수질오염 자연수에 폐수 및 오수가 유입되어 자연수의 생태를 변화시켜 수중생물의 생활환경을 저해하거나 물의 이용목적에 맞지 않을 만큼 수질이 저하된 현상을 말한다.

스모그(Smog) Smoke(연기)와 Fog(안개)의 합성어이다. 연기는 매연을 말하고 안개는 기상현상을 지칭하는 것으로, 매연과 안개의 공존에 의해 대기오염을 가리킨다. 자동차 배기 가스가 주요 원인이 된 스모그를 로스엔젤레스형 스모그라 하고, 석탄 연소에 의한 배기가스가 주요 원인이 된 스모그를 런던형 스모그라 하기도 한다. 일본의 동경스모그는 런던형의 석탄 연소에 의한 배기가스와 로스엔젤레스형의 자동차 배출가스가 종합적으로 작용한 복합적인 스모그현상이다.

슬러지(Sludge) 정수 및 폐수처리공정에서 액체와 분리되는 수분을 함유한 고형성의 물질을 말한다.

슬러지 상승(Sludge rising) 폐수 중 질소성분은 질산화 되기도 하고 침전조에 산소요구량이 부족하면 탈질산화 되기도 한다. 이때 상승하는 질소기포가 고형물을 부상시키는 현상으로 침전조내가 혐기성이 되면 바닥에 쌓인 슬러지가 혐기성 분해를 일으켜 그때 생기는 기포와 함께 슬러지가 부상되는 현상이 나타난다. 이를 슬러지 상승이라 한다.

시민압력운동 피해의 범위가 광범위하거나 불명확하며 직접적인 피해자가 불명확한 상태에서 시민들이 자발적으로 환경위기를 해결하기 위해 조직하는 운동이다.

심층생태론(Deep ecology) 인류중심의 환경. 자원윤리에 반발하고 생물중심적 가치를 강조하는 윤리적 관점으로 총체적 세계관에 입각하여 인간과 자연의 구분을 부정하고 생물중심적 평등성을 근본원리로 하는 이 이론은 생태계를 구성하는 요소간의 지배-피지배 관계 및 계층제적 질서를 부정하며 이런 점에서 생태적으로 민주적이라할 수 있다.

아시아-태평양 민간단체(NGO) **환경회의** 동북아지역의 민간환경단체 지도자들의 모임.

아시아-태평양 환경회의(Eco-Asia) 아태 지역의 환경문제를 협의하기 위한 각료급회의

안개(Fog) 분산질이 액체인 눈에 보이는 연무질을 말하며, 응축에 의해 생성되고 습도는 보통 100%이다.

안개(Mist) 기체중에 부유하고 있는 액체의 미립자로써 증기가 기체중에 응축된 것이 많으나 액체가 날아가서 분무되기도 한다. 금속의 산세정, 크롬도금, 시안화동도금 등의 작업과정에서 산성안개(Acid Mist), 크롬산 안개, 시안액의 안개 등이 발생한다.

엘리뇨 현상 최근 기상이변으로 알려지고 있는 현상으로써, 서부 태평양 적도 해수면의 온도가 평상시보다 섭씨 2-3도 정도 높은 온도가 형성되어 이것이 남미의 페루해안까지 미치기 때문에 기존의 기상모형과는 근본적으로 다른 에너지 순환 형태를 나타내게 되는 것이며, 그 원인은 아직 알려지지 않고 있다. 엘리뇨 현상이 일어나면 세계 곳곳에 가뭄과 홍수를 유발하게 되며 한반도 기온에도 영향을 끼친다. 엘리뇨란 말은 스페인어로 『아기예수』라는 뜻으로써 엘리뇨의 해에는 페루 해안지역에 해류순환이 변화되어 흉어가 겹치는데 이때가 크리스마스 전후이기 때문에 주민들은 하느님께 고기가 잘 잡히게 해달라고 기원하는 의미에서 이 현상을 부르게 되었다.

역유통 경로관리 제품 사용후의 폐기물을 재활용하기 위한 역유통과정 (Reverse Distribution)을 통하여 자원을 재순환시키는 과정에 관련된 의사결정이다

연무(Mist) 미립자의 핵주위에 증기가 응축하여 생기기도 하고, 큰 물질로부터 분산하여 생길 수 도 있는 액체상의 입자를 말한다.

염기(Base) 수용액속에서 전리해 수산이온(OH)을 방출하고 산과 중화하여 염을 발생하는 물질을 말한다. 수용액은 알칼리성을 띠며 수산화나트륨(NaOH), 수산화칼륨(KOH) 등은 대표적인 염기이다. 넓은 의미로는 수소이온(H+)을 다른 물질로부터 받아 들일 수 있는 불질을 포함한다. 그리고 염기성(Basic)이란 염기의 성질을 갖고 있다는 뜻으로 산성에 반대된다. 항상 산에 대해 중화하려고 하는 성질을 말하지만 일반적으로는 알칼리성과 같은 뜻으로 사용하고 있다. 수용액에는 pH가 7이상인 경우를 알칼리성이라고 한다.

염소요구량(Chlorine demand) 하수처리를 위해 처음 가한 염소량에서 잔류염소량을 제외한 염소량을 말한다. 살균에 필요한 염소량과 유기물 등의 산화

에 필요한 염소량의 합계에 해당한다. 염소 소독을 할 때 미리 염소요구량을 측정하고 여기에 잔류염소량을 더하면 적정한 염소 주입량을 알 수 있다. 물의 오염도를 나타내는 지표가 되기도 한다.

염화불소성탄소(CFC:Chlorofluoro carbons) 염소(CI), 불소(F), 탄소(C)를 포함하는 화합물을 통칭한다. 오존층 파괴원인물질로 잘 알려져 있으며, 상품명으로는 『Freon』 등이 포함되고 있다. 염소·불소·탄소의 구성형태에 따라 여러 가지의 형태로 존재하며, 무색, 무취로서 매우 안정된 화합물이며 냉매, 분사제 등으로 사용되고 있다.

영양보충제(Nutrition supplements) 식품첨가물의 일종으로 자연식품의 영양가를 높이거나 식품제조과정에서 상실한 영양분을 대치해주는 것을 말한다.

예치금제도 폐기물을 적정하게 관리하기 위하여 원인자부담원칙이며 유해물질을 함유하거나 다량의 폐기물이 발생되는 제품의 경우에 그 폐기물의 회수 및 처리를 제품의 제조 및 수입업자에게 부담토록 한 경제 유인책이다.

오수(Domestic wastewater) 화장실, 주방 목욕탕에서 나오는 생활하수를 통칭하며, 공장에서 나오는 더러운 물을 폐수라고 하는데 상대적으로 사용되는 말이며, 오수와 우수(빗물)가 합쳐졌을 때 이를 하수라고 하여 오수와 구별하여 사용하고 있다.

오수정화시설 하수종말처리장이 설치되지 아니한 지역의 일정규모 이상의 건축물, 시설물에 설치하도록 하는 소규모 가정하수 처리시설이다. 현행 오수 분뇨 및 축산폐수의 처리에 관한 법률에는 1600m2 이상의 시설물에는 오수정화 시설의 설치를 의무화하고 있다. 장기 폭기법, 회전원판접촉법, 접촉산화법 등이 응용되고 있다.

오염(Pollution) 유해한 고체입자, 액체, 기체, 균류, 방사성 물질 등이 대기속, 물속, 흙속, 식품속에 배출 또는 혼입되어 사람의 건강을 해치고 동·식물의 생육을 저해하거나 시설물에 영향을 주려는 상태 또는 그 상태에 이른 것을 말한다.

오염배출권 거래제도 오염물을 배출할 수 있는 권리를 거래하는 시장을 형성하여 민간차원에서 자율적으로 환경오염문제를 해결하도록 유인하는 것을 말한다.

오염자 부담원식(Polluters Pay Principle 3P) 환경오염에 대한 비용부담의 기본원칙은 오염자가 부담하도록 하고 있으며, 우리나라의 경우도 기본적으로 비용부담은 오염자 부담원칙을 따르고 있다.

오존(Ozone, O_3) 특유의 비린내가 나는 희미한 청색을 지닌 기체로써 대류권중에서는 방전으로, 성층권에서는 태양의 복사의 의해서 생성된다. 대류권의 농도는 $20 \sim 100 \mu g/m^3$($0.01 \sim 0.05$ppm)정도 광화학 쓰모그의 주성분(약 90%는 오존)으로서 주목되고 있다.

오존파괴지수(Ozone depletion potential) 염화불소성탄소 등이 오존층의 파괴원인 물질로 알려지고 있다. 어떤 화합물질의 오존파괴 정도를 하나의 숫자로써 표현한 것이 오존파괴지수이다. 이 숫자가 클수록 오존파괴 정도가 크다는 뜻이다. 보통, 삼염화불소성탄소($CFCl_3$)의 오존파괴능력을 1로 보았을 때 상대적인 파괴능력을 나타내고 있다. 할론 계통은 오존파괴지수가 $3 \sim 10$에 달하고 있으며, CFC 대체물질로 개발되고 있는 수소 염화불소성탄소(HCFC)계통은 0005로 매우 낮으며 트리클로로에탄($C_2H_3Cl_3$)은 0.14이다.

온실효과(Greenhouse effect) 대기중의 이산화탄소의 농도증가로 발생하는 현상으로 태양의 복사에너지는 대부분 투과시켜 지구로 내보내는 반면, 지표에서 방사되는 열적외선은 차단하여 지표로 재복사하여 지구의 온도를 상승시키는 작용을 말한다. 화석연료 사용 증가로 인하여 배출된 이산화탄소 등의 가스가 지구층을 마치 비닐하우스처럼 둘러싸서 결과적으로 지구가 더워지도록 하고 있는 현상을 온실효과라고 한다. 온실효과의 원인물질을 이산화탄소(CO_2), 아산화질소(N2O), 메탄 (CH_4), 염화불소성탄소(CFCs) 등인 것으로 알려지고 있다. 온실효과 방지를 위한 국제간의 공동노력의 일환으로 기후변화 협약이 1992년 6월 채택되었다.

외부불경제(External diseconomy) 시장에서 외부효과에 의해 불리한 영향을 받는 것을 말한다.

외부효과(External effectes) 어떤 소비자나 또는 생산자가 다른 경제 주체의 소비활동 또는 생산활동에 의하여, 시장의 매개를 통하지 않은 채 무상으로 유리 혹은 불리한 영향을 받게 되는 효과를 말한다.

용존산소 또는 산소요구량(DO, Dissolved oxygen) 물의 오염상태를 나타내는 지료 항목의 하나로 물에 녹아있는 산소의 농도이다. 단위는 mg/ℓ 또는

ppm으로 나타낸다. 하천오염으로 가장 일반적인 것은 유기물에 의한 부패로 수중의 미생물 때문에 용존산소를 소비하여 유기물이 분해된다. 때문에 산소요구량의 부족을 야기시켜 어패류의 생존을 위협하게 되고, 또 유기물의 분해가 너무 빨리 진행되면 산소의 결핍과 더불어 혐기성 분해가 일어나 유해가스를 발생하여 수질이 크게 악화된다. 깨끗한 하천에서는 DO가 거의 그 온도에서의 포화값에 달하며 온도가 높아질수록 용해도가 감소한다. 일반적인 물고기들은 DO가 계속해서 4~5ppm이하가 되면 생존할 수 없다.

유기산 탄소량(TOC:Total organic carbon) 폐수내 유기물 함량을 나타내는 지표의 하나로써 폐수중에 함유된 유기물의 산화에 필요한 탄소분을 말하는 것인데 시료중의 유기물을 고온에서 CO_2로 산화시켜 그 발생량을 분석장치로 측정하여 총유기탄소량을 구한다.

유엔인간환경회의 1972년 스웨덴의 스톡홀름에서 113국이 참가한 가운데 열린 환경문제를 논의한 최초의 국제회의.

유엔환경개발회의(UNCED) 유엔인간환경회의의 20주년을 기념하고, 환경적으로 건전하고, 지속가능한 발전을 목표로 브라질의 리오데자네이로에서 열린 지구환경회담.

유엔환경계획(UNEP) 1972년 유엔인간환경회의에서 창설이 건의된 대표적 국제환경기구로서 1973년에 탄생하였으며 지구환경문제의 해결을 위한 국제적 노력을 주도해왔다.

유화제(Emulsifier) 유탁액중에 분산되어 있는 입자에 보호막을 만들고 유화를 도와서 안정화시키는 물질을 말하며 주로 각종의 계면 활성제가 사용된다.

음용수 수질기준 수도법에 근거하고 있으며 음용수 수질기준 항목은 페놀, 시안 등 33개 항목이 포함되어 있다.

이산화탄소(CO_2: Carbon dioxide) 탄소가스라고도 하며 무색, 무취로 공기보다 무거운 불연성 기체이다. 공기중의 농도가 10% 이상이 되면 인간은 호흡곤란이 되어 의식을 잃어버린다. 물에 녹아 탄산이 되고 약한 산성을 나타낸다. 냉매, 소화제, 청량음료수, 고형탄산(드라이 아이스) 등에 이용되고 있다.

2차 대기오염물질(secondary air pollutants) 두 개 또는 그 이상의 공기성분간의 화학반응 때문에 대기속에서 형성되는 해로운 화학물질을 말한다.

인포테라(INFOTERRA, Intermational Referral System)　국제간의 환경정보조회 제도이다. 환경정보수요자들이 관련정보를 신속하게 접근하는 것을 용이하게 하기 위한 메카니즘의 필요성에 따라 유엔환경계획기구(UNEP)에서 설치한 제도이다. 인포테라는 현재 125개국을 연결시켜주고 있으며 본부는 케냐의 수도 나이로비에 두고 있다.

일반폐기물　폐기물중 가정에서 발생되는 생활쓰레기 등을 일반폐기물이라고 하며 특정폐기물과 구별하고 있다.

일산화탄소(CO, carbon monoxide)　산소가 부족한 상태로 연료가 연소 할 때, 발생하는 것이며, 혈액 중의 헤모글로빈과 결합하여 산소의 보급을 저해하고 심할 때는 질식에까지 이르게 한다. 인체에 대한 독성은 대기중의 일산화탄소 농도와 노출 시간과의 관계에 따라 다르지만 안전한 한계는 50ppm이다. 100ppm의 공기중에서 8시간 이상 호흡하면 위험하다.

1차 대기오염물질(Primary air pollutants)　자연적 사건이나 인간활동의 결과로 공기속에 직접 들어오는 해로운 화학물질을 말한다.

재사용(Reuse)　폐기물을 다시 사용하는 경우를 말한다. 특별한 공정을 거치지 않고 그대로 다시 사용한다는 측면에서 재활용과 구분된다. 재활용 (Recycling), 감량화(Reduction)와 함께 3R로 통하고 있다.

재활용(Recycling)　폐기물을 일정한 공정을 거친후 다시 쓸 수 있도록 하는 것을 통칭한다.

적조현상(Red tide)　연안지역에서 질소, 인 등의 영양물질이 풍부하여 생기는 현상으로 호소 등의 부영양화 현상과 유사하다. 연안지역에서 염분이 높으므로 붉은 색을 띠는 조류(Algae)가 과다번식하며 전체가 적조를 띠게 되어 붙여진 이름이다. 적조현상이 일어나면 적조생물로 인한 독성물질 발생으로 어패류 피해를 가져오고, 적조류가 가라앉아 부패하므로 인한 산소요구량의 감소로 연안전체가 썩게 된다.

점적여과(Trickling filters)　2차 하수처리과정상의 생물학적인 과정 중 하나로 박테리아가 성장하도록 분쇄된 돌로 채운 큰 통에 있는 토대를 통하여 스며나오는 하수를 호기성 박테리아가 퇴화시키는 것을 말한다.

접촉산화법(Contact oxidation method)　피처리체를 특수한 여재 또는 생물막에

접촉시켜 산화하는 방법으로, 산화반응을 좋게하기 위해 여러 가지 방법이
고안되어 이용되고 있다. 주로 배연탈황, 상수정화, 하수정화 등을 위해 사
용되는 방법이다.

제품부과금제도 제조된 제품자체가 환경오염을 유발할 수 있을 경우에 한하여
해당제품에 부과금을 부과하는 제도를 말한다.

중금속(Heavy Metal) 수은, 납, 크롬 등 비중이 큰 금속을 통칭한다. 보통 철보다
비중이 큰 것이 여기에 포함된다. 중금속은 인체에 축적이 되어 만성적인
피해를 주게되는 경우가 많다. 일본에서 발생된 미나미따병은 일종의 중금
속(수은)중독현상이다.

중성세제(Detegents) 합성세제 중 pH가 8.0~6.0인 것이며, 섬유용 중성세제와
주방용 중성세제가 있다. 섬유용 중성세제는 알칼리에 약한 섬유류의 세정
에, 주방용 중성세제는 과일, 야채, 식기 등의 세정에 사용된다.

중화제(Neutralization agent) 중화에 사용하는 약제를 통칭하여 산의 중화에는
알칼리성 중화제를 알칼리의 중화에는 산성 중화제를 사용한다. 전자에는
가성소다, 탄산소다, 소석회, 탄산칼륨 등이, 후자에는 염산, 황산 등이 사
용된다.

지구환경기금(GFT:Global Environment Fund) 지구환경보전을 위하여 설정된 기
금으로 유엔 환경계획기구에서 관리하고 있다. 1990년 1월 설립 운영중이
며 지구온난화, 생물다양성 보전 및 오존층 파괴 방지를 위한 개발도상국
지원을 위하여 설치되었다. 개도국의 세계환경 문제 해결을 위한 투자사업
기술 지원에 대한 자금을 무상공여 하거나 장기저리의 양허성 자금을 제
공하고 있다. 현재 프랑스, 영국 등 20개국이 참가하고 있으며 기금은 13
억불이 조성되어 있고, 우리나라는 가입하지 않고 있다.

지속적 발전위원회(CSD:Commission on Sustainable Development) 유엔 경제사회
이사회 산하에 설치된 특별위원회로서 의제 21의 추진사항 및 공적 개발
기금(ODA) 등에 대한 감시·평가를 주된 업무로 하고 있다.

질소산화물(Nitrogen oxides) 질소산화물을 통칭하여 NOx로 표현하기도 한다.
질소와 산소의 화합물로써 이산화질소(NO_2), 일산화질소(NO), 아산화질소
(N_2O), 삼산화질소(N_2O_3)가 있으며 보통기체인 가스상태로 존재한다. 이
들 가스는 화학공업에 있어서 니트로화질산을 사용하는 공업, 질산을 사용

하는 표면처리 공업등에서 발생하나 자동차의 배기 가스중에도 함유된다.

집진장치(Dust collector)　가스에서 먼지 및 입자상 물질 등을 분리 포집하는 장치이다. 입자가 작용하는 중력, 관성력, 원심력, 부착력, 친수력 및 전기력 등의 집진에 유효한 작용력에 의해 중력집진장치, 관성력집진장치, 원심력 집진장치, 음파집진장치, 전기집진장치 등이 있다. 또 포집된 입자를 물이나 그 외의 액체로 제거하는 구조를 습식집진장치라고 한다.

차등과세평가법(Differential tax assessment law)　도시공무원이 농토를 그 개발의 잠재성과 관계없이 농업가치에 따라 과세하는 것이다.

청정기술(Clean technology)　맑은 기술, 깨끗한 기술, 저오염 및 저공해 기술로 통칭되며, 사후처리기술(End of pipf technology)의 상대적 개념으로 사용된다. 발생된 오염물질을 처리하는 기존의 사후처리기술로써는 오염물질 배출을 더 이상 감소시킬 수 없다는 측면에서 원칙적으로 공정을 개선하여 제조과정에서 오염물질 발샐 자체를 줄인다던가 발생된 오염물질을 처리한 후 다시 사용하는 등의 기술을 말한다.

총량규제　공장 또는 사업소가 집합해 있는 지역에서 오염상태가 심하여 농도만을 배출규제만으로는 환경기준의 유지가 곤란하다고 인정되는 경우에 규제가 오염물질의 배출 총량을 규제하는 것을 말한다.

축산폐수(Feedstock wastewater)　가축의 사육에서 나오는 더러운 물을 말하며, 가축분뇨와 축사의 세척수가 대부분이다. 유기물 부하가 높으므로 생물학적 처리방법으로 처리가 가능하다. 축산폐수의 BOD는 가축의 종류에 따라 차이가 있으며 10,000~40,000ppm에 이르고 있으며, 양돈폐수가 BOD 부하가 높다. 발생량은 가축의 종류에 따라 차이가 있으며 소와 말은 1일 30리터, 돼지는 5리터, 닭은 0.2리터 정도 배출한다.

침출수(Leschate)　쓰레기 매립장에서 흘러내리는 더러운 물을 침출수라고 한다. 침출수는 유기물 부하가 매우 높아 적정처리하지 않으면 인근지역의 농작물 등의 피해를 초래한다. 침출수의 발생은 강우량, 매립장면적, 투수계수 등 매립지 특성에 따라 차이가 있으마 보통 강우량의 20~30% 정도 발생된다. 침출수의 BOD는 매립지 사용기간, 쓰레기 특성에 따라 차이가 있으나 5,000~30,000ppm에 달한다.

탄화수소(Hydrocarbon)　탄소나 수소로 된 화합물의 총칭이다. 자동차 연료인 가

솔린은 다수의 탄화수소 분자의 혼합물로 이루어지며, 이들이 연소되지 않은 상태에서 배출되거나, 연소에 의하여 크랙킹을 일으켜 발생되는 탄화수소 가스를 대기환경보전법 시행령에서는 자동차 배출 가스로써 허용 한도를 정하고 있다. 자동차 배출가스 중의 탄화수소는 인간의 건강에 큰 해를 입힌다고는 생각되지 않으나 질소산화물과 혼합된 경우는 태양광선에 의하여 광화학 스모그를 생성하므로 이러한 상태에서는 적은량의 탄화수소일지라도 유해하다.

특정유해물질 사람의 건강·재산이나 농수산물 등의 생육에 직접 또는 간접으로 유해를 줄 유려가 있는 물질로서 카드뮴 및 그 화합물, 시안화합무르연 및 그 화합물, 6가 크롬화합물, 비소 및 그 화합물, 수은 및 그 화합물, 폴리크로리네이티드비페닐, 동 및 그 화합물, 염소 및 염화수소, 불소·불화수소 및 불화수소 등이 있다.

특정폐기물 폐산, 폐알칼리, 폐플라스틱 등 특별한 관리가 필요하여 특별히 정한 폐기물을 『특정폐기물』이라고 한다. 주로, 사업장에서 발생되는 산업폐기물이 여기에 속한다.

폐기물(Solid waste) 더 이상의 사용 용도가 없어 버리는 물질을 통털어 폐기물이라고 하며, 생활쓰레기와 같이 유해성이 없는 일반폐기물과 중금속 등을 함유한 특정폐기물로 구분하고 있다.

폐수(Industrial wastewater) 공장에서 배출되는 더러운 물을 폐수라고 하며 가정에서 나오는 오수나 하수와 구별하고 있다. 폐수는 산업장에서 나오므로 유해물질이 함유되어 있는 경우가 많다.

폴리염화비닐(PVC:Polyvinyl chloride) 염화비닐의 중합체이며, 염화비닐수지라고도 한다. 열가소성 플라스틱의 하나이며, 공업 재료로써 여러 분야에서 두루 사용이 끝난 것은 플라스틱 폐기물로서 환경오염 원인의 하나가 된다. 소각시 염화수소 및 염소가스를 발생하므로 소각로의 부식이 심하다.

폴리클로리네이티드비페닐(PCB) 다가(多價)염소화합물이다. 페놀이 두 개 결합된 화합물에 수소 대신에 염소가 치환된 화합물이다. 염소가 들어가는 화합물이 대부분 2차 독성이 강한 경우가 많으며, PCB의 경우도 그 처리가 용이하지 아니하며, 잘못 처리시 2차 오염물질로서 발암물질인 Dioxin이 발생하는 등 문제를 야기한다. 변압기, 밧데리 등에 존재한다.

표준상태 0oC, 1기압(수은 760mm)의 상태를 표준상태라고 한다.

프레온(Freon) 오존층파괴 원인물질로 알려지고 있는 염화불소성탄소(CFCs)에 대한 일종의 상품명이다. 1930년대 미국의 듀퐁사에서 개발하여 상품명으로 붙인 것이 오늘말 『프레온』이라는 이름으로 멀리 통용되고 있다.

플라이애쉬(Flyash) 연료의 연소시 생기는 미세한 재(ash)의 입자로서 주로 연료 중의 회분에 의해 생성되며, 비산회라고도 한다.

피에이엔(PAN: Peroxy acetryl nitrate) 과화학반응에 의하여 생성되는 대표적인 2차 대기오염 물질이다. 유기성 오염물질과 대기중에 존재하는 오존 등 산화에 의하여 광화학반응 결과 생성된다. 눈에 통증을 일으키며 식물에 피해를 입힌다.

피엠 텐 대기오염에서 입자크기가 10마이크론(μm)이하 크기의 먼지 농도를 말한다. 미국, 일본 등 선진국에서는 주로 피엠 텐으로 규제하고 있으며 우리나라도 피엠 텐을 대기환경보전법에서 규제할 계획이다.

피피비(ppb) 10억분의 1(parts per billion)의 농도단위이다. 전체중에 오염물질이 차지하는 농도가 10억분의 1이라는 뜻이다. μg/ℓ와 같은 단위이다.

피피엠(ppm) 백만분의 일(part per nillion)을 나타내는 농도의 단위이다. 즉, 전체중에서 어떤 오염물질이 차지하는 농도를 나타내는 것으로 예를 들면, 사과 100만개 중에 1개가 썩은 경우 사과의 농도가 1ppm에 해당된다. mg/ℓ과 같은 단위이다.

피해자 운동 환경오염에 의한 피해자들이나 피해를 입을 것이 확실히 예상되는 사람들이 당사자들의 경제적 권리나 건강과 생존 및 생활을 보호하기 위하여 조직하는 운동

하수(Sewage) 가정에서 나오는 더러운 물인 오수가 우수(빗물)와 합쳐졌을 때 이를 하수라고하여 오수와 구분하고 있으며, 공장에서 나오는 더러운 물을 폐수라고 하는 말과 구분한다.

하수종말처리장(Seawage treatment plant) 하수를 모아서 마지막으로 종말처리하여 하천 등 공공 수역으로 방류하는 처리시설을 하수종말처리장이라고 한다. 하수도법에 의한 하수종말처리장의 방류수 수질기준은 BOD 30pps, SS 70ppm이다.

할론(Halon) 오존층 파괴 원인물질로 알려지고 있는 염화불소성탄소 중 브롬을

함유하고 있는 화합물을 특히 '할론'이라고 부르며 할론은 오존층 파괴지수가 다른 염화불소성탄소보다 크고 주로 소화기에 많이 사용된다.

합성세제(Detergents) 1930년대초 1차대전 기간동안 비누대용품으로 독일에서 개발되었다. 비누원료인 동, 식물성 유지류를 대체하여 석유 화학계통에서 합성하였다고 하여 합성세제라고 부른다. 일반적으로 계면활성제의 세척력을 높이기 위하여 인산염, 착색제, 표백제, 효소제를 첨가하여 제조하고 있다. 인산염은 경수를 연수화하도록 하기 위하여 제조하고 있으나 최근 인산염 부영양화의 원인으로 지적되면서 무인세제가 개발되고 있다. 무인세제는 이산염 대신에 합성Zeolite를 사용하고 있다.

해양오염방지 5개년 계획 1996년부터 2000년까지 총 4조 3,390억원의 재원을 들이는 투자사업과 연구개발사업인 비투자사업으로 구성된 계획으로 범정부적차원의 종합계획이다.

환경마크제도 특정상품이 동일목적의 다른제품에 비하여 환경에 궁극적인 영향을 줄 때 환경마크를 부여함으로써 인정해 주는 것을 말한다.

환경영향평가(EIA:Enviromental Impact Assessment) 환경에 대한 사전규제제도로써 대규모사업의 경우 사전에 환경에 미치는 영향을 평가하여 환경영향을 최소화하기 위한 감소대책 등을 사전에 강구하고자 하는 제도이다.

환경적 기본요인(Compllance) 중앙정부나, 지방정부, 국제기구나 국제적 협약에 의해 요구되는 기업이 필수적으로 준수해야 하는 환경요인이다.

활성오니(Activated sludge) 오수에 충분한 기포를 통과시켜 산소를 공급하면, 호기성 미생물이 번식해 갈색의 덩어리를 만든다. 이것을 활성 오니라고 하며 생불학적 저리에서 중요한 역휠을 힌디. 활성오니법이란 생물학적 처리법의 일종으로 활성 오니를 이용한 방법이라고 하여 붙여진 이름이다.

황사현상 중국의 고비사막 등 건조지역에서 발생된 흙·모래가 주성분인 미세입자상물질이 기압의 이동에 의하여 우리나라로 불어오고, 발원지에서 우리나라까지 700여㎞를 이동, 약 3일이 걸려 도달하게 된다. 주로 3~5월에 많이 발생하며 하늘이 뿌옇게 된다.

훈연(Fume) 승화 또는 용융된 물질이 휘발하여 생긴 기체가 응축할 때 생긴 1μm 이하의 고체상 입자.

훈증(Fumigation) 밤동안 낮아진 지표면의 온도로 인해 아침에 지표면이 더워지기 시작하고 열환류가 공기를 흩어놓게 될 때에 오염된 공기가 지상으로 내려오게 되는데 이러한 낮은 오염수준의 급작스런 증가를 말한다.

찾아보기

■ 유해운(柳海雲)

　　광운대학교 대학원 행정학박사
　　충북교육청, 과기총, 원자력재단 근무
　　현, 한국건설기술연구원 선임연구원
　　　　광운대 인문사회과학연구소 연구원, 광운대 강사

　　■ 주요논문

　　• 비선호시설 입지에 대한 주민반발요인에 관한 연구 : 원자력 관련시설 입지를 중심으로
　　• NIMBY에 관한 연구 : 분석틀의 정립을 중심으로
　　• 비선호시설 입지접근방식의 분석 : 한국과 일본의 방사성폐기물처리시설 입지반발사례
　　　를 중심으로
　　• NIMBY의 원인과 극복
　　• 원전입지반발과 주민참여의 관계에 관한 분석적 연구 : 삼척 원자력발전소 입지반발사
　　　례를 중심으로
　　• A Case Study on Local Residents' Reaction Facility Siting : A Case of Radioactive Waste
　　　Disposal Facility Siting
　　• Obstacle Factors and Overcoming Plans of Public Communication : With an Emphasis on
　　　Radioactive Waste Disposal Facility Siting

■ 권영길(權永吉)

　　광운대학교 대학원 행정학박사
　　한국정책학회 연구간사, 법치행정학회 간사, 갈등관리학회 간사
　　광운대 인문사회과학연구소 연구원, 광운대, 서울보건전문대 강사
　　제일행정고시학원 대표강사

　　■ 주요저서 및 논문

　　• 핵심정리 지방행정
　　• 제일 행정학요론
　　• 통합 행정학 문제집
　　• 환경문제에 대한 지방정부의 갈등관리
　　• 바람직한 환경정책수립을 위한 환경문제의 특성 검토
　　• 복잡조직의 환경유형과 대처전략에 따른 조직효과성에 관한 연구

■ 오창택(吳昌澤)

　　광운대학교 대학원 행정학박사
　　광운대 인문사회과학연구소 연구원, 광운대 강사

　　■ 주요논문

　　• 비선호시설입지에 대한 주민 반발에 관한 시론적 소고
　　• 공공 서비스 질의 전략적 관리 적소에 관한 연구
　　• 서비스 질과 고객 만족의 개념적 고찰 : 유사점과 차이점을 중심으로
　　• 서비스특성에 따른 관리상의 문제점과 극복전략에 관한 연구
　　• 집단형성에 관한 연구
　　• 조직몰입에 관한 연구 : 영향변수를 중심으로

환경갈등과 님비이론

저자 • 유해운 · 권영길 · 오창택
초판 발행일 • 1997년 11월 25일
재판 발행일 • 2001년 3월 5일
펴낸곳 • 선학사
펴낸이 • 이찬규
주소 • 서울시 용산구 동빙고동 251-1번지 201호
전화 • (02) 795-0350
팩스 • (02) 795-0210
등록 • 제10-1519호
ISBN • 89-8072-024-6

값 12,000원